Les métamorphoses
de la question tarifaire

Finances publiques

Collection dirigée par Thierry LAMBERT

Les finances publiques connaissent un développement important et se diversifient. Les finances de l'État, les finances communautaires, les finances internationales et comparées, la science et la technique fiscales ne sont que quelques-uns des domaines couverts par les finances publiques contemporaines.

La présente collection a pour vocation de publier des travaux originaux (thèses, essais, colloques...) ou de facture plus classique (manuels, commentaires de textes, recueils de documents...).

Elle a aussi pour ambition de rééditer des ouvrages aujourd'hui introuvables, mais fort utiles, dès lors qu'ils s'imposent comme référence et qu'ils sont agrémentés d'une préface substantielle.

Déjà parus

CARUANA Nicolas, *La fiscalité environnementale. Entre impératifs fiscaux et objectifs environnementaux, une approche conceptuelle de la fiscalité environnementale*, 2015.

DAL VECCHIO Frédéric, *L'opposabilité des conventions de droit privé en droit fiscal*, préface de Thierry Lambert, 2014.

VAPAILLE Laurence (sous la direction de), *Refonder l'impôt sur le revenu ?*, 2013.

RIU Isabelle, *Sociétés et établissements stables en droit fiscal international et de l'Union européenne*, préface de Daniel Gutmann, 2012.

ALBERT Jean-Luc (sous la direction de), *Mélanges en l'honneur de Jean - Pierre Lassale, Gabriel Montagnier et Luc Saïdj. Figures lyonnaises des finances publiques*, 2012.

EVAH-MANGA Emmanuel, *Le contrôle de gestion dans les collectivités territoriales. Une approche sociologique. Une approche sociologique*, préface de Jean-Pierre Sueur et Christian Guyon, 2012.

PANCRAZI Laurent, *Le principe de sincérité budgétaire*, préface de Gilbert Orsoni, 2012.

GIROD Florence, *L'administrateur militaire*, préface de Luc Saïdj, 2012.

SCHWENGLER Bernard, *Déficits publics. L'inertie française*, 2012.

DION Michel, *Ethique et criminalité financière*, 2011.

BUISSON Jacques (sous la direction de), *La sécurité fiscale*, 2011.

TAUZIN Emmanuel, *L'intérêt de l'entreprise et le droit fiscal*, préface de Christophe de La Mardière, 2011.

GUILLET Nicolas (sous la direction de), *Les transformations de l'administration fiscale*, 2011.

ATANGA FONGUE Roland et Adrien TOCKE, *Eléments de la fiscalité des affaires au Cameroun*, préface de Thomas Kousok, 2011.

HARAKAT Mohamed, *Les finances publiques et les impératifs de la performance : le cas du Maroc*, 2011.

JALAL Hind, *Analyse genre de la politique fiscale au Maroc : cas de l'impôt sur le revenu*, préface Nouzha Skalili, avant-propos Pierre Beltrame, 2011.

FOUMDJEM Célestin, *Blanchiment de capitaux et fraude fiscale*, préface de Christian Lopez, 2011.

Thomas EISINGER

Les métamorphoses de la question tarifaire

Préface de Thierry Lambert

L'Harmattan

5-7, rue de l'Ecole-Polytechnique, 75005 Paris

http://www.harmattan.fr
diffusion.harmattan@wanadoo.fr

ISBN : 978-2-343-07832-8
EAN : 9782343078328

à Aude, Gabriel et Côme

à mes professeurs

PRÉFACE

Voilà assurément une thèse dont la publication vient à son heure. Y a-t-il en effet aujourd'hui dans le débat concernant les finances publiques locales un sujet, celui de la tarification des services publics locaux, qui puisse revendiquer une plus grande actualité ?

Fut une époque au cours de laquelle l'usager considérait que le fait de payer des impôts suffisait et lui ouvrait droit, sans bourse délier, aux services publics locaux. Au nom de la solidarité, il était généralement admis que les personnes ayant peu de ressources avaient ce même droit sans s'être acquittées d'un quelconque impôt. La gratuité semblait être la règle, qui avait certes ses exceptions, pour l'accès aux services publics et notamment aux services publics locaux.

Les temps ont changé.

Il y a tout d'abord une explosion de la demande. Pas une ville, voire un bourg, qui n'ait sa cantine scolaire, sa piscine, son centre culturel, ses transports, sa bibliothèque, ses cours de musique, sa patinoire et bien d'autres choses encore à offrir pour le bien commun. La demande sociale est d'autant plus forte que la crise économique n'affecte pas seulement que les plus démunis. Évidemment cela nécessite une gestion rigoureuse pour ne pas dire performante.

Mais dans le même temps, les ressources publiques sont plus difficiles à mobiliser. Les concours et dotations de l'État sont limités, quand ils ne régressent pas. La mobilisation du crédit n'est pas toujours aisée pour des collectivités qui sont parfois fort endettées. La fiscalité locale est très souvent vécue comme un lourd complément à l'impôt sur le revenu.

La thèse de Monsieur Eisinger s'inscrit dans ce contexte.

Le début des années 2000 est pour l'auteur la date à partir de laquelle les acteurs publics ont posé une nouvelle problématique quant au financement des communes et des intercommunalités. En effet, bon nombre de celles-ci abandonnent l'idée, pour des raisons budgétaires et parfois idéologiques, que les services proposés doivent être gratuits. En outre, l'impôt n'est plus considéré comme la seule source de financement avec les subventions. Une idée s'impose : ce qui peut être tarifé doit l'être ce qui suppose que l'élu en assume le principe.

Toutefois le développement de la redevance peut, à long terme, modifier la perception qu'à l'usager du service public et transformer la nature de la relation qu'il entretient avec celui -ci. En effet avec la redevance, le service public n'est plus offert, c'est un service marchand et le client, qui n'est plus tout à fait un simple usager, peut avoir des exigences que l'on voit d'ores et déjà poindre.

À lire Monsieur Eisinger, la redevance est la seule ressource, des communes et de leurs intercommunalités, qui dispose encore d'un potentiel qui, pour le moment, est peu exploité. En effet il lui semble difficile de modifier profondément la fiscalité locale qui est prise dans un entrelacs de contraintes qui font qu'une véritable réforme est à la fois nécessaire, ce dont personne ne doute, mais qui la rend quasiment impossible, sauf à réformer les finances publiques locales dans leur ensemble.

L'auteur n'esquive aucune question et notamment pas celle de la tarification qui est un enjeu budgétaire, mais aussi politique. La redevance reste un prix, ou un quasi-prix, dont il convient de déterminer le montant avec précision, mais aussi avec précaution.

Pour traiter la complexité du sujet, Monsieur Eisinger a un questionnement économique, politique et juridique. Les analyses financières et fiscales sont parfaitement maîtrisées, les considérations économiques qui sont utilisées en tant que besoins se mêlent parfaitement à l'analyse juridique.

L'ouvrage qui nous est proposé est véritablement une thèse de qualité qui a reçu les plus hautes distinctions universitaires. C'est une réhabilitation, très convaincante, de la redevance qui fut un outil décrié pour des raisons qui tiennent autant à des considérations politiques qu'à des aspects budgétaires. Elle embrasse le point de vue de l'usager pour qui la gratuité a longtemps été un horizon indépassable, du fonctionnaire territorial chargé des finances et qui d'une certaine façon doit « vendre » la redevance à l'élu, et de l'élu lui - même qui doit politiquement assumer son choix d'avoir recours à la redevance.

Plus généralement, c'est aussi un ouvrage qui nous interroge sur les finances publiques locales dans un contexte où il est difficile de trouver des ressources locales alors que la demande en prestations de services publics est exigeante.

Thierry LAMBERT
Professeur Aix-Marseille Université

SOMMAIRE

PREFACE 9
SOMMAIRE 11
TABLE DES ABREVIATIONS 13

INTRODUCTION
À LA REDÉCOUVERTE DU LEVIER TARIFAIRE 15

PREMIERE PARTIE
LA DYNAMIQUE ENDOGENE DE LA REDEVANCE 29
Titre 1 : L'élargissement du périmètre théorique de la redevance 31
Chapitre 1 : L'évolution des conditions extra-juridiques de la tarification 33
Chapitre 2 : L'évolution des conditions juridiques de la tarification 45
Titre 2 : La levée progressive des obstacles à la mobilisation de la redevance 61
Chapitre 1 : La redevance face à l'histoire et à l'idéologie 63
Chapitre 2 : Les handicaps prêtés à la redevance par les décideurs publics locaux 89

SECONDE PARTIE
LA DYNAMIQUE EXOGENE DE LA REDEVANCE 113
Titre 1 : La redevance contre l'« impôt général » 115
Chapitre 1 : Des modalités de modulation plus larges pour la redevance 117
Chapitre 2 : Une meilleure prise en compte de la capacité contributive par la redevance 157
Titre 2 : La redevance avec l'« impôt spécial » 171
Chapitre 1 : La critique de l'impôt et la réponse apportée par les pouvoirs publics 173
Chapitre 2 : L'impact nuancé de l'essor de l'impôt spécial local sur la redevance 197

CONCLUSION
VERS UN RECOURS RAISONNE ET RAISONNABLE AU LEVIER TARIFAIRE LOCAL ? 213

BIBLIOGRAPHIE 217
NOTES 233
INDEX 301

TABLE DES ABRÉVIATIONS

ACT	Administrations et collectivités territoriales (édition de la Semaine juridique)
AJCT	Actualité juridique des collectivités territoriales
AJDA	Actualité juridique droit administratif
CAA	Cour administrative d'appel
NCCC	Nouveaux cahiers du Conseil constitutionnel
CE	Conseil d'État
CGCT	Code général des collectivités territoriales
CGI	Code général des impôts
CJCE	Cour de justice des Communautés européennes
CJUE	Cour de justice de l'Union européenne[1]
DC	Décision du Conseil constitutionnel – contrôle de constitutionalité des lois ordinaires, loirs organiques, des traités et des règlements des Assemblées
L	Décision du Conseil constitutionnel – déclassement des textes législatifs au rang réglementaire
LGDJ	Librairie générale de droit et de jurisprudence
LOLF	Loi organique n°2001-692 du 1er août 2001 relative aux lois de finances
OCDE	Organisation de coopération et de développement économiques
OCIM	Office de coopération et d'information muséales
PUF	Presses universitaires de France
QE	Question écrite d'un parlementaire
QPC	Décision du Conseil constitutionnel – question prioritaire de constitutionalité
RCE	Regards croisés sur l'économie
RFDA	Revue française de droit administratif
RFAP	Revue française d'administration publique
RFFP	Revue française de finances publiques
RGFP	Revue gestion & finances publiques
TA	Tribunal administratif
TC	Tribunal des conflits

INTRODUCTION
À LA REDÉCOUVERTE DU LEVIER TARIFAIRE

« Tout problème financier se ramène à ceci : le fonctionnement des services publics entraîne des consommations de services personnels et de choses ; il faut répartir, entre les individus, la charge qui résulte de ces consommations ; il faut déterminer qui doit supporter cette charge et dans quelle mesure. »
Gaston JEZE[2]

Lorsque vient l'heure de financer les services publics mis en œuvre par une collectivité territoriale, son exécutif a schématiquement le choix entre quatre grandes familles de contributeurs :

- les contribuables locaux, à travers les leviers consentis par le législateur sur l'assiette ou le taux des impositions ;
- les usagers[3] desdits services publics, à travers une politique tarifaire définie par délibération « dans les conditions prévues par la loi »[4] ;
- les usagers ou contribuables locaux futurs, à travers la mobilisation d'emprunts[5] ;
- les contribuables nationaux, à travers la mobilisation, certes plus complexe et beaucoup plus aléatoire, de ressources extérieures (fonds de la réserve parlementaire, mécénat privé[6]).

Écartons les deux dernières options, quelque peu atypiques au regard respectivement de leur temporalité[7] et de leur spatialité[8]. On peut alors estimer que, pour chaque service public mis en œuvre sur un territoire, un arbitrage doit être rendu entre d'une part la redevance demandée à un usager, bénéficiaire de premier rang certes, mais bénéficiaire non-exclusif du service public[9], et d'autre part l'impôt demandé à un contribuable, qui n'en est pas toujours usager, mais présente l'avantage d'avoir été identifié par le législateur comme le financeur légitime de l'action publique.

Un tel arbitrage, au regard notamment de l'importance de la structure du financement d'un service public dans l'atteinte des objectifs qui lui sont attribués[10], devrait être âprement discuté, argumenté longuement, et régulièrement remis en cause ou *a minima* renégocié. Or, dans la pratique, il n'en a rien été, avant[11] comme après la décentralisation issue des lois DEFFERRE : face au développement conséquent, tant quantitatif que qualitatif, des services publics et les besoins de financement afférents, la position des élus locaux semble avoir longtemps été aussi monolithique que celle des parlementaires français d'il y a un siècle : le contribuable paiera[12] !

Cette posture française apparaît d'autant plus singulière à la lumière du traitement réservé aux usagers des services publics locaux chez nos voisins. Au tournant des années 2010, quand les redevances perçues par les collectivités locales françaises et les établissements publics de coopération intercommunale s'établissaient à moins de 2.5 % de leurs recettes réelles de fonctionnement[13], les recettes tarifaires représentaient 10 % en moyenne des revenus du secteur public infranational dans l'Union européenne[14], plus de 15 % dans une demi-douzaine de pays de ladite Union[15], et même près de 25 % aux États-Unis d'Amérique[16].

Les dernières années ont cependant laissé entrevoir, dans notre pays, un certain renouveau de la contribution demandée aux usagers pour financer les services publics. Le temps semble révolu où les collectivités n'avaient pas de réelle politique tarifaire en général. La seconde moitié des années 2000 a ainsi présenté une réelle montée en puissance des redevances au sein des recettes des collectivités.

[17]	2005	2010	Δ
Redevances	3,3 Md€	4,3 Md€	+ 31 %
Taxe d'habitation, taxes foncières, taxe professionnelle	57,2 Md€	73,2 Md€	+ 27 %
Recettes totales hors emprunt	162,1 Md€	199,0 Md€	+ 22 %

Progression 2005-2010 de différentes ressources des collectivités locales

Sur cette période relativement courte, le produit des redevances a augmenté plus vite que l'ensemble des recettes des collectivités ou que les principaux impôts locaux. Si l'écart constaté dans les dynamiques respectives reste faible, il marque néanmoins une rupture forte par rapport à la tendance dégagée sur les premières années de la décentralisation, qui avaient vu les recettes issues de la vente de biens et de services augmenter bien moins vite que l'ensemble des recettes courantes[18]. Les données récentes confirment cette tendance, puisque les recettes de fonctionnement qui ne sont ni des dotations ni des recettes fiscales ont augmenté plus vite, entre 2010 et 2014, que l'ensemble des recettes courantes des collectivités[19].

Toujours sur la seconde moitié des années 2000, le produit des redevances perçues par le bloc communal pour les services publics administratifs facultatifs a augmenté à un rythme plus soutenu que la plupart des référentiels utilisés dans le secteur public local pour mesurer l'évolution des prix.

[20]	Δ 2005-2010
Évolution du produit des redevances pour services publics administratifs facultatifs du bloc communal	+ 32 %
Inflation	+ 8 %
Indice de prix des dépenses communales hors charges financières	+ 14 %
Indexation des valeurs locatives cadastrales	+ 9 %

Progression 2005-2010 des redevances et de différents référentiels de l'évolution des prix dans le secteur public local

Cette montée en puissance des redevances, traduction d'une volonté de faire assumer à l'usager une part plus importante du financement nécessaire à la production des services publics, s'articule en deux tendances distinctes : d'une part, un mouvement d'approfondissement, avec l'augmentation de la contribution demandée aux usagers pour des services déjà soumis à tarification ; d'autre part, un mouvement d'élargissement[21], avec la mise en œuvre, récemment permise par des évolutions législatives ou plus prosaïquement exhumée par des décideurs locaux, d'une tarification sur une prestation financée jusqu'alors par le seul contribuable.

On a ainsi assisté à l'évolution de grilles tarifaires déjà existantes, parfois pour redistribuer l'effort demandé aux différentes catégories d'usagers et presque toujours pour dégager des ressources complémentaires (voire de substitution) par rapport aux recettes fiscales traditionnelles : services périscolaires et cantines à Toulouse ou Nantes[22], distribution d'eau à Libourne[23], ou encore, pour un exemple spectaculaire, équipements sportifs à Paris[24] dont les tarifs de mise à disposition pour les publics scolaires et les associations ont été multipliés par quatre à partir de l'année scolaire 2012-2013. Certains de ces épisodes ont illustré les difficultés politiques pouvant accompagner cette évolution, difficultés concernant naturellement les relations entre les élus et les citoyens,[25] mais aussi les relations entre les groupes politiques composant la majorité de l'assemblée locale au regard de leur positionnement, structurel ou tactique, vis-à-vis de tel ou tel service public[26].

On a aussi constaté la suppression de la gratuité[27] précédemment instaurée pour certains services : transports scolaires au conseil général des Ardennes[28], conseil général du Loiret[29] ou encore au conseil général de l'Isère[30], musées à la ville de Caen[31]. Les contraintes budgétaires, mais aussi le constat d'échec de l'objectif de démocratisation et de généralisation qui fondait parfois cette gratuité sont souvent mis en avant par les collectivités opérant ce revirement. Ce contexte général de réinterrogation de la pertinence de la gratuité n'a cependant pas empêché sa mise en œuvre, en matière de transports urbains, par certaines collectivités comme la communauté d'agglomération d'Aubagne et du Pays de l'Étoile, en 2009[32], ou le conseil régional Provence-Alpes-Côte d'Azur, en 2011[33]. Dans les deux cas cités, cela s'est fait au nom des externalités positives de ce service public si spécifique, le plus évident étant le report modal vers les transports publics[34].

On a enfin vu des redevances nouvelles votées, montrant l'élargissement de l'interprétation faite par le législateur, le juge administratif et les décideurs locaux de ce qui peut, techniquement, politiquement et juridiquement faire l'objet d'une mise à contribution des bénéficiaires de premier rang du service rendu. On évoquera ici la polémique sur la mise en place d'une taxe trottoir[35], la possibilité offerte par la loi n°2010-788 du 12 juillet 2010 portant engagement national pour l'environnement d'expérimenter les péages urbains[36], ou encore la réponse du Gouvernement à une question écrite précisant qu'un conseil général pouvait parfaitement rendre payant l'accès au site Internet de son service d'archives[37]. On pourra éventuellement ajouter à cet inventaire la récente dépénalisation des amendes de stationnement payant mise en œuvre par la loi n°2014-58 du 27 janvier 2014 de modernisation de l'action publique territoriale et d'affirmation des métropoles, vieille revendication des associations d'élus[38]. Schématiquement, il ne s'agit pas tant ici de mettre en œuvre la contribution d'usagers, puisqu'elle existe déjà d'une certaine façon, que de permettre à la collectivité compétente de déterminer plus librement le niveau de ladite contribution[39].

Quels peuvent être les fondements de ce renouveau quantitatif et qualitatif de la mise à contribution de l'usager du service public local ?

Cette métamorphose se fonde sur les évolutions économiques, politiques et juridiques de la matière tarifaire, naturellement, mais aussi de la matière fiscale. Une bonne appréhension de la place occupée par les redevances dans le panier de ressources des collectivités territoriales ne peut se faire sans un questionnement conséquent de la principale alternative aux redevances que sont les impositions. Une analyse fine de l'évolution des contraintes maillant la matière tarifaire constitue certes une base de travail incontournable pour tenter de comprendre le recours plus ou moins important qui est fait, au fil des ans, à cet outil de financement des services publics. Mais l'état de l'opinion des citoyens, des décideurs locaux, du législateur et de la doctrine sur la redevance est indissociable de leurs perspectives respectives sur l'imposition.

L'évolution de la contribution demandée aux usagers pour financer les services publics locaux peut ainsi s'expliquer par un élargissement continu de son périmètre théorique et par la levée progressive de blocages historiques et subjectifs qui ont longtemps concouru à la relative inhibition du levier tarifaire.

Mais elle se fonde tout autant sur la prise de conscience collective des désavantages comparatifs de l'« impôt général » local et sur l'engouement actuel pour l'« impôt spécial » local[40].

De quoi redevance est-il le nom ?

La redevance, définie par le Conseil d'État à l'occasion d'une étude qui lui était consacrée il y a une décennie[41], correspond au « montant, fixé unilatéralement par l'administration, que doivent acquitter les usagers de certains services publics ». Plus précisément, cette contribution est demandée à ces usagers « en vue de couvrir les charges d'un service public déterminé ou les frais d'établissement et d'entretien d'un ouvrage public, et qui trouve sa contrepartie directe dans les prestations fournies par le service ou dans l'utilisation de l'ouvrage », comme le veut la traditionnelle jurisprudence *Syndicat national des transporteurs aériens*[42].

La qualification de redevance se fonde ainsi sur trois principes fondamentaux : d'une part l'identification d'un usager du service public rendu, d'autre part la couverture des charges du service par la contribution demandée, et enfin la contrepartie directe ouverte par l'acquittement de cette contribution.

Il suffit qu'un seul de ces trois critères ne soit pas rempli pour que le prélèvement ne soit pas qualifié de redevance, mais d'imposition de toute nature. Les frais liés au contrôle médical imposé aux étrangers, dans le cadre d'une demande initiale de titre de séjour, ne sauraient être considérés comme une redevance, les présumés usagers n'étant pas réellement bénéficiaires du service de santé publique rendu à cette occasion[43]. Une contribution dont le produit excède très largement les dépenses du service ne saurait être regardée comme une redevance[44]. La contribution pour nuisances phoniques mise à la charge des exploitants d'aéronefs n'est la contrepartie d'aucune prestation fournie, et ne saurait être qualifiée de redevance[45].

Le Conseil constitutionnel, qui a eu à se prononcer quelques années après le Conseil d'État sur une définition et des critères d'identification de la redevance[46], a suivi à cette occasion le cadre conceptuel posé par le juge administratif : identification[47], couverture[48] et contrepartie[49] sont également au cœur de l'analyse des Sages de la rue Montpensier lorsqu'il s'agit de déterminer le caractère tarifaire ou non d'une contribution. Ainsi, un prélèvement dont l'assiette est directement liée au service rendu, en l'espèce le volume d'eau consommé, et dont le produit est affecté exclusivement à la charge de fonctionnement et d'investissement du service a bien le caractère de redevance[50].

La Cour de justice de l'Union européenne, enfin, a une position relativement proche de nos juridictions nationales puisqu'elle définit la redevance comme une « somme perçue en contrepartie du coût du service rendu à l'usager »[51], formule recouvrant le triptyque déjà évoqué d'identification du bénéficiaire de premier rang, de lien entre les charges et les produits du service, et de contrepartie.

Une définition de la redevance ayant été faite, il convient à présent de la situer par rapport aux différentes catégories de contributions demandées aux citoyens : ce positionnement emporte en effet des conséquences juridiques non négligeables.

D'une part, les redevances ne sont pas des impositions de toutes natures et n'ont incidemment pas de caractère fiscal.

Rappelons ici que, pour identifier les contributions relevant des impositions de toutes natures, le Conseil constitutionnel procède systématiquement par élimination, déduisant la nature d'imposition d'un prélèvement de ce qu'il n'appartient à aucune autre catégorie de contributions prélevées à titre définitif et par voie d'autorité :

« Constituent des impositions de toutes natures les impôts, taxes, redevances et cotisations qui ne constituent ni des taxes parafiscales[52] au sens de l'article 4 de l'ordonnance organique de 1959, ni de véritables cotisations sociales donnant droit à des prestations précises, ni des redevances correspondant à des services rendus. »[53]

Les « rémunérations pour service rendu », visées à l'article 5 de l'ordonnance n°59-2 du 2 janvier 1959 portant loi organique relative aux lois finances hier et à l'article 3 de loi organique n°2001-692 du 1er août 2001 relative aux lois de finances aujourd'hui, sont clairement identifiées comme des ressources budgétaires propres, distinctes des impositions de toutes natures. Dès lors, leur mise en œuvre ne saurait être regardée comme réservée à la loi, comme c'est le cas pour lesdites impositions. Le Conseil constitutionnel l'a confirmé dans son interprétation immuable de l'article 34 de la Constitution[54] : l'institution ou l'aménagement de redevances ne sauraient être regardés comme réservés à la loi.

Le fait que les redevances n'aient pas de caractère fiscal explique que les grands principes qui les régissent sont, pour leur très grande majorité, issus de la jurisprudence administrative : si le législateur et le pouvoir réglementaire ont bien prévu un certain nombre de règles particulières pour certaines redevances, l'essentiel des contraintes pesant sur les décideurs locaux en matière de tarification se fonde sur des arrêts des juridictions administratives.

D'autre part, les redevances sont des ressources propres, au sens de l'alinéa 3 de l'article 72-2 de la Constitution[55]. À ce titre, elles sont depuis une décennie une part non négligeable de la définition française de l'autonomie financière des collectivités locales[56].

Si cette intégration au sein des ressources propres emporte des conséquences juridiques *a priori* mineures, elle demeure fondamentale d'un point de vue politique, puisqu'elle fait des redevances une composante de l'autonomie financière et incidemment un marqueur de la libre administration du secteur public local.

Si la théorie juridique peut sembler relativement claire, sa mise en pratique concrète par le législateur s'éloigne malheureusement du schéma que nous venons de décrire. Malgré le caractère opérationnel et lisible de la définition posée par la jurisprudence administrative il y a plus d'un demi-siècle et réaffirmée au fil des ans, il existe en effet de nombreux exemples de redevances n'en portant pas le nom, et inversement. Le Conseil des prélèvements obligatoires en faisait encore récemment le constat :

« Concernant les redevances, la distinction avec les impositions de toutes natures n'est pas toujours évidente, d'autant que certaines taxes s'intitulent improprement "redevances". »[57]

Contrairement à ce que leurs appellations peuvent suggérer, la redevance d'archéologie préventive créée par la loi n°2001-44 du 17 janvier 2001 relative à l'archéologie préventive est une imposition de toute nature[58], tout comme la redevance audiovisuelle[59] ou encore la redevance communale des mines visées par l'article 1519 CGI. Les droits de place dus par les occupants d'emplacement dans les marchés locaux[60] ne sont pas des redevances, mais eux aussi des recettes de nature fiscale. À l'inverse, l'ancienne taxe d'abattage[61], la taxe sur les convois funéraires, les inhumations et les crémations[62], la taxe syndicale due par les propriétaires de terrain en contrepartie de travaux[63], ou encore la taxe d'assainissement lorsqu'elle trouve une contrepartie dans les prestations de service dont elle assure le financement[64] ont été qualifiées par le juge de redevances. *Nomina non sunt consequentia rerum.* On constatera que cette confusion n'est naturellement pas le monopole des recettes des collectivités territoriales : la redevance pour les frais de gestion du plan national de numérotation[65], la redevance aéroportuaire couvrant des missions de sécurité[66], la redevance pour l'examen médical imposé aux étrangers demandant un titre de séjour[67], la redevance pour le contrôle des organismes d'habitations à loyer modéré[68] ou encore la redevance perçue par les agences financières de bassin[69] ne sont juridiquement pas des redevances, mais bien des impositions de toutes natures.

Le législateur[70], l'administration, et même la doctrine[71] faisant en l'espèce preuve d'un certain laxisme dans l'emploi des mots, il n'est pas étonnant que la presse, même spécialisée, suive ces errements. Ainsi, la « taxe trottoir », déjà évoquée, est en réalité bien une redevance, tout comme l'« écotaxe » acquittée par les usagers du pont de l'île de Ré[72]. De même, la « taxe injuste » dénoncée à l'automne 2011 dans un mensuel économique connu pour son sérieux[73], contribution un temps requise pour engager des actions en justice dans certains domaines, n'a en rien un caractère fiscal. Et que dire de l'« écotaxe poids lourds », majoration forfaitaire du prix de la prestation de transport de marchandises, dont le caractère non-fiscal a clairement été affirmé par le Conseil constitutionnel[74] ?

Ces écarts entre la dénomination et la nature juridique ne perturbent certes qu'à la marge les études et analyses faites sur la matière tarifaire, mais ils sont la parfaite illustration d'un intérêt tout relatif pour ce champ de financement du secteur public.

La redevance, entre désintérêt ancien et intérêt renouvelé

En 1983, GRUSON et COHEN proposaient la description d'un paysage intellectuel et scientifique qui reste, nous semble-t-il, d'une étonnante actualité et acuité :

« Depuis 20 ans, les finances locales ont fait l'objet d'une attention soutenue tant des économistes que de l'administration ; la réforme des ressources est un thème lancinant, ayant donné lieu à une multitude d'études, rapports ou parfois même lois, rarement suivis d'effets. [...] Mais les ressources tarifaires n'ont jamais fait l'objet d'une étude spécifique. »[75]

Il apparaît opportun et important d'illustrer le peu d'informations disponibles sur les redevances perçues par les collectivités locales, indicateur peu contestable du degré d'attention qui leur est consenti. Elles ne figuraient pas, à la fin des années 2000, parmi les ressources listées sur les sites Internet des Ministères de l'Intérieur et des Finances dédiés aux collectivités territoriales[76]. Lorsque, sur le site de la Direction générale des collectivités locales, on trouvait un lien vers un « guide des redevances », c'était sur la page dédiée à la fiscalité locale[77]. Dans le rapport annuel de l'Observatoire des finances locales, 224 pages dans son édition 2011, une seule page est consacrée aux redevances, et ce seulement depuis l'édition 2007. Par ailleurs, le positionnement de ce tableau[78] a de quoi interpeller au regard de la nature juridique des redevances, de même que la présence de certaines ressources incluses dans la liste des redevances[79].

De façon générale, en recherchant des données détaillées et agrégées sur le niveau des redevances perçues par le secteur public local, on se heurte ainsi très vite à un réel déficit d'informations d'abord, et d'informations consolidées et pertinentes ensuite. On constatera qu'il en est de même pour les redevances perçues par l'État, dont le Conseil d'État s'étonnait en 2002 qu'« il n'existe aucune statistique permettant d'évaluer, de manière suffisamment exhaustive, le montant total »[80].

Mais les services de l'État n'ont pas le monopole de cette négligence. Les redevances n'ont droit qu'à une page et demie, sur un total d'environ 500 pages, dans l'ouvrage qui a longtemps été la référence en matière de ressources des collectivités locales[81]. Des ouvrages reconnus pour leur sérieux et leur exhaustivité en matière de finances locales[82], de budget des communes[83] ou encore de gestion des collectivités en général[84] n'évoquent que très rapidement et partiellement ces redevances. Parfois même les ressources tarifaires sont purement et simplement ignorées : les *Notices* de la Documentation française consacrées aux finances publiques abordent, dans la section dédiée aux finances locales, les dotations, la fiscalité ou encore l'emprunt, mais pas une ligne sur les redevances ou sur les autres ressources propres des collectivités[85]. On pourra aussi sourire à la lecture de la première phrase ouvrant un ouvrage récent consacré à la mise en perspective des problématiques de finances publiques : « L'analyse des finances publiques – fiscalité et dépenses – »[86].

Évoquons enfin un des principaux ouvrages en matière de droit public, *Les grands arrêts de la jurisprudence administrative*[87]. Tout d'abord, la décision fondatrice en matière de redevance, *Syndicat national des transporteurs aériens*[88], n'appartient pas à la sélection des 118 « grands arrêts »[89] de la jurisprudence administrative. Ensuite, la notion même de redevance est absente du pourtant fort détaillé index alphabétique de cet ouvrage. Insistons bien sur la dimension symbolique de cette absence dans une publication destinée à des étudiants, futurs publicistes ou fonctionnaires, qui n'auront ainsi été qu'insuffisamment sensibilisés à cette question et aux lourds enjeux juridiques qu'elle porte, au-delà des évidentes problématiques financières et sociétales.

Si la tarification des services publics semble bien avoir été pendant des années « l'enfant délaissé des finances locales »[90], la conjonction de diverses tendances pourrait l'amener à moyen terme dans une position diamétralement opposée d'enfant chéri.

L'année 2012 est à marquer d'une pierre blanche pour la question tarifaire. D'une part, au printemps, et pour la première fois depuis sa création en 1983, la Revue française de finances publiques (RFFP) consacrait un dossier aux redevances[91]. D'autre part, à l'automne, l'épreuve écrite du concours interne d'attaché territorial, pour la spécialité administration générale, consistait en la production d'un « rapport sur la tarification des équipements publics municipaux »[92].

Cette consécration récente, à la fois doctrinale et praticienne, était quelque peu attendue. La question tarifaire occupait en effet depuis déjà quelques années une place de plus en plus importante au sein des préoccupations des décideurs locaux, comme en atteste l'évolution du nombre d'articles consacrés à cette question dans l'un des principaux périodiques consacrés au secteur public local, la *Gazette des communes* : 210 références par an en moyenne sur la période

2010-2012, contre moins de 140 dans les années 2001-2003, soit une hausse de l'ordre de 50 % sur une décennie[93]. Si elle a toujours été « au croisement des enjeux économiques, financiers et sociaux locaux »[94], la question de la tarification des prestations offertes aux usagers par les collectivités n'a vu que très récemment son écho médiatique augmenter dans des proportions plus conformes à ces enjeux.

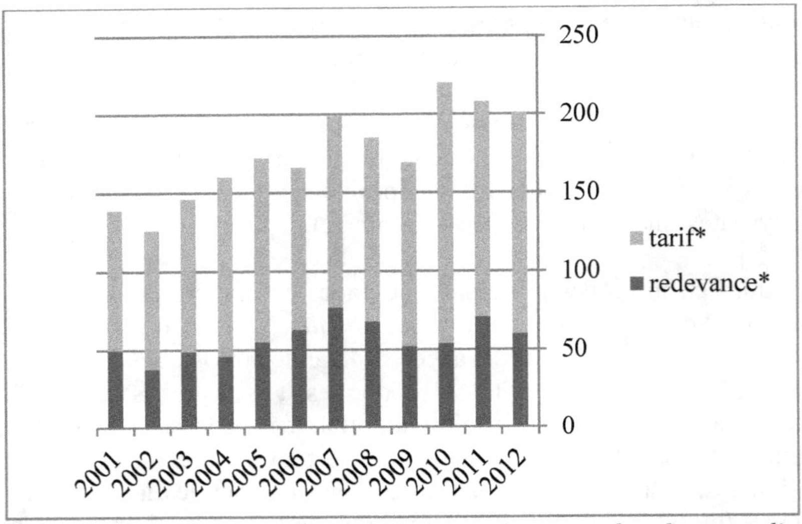

Niveau de récurrence des mots-clés « tarif » et « redevance » dans les titres d'articles publiés par la Gazette des communes *entre 2001 et 2012*[95]

Quels sont les moteurs de cet intérêt nouveau ?

Tout d'abord, la réforme de la fiscalité locale initiée par la loi n°2009-1673 du 30 décembre 2009 portant loi de finances pour 2010, en bloquant le taux du principal impôt économique local et en augmentant sensiblement la part des impôts pesant sur les ménages au sein du panier fiscal du bloc communal, a fortement réduit les possibilités de faire peser sur les entreprises les futures augmentations de dépenses publiques locales.

De ce fait, les arbitrages à venir à ce niveau devraient progressivement passer d'une alternative "financement marginal par les ménages – financement marginal par les entreprises" à un nouvel avatar "financement marginal par les contribuables – financement marginal par les usagers".

Ensuite, la crise actuelle des finances publiques nationales annonce une contrainte renforcée sur les budgets locaux, initiée avec le gel puis la baisse des dotations de l'État mis en œuvre depuis 2010. Des efforts devront être consentis, sur les recettes à optimiser et sur les dépenses à maîtriser[96]. Aujourd'hui déjà, certaines collectivités font de sérieux efforts sur leurs compétences facultatives, mais aussi sur leurs compétences obligatoires[97]. Des projets pourtant incontestablement structurants pour le territoire sont renvoyés à plus tard, faute de moyens[98]. Pour certains, la trajectoire actuelle prise depuis la fin des années 1990 n'est pas soutenable à terme[99]. Or, la « préférence pour la dépense publique »[100] de nos concitoyens pourrait entraîner, dans les prochains exercices, une augmentation des ressources publiques : fiscales dans un premier temps, puis autres par la suite, une fois le levier fiscal économiquement, politiquement[101] et/ou juridiquement grippé. Les redevances deviendraient alors une composante fondamentale de l'équilibre des budgets locaux, un véritable « instrument du redressement budgétaire »,[102] car l'une des dernières marges de manœuvre en matière de financement des services publics.

C'est une évolution anticipée de longue date : « la limitation des possibilités de financement alternatif, notamment fiscal, va contribuer en théorie au développement de l'usage de tarifs. »[103]

Ce pronostic, quelque peu ancien, a aujourd'hui une certaine probabilité de se réaliser, le diagnostic sur lequel il se fonde s'étant encore renforcé sur le dernier quart de siècle et plus spectaculairement encore sur la dernière décennie. Dans un paradigme où les recettes fiscales sont dans l'incapacité de couvrir les dépenses publiques, une partie de la solution pourrait venir pour une fois non pas uniquement d'un recours pavlovien à l'emprunt, mais aussi d'une redécouverte du levier tarifaire, devenu par la force des choses le seul « levier puissant et durable de redynamisation des ressources locales »[104].

Par ailleurs, la critique renforcée à l'égard du système fiscal local français, illustrée par le rapport 2010 du Conseil des prélèvements obligatoires qui lui est consacré, laisse à penser que, sans évolution législative conséquente[105], la légitimité de la mobilisation du levier fiscal sera dans un avenir proche de plus en plus fortement contestée. C'est plus largement l'ensemble de la structure de financement du secteur public local qui est questionné aujourd'hui, comme étant « ni économiquement justifiable ni socialement équitable »[106]. Le recours aux redevances, encore trop peu usitées au regard des possibilités offertes par le droit en matière de tarification sociale et, plus récemment, de déplafonnement par rapport au coût de la prestation pour la personne publique, pourrait être une alternative de plus en plus crédible pour répondre aux besoins marginaux de financement. Il ne s'agirait alors pas tant d'accroître les ressources de la collectivité que de réinterroger le sens porté par les tarifs. Pour reprendre les propos du maire adjoint de Toulouse chargé des finances : « la question n'est pas de savoir s'il faut faire payer plus, mais si le tarif est juste »[107].

Enfin, de façon générale, on peut estimer que toute réflexion globale sur les services publics ne pourra se faire sans une analyse de la question tarifaire, même si l'on reconnaîtra que le principal questionnement semble encore être aujourd'hui l'assimilation de certains principes d'efficacité. Par exemple, dans l'étude réalisée à l'été 2011 par le groupe de réflexion Terra Nova sur les services publics[108], deux des sept propositions afférentes à l'objectif de « refaire des services publics des vecteurs de progrès économique et social » portaient sur le levier tarifaire[109].

Où en est la redevance ?[110]

La tarification des services publics administratifs facultatifs du bloc communal pourrait encore se développer dans les prochaines années sous l'effet d'évolutions touchant aussi bien la matière tarifaire (*première partie : La dynamique endogène de la redevance*) que la première des ressources propres, la matière fiscale (*seconde partie : La dynamique exogène de la redevance*).

Concernant la redevance elle-même, les atouts objectifs qu'elle présente aux yeux des décideurs locaux, élus et fonctionnaires, se sont considérablement renforcés.

Son périmètre théorique n'a cessé de s'élargir, avec naturellement l'essor des services publics locaux rendus, mais surtout l'essor de ce qui peut, au sein de ces services, être économiquement, politiquement et juridiquement tarifé (*premier titre : L'élargissement du périmètre théorique*). La tarification des prestations excédant les besoins normaux de la population, la prise en compte du niveau de service rendu non pas présentement, mais dans le futur, ou encore l'acceptation d'une tarification avec la seule mise à disposition du service sont autant de marges de manœuvre supplémentaires ouvertes par le législateur ou le juge administratif.

Par ailleurs, la plupart des handicaps peu objectifs ayant longtemps grippé la mobilisation du levier tarifaire sont en voie d'être levés (*deuxième titre : La levée progressive des obstacles à la mobilisation de la redevance*). On parle ici d'un passif historique et affectif en passe d'être soldé, mais aussi de la remise en cause de certaines idées reçues qui délégitimaient à tort le recours à la redevance, comme des coûts de gestion trop élevés ou une faible prévisibilité budgétaire.

Le nouvel essor de la redevance se fonde également sur ses relations, souvent complexes, avec les deux principaux avatars de l'imposition locale[111] : l'« impôt général », affecté au financement des services publics, et l'« impôt spécial », affecté au financement d'un service public en dérogation à l'historique[112] principe d'universalité budgétaire.

Vis-à-vis de l'impôt général, la redevance fait aujourd'hui preuve d'une plus grande marge de manœuvre, mais surtout d'une meilleure prise en compte des « facultés »[113] de ses contributeurs (*troisième titre : La redevance contre l'« impôt général »*). L'incapacité du pouvoir législatif national à proposer un impôt local moderne et acceptable résonne comme un appel au pouvoir réglementaire local à mobiliser davantage le levier tarifaire.

Par ailleurs, la redevance semble bénéficier de l'engouement actuel des décideurs nationaux et locaux pour l'impôt spécial, principale réponse apportée à la critique de l'imposition et au délitement incident du consentement à ladite imposition (*quatrième titre : La redevance avec l'« impôt spécial »*). Parce qu'elle en partage la même logique, à savoir la mise en contribution des usagers potentiels ou effectifs d'un service public, la redevance semble bénéficier d'un réel effet d'entraînement. Si à long terme l'essor de la taxation pouvait être problématique pour la tarification, il en est bien à court terme un formidable catalyseur.

PREMIÈRE PARTIE
LA DYNAMIQUE ENDOGÈNE DE LA REDEVANCE

Les ressorts endogènes de l'intérêt renouvelé des décideurs publics locaux pour la redevance sont de deux ordres.

Il y a tout d'abord ce que nous appellerons l'extension du champ des possibles (*premier titre : L'élargissement du périmètre théorique*).

L'élargissement et l'approfondissement du spectre des services publics rendus par les collectivités locales en général et par le bloc communal en particulier offrent mécaniquement de nouvelles opportunités de mises à contribution des usagers desdits services. Mais ce sont surtout les conditions extra-juridiques et juridiques préalables à une éventuelle tarification qui ont connu sur les dernières décennies une grande transformation. D'une part, les évolutions techniques comme sociales ont permis une réinterrogation de ce qui ne pouvait économiquement pas ou ne devait politiquement pas faire l'objet d'une tarification. D'autre part, le législateur et le juge administratif ont conduit de concert un travail de réappréciation de ce qui pouvait juridiquement faire l'objet d'une redevance ou être pris en compte dans le calcul de la redevance : des prestations excédant les besoins normaux de la population, des services mis à disposition, quels que soient leurs usages effectifs, ou encore des prestations futures.

Il y a ensuite le dépassement des inhibiteurs traditionnels de la mise à contribution des usagers des services publics locaux (*second titre : La levée progressive des obstacles à la mobilisation de la redevance*).

L'histoire de la redevance, l'histoire des finances publiques en général et des relations financières entre l'Etat et le secteur public local en particulier, l'histoire de chaque collectivité : tout cela jouait encore récemment un rôle déterminant dans la modération tarifaire. Il en est de même pour l'image de la redevance auprès des citoyens, encore trop souvent perçue comme le marqueur d'un déclassement du service public rendu et, incidemment, d'un risque de privatisation.

Le levier tarifaire a également longtemps souffert de certaines idées reçues, comme un coût de mise en œuvre présenté comme trop élevé ou une prévisibilité trop limitée, même si lesdites idées sont aujourd'hui remises en cause par un regard plus objectivé. Il souffrait enfin de deux défauts majeurs aux yeux des élus, une impossibilité d'éviter le blâme en cas de hausse de la pression contributive d'une part et une relation directe avec les usagers – citoyens d'autre part, défauts qui ne devraient plus être à l'avenir propres à la redevance, mais caractérisés l'ensemble des contributions locales.

Titre 1 : L'élargissement du périmètre théorique de la redevance

Le regain actuel des ressources tirées de la tarification des services publics administratifs facultatifs mis en œuvre par les communes et leurs établissements publics de coopération intercommunale trouve une de ses origines dans l'évolution générale des services mis en œuvre dans le secteur public local, mais surtout dans l'évolution spécifique, au sein de cet ensemble, des services pouvant faire l'objet d'une tarification.

Ensuite, les questionnements préalables à toute tarification, qu'ils soient économiques – puis-je tarifer ? – ou politiques – devrais-je tarifer ? –, ont connu des évolutions sur les dernières décennies contribuant à la levée de certaines restrictions longtemps à l'œuvre. La remise en cause du caractère indivisible de certains services rendus ou encore de l'ampleur des externalités positives traditionnellement attribuées à d'autres en est l'illustration.

Enfin et surtout, le périmètre de ce qui peut juridiquement faire l'objet d'une tarification par la personne publique n'a cessé de s'étendre.

Cette extension est la conséquence bien sûr de nouvelles législations prises par la représentation nationale, mais également d'une interprétation de plus en plus extensive par le juge administratif des composantes de la définition d'une redevance pour service rendu posée, il y a plus d'un demi-siècle, par la jurisprudence *Syndicat national des transporteurs aériens*.

Chapitre 1 : L'évolution des conditions extra-juridiques de la tarification

Dans quelle mesure le coût d'un service public local doit-il être mis au moins partiellement à la charge de ses usagers, et non de l'ensemble des contribuables ? Avant de pouvoir poser cette question centrale, il convient de savoir dans quelle mesure cela peut et veut être fait : il est parfois impossible et souvent indésirable de mettre à contribution, même symboliquement, les usagers.

Dans le choix qu'il doit faire pour financer un service public local donné, par ceux qui en bénéficient ou bien par l'ensemble des contribuables, le décideur local est confronté à plusieurs interrogations. Et nous allons voir que des justifications[114] très différentes se sédimentent pour aboutir à un périmètre restreint du financement des services publics locaux par leurs usagers.

Si, en théorie, « le recours à l'instrument fiscal ne se justifie qu'en dernier ressort, quand les redevances ne peuvent être utilisées »[115], dans la pratique, ce n'est pas réellement le cas.

Section 1 : Le questionnement économique : que faire s'il n'y a pas d'usager ?

C'est en effet un préalable trop souvent oublié, mais sur lequel il est impératif de s'attarder :

« Si la gratuité est une option politique quasi discrétionnaire, la tarification est dépendante d'un préalable économique : il faut que le service [...] soit fournisseur d'une prestation divisible. »[116]

S'il est très difficile, voire impossible, d'identifier tous les bénéficiaires d'un service public, si la collectivité ne peut exclure les individus qui n'auraient pas participé au financement du bien ou si le bien ou service profite indirectement à des individus qui n'en supportent pas le coût de production, alors le recours à la redevance n'est pas envisageable. On parle alors d'une « gratuité technique », liée à la nature même de ces biens et services publics « placés indistinctement au service d'un intérêt général global indifférencié »[117].

En effet, en présence de biens publics purs[118], le paiement par l'usager est difficilement concevable.

Pour ces services qui bénéficient à un ensemble indéterminé de bénéficiaires, la tentative d'identification d'un lien suffisamment direct avec des usagers déterminés, et la recherche ultérieure de leur contribution, n'auraient pas ou bien peu de sens au regard de la théorie économique[119].

Bien sûr, dans la pratique et surtout au niveau local, les équipements publics sont rarement des biens publics purs au sens de SAMUELSON : ils sont en réalité souvent divisibles ou induisent des effets de congestion. Mais une piscine, un théâtre, ou encore une école sont des biens publics combinant un certain degré de rivalité et d'exclusion qui justifie l'intervention de la puissance publique et le recours, au moins partiel, à l'impôt.

Un paiement du service par l'usager suppose que l'activité considérée porte sur des biens ou services pouvant être fournis séparément à des personnes dûment individualisées. Tout d'abord, l'usager, dans le cadre d'une démarche active en vue de bénéficier de la prestation, révèle ses préférences en acceptant de payer un certain prix pour bénéficier d'une quantité donnée. Ensuite, l'usager, en consommant une partie de la prestation, exclut qu'une autre personne puisse simultanément en bénéficier.

Notons que, au-delà de ce raisonnement avancé par la théorie économie classique pour approuver le financement des biens publics par l'impôt[120], la théorie dite de la croissance endogène justifie elle aussi l'intervention de la puissance publique et le recours à l'impôt pour financer des biens et équipements, notamment d'infrastructure, dans un périmètre beaucoup plus large.

Si la théorie économique justifie le non-recours aux redevances pour certains services ou biens publics, elle reconnaît néanmoins l'intérêt de ce levier de financement, pour éviter une demande excessive et ainsi discipliner l'usager en lui faisant prendre en considération les coûts de sa consommation, ou encore pour ne pas faire porter sur les contribuables non-usagers les coûts de production de biens ou services publics ciblés.

Néanmoins, les conditions de mises en place d'une redevance sont très restrictives. Les bénéficiaires doivent être identifiables, et les services collectifs individualisables. Les usagers qui ne s'acquittent pas de la redevance doivent pouvoir être écartés. La tarification de la redevance doit pouvoir refléter le coût marginal[121] de l'utilisation du bien ou service public. Enfin, et c'est peut-être la condition la plus souvent oubliée, les externalités positives doivent être modérées, car les usagers, certes incontestables bénéficiaires de premier rang du service, n'ont pas vocation à supporter la totalité du coût de leur consommation si l'ensemble de la collectivité en bénéficie indirectement[122].

Par exemple, l'installation sur le domaine public de dispositifs de vidéosurveillance ne saurait donner lieu à la mise en œuvre d'une redevance, puisqu'ils intéressent le service public de sécurité publique qui bénéficie par nature à tous les citoyens : une commune peut ainsi parfaitement signer une convention relative à l'occupation et l'utilisation de son domaine public par l'Etat à titre gratuit, en dérogation au principe selon lequel toute occupation du domaine public doit donner lieu au versement d'une redevance[123]. La mission de sécurité publique, bénéficiant à tous, justifie dans un raisonnement similaire que l'implantation des radars de la sécurité routière ne donne pas lieu à l'acquittement d'une redevance en faveur des collectivités concernées, en l'espèce les conseils généraux : cette exception au principe général de tarification en cas d'occupation du domaine public a d'ailleurs obtenu une onction législative, dans le cadre d'une récente modification du Code général de la propriété des personnes publiques[124].

C'est en quelque sorte un paradoxe apparent de l'analyse économique : si le recours à l'instrument fiscal ne se justifie dans la théorie qu'en dernier ressort ou de manière résiduelle pour des biens publics purs ou en cas de non-réalisation de l'une des différentes conditions posées pour l'établissement d'une redevance, il est dans la pratique le principal levier de financement en raison des conditions qui pèsent sur la mise en œuvre d'une tarification des usagers.

Ainsi, l'analyse économique établit d'ores et déjà un périmètre de services publics ne pouvant pas être financés par les redevances, au regard de leurs caractéristiques et de leur destination, ainsi qu'un périmètre d'intervention exclusif et légitime des redevances, lui plus restreint. La "zone grise" restante peut faire l'objet d'un financement conjoint par le contribuable et par l'usager.

Si l'incapacité à identifier objectivement ou par convention un usager au service public rendu est un frein logique conséquent à une éventuelle tarification, une configuration diamétralement opposée est tout aussi problématique : lorsque les non-usagers bénéficiaires de second rang du service rendu sont tout aussi nombreux voire bien plus que les usagers bénéficiaires de premier rang.

Section 2 : Le questionnement politique : que faire s'il n'y a que des bénéficiaires ?

Certains services pouvant techniquement faire l'objet d'un financement par les usagers demeurent à la charge des seuls contribuables, au regard des formidables externalités positives qu'on leur prête, à tort ou à raison. Toute mise en œuvre d'une tarification serait alors problématique, puisqu'elle pourrait conduire à restreindre l'accès des usagers aux services et *in fine* le bien-être collectif.

Parce que l'appréciation des externalités positives des services visées est fluctuante d'une société à l'autre et d'une période à l'autre, on peut parler ici de « gratuités socialement construites »[125].

A- Fondements de cette gratuité

Si la possibilité même d'un financement par l'usager est nécessairement exclue lorsque le service n'a pas de bénéficiaires directs identifiables ou pouvant être exclus, il peut en aller autrement dans les cas où les services publics locaux, même essentiellement assurés dans l'intérêt général, s'adressent à des utilisateurs déterminés : crèches, études, cantines scolaires, centres aérés, ou encore transports. Le paiement par l'usager peut alors être envisagé, mais il n'a rien d'automatique : il s'agit là d'un choix politique.

En fonction de la nature et de l'objet du service, le recours à la solidarité nationale ou locale, à travers le financement par l'impôt, peut être jugé préférable. C'est notamment le cas pour certains services publics pour lesquels de nombreux usagers ne seraient pas solvables. A l'inverse, le caractère onéreux du service peut se justifier par l'idée qu'il n'y a aucune raison que les contribuables, en finançant des services dont ils ne bénéficient pas nécessairement, fassent des "cadeaux" à des usagers qui peuvent ne pas être contribuables par ailleurs, comme c'est le cas pour les usagers non imposables ou extraterritoriaux.

On parle alors, en l'absence de redevance, d'une « gratuité politique », expression d'une certaine conception de ce qui relève de la solidarité. Il ne s'agit pas d'une gratuité uniquement « compassionnelle »[126], fondée sur la situation des usagers du service public visé, mais bien d'une gratuité liée à un corpus intellectuel et philosophique, une conception générale de ce qui relève d'une prise en charge par l'ensemble de la société. Pour Jean-Louis SAGOT-DUVAUROUX, co-auteur d'un livre sur l'expérience de la gratuité des transports mise en œuvre à l'échelle d'une agglomération à la fin des années 2000[127], cette gratuité politique s'impose « lorsque certains constats partagés collectivement ne sont plus supportables », en général dans « un temps politique mobile, [...] où le principe d'égalité est pensé pour éviter que la société ne se fragmente un peu plus »[128]. Notons qu'il ne s'agit pas là d'une expérience isolée sans potentiel d'exportation ou de migration, puisque d'autres collectivités locales ont fait ce choix de la gratuité, en France comme à l'étranger[129].

Tous les services publics présentent des externalités[130] positives, qu'elles soient démontrées plus ou moins scientifiquement ou qu'elles soient ancrées dans l'imaginaire collectif : nous sommes tous bénéficiaires, indirectement et à des degrés divers, des services mis en œuvre par la personne publique, et c'est justement pour cela qu'une contribution commune à leur financement est justifiée. Il n'est ainsi pas illogique que des usagers d'un service public ne paient qu'un prix très inférieur à son coût réel, voire pas de prix du tout, si le service en question est porteur d'importantes externalités positives pour la société dans son ensemble.

Cette incidence des services publics à l'ensemble de la population explique qu'il soit si difficile de déterminer précisément la valeur et leur apport, si ce n'est peut-être à l'aune des coûts générés par son absence ou son retrait. La meilleure synthèse de cette idée est cette phrase prêtée à Abraham LINCOLN :

"If you think education is expensive, try ignorance !"[131]

Lorsque les externalités positives d'un service public, c'est-à-dire les avantages accordés aux personnes qui n'en sont pas les usagers, atteignent dans l'imaginaire collectif un niveau conséquent, parfois supérieur aux avantages retirés par les usagers, alors le choix politique de ne pas tarifer peut faire sens. C'est le cas notamment pour les services publics de vaccination ou, pour prendre des exemples locaux, les transports urbains ou certains services publics administratifs culturels. On évoquera ici le cas de la gratuité des musées, mise en œuvre par des collectivités significatives comme la ville de Paris depuis 2001. Là aussi, l'absence de contribution demandée à l'usager, bénéficiaire de premier rang du service rendu, se justifie par une conception de ce service public culturel comme « un lieu de formation à l'art pour les initiés » d'une part, mais aussi « un outil d'éducation populaire »[132]. C'est cette dimension éducative, par essence porteuse d'externalités positives pour l'ensemble de la société, qui justifie une prise en charge du service public culturel par le contribuable et non l'usager.

Notons que ces externalités positives qui justifient la gratuité d'un service pouvant économiquement faire l'objet d'une tarification doivent également s'entendre sur le long terme. Ainsi, quand l'article 7 de la loi n°2002-5 du 4 janvier 2002 relative aux musées de France instaure la gratuité de l'accès aux collections permanentes pour les mineurs, disposition désormais reprise à l'article R.411-2 du Code du patrimoine, il s'agit clairement de « développer chez eux l'habitude de fréquenter les richesses culturelles de la France pour qu'ils conservent cette pratique ultérieurement »[133], lorsqu'elle sera devenue payante. La gratuité n'est ici pas une faveur, mais un investissement, un don qui ne doit pas être séparé dans son analyse d'une possible future situation de contre-don.

La tendance actuelle est, au niveau national plus encore qu'au niveau local, à la restriction du périmètre de ce qui relève de la solidarité nationale et n'appelle pas de financement par l'usager ou un financement purement symbolique[134] et sans rapport au coût du service rendu.

Un consensus semble même se dégager, lorsque l'on voit par exemple que le groupe de réflexion Terra Nova, au positionnement socio-démocrate dirons-nous, et l'Institut de l'Entreprise, d'inspiration beaucoup plus libérale, proposaient tous les deux en 2011[135] d'augmenter les droits d'inscription à l'université.

Au-delà de l'arbitrage politique à rendre au niveau local, le législateur a parfois expressément prohibé la perception de redevance auprès des bénéficiaires de certains de ces services publics assurés dans l'intérêt général, alors qu'une logique purement économique ne s'y opposerait pas. Ce choix politique du décideur national, liant les mains du décideur local qu'il est souvent également par ailleurs[136], est d'ailleurs une excellente illustration de la transition de la contrainte politique à la contrainte juridique qui pèse sur la mise en œuvre de redevance.

B- Limites de cette gratuité

Selon une jurisprudence constante partagée par le Conseil constitutionnel et le Conseil d'État, il n'existe pas de principe de gratuité du service public. Mais si la gratuité peut ponctuellement s'imposer en vertu d'un texte à valeur constitutionnelle ou législative[137], il n'est cependant pas interdit au décideur local de la mettre ponctuellement en œuvre pour certains services publics dont il a la charge.

Comme le rappelle Robert HERTZOG[138], « les fondateurs de la doctrine du service public n'ont pas fait de la gratuité un de ses principes constitutifs ». En effet, le droit positif n'a jamais consacré un principe général de gratuité des services publics, et la doctrine comme la jurisprudence confirment bien l'absence de ce principe :

« D'une façon générale, la gratuité n'est certainement pas au nombre des lois du service public. »[139]

Si, dans les premières décennies du XXe siècle, de très nombreux auteurs comme Maurice HAURIOU ou Gaston JEZE ont pu soutenir que la condition *sine qua non* d'un égal accès au service public était la gratuité, le développement dans l'entre-deux-guerres d'un interventionnisme des personnes publiques pour lequel le paiement d'une redevance est la règle[140] a conduit la doctrine à se remettre en cause. Aujourd'hui, l'existence d'un principe de gratuité pour l'ensemble des services publics n'est plus invoquée. Outre la doctrine, les jurisprudences du Conseil constitutionnel[141] et du Conseil d'État[142] ont soulignées à maintes reprises l'absence d'un principe de gratuité du service public, alors même que lesdites jurisprudences avaient déjà consacré le principe d'égalité d'accès aux services publics[143] qui lui a longtemps été associé.

N'étant pas un impératif juridique, sauf pour certains services d'intérêt général astreints sur le fondement de dispositions législatives spécifiques à ne pas exiger de rémunération en contrepartie des prestations fournies[144], la gratuité est bien un choix politique : l'arbitrage en faveur d'un financement intégral du service par l'impôt, attestant soit d'une volonté forte d'accessibilité du service soit d'un rattachement de l'activité visée au "noyau dur" des services publics.

Ce choix politique se fait néanmoins, et on l'oublie parfois, dans les limites d'un cadre juridique. La gratuité est ainsi illégale lorsque la loi peut être interprétée comme ne l'autorisant pas ou lorsqu'elle est sans rapport avec l'objet du service. Ont par exemple été jugés illégaux des dégrèvements de redevance d'assainissement accordés aux bénéficiaires de l'allocation supplémentaire du Fonds National de Solidarité, et aux personnes âgées ou atteintes d'une invalidité les rendant inaptes au travail[145], ou encore l'exonération de la redevance d'enlèvement des ordures ménagères pour les personnes âgées de plus de 70 ans[146] ou certaines catégories d'usagers[147] sans qu'il n'y ait aucune justification de ce qu'ils ne produiraient aucun déchet ménager ou même moins que la moyenne des usagers.

Sur cette éventuelle tarification nulle d'un service public local, il semble intéressant de faire appel à l'analyse de Martine LONG :

« Dans l'absolu, le principe de gratuité du service public apparaît comme une condition impérative afin de garantir l'égal accès au service public. Dans la pratique, il est évident qu'une telle solution ne peut être satisfaisante. »[148]

Si, en théorie, la gratuité est séduisante et peut se fonder sur un bel idéal, elle ne résiste que difficilement au principe de réalité et surtout à une analyse plus fine démontrant son caractère foncièrement injuste : d'une part, elle met en effet les usagers dans une situation d'égalité formelle et non réelle ; d'autre part, elle implique une mobilisation accrue d'un impôt local dont la structure est loin d'être toujours progressive.

Si la gratuité a une image extrêmement positive auprès des usagers et des élus[149], permettant à la fois d'ouvrir l'accès au service public concerné et, plus symboliquement, de ne pas faire intervenir une transaction dans la mise en œuvre d'un service public, elle est porteuse de nombreux défauts.

Tout d'abord, elle représente une négation de la tarification sociale permise par la jurisprudence *Denoyez et Chorques*[150] puisque la même contribution, nulle, est demandée à des usagers présentant des différences de situation appréciables, notamment en matière de revenus. C'est là tout le paradoxe de cette gratuité, apparaissant comme « un palliatif aux écarts de richesses »[151] quand en réalité elle ne fait que les entretenir avec la surmobilisation du levier fiscal qu'elle implique[152].

Ensuite, elle interdit toute mise en œuvre d'une tarification incitative, dont on sait qu'elle peut être un formidable levier d'évolution des comportements des usagers-citoyens[153].

Elle peut également inciter au gaspillage de ressources[154] et plus généralement à une surutilisation des services, dans le cadre de ce que l'on appelle une illusion fiscale[155] : « la gratuité rend aveugles les décideurs locaux et boulimiques les usagers »[156].

Enfin, elle ne permet pas des investissements suffisants sur la durée, pour les services publics nécessitant des dépenses conséquentes.

De façon générale, comme le rappelaient GRUSON et COHEN, « un faible appel aux participations directes des usagers n'a de sens du point de vue de la réduction des inégalités que si le public qui fréquente ces services comporte un pourcentage important en personnes démunies »[157] : la gratuité peut être, selon les circonstances, particulièrement injuste.

Surtout, la gratuité implique une forme de subventionnement des usagers par les contribuables locaux. Or, la fiscalité locale n'est, dans son avatar actuel, pas porteuse d'une réelle justice dans la répartition de la charge commune entre les contribuables sollicités. La question fondamentale, à savoir « l'impôt ou la taxe qui finance en cas de gratuité est-il, au bout du compte, plus égalitaire que le prix ? »[158], n'est pas en effet suffisamment posée dans de nombreuses situations où la gratuité est mise en œuvre.

Au final, ce questionnement politique se fonde sur une certaine ambiguïté : le fait que les services publics visés soient « sans prix »[159] et présentent « une valeur en soi […] incalculable par essence »[160], ce qui n'est ici pas contesté, ne devrait logiquement pas interdire en toute occasion la mise à contribution des usagers lorsque ces derniers sont identifiables, jouissent de prestations parfaitement divisibles, et sont bien des bénéficiaires du service rendu.

C- Le secteur culturel, archétype des tensions inhérentes à la gratuité politique

Les équipements culturels sont certainement, avec les transports en commun[161], les services publics pour lesquels la tentation de la gratuité est certainement la plus forte.

Les arguments en faveur de celle-ci sont en effet nombreux et très variés[162], au-delà des fondements juridiques qui sont souvent mobilisés par ses défenseurs[163].

Elle permet la démocratisation et le partage de la culture[164], sachant que le prix peut être une barrière matérielle ou psychologique à la fréquentation[165]. C'est également la meilleure option du point de vue du bien-être collectif[166]. Un système de tarification ne sera pas toujours rentable au regard des coûts de gestion afférents, et, quelles que soient les populations qu'il décide de privilégier dans la grille tarifaire arrêtée, il sera toujours contestable et contesté[167]. Même pour les personnes qui pourraient bénéficier d'un tarif réduit, voire nul dans le cadre de la grille tarifaire arrêtée, la gratuité généralisée permet une non-discrimination : « l'usager n'a plus à justifier de sa qualité de pauvre »[168], ce qui pouvait être parfois bloquant dans la démarche. Enfin, la gratuité permet de fidéliser les visiteurs et développer des habitudes de fréquentation.

Mais il existe des arguments tout aussi pertinents en la défaveur de cette gratuité.

Ce qui apporte de la valeur a nécessairement un prix[169] ; la gratuité peut ainsi diminuer la valeur perçue du musée, le prix restant un signal communément admis dans la théorie économique de la qualité d'un bien ou d'une prestation.

Ce n'est pas le prix qui est l'obstacle premier à la fréquentation d'un musée, mais un frein psychologique[170] ; les réussites parfois constatées en matière de fidélisation des publics grâce à la gratuité ne doivent ainsi pas être accueillies comme des réussites en matière de démocratisation, les fortes progressions constatées étant souvent dues aux mêmes visiteurs[171].

La gratuité limite la progressivité de la structure de financement du service public considéré en ne permettant pas la mise en œuvre d'une redevance plus élevée pour les hauts revenus, avec une tarification progressive déconnectée en partie du service rendu et liée aux capacités contributives des usagers.

La gratuité pose également d'autres problèmes divers et variés. Elle peut aboutir à une déresponsabilisation dans la gestion du site. Elle limite l'autonomie des musées en les privant d'une ressource complémentaire. Elle aboutit *in fine* à faire financer par l'ensemble des contribuables un service, pour ne pas dire à un loisir, bénéficiant dans les faits à la part de la population qui présente le capital financier et culturel le plus élevé. Enfin, elle ne permet pas de rationner la demande dans des situations de capacité d'accueil limité.

Pour synthétiser cette problématique et la remettre dans le contexte budgétaire actuel, on peut dire que s'il est théoriquement essentiel que tous les citoyens aient accès au patrimoine de la collectivité, il est nécessaire de dégager des ressources : sans argent dégagé, une épée de Damoclès ne peut que peser en permanence sur le site culturel.

Dans ce débat, l'humanisme revendiqué par les uns est dénoncé comme une déconnexion de la réalité, quand le pragmatisme affiché par les autres est catalogué comme le pire des utilitarismes : le débat n'en est souvent que plus difficile et les décisions prises par les collectivités locales en la matière, quelles qu'elles soient, sont nécessairement critiquées au grand renfort de principes présentés comme cardinaux et de logiques exposées comme irréfutables. En réalité, pour reprendre les propos de Philippe MATHIEU[172], la gratuité a « des effets ambivalents » : « tout en ayant un impact sur la fréquentation, [elle] n'est pas systématiquement et durablement à l'origine d'une augmentation présentée comme spectaculaire ».

On constatera, en guise de transition, que les deux premiers questionnements évoqués, économique et politique, recoupent bien les deux grandes catégories de dépenses publiques qui nécessitent un financement par l'impôt, définis par Yves CANNAC[173]. En premier lieu, il y aurait dans cette grille de lecture les dépenses « utiles ou indispensables collectivement, qu'aucun acteur privé, à le supposer pourvu de moyens nécessaires, n'aurait un intérêt suffisant à faire par lui-même, parce que le retour en est trop lointain ou trop collectif ». En second lieu, il y aurait les dépenses « nécessaires à des missions indispensables dans une société civilisée et qu'il n'est pas acceptable de laisser dans des mains privées ».

Ils coïncident plus généralement avec la définition des services publics donnés par Léon DUGUIT[174], à savoir « des activités, dont l'accomplissement doit être assuré, réglé et contrôlé par les gouvernants, parce que cet accomplissement est indispensable à la réalisation et au développement de l'interdépendance sociale, et qu'elles sont de telle nature qu'elles ne peuvent être réalisées complètement que par l'intervention de la force gouvernante » : c'est parce qu'il ne peut être assumé convenablement par la seule initiative privée et/ou qu'il a une vertu sociétale forte qu'un service est public, et ce sont ces mêmes caractéristiques qui s'opposent au financement de ce service par la seule redevance.

Certes, la gratuité n'est pas un des principes constitutifs de la doctrine et de la législation des services publics en France. Mais lorsque les externalités positives du service rendu sont unanimement perçues comme élevées voire inquantifiables, l'absence de tarification s'impose aux décideurs publics. Parce qu'il s'agit là d'un questionnement sociétal, il est par essence sujet à des évolutions au fil des décennies : la gratuité ou la tarification de l'ordre du symbole longtemps admise au regard de l'intérêt de tous pour un service public peut un jour être remise en cause.

Conclusion du chapitre 1

En première lecture, ces considérations économique et politique peuvent apparaître comme de sérieux freins à la tarification des services publics locaux. Si cela a longtemps été le cas, ce ne l'est plus vraiment aujourd'hui.

D'abord parce que les services publics locaux présentant la double caractéristique de non-rivalité et de non-exclusion, déjà rares hier, sont de moins en moins nombreux. Des services publics dont le caractère indivisible n'était auparavant ni contestable ni contesté, comme la sécurité ou la salubrité, peuvent désormais techniquement faire l'objet d'une identification de leurs usagers et par incidence d'une tarification.

Ensuite et surtout parce que les externalités positives des services publics, et les bénéfices pour les non-usagers qu'elles emportent, sont désormais remis en cause. Au regard de cette évolution, la prise en charge des services visés par le seul contribuable n'a politiquement plus de légitimité. Le développement des analyses sur les coûts économiques et sociaux de la gratuité contribue également à cette tendance.

Les considérations économiques et politiques, dans le contexte actuel, ne sont ainsi plus les freins qu'elles étaient traditionnellement à la tarification des services publics locaux. Elles en seraient même aujourd'hui un moteur. Reste à savoir ce que le législateur, le pouvoir réglementaire et le juge administratif acceptent en la matière.

Chapitre 2 : L'évolution des conditions juridiques de la tarification

Les trois caractéristiques qui déterminent juridiquement une redevance, par opposition à une contribution fiscale, ont été posées par la décision fondatrice *Syndicat national des transporteurs aériens*[175] : est une redevance pour service rendu « toute redevance demandée à des usagers en vue de couvrir les charges d'un service public déterminé ou les frais d'établissement et d'entretien d'un ouvrage public, et qui trouve sa contrepartie directe dans les prestations fournies par le service ou dans l'utilisation de l'ouvrage »[176].

Si cette décision a permis aux redevances de devenir « la catégorie de ressources publiques la mieux délimitée »[177], un certain nombre de questions subsistent une fois ce cadre général posé.

Insistons bien, avant d'aller plus en avant dans notre raisonnement, sur l'importance des conclusions auxquelles le juge administratif peut aboutir dans le cadre du contrôle qu'il exerce : le refus de qualification de redevance pour la contribution instituée, en cas de non-respect d'un des trois critères posés par la décision *Syndicat national des transporteurs aériens*, emporte incorporation dans la catégorie des impositions de toutes natures, catégorie relevant de la compétence exclusive du législateur. Pour l'État, cette requalification peut ne représenter *in fine* qu'un contretemps : le Gouvernement pouvant demander au Parlement de se saisir de la question pour mettre en œuvre une imposition de toute nature reprenant les caractéristiques de la pseudo-redevance initialement mise en œuvre par le pouvoir réglementaire. Elle est en revanche bien plus problématique pour les collectivités locales, qui ne peuvent que renoncer à la contribution créée dans ses caractéristiques originelles.

Section 1 : Une interprétation extensive de la jurisprudence Syndicat national des transporteurs aériens

Sur les dernières décennies, le décideur public local a progressivement été affranchi des contraintes que pouvait représenter une interprétation trop stricte de la jurisprudence fondatrice de 1958. Identification de l'usager, couverture de la charge et contrepartie peuvent désormais être appréciées avec une réelle latitude.

A- Une redevance « demandée à des usagers »

Si ce critère semble en apparence le plus évident à contrôler par le juge, il n'en est rien. Car la qualité d'usager autorisant la mise en œuvre d'une tarification ne dépend pas tant de la position formelle de la personne concernée que de la nature du service qui lui est concrètement rendu. On peut synthétiser le questionnement afférent en deux points.

1- Le service, même s'il est exercé en direction d'une personne déterminée, est-il assuré essentiellement dans l'intérêt général et non dans l'intérêt de cette personne ? Si oui, aucune redevance pour service rendu ne peut être mise en œuvre puisque l'usager n'est pas réellement bénéficiaire du service rendu.

2- Le service rendu au redevable désigné est-il une intervention particulière d'un service public rendu certes dans l'intérêt de tous, excédant en l'espèce « les besoins normaux [...] auxquels la collectivité est tenue de pourvoir dans l'intérêt général »[178] ? Si oui, une redevance pour service rendu peut être mise en œuvre.

a) Quand l'usage n'est pas le bénéfice

Ainsi, lorsque le redevable n'est pas le bénéficiaire principal du service rendu, la somme mise à sa charge ne peut être juridiquement considérée comme une redevance, mais uniquement comme une taxe. Parce que l'« intérêt essentiel » de tels services, pour reprendre une formulation du Conseil d'État[179], n'est pas celui de l'usager, il serait dès lors illogique de mettre à la charge de certains ce qui est de « l'intérêt collectif de tous »[180].

Ont ainsi été déclarées illégales des redevances pour frais de contrôle aérien[181] au motif qu'elles financeraient une mission de police qui servaient non pas l'intérêt des compagnies aériennes qui les acquittaient, mais bien l'intérêt général. Le Conseil d'État a également été amené à censurer une redevance destinée à faire rembourser par les propriétaires de terrains situés dans une zone industrielle les dépenses d'équipement qu'elle avait exposées[182], car les entreprises, les locataires ou encore les habitants limitrophes de ladite zone avaient également bénéficié de l'opération d'aménagement. C'est toujours dans cette logique qu'une contribution imposée aux associations syndicales de propriétaires en matière de lutte contre les incendies, au regard du décret n°80-312 du 5 mai 1980 relatif à la contribution des associations syndicales de sylviculteurs, n'est pas une redevance pour service rendu : si elle a été établie sans aucun doute dans l'intérêt des associations visées qui bénéficient de l'activité des sapeurs-pompiers, l'intérêt essentiel de cette prestation concerne bien l'ensemble de la population[183]. Ont également été jugés illégaux les prélèvements institués dans le cadre du contrôle médical imposé aux étrangers dans le cadre d'une demande initiale de titre de séjour[184], cet examen ayant pour véritable objet la santé publique.

De façon générale, les redevances mises en œuvre dans le cadre de contrôles, inspections ou vérifications auxquels l'administration procède[185] sont très souvent censurées, sauf si le service visé est « principalement et directement » rendu au profit des personnes contrôlées[186] ou si la loi prévoit expressément une telle contribution[187].

Pour identifier ces services publics rendus essentiellement dans l'intérêt général, le juge administratif peut parfois se fonder directement sur la production normative. Des dispositions constitutionnelles, législatives ou réglementaires particulières ont pu prohiber ou *a minima* encadrer la mise en œuvre de redevance pour les bénéficiaires de premier rang de certains services publics : service d'incendie et de sécurité[188], diffusion du droit par Internet[189], autoroutes[190]. En cas de silence des autorités, ce qui n'est pas rare, il lui revient alors d'apprécier la nature du service rendu.

b) Quand le bénéfice excède l'usage normal

À l'inverse, a été reconnue la légalité de redevances mises à la charge d'usagers de services publics qui bénéficient bien à l'ensemble de la population,[191] mais dont la mise en œuvre est considérée en l'espèce comme dépassant l'usage normal et général du service concerné.

Il y a près d'un siècle, c'était une redevance municipale visant à couvrir les dépenses de « surveillance toute spéciale excédant les besoins normaux auxquels sont tenus de pourvoir, aux frais de la commune, les services organisés pour la protection des lieux publics ou privés »[192]. Il y a un quart de siècle, c'était une redevance municipale visant à couvrir les « interventions particulières de la commune dans les domaines de la circulation, de la sécurité, de la salubrité [...] qui excèdent les besoins normaux des personnes et des biens auxquels la collectivité est tenue de pourvoir dans l'intérêt général »[193]. Il s'agit bien là de services à l'intérêt général incontestable, comme la sécurité et la salubrité, mais dont la mobilisation concrète, quasi privative, justifie la mise en place d'une tarification.

Le principe semble à peu près clair : ne peut pas faire l'objet d'une tarification un service public relevant essentiellement de l'intérêt général à moins que sa mise en œuvre concrète au bénéfice d'un tiers excède les besoins normaux de la population. Principe clair donc, mais application complexe, l'appréciation par le législateur et le juge de ce qui relève de la normalité étant en constante évolution, plus particulièrement dans les dernières années. En effet, pour des services pour lesquels on excluait traditionnellement un financement par les usagers au nom de l'intérêt général ou de la solidarité nationale[194], la législation tend de plus en plus à distinguer les missions obligatoires et les prestations spécifiques, services divisibles[195] ou utilisations privatives du service, pour lesquels la mise en place d'une redevance ne serait pas illégitime. Le législateur a initié en la matière une réelle translation d'une logique de prohibition de la redevance à une logique d'encadrement strict[196], et cette démarche a mécaniquement impacté la production jurisprudentielle.

La loi n°95-73 du 21 janvier 1995 d'orientation et de programmation relative à la sécurité a organisé les modalités d'indemnisation des forces de l'ordre pour les dispositifs de sécurité mis en place pour des compétitions sportives, manifestations culturelles ou autres évènements récréatifs. Cette loi permet de réclamer aux personnes pour le compte desquelles sont mis en place des services d'ordre « qui ne peuvent être rattachés aux obligations normales incombant à la puissance publique en matière de maintien de l'ordre » le remboursement des dépenses supplémentaires supportées dans leur intérêt.

On citera ici les mesures de police du transport aérien revêtant un caractère occasionnel et correspondant à une exigence particulière qui découlerait d'une initiative prise par le gestionnaire de l'aérodrome ou une entreprise de transport aérien[197]. On évoquera également la mise à la charge des organisateurs du Tour de France de certains frais de police[198].

Pour mémoire, en matière de service de police, une décision plus que centenaire[199] avait ouvert la voie : des prestations ne rentrant pas dans les missions obligatoires du service peuvent donner lieu à une mise à contribution des usagers. Mais cette jurisprudence n'avait donné lieu qu'à une exploitation relativement limitée jusqu'aux années 1980-1990.

De même, si l'activité des services de secours ou de lutte contre les incendies ne peut donner lieu à paiement même lorsque ces derniers interviennent pour venir en aide à une personne déterminée[200], l'article 42 de la loi n°96-369 du 3 mai 1996 relative aux services d'incendie et de secours autorise les sapeurs-pompiers à facturer les interventions qui ne se rattachent pas directement aux missions de service public définies l'article 2 de la même loi[201]. La charge de l'intervention des sapeurs-pompiers n'est ainsi supportée par la collectivité que « dans les limites des besoins normaux de protection des personnes et des biens auxquels elle est tenue de pourvoir dans l'intérêt général »[202] : le remboursement des frais exposés pour les prestations particulières s'apparente à une tarification, même si elle se révèle presque systématiquement postérieure à la mise en œuvre du service.

Un peu plus près de nous, la loi n°2002-276 du 27 février 2002[203] relative à la démocratie de proximité a ouvert la possibilité aux communes d'exiger des intéressés ou de leurs ayants droit une participation aux frais qu'elles ont engagés à l'occasion de certaines opérations de secours[204]. Il s'agit là d'une extension du principe déjà posé par la loi n°85-30 du 9 janvier 1985 relative au développement et à la protection de la montagne, à savoir la possibilité pour les communes situées en montagne de demander le remboursement des frais de secours qu'elles ont exposés à l'occasion d'accidents liés à la pratique de certaines activités sportives comme le ski de fond ou le ski alpin[205].

Ces dispositions de la loi n°2002-276 ont depuis été complétées par l'article 27 de la loi n°2004-809 du 13 août 2004 relative aux libertés et aux responsabilités locales qui précise encore les règles de répartition du financement des opérations de secours.

Il y a bien une multiplication, pour ces services publics fournis essentiellement au bénéfice de l'intérêt général, des possibilités de dérogations à la logique de gratuité au nom d'un usage quasi privatif par quelques tiers de ces services, que cet usage privatif soit voulu par la personne visée ou une conséquence attendue, avec un certain degré de probabilité, de son comportement.

Ces tempéraments au principe de gratuité qui gouvernait jusqu'alors aux missions de police et de sécurité sont plus souvent le fait du législateur que celui du juge administratif[206] : s'il n'hésite pas à sanctionner des redevances qui pèsent sur des usagers qui ne sont pas les seuls ou réels bénéficiaires de services publics exercés dans l'intérêt général, le juge administratif se montre à l'inverse beaucoup plus prudent lorsqu'il s'agit de cautionner des redevances frappant les usagers bénéficiant pourtant clairement des prestations accessoires, excédant les besoins normaux auxquels la collectivité est tenue de pourvoir. Ainsi, avant l'adoption de la loi n°85-30 du 9 janvier 1985 relative au développement et à la protection de la montagne, il n'avait pas hésité à censurer les communes qui faisaient payer les frais de secours aux victimes d'accidents survenus sur le domaine skiable. Le juge, au regard de la dimension fortement politique et polémique de la délimitation du périmètre des services publics ne pouvant donner lieu à un financement par les bénéficiaires de premier rang, a certainement préféré laisser sur ce point la représentation nationale face à sa responsabilité.

Pour conclure sur cette problématique de la qualification d'usager ouvrant droit à une éventuelle tarification par la personne publique, on notera que la jurisprudence de l'Union européenne diverge quelque peu en la matière de notre droit national.

En France, une personne n'est considérée comme un véritable usager par le juge administratif que si le service public n'est pas rendu essentiellement dans un intérêt général et si l'intervention particulière dudit service excède les besoins normaux auxquels la collectivité est tenue de pourvoir. C'est la nature même du service concrètement rendu qui permet de caractériser la position d'usager.

Pour le juge de l'Union, c'est une autre perspective qui est retenue : est considérée comme un usager toute personne qui n'a aucune obligation à recourir au service visé[207], que le service rendu soit rendu essentiellement dans un intérêt général ou non. Ici, c'est le caractère facultatif du service rendu qui permet d'identifier automatiquement la position d'usager. Précisions bien que cela ne signifie pas pour autant que le bénéficiaire de premier rang d'un service public obligatoire ne soit jamais considéré comme un usager : il s'agit là d'une tout autre question.

Il y a une réelle logique sous-jacente à cette jurisprudence : si un service public n'est pas obligatoire, c'est *a priori* qu'il n'est pas rendu essentiellement dans l'intérêt général, auquel la personne publique aurait tendance à l'imposer à la population concernée dans l'intérêt de tous. La divergence entre le droit national, où la nature du service conditionne la qualification d'usager, et le droit de l'Union européenne, où le caractère facultatif du service emporte la qualification d'usager, n'est qu'apparente. Il n'en est que plus étonnant que le juge administratif ne se soit jamais saisi à notre connaissance de cette modalité d'identification mise à sa disposition par le juge de l'Union, modalité au caractère opérationnel peu contestable.

B- Une redevance demandée « en vue de couvrir les charges d'un service public déterminé »

S'il y a une absence caractérisée de lien entre le montant de la contribution demandée à l'usager et le coût du service qui lui est rendu, ladite contribution sera requalifiée en taxe par le juge administratif[208].

Ce lien entre produits et charges du service, initialement défini par la jurisprudence comme une équivalence stricte, s'est progressivement transformé en proportionnalité puis en simple corrélation[209] entre le prix demandé et le coût du service mis en œuvre. Cette déconnexion tolérée entre le montant de la redevance et le coût du service est fondamentale, puisqu'elle permet concrètement à l'autorité administrative arrêtant la grille tarifaire de poursuivre d'autres objectifs de politique publique que la simple couverture du coût.

Pendant longtemps, une interprétation restrictive a en effet été retenue, avec obligation d'équivalence stricte entre le montant de la redevance exigée et le coût de la prestation fournie en contrepartie[210]. L'exercice d'un contrôle qui n'est pas maximum[211] sur ce montant demandé aux usagers et son lien avec le coût du service a cependant permis d'atténuer un peu la rigueur de ce principe dans sa mise en œuvre concrète. On insistera sur ce point : si le juge vérifie de façon effective la spécialité des prestations fournies et le lien direct entre celles-ci et les assujettis aux redevances, il a une conception plus souple en ce qui concerne le contrôle de l'équivalence entre le niveau des prestations et les montants demandés : seule la disproportion manifeste est sanctionnée[212].

L'appréciation de la légalité de la redevance, au regard de son niveau, se fait théoriquement en deux temps[213].

Dans un premier temps, le juge administratif doit contrôler 1- la liste des éléments couvrant, selon l'autorité administrative, les charges, frais d'établissement et d'entretien du service, et 2- les modalités de calcul. C'est, pour utiliser une métaphore culinaire, le contrôle des ingrédients et de la recette. En la matière, il exerce un contrôle normal sanctionnant l'erreur de droit et l'erreur d'appréciation[214].

Concernant la liste des coûts rattachés au service rendu, le juge peut être amené à prononcer l'illégalité d'une redevance si sont inclus dans les coûts du service des éléments qui lui sont en réalité étrangers ou supportés par d'autres personnes publiques : dépenses de formation des pilotes ou de certification des appareils pour une redevance demandée aux transporteurs aériens[215], dépenses afférentes aux missions régaliennes de police des routes pour une redevance demandée à un concessionnaire[216].

Notons cependant que, dans le cadre d'un assouplissement jurisprudentiel datant des années 1990, les charges peuvent intégrer des dépenses afférentes à l'amélioration future du service rendu, même si l'usager présent n'en bénéficie pas directement[217] : le lien entre montant de la redevance et coût du service rendu peut désormais s'apprécier avec une certaine mise en perspective temporelle. Le Conseil constitutionnel a récemment rejoint le Conseil d'État dans cette prise en compte de la perspective temporelle en estimant qu'une redevance perçue pour les services d'un aéroport pouvait en partie servir au financement de services futurs[218]. Néanmoins, cet élargissement de l'assiette des dépenses éligibles se heurte toujours à un principe immuable : on ne peut instituer une redevance avant la mise en œuvre du service concerné[219].

Dans la pratique, l'illégalité est constatée non pas parce que l'administration a adopté une vision trop extensive des dépenses pouvant être rattachées au service rendu, mais tout simplement qu'elle ne présente pas les dépenses rattachées au service et leurs modalités d'exploitation au sein d'un calcul de coût. Le travail du juge s'en trouve alors simplifié : il lui suffit de constater l'absence de justificatifs pour déclarer la redevance illégale[220].

C'est d'autant moins compréhensible que la doctrine s'accorde à dire que, « dans la majorité des affaires, le juge n'a pas d'exigence comptable très détaillée »[221]. En effet, si le Conseil d'État a bâti une jurisprudence de plus en plus précise sur la nature des éléments qui entrent dans le calcul des coûts dont la couverture est demandée aux usagers, il reste plus prudent lorsqu'il s'agit de définir une méthode pour évaluer ces mêmes éléments. Dans une jurisprudence constante[222], il se limite en la matière, à partir des éléments fournis par les autorités publiques, à vérifier que le montant de la redevance soit effectivement proportionné au coût du service.

Il pourrait en théorie suffire de présenter des éléments de calcul, plus ou moins pertinents, pour satisfaire le juge administratif, quand l'absence de transmission, qui du côté de l'administration ne signifie pas tant absence de calcul que doute sur la pertinence dudit calcul, entraîne une censure quasi automatique. *Who dares wins*, comme le disent les Anglo-saxons ?

Dans un second temps, le juge administratif apprécie le calcul lui-même. Pour rester dans la métaphore culinaire, nous sommes ici en présence du plat effectivement confectionné à partir des ingrédients et de la recette. En la matière, assez logiquement, il n'exerce qu'un contrôle restreint sanctionnant l'erreur manifeste d'appréciation[223].

Ainsi, le juge administratif exerce un contrôle normal sur les modalités de calcul de la redevance, sanctionnant l'erreur de droit ou d'appréciation, et un contrôle restreint sur la réalisation concrète du calcul, recherchant la seule erreur manifeste d'appréciation.

Certains voient dans ce contrôle qui se refuse à être maximum, dans le cadre de ce qui serait alors un contrôle dit de proportionnalité, une réelle logique : au même titre que « le Conseil constitutionnel ne se reconnaît pas un pouvoir général d'appréciation et de décision de même nature que celui du Parlement »[224] en général et en matière fiscale en particulier, il n'est pas étonnant que le juge administratif se refuse à se substituer au pouvoir réglementaire pour apprécier la pertinence d'une grille tarifaire au-delà de son simple respect d'impératifs fixés par la loi ou la jurisprudence. S'il revendique un certain pouvoir d'influence du législateur et de l'exécutif à travers ses avis[225], le juge administratif est logiquement plus prudent que le médium de ses idées est un jugement.

D'autres sont plus critiques et pointent du doigt l'incapacité matérielle, voire intellectuelle, du juge à analyser les justifications comptables. On peut même allez jusqu'à dire que cette latitude de contrôle entérine d'une certaine façon la dimension partiellement subjective d'un calcul présenté comme objectif, le coût du service pouvant faire intervenir des composantes et des estimations très variables en fin de compte. Cette seconde appréciation doit être relativisée : il est incontestable que le contrôle de la nature des éléments pris en compte pour calculer les coûts dont la couverture est demandée tend à se renforcer avec le temps, mais aussi avec la montée collective en compétences des juges administratifs sur les enjeux budgétaires, financiers et comptables.

Concernant ce critère de couverture des charges du service rendu, on notera qu'il se retrouve également dans la jurisprudence de l'Union, dans ses deux dimensions ici analysées : l'interdiction qu'une redevance participe, à travers une surtarification, au financement de services publics autres que celui dont l'usager bénéficie[226] d'une part ; l'obligation d'une proportion[227] puis d'une corrélation[228] entre le montant acquitté et le coût du service rendu d'autre part.

Des trois critères posés par la décision *Syndicat national des transporteurs aériens*, c'est certainement celui qui soulève le plus d'insatisfaction, car il est porteur d'un véritable problème logique. Comme le disait M. CHARDEAU dans les conclusions de la décision de 1958 :

« Le principal reproche que l'on puisse lui adresser est de faire dépendre la nature de la redevance ou de la taxe de son taux : au-delà d'une certaine limite, la redevance, n'ayant plus de commune mesure avec le service rendu, se transformerait en taxe fiscale. En logique pure, ce n'est pas très satisfaisant. »[229]

Ce critère est par ailleurs théoriquement incompatible, dans sa définition la plus rigoureuse, avec deux pratiques tarifaires répandues que sont l'abonnement et le forfait[230], puisque dans les deux cas le niveau de la redevance, en cas de faible utilisation du service par l'usager, est clairement déconnecté du coût de production dudit service.

Cette limite logique, combinée à la difficulté pour le juge d'apprécier concrètement le coût du service rendu et le contrôle restreint qu'il met en œuvre à cette occasion, explique certainement que ce critère demeure aujourd'hui encore celui qui est le moins souvent soulevé lorsqu'il s'agit de contester devant la juridiction administrative la légalité d'une redevance.

C- Une redevance devant « trouver sa contrepartie directe dans les prestations fournies par le service »

Là aussi, le principe est clair : « sont des taxes fiscales les prélèvements exigibles indépendamment de toute prestation effective de service public. »[231]

Il doit y avoir un lien étroit entre paiement et service[232], alors que la taxe se caractérise elle juridiquement par l'absence de contrepartie spécifique[233]. Il est nécessaire que le débiteur de la redevance bénéficie effectivement d'un service[234]. Le juge administratif s'est ici inspiré du concept économique d'échange pour tracer la ligne de partage entre l'impôt et le tarif.

Cela peut sembler naturel, mais il arrive parfois que des collectivités mettent en place des redevances pour lesquelles la contrepartie n'est pas évidente, que ce soit pour l'ensemble des usagers[235] ou pour certains d'entre eux se trouvant dans une situation spécifique[236]. Ainsi, a été censurée une redevance visant à financer l'enlèvement et la destruction d'ordures ménagères au motif que son assiette était la volumétrie d'eau potable consommée et que, *de facto*, était assujetti « l'ensemble des abonnés au service de l'eau et non les seuls usagers des services d'enlèvement des ordures ménagères »[237].

Réciproquement, il est impossible d'être exonéré d'une redevance quand le service est rendu[238]. Bénéficient ainsi d'un réel service rendu les utilisateurs des installations d'aéroport ou du réseau autoroutier. Ainsi, les péages autoroutiers sont considérés comme des redevances pour service rendu dont la contrepartie consiste dans « la commodité, la rapidité, la sécurité et l'économie éventuelle de parcours »[239]. *A contrario*, la contribution pour nuisances phoniques mise à la charge des exploitants d'aéronefs n'est la contrepartie d'aucune prestation fournie : elle n'est pas une redevance[240].

Ce lien direct nécessaire à l'établissement d'une redevance peut également s'apprécier au regard de l'organisme en charge du service rendu. Par exemple, une commune ne peut pas instituer une redevance destinée à financer sa contribution obligatoire à un syndicat, car cette redevance ne correspondrait à aucun service assuré par ladite commune[241].

Au-delà du principe posé, le juge administratif a fait preuve dans sa jurisprudence d'une certaine souplesse dans l'interprétation de ce qui peut être qualifié de contrepartie.

Il est ainsi possible de mettre en place une tarification avec la simple mise à disposition d'un service, ladite mise à disposition étant déconnectée de l'utilisation effective du service par le redevable. Cette déconnexion peut être partielle, avec l'existence d'une part fixe dans le tarif, voire totale, avec un abonnement[242].

Il est, dans une perspective relativement similaire, admis que l'on mette en œuvre une tarification en fonction du degré potentiel d'utilisation du service rendu[243].

Enfin, il est envisageable de percevoir un complément de redevance à l'instant t visant à financer une amélioration du service rendu en t+1[244], ce qui revient à autoriser une contrepartie partiellement ultérieure.

Des trois critères visés par la jurisprudence *Syndicat national des transporteurs aériens*, la contrepartie est peut-être celui auquel le juge administratif accorde le plus d'importance pour identifier une redevance : c'est incontestablement « le critère fondamental »[245]. C'est par ailleurs quasiment le seul sur lequel se fonde le juge constitutionnel, notamment dans le cadre de la distinction des matières relevant de l'article 34 et de l'article 37 de la Constitution[246]. Ainsi, le Conseil constitutionnel a admis que les frais trouvant leur contrepartie directe dans les prestations fournies par le service ont le caractère de rémunération pour service rendu, et ne peuvent être inclus dans les impositions de toutes natures[247]. Inversement, une redevance a été requalifiée comme une taxe dès lors qu'elle n'était pas uniquement la contrepartie d'un service rendu[248].

La loi, un peu, et la jurisprudence administrative, beaucoup, ont contribué sur le dernier demi-siècle à élargir l'acceptation de ce qui ne relève pas de la matière fiscale et peut, à ce titre, donner lieu à institution d'une redevance par le pouvoir réglementaire local.

Désormais, un service public rendu certes dans l'intérêt de tous, mais excédant en l'espèce les besoins normaux auxquels la collectivité est tenue de pourvoir peut faire l'objet d'une tarification. Désormais encore, une simple corrélation entre le prix demandé et le coût du service mis en œuvre est admise. Désormais toujours, il est possible de mettre en œuvre une tarification en fonction du degré potentiel et non effectif d'utilisation du service rendu. Autant de configurations qui n'étaient juridiquement pas envisageable dans les premières décennies qui ont suivi la décision de 1958 *Syndicat national des transporteurs aériens*.

Cette extension de la liberté d'appréciation du pouvoir réglementaire local en matière de stratégie de financement des services publics qu'il met en œuvre, en théorie claire et lisible, se heurte néanmoins à certaines appréciations de cas d'espèce qui laisse planer quelques incertitudes dans la pratique.

Section 2 : Un questionnement résiduel persistant quant à la nature juridique de certaines contributions

Une contribution dont l'assiette serait directement liée au service rendu à des usagers identifiés et dont le produit serait affecté exclusivement aux charges de fonctionnement et d'investissement de ce service, respectant ainsi les trois conditions visées par la décision *Syndicat national des transporteurs aériens*, a le caractère de redevance versée en contrepartie du service rendu et non de taxe fiscale[249]. À l'inverse, si le prélèvement que l'on souhaite mettre en œuvre pour financer un service public concerne des non-usagers, présente un montant déconnecté du coût du service, ou se caractérise par une absence de contrepartie spécifique, alors ce prélèvement ne peut juridiquement être considéré comme une redevance et constitue nécessairement une taxe que le pouvoir réglementaire local n'a constitutionnellement pas le droit d'établir par une de ses délibérations.

Si les critères de distinction posés par la jurisprudence du Conseil d'État de 1958 et les arrêts ultérieurs qui les ont précisés semblent assez clairs et relativement opérationnels, il n'en reste pas moins que, dans la pratique, la qualification de certaines contributions n'a pas été toujours aisée pour le juge : en effet, « les choses ne sont pas aussi simples »[250].

Les péages autoroutiers ont été qualifiés de taxes par le Tribunal des conflits[251] avant d'être identifiés comme des redevances par le Conseil d'État[252]. Les droits de stationnement, sur voirie[253] et hors voirie[254], sont eux aujourd'hui qualifiés uniformément de redevances après que les droits perçus en matière de stationnement sur voirie aient été pendant longtemps, et jusqu'à récemment[255], considérés comme une taxe.

La participation pour raccordement à l'égout, visée par l'article L.1331-7 du Code de la santé publique, a longtemps constitué un prélèvement non-fiscal, au regard d'une jurisprudence ancienne du Conseil d'État[256]. Mais, dans une décision du début des années 2010[257], le Tribunal des conflits a précisé que « la redevance en cause ne présente pas le caractère d'une contrepartie de la prestation assurée par le service de l'assainissement, mais une contribution imposée par l'autorité de police administrative dans l'intérêt de la salubrité publique ». Il est possible, conformément à la rédaction de l'article L.1331-8 du Code de la santé publique, qu'un propriétaire soit soumis à son paiement même si son habitation n'est pas raccordée au réseau communal d'assainissement.

Cette reconnaissance de l'absence possible de contrepartie équivaut ainsi, pour cette participation, à une reconnaissance implicite de son caractère fiscal.

Un autre exemple intéressant est celui de la redevance d'assainissement. Assise sur la consommation d'eau, affectée au financement du service d'assainissement, donnant droit à une contrepartie : ce prélèvement, en première analyse, présentait une certaine présomption d'appartenance aux rémunérations pour service rendu. Pourtant, le Conseil d'État le définit dans un premier temps comme une taxe[258]. Cette solution, critiquée par la doctrine[259], fit l'objet d'un revirement jurisprudentiel[260], le Conseil d'État admettant entre autres que cette redevance était bien le prix d'un service rendu. Il fait en cela suite à une décision antérieure du Tribunal des conflits[261] ayant reconnu le caractère de redevance pour service rendu à la redevance d'assainissement.

Il arrive même que certaines contributions ne puissent pas être reconnues par le juge administratif comme appartenant à une catégorie définie de ressources pouvant être perçues par les personnes publiques ; même si leur nombre s'est réduit au fil des ans, fruit de la volonté du Conseil d'État de rationaliser le paysage et d'intégrer dans les catégories existantes ces « impositions autres que fiscales et parafiscales »[262], c'est aujourd'hui encore le cas des produits du pari mutuel[263], des redevances de pollution perçues par les agences de bassin[264] et surtout des participations pour non-réalisation d'aires de stationnement[265].

Quelques imprécisions demeurent quant à la qualification de certaines contributions. Il était important de les signaler, afin d'illustrer l'imperfection, toute relative certes, des critères de distinction posés par la jurisprudence.

Nous pouvons nous rassurer en constatant qu'il s'agit d'une difficulté partagée avec d'autres systèmes de finances publiques. En Italie[266], la frontière doctrinale entre la redevance et la taxe se fonde elle aussi sur trois critères différents de ceux à l'œuvre en droit français et qui peuvent par certains aspects sembler plus opérationnels : le fait générateur du prélèvement[267], la nature du service rendu[268], le montant du prélèvement[269]. Mais elle n'est pas pour autant exempte de difficultés tout aussi persistantes et sur des évolutions légales ou jurisprudentielles fréquentes : ainsi, le législateur transalpin a récemment[270] disposé que la taxe pour la collecte des ordures n'avait pas de nature de fiscale, quand bien même elle répondait à tous les critères que nous venons d'évoquer, au seul motif que l'usager ne pouvait pas se soustraire volontairement à son paiement en refusant l'utilisation du service.

Si le périmètre de la matière tarifaire s'est progressivement étendu pour aujourd'hui, en théorie, occuper des espaces autrefois réservés à la matière fiscale, la jurisprudence du Conseil d'État nous rappelle régulièrement que cette tendance globale, si elle a le mérite de la lisibilité, se heurte parfois à des cas d'espèce quelque peu tendancieux.

Cette réserve mineure ne doit cependant pas ternir l'appréciation générale que l'on peut faire de la jurisprudence administrative sur cette question au cours du dernier demi-siècle, jurisprudence caractérisée par sa cohérence d'ensemble, son pragmatisme et surtout la marge de manœuvre grandissante qu'elle accorde au pouvoir réglementaire.

Conclusion du chapitre 2

Le législateur, le pouvoir réglementaire et le juge administratif ont de concert assoupli la définition de la redevance sur les dernières décennies, octroyant incidemment aux décideurs locaux ce qui s'apparente de plus en plus à une véritable liberté d'administration en matière de politique de financement de leurs services publics.

Les différents blocages qui pouvaient exister par le passé, comme les appréciations strictes de la notion de contrepartie et du principe d'équivalence pour ne citer que les plus importants, ont ainsi été progressivement levés. Des contributions qui auraient été hier encore requalifiées par le juge administratif comme relevant des impositions de toutes natures sont aujourd'hui admises. Désormais, « il n'y a pas d'obstacle juridique majeur pour que les collectivités instituent des redevances »[271].

Naturellement, certains cas concrets viennent nuancer ce diagnostic général, mais le constat demeure : en matière de conception de l'architecture de financement des services publics, la tendance est bel et bien à la liberté et incidemment à la responsabilité des assemblées et administrations territoriales.

Conclusion du titre 1

Plus de services publics en général et plus de services publics administratifs facultatifs locaux en particulier, mais surtout plus de latitude pour les communes et leurs intercommunalités pour mettre en œuvre une tarification desdits services au regard de la levée progressive de blocages économiques, politiques et juridiques : tel est le périmètre théorique qui se présente aujourd'hui à nous.

Cette complexe extension n'est naturellement pas sans limites : le récent épisode de la "taxe trottoir"[272] montre bien que tout ne peut pas faire l'objet d'une tarification. Mais la tendance générale est bien là, et elle pourrait même s'amplifier à l'avenir. Dans un contexte budgétaire difficile pour le secteur public local, c'est incontestablement par la contribution des usagers que peut passer le maintien de services publics anciens ou le développement de services publics nouveaux.

Si l'évolution que nous venons de présenter ne peut expliquer à elle seule le regain des produits tarifaires entraperçu sur les dernières années, elle en a été un nécessaire préalable. La redécouverte concrète du levier tarifaire par les décideurs locaux s'est aussi fondée sur une véritable objectivation des avantages et inconvénients de la matière tarifaire.

Titre 2 : La levée progressive des obstacles à la mobilisation de la redevance

Naturellement, le périmètre des services publics mis en œuvre et le périmètre de ce qui peut économiquement, politiquement et surtout juridiquement être tarifé demeurent les principaux déterminants de la part de la contribution des usagers dans l'ensemble des ressources du secteur public local. Mais la liberté théorique de mettre en œuvre des redevances se heurte dans la réalité à des blocages divers qui ont longtemps freiné le recours au levier tarifaire :

« Les prix sont la recette sur laquelle une collectivité a la plus grande latitude de décision, mais qui est souvent méconnue par les stratèges financiers et gérée selon des considérations autant politiques que managériales. [...] L'histoire d'un service, des habitudes locales, des préjugés idéologiques, des effets de mode limitent les options effectivement étudiées. »[273]

Si le poids de ces inhibiteurs dans la décision publique tend aujourd'hui à se réduire, il a longtemps été prépondérant.

L'histoire et l'idéologie, pour reprendre la citation de Robert HERTZOG, ont longtemps donné de la redevance une image peu attractive : mode de financement de la personne publique moins moderne que l'impôt, ressource caractérisée par une forte insécurité juridique, cheval de Troie de la privatisation des services publics.

Dans un même temps, la redevance se voyait affublée de divers défauts et lacunes. Certains étaient contestables, comme la faible prévisibilité budgétaire ou encore des coûts de gestion trop élevés. D'autres étaient peu avouables, comme l'incapacité à partager le blâme de la hausse des charges pesant sur les citoyens.

Ce sont ces inhibiteurs traditionnels du levier tarifaire que nous allons étudier dans le présent titre.

Chapitre 1 : La redevance face à l'histoire et à l'idéologie

Les handicaps prêtés au levier tarifaire, à tort ou à raison, publiquement ou non, ne sont pas l'unique facteur explicatif du recours longtemps marginal aux redevances pour financer les services publics locaux.

Comme le soulevait le Doyen VEDEL dans le premier article du premier numéro de la Revue française de finances publiques à propos de l'impôt, la question n'est pas tant « où en est la redevance ? », mais bien « où en sommes-nous avec la redevance ? »[274] De ce point de vue, il semble que la sollicitation de l'usager présenterait aux yeux de tout un chacun une légitimité moins grande que celle du contribuable.

Cette moindre légitimité se fonderait sur deux types de ressorts : historiques et idéologiques.

Section 1 : Les ressorts historiques de la sous-mobilisation du levier tarifaire

Le rôle déterminant de considérations historiques de la propension à tarifer n'est pas nouveau. Il y a plus de trente ans, leur importance était déjà soulignée :

« La réorientation de la gestion des services dans le sens d'une meilleure couverture des charges [se heurte à des obstacles]souvent enracinés dans un passé lointain [...] : ils tiennent tantôt à des données matérielles (par exemple l'absence d'instruments de mesure des services rendus à chaque usager individuel), tantôt à des données sociales ou politiques. »[275]

Certes, les dernières années ont permis de constater, notamment pour les services culturels, une véritable différenciation des politiques tarifaires pratiquées sur le territoire : les décideurs locaux se seraient progressivement « affranch[is] des pratiques nationales autant que de leurs propres usages antérieurs »[276]. Mais, dans son ensemble, la tarification des services publics administratifs facultatifs locaux reste encore largement déterminée par l'histoire desdits services, des collectivités qui les mettent en œuvre, et du pays tout entier. Il nous faut, dans une logique que l'on pourrait presque qualifier de génétique, chercher dans le passé de la redevance les origines de sa situation présente.

A- L'histoire nationale

Appréhender l'imposition comme l'*alpha* et l'*oméga* du financement public, et négliger en corollaire les autres sources de financement potentielles n'est pas nouveau. Paul LEROY-BEAULIEU faisait déjà ce constat il y a près d'un siècle et demi :

« C'est une erreur de quelques écrivains financiers de regarder l'impôt comme étant actuellement ou devant prochainement être la source presque exclusive des revenus publics. »[277]

Une illustration intéressante de cette préférence pour la matière fiscale a été la réduction progressive du domaine hybride de la parafiscalité, domaine supprimé par la LOLF[278]. Logiquement, deux options s'offraient au législateur : étendre le domaine de la redevance ou celui de l'impôt. C'est cette seconde branche de l'alternative que le Conseil constitutionnel avait consacrée comme paradigme dominant dès le début des années 1970[279].

Dans son ouvrage dédié à l'histoire du consentement et des résistances à l'impôt, Nicolas DELALANDE emploie le terme de « consensus fiscal »[280] pour décrire la hausse longitudinale des prélèvements obligatoires au cours des Trente Glorieuses, hausse admise du fait du développement des prestations et de l'intervention de l'État. La même idée d'un consensus historique pourrait selon nous s'appliquer pour évoquer le quasi-réflexe des décideurs locaux dans la mobilisation du levier fiscal et non du levier tarifaire pour financer le développement de leurs services publics.

Comment expliquer ce phénomène ?

a) La lente marche de la redevance vers la sécurité juridique

L'histoire du droit de la tarification explique selon nous l'aversion relative des décideurs locaux pour ce mode de financement des services publics que leurs collectivités mettent en œuvre.

En effet, si l'environnement juridique concernant les redevances pour service rendu, dans leur institution comme dans leur modulation, semble aujourd'hui relativement cadré et stable, il n'en a pas toujours été ainsi.

Pour reprendre le constat très éclairant formulé par le professeur DOUENCE dans la préface d'un ouvrage qui leur est consacré :

« La tarification des services publics locaux a longtemps été une parente pauvre du droit public français. La loi n'intervenait que de façon occasionnelle et empirique, le juge et la doctrine n'accordaient à la question qu'un intérêt distant et distrait pour extrapoler des solutions fragmentaires à partir de principes généraux dégagés au niveau étatique. »[281]

Pour illustrer l'insécurité juridique historique découlant de ces « solutions fragmentaires », on peut dire en simplifiant que la matière tarifaire connaît chaque décennie, depuis la mise en œuvre de la décentralisation moderne au début des années 1980, une évolution jurisprudentielle majeure.

En 1987, ce fut la possible prise en compte de la domiciliation en dehors de la collectivité comme critère de différenciation tarifaire[282]. Puis, en 1997, ce fut la possible prise en compte des ressources du ménage comme critère de différenciation tarifaire pour les services publics administratifs facultatifs autres que sociaux[283]. Enfin, en 2007, ce fut la possible prise en compte, dans le plafonnement de la tarification, non pas seulement du coût du service rendu, mais aussi de sa valeur pour l'usager[284].

Prenons le pari qu'en 2017, pour respecter la fréquence ici mise en lumière, une nouvelle décision du Conseil d'Etat devrait à nouveau changer la donne. On mettrait bien une petite pièce sur un revirement en matière de différenciation tarifaire en fonction de la qualité ou non de contribuable local, ou bien en matière de droit à un traitement différent pour les usagers se trouvant dans des situations différentes[285]. Ce sont là les deux hypothèses les plus probables à notre sens, au regard des frictions existantes sur ces questions entre le droit national et le droit de l'Union européenne : la Cour de justice de l'Union n'apprécie en effet que modérément les discriminations fondées sur des critères géographiques[286] et considère que la notion de discrimination recouvre le traitement identique de situations différentes[287]. Sur ce dernier point, on notera que les juges du Conseil de l'Europe ont une position similaire à leurs homologues de l'Union européenne[288].

Il n'est pas impossible non plus qu'un jour, dans le cadre du contrôle qu'il effectue sur le niveau des redevances au regard du coût du service rendu, le juge administratif décide de passer à un contrôle de proportionnalité. Cette évolution s'insèrerait clairement dans la tendance actuelle à l'approfondissement des contrôles exercés par le juge administratif[289]. Malgré cela, une telle évolution n'a *a priori* que de faibles chances de se produire : la censure d'une grille tarifaire au motif qu'elle ne serait pas aux yeux du juge "proportionnée" aux objectifs que se donne la collectivité serait à coup sûr interprétée comme une atteinte à la libre administrative desdites collectivités, et il n'est pas sûr que le juge soit prêt à se lancer dans une telle controverse.

Autre exemple concret de cette incertitude qui a longtemps accompagné la mise en œuvre des tarifs des services publics locaux : la juridicité de la constitution d'une catégorie d'usagers avec les agents de la collectivité.

Une différenciation tarifaire doit toujours se fonder, en dehors d'un motif d'intérêt général ou d'une disposition législative spécifique, sur une différence de situation appréciable. Qu'en est-il d'un avantage tarifaire accordé pour les agents d'une collectivité pour les services publics administratifs locaux facultatifs qu'elle mettrait en œuvre ? Aujourd'hui, cette situation a été clarifiée par les lois n°2007-148 du 2 février 2007 et n°2007-209 du 19 février 2007[290], mais pendant longtemps une réelle incertitude pesait sur ces avantages. Comme le rappelait l'Inspection générale de la ville de Paris dans un rapport du début des années 2000 sur la politique tarifaire de la collectivité, « les avantages réservés au personnel sont parfois réputés risquant d'enfreindre la règle constitutionnelle de l'égalité des citoyens devant le service public », mais la vraie difficulté alors était « l'absence d'arrêt du Conseil d'État sur ce sujet et de jurisprudence constante »[291].

Autre ancien avatar de cette insécurité juridique, la question de la modulation tarifaire concernant les services publics culturels. Dans les années 1980 et la première moitié des années 1990, le juge administratif considérait que les ressources ne pouvaient pas fonder une discrimination tarifaire pour ces services[292], alors qu'il l'admettait pour les services publics à caractère social[293] ou bien les centres de loisirs[294]. Cette distinction « éphémère et volatile »[295] entre les services publics culturels et les autres a certes pris fin en 1997[296], mais elle demeure une excellente illustration des incertitudes qui ont longtemps pesé sur la juridicité de certaines pratiques tarifaires. Il faut se rappeler que dans cette période particulièrement foisonnante en matière d'évolutions législatives et jurisprudentielles pour les redevances locales pour service rendu, les questions écrites[297] étaient particulièrement nombreuses et des instructions[298] étaient régulièrement produites pour accompagner les élus locaux dans le suivi de l'actualité juridique en la matière. La production doctrinale était également conséquente à cette époque, et sa relecture deux décennies plus tard illustre bien à la fois les importantes évolutions survenues sur les deux dernières décennies et le sentiment d'incertitude qui pouvait alors exister y compris chez les spécialistes de la question[299].

Que ce soit dans les modalités de calcul des redevances, dans la détermination de certaines catégories d'usagers, ou encore dans le périmètre de ce qui est envisageable ou non en fonction de la nature du service rendu, le juge administratif a contribué sur les dernières années à rendre plus souple, et incidemment un peu moins sécurisant, le cadre qui s'imposait aux décideurs locaux.

Par opposition, les décisions en matière fiscales ont toujours présenté une réelle sécurité juridique, au regard notamment de l'attention du contrôle de légalité sur les délibérations prises en la matière.

On peut légitimement penser que ce socle juridique, moins cadré que celui des impôts locaux, a pu par le passé inhiber certains édiles au moment de sélectionner le levier à mobiliser pour dégager, régulièrement ou ponctuellement, des ressources complémentaires nécessaires au financement du développement des services publics locaux. L'histoire du cadre législatif, réglementaire et jurisprudentiel des redevances ne doit pas être oubliée au moment de porter un jugement sur les fondements historiques de leur sous-exploitation.

On notera, en guise de dernière illustration à ce propos, que ce n'est que très récemment que le juge administratif a proposé une solution opérationnelle permettant de limiter les conséquences juridiques découlant d'une déclaration d'illégalité d'une délibération tarifaire, sachant que ladite déclaration n'a pas pour effet de faire revivre la délibération précédemment applicable : le Conseil d'État a admis qu'une nouvelle décision puisse fixer de manière rétroactive des redevances pour les usagers ayant entre-temps effectivement bénéficié d'un service rendu[300]. Il s'agit là d'une pierre discrète à la sécurisation, non pas tant juridique, mais opérationnelle, de la mise en œuvre du levier tarifaire, et elle devait en ce sens être ici évoquée.

b) La modernisation de l'impôt, la "ringardisation" de la redevance

Ce consensus historique peut aussi s'expliquer par l'histoire des deux derniers siècles qui a valorisé l'impôt comme une source de financement moderne, bénéficiant d'une présomption de qualité dans divers domaines : justice, rendement, simplicité.

Il n'est en effet pas inenvisageable que la redevance ait souffert en corollaire d'une image moins moderne que l'impôt, image qui a participé à sa dévaluation auprès des décideurs locaux. L'histoire des contributions demandées aux citoyens montre que le déploiement d'une nouvelle forme de prélèvements, permise par une expertise accrue de l'administration ou une légitimité renforcée de la personne publique, s'accompagne presque toujours d'une critique voire d'un rejet du précédent avatar, souvent moins juste dans sa structure, présentant un moindre rendement, et/ou nécessitant des coûts de gestion trop élevés.

Pour prendre un exemple récent, la mise en place de l'impôt sur le revenu, un impôt de flux, au début du XXe siècle a contribué à une critique forte des impôts de stock[301] hérités de la Révolution française, à une époque où les assiettes visées étaient presque le seul moyen pour l'administration d'estimer la capacité contributive sur une base peu contestable par les contribuables.

Depuis le vote de la loi portée par Joseph CAILLAUX, plusieurs impôts de stock ont ainsi été supprimés ou révisés. La contribution sur les portes et fenêtres a été supprimée en 1926. La contribution des patentes a été remplacée par la taxe professionnelle, dans le cadre de la loi n°75-678 du 29 juillet 1975 supprimant la patente et instituant une taxe professionnelle. Cet impôt de stock, après avoir été plafonné en fonction de la valeur ajoutée[302], a été à son tour remplacé, dans le cadre de la loi n°2009-1673 du 30 décembre 2009 portant loi de finances pour 2010, par un ensemble de prélèvement dont le plus important, la cotisation sur la valeur ajoutée des entreprises, est un impôt de flux. La contribution mobilière a été remplacée par la taxe d'habitation dans le cadre de la loi n°73-1229 du 31 décembre 1973 sur la modernisation des bases de la fiscalité directe locale. Cet impôt de stock a été plafonné en fonction des revenus pour les contribuables modestes[303] puis a fait l'objet d'une tentative de remplacement de sa part départementale, au début des années 1990, pour un impôt de flux assis sur le revenu. La contribution foncière, enfin, a été remplacée par les taxes foncières sur les propriétés bâties et non bâties dans le cadre de la loi n°73-1229 du 31 décembre 1973 sur la modernisation des bases de la fiscalité directe locale. La taxe foncière sur les propriétés bâties a été récemment plafonnée en fonction des revenus pour les contribuables modestes[304].

Si l'on a longtemps parlé de « quatre vieilles » pour ces impôts locaux, ce n'est pas tant parce que leur origine remonte à la Révolution que parce que leur assiette était jugée archaïque et fondée sur une logique économique peu adaptée à la société contemporaine. Bien sûr, la pertinence de financer les collectivités locales par des impôts de stock, qui plus est variés, est peu contestable au regard de leurs missions, notamment de leur rôle dans l'investissement public, et de l'impossibilité qui leur est faite de présenter une section de fonctionnement en déséquilibre. Mais, au même titre que la mauvaise monnaie chasse la bonne, il semble que la contribution nouvelle chasse l'ancienne, ce qui semble logique si l'on ne souhaite pas donner l'impression au contribuable que derrière la substitution présentée par l'État se cache en réalité un prélèvement supplémentaire. Constat quelque peu étonnant néanmoins, lorsque l'on connaît l'un des principes cardinaux de la législation fiscale, tout à la gloire de l'inertie en la matière : « un bon impôt est un vieil impôt »[305].

Il semble, si l'on adopte cette grille de lecture, que la redevance ait souffert de la concurrence de l'impôt. Parce que, sans tomber dans un débat qui s'apparenterait presque à la question de l'antériorité de la poule sur l'œuf, il nous paraît évident que la toute première forme de contribution mise en œuvre, dans l'histoire du financement des services publics, a bien été la redevance pour service rendu et non l'impôt, tout simplement parce que le statut d'usager est beaucoup plus aisé à déterminer que celui de citoyen contribuable[306]. De façon générale, la dimension transactionnelle propre aux redevances véhicule une image beaucoup moins moderne que l'impôt prélevé par l'administration et qui permet en théorie un mode de calcul plus fin de la contribution demandée.

c) Les relations financières entre État et collectivités depuis 1982

Dernier avatar de l'influence de l'histoire sur la sous-exploitation des redevances : les avantages consentis par l'État au secteur public en matière d'indexation des impôts et des dotations sur les trente dernières années et plus précisément sur la période 1997-2007. Lesdits avantages ont entretenu les collectivités dans une relative opulence qui rendait peu pertinente la recherche de leviers de financements complémentaires ou alternatifs.

Concernant les impôts, l'indexation législative des valeurs locatives cadastrales, officiellement déterminées « en tenant compte de la variation des loyers »[307], a surtout permis aux élus de voir le produit des impôts directs locaux augmenter chaque année sans mobilisation du levier taux ou du levier base : ainsi, entre 2003 et 2009, l'indexation cumulée représente plus de 13 %[308]. On peut même penser qu'il s'agit là de sa vocation première : comment expliquer sinon que, sur un même exercice, en l'espèce 2009, l'indexation des valeurs locatives cadastrales servant de base au calcul des « quatre vieilles » ait été établie par les parlementaires à hauteur de + 2,5 %, quand l'évolution annuelle de l'indice de référence des loyers n'atteindra sur cette année-là que – 0,06 %[309] ? Il est peu probable que les défaillances récurrentes des modèles prédictifs de Bercy soient seules responsables de cet écart.

Concernant les dotations, il convient de rappeler que, sur la décennie 1997-2006, le « contrat de croissance et de solidarité » assurait une progression annuelle de la dotation globale de fonctionnement au niveau de l'inflation plus la moitié de la croissance, et une progression annuelle de l'ensemble des dotations incluses dans l'enveloppe normée au niveau de l'inflation plus un tiers de la croissance.

Résultat de cette indexation des impôts et des dotations, illustrées ici par le contrat de croissance et de solidarité et l'indexation législative annuelle des valeurs locatives cadastrales : les collectivités ont longtemps bénéficié d'un dynamisme important de ces recettes, rendant en corollaire moins nécessaire un développement des autres ressources, dont celles issues de la tarification des services publics. De façon schématique, les soldes dégagés sur les dotations et les impôts, une fois les compétences obligatoires financées, ont permis de financer des services publics facultatifs ou de hausser de façon générale les exigences en matière de qualité du service public sans poser de façon impérieuse la question de la recherche de financements complémentaires. Ce lien logique nous semble d'autant plus pertinent que l'on constate une corrélation, depuis la fin des années 2000, entre un dynamisme amoindri des dotations[310] et des impôts locaux[311] d'une part et un nouvel essor des politiques tarifaires d'autre part.

Au-delà des seules relations financières entre collectivités et État, on peut admettre de façon générale que les cycles politico-économiques nationaux ont un impact sur les décisions locales, en matière de dépenses comme en matière de recettes[312]. C'est là un questionnement certes complémentaire, mais extérieur à notre présente réflexion.

L'insécurité juridique relative qui a longtemps accompagné le levier tarifaire et qui continue encore de le suivre dans certaines de ses dimensions, le mouvement historique de valorisation de l'impôt comme contribution moderne, les relatives largesses longtemps accordées par l'État aux collectivités en matière de progression des impôts et des dotations : tels sont selon nous les principaux ressorts, au niveau national, de la logique traditionnelle de sous-exploitation du levier tarifaire dans le financement des services publics locaux. Mais d'autres mécanismes renforcent encore cette tendance, cette fois au niveau local.

B- L'histoire locale

La sous-exploitation historique du levier tarifaire local peut s'expliquer par les décisions prises non seulement par les précédents exécutifs de la collectivité concernée, mais aussi par les précédents exécutifs des collectivités limitrophes ou de même rang.

a) La tradition locale interne : l'inertie propre[313]

Sans même aborder la problématique du *leadership* du premier édile et de la discipline au sein de son conseil municipal[314], il est évident que le maire n'est pas le seul et unique décideur en matière de stratégie et de politique de financement des services publics à un instant t. Ce sont en réalité l'ensemble de ses prédécesseurs qui déterminent, souvent bien plus que lui, les orientations en matière de politique tarifaire comme dans bien d'autres domaines, dans le cadre d'« habitudes locales d'ordre sociopolitiques »[315] :

« La tarification est un domaine où les décisions politiques passées pèsent et sur lesquelles il est souvent difficile de convaincre de revenir dessus. »[316]

Théoriciens comme praticiens se retrouvent dans ce diagnostic. Pour Bruno FAIVRE D'ARCIER, professeur en aménagement de l'espace et urbanisme à l'Université de Lyon, la grille tarifaire est « le produit de l'histoire locale »[317]. Selon Paul COSTE, directeur général adjoint en charge des finances à la ville de Grenoble, « la politique tarifaire tient beaucoup à l'histoire de la commune et il est compliqué de la faire évoluer, car les tarifs se sont construits au fil du temps »[318]. Pour Pélagie TERRE enfin, consultante au sein du cabinet Partenaires Finances Locales, les structures tarifaires sont clairement « héritées du passées » et s'avèrent par conséquent « déconnectées de la réalité des territoires »[319].

Cette inertie, qui ne doit en aucun cas être confondue avec de la prudence, est d'autant plus forte qu'elle se trouve au cœur du secteur des politiques publiques présentant à coup sûr la plus grande inertie structurelle : les finances publiques. Pour mémoire, on rappellera ici que, avant la mise en œuvre de la LOLF au cours de la précédente décennie, la préparation du budget de l'État se fondait sur les services votés, c'est-à-dire des dépenses reconduites automatiquement d'une année sur l'autre et qui représentaient de l'ordre de 9/10e des dépenses du budget général. L'inertie était alors organisée, consubstantielle aux finances publiques. Et elle le reste encore aujourd'hui pour de nombreux observateurs attentifs des finances publiques[320].

De nombreux travaux se sont attachés, depuis la fin des années 1990, à montrer qu'en la matière, le maintien des décisions passées pouvait s'imposer malgré une opposition frontale à d'autres impératifs bien plus légitimes. On citera ici deux analyses.

Cécile VIGOUR d'abord, dans un article publié au sein d'un ouvrage récent dédié aux mécanismes, légaux ou inconscients, à l'œuvre dans l'orientation des finances publiques[321], s'est penchée sur les déterminants de la constitution d'un budget ministériel, en l'espèce le Ministère de la Justice : « comment et jusqu'à quel point les acteurs politiques, budgétaires et judiciaires en affectent-ils et en contrôlent-ils la structure et les composantes ? ». En dépit d'une priorisation annoncée par les décideurs politiques et du constat partagé par tous de l'importance des déficits de financement passés qui sont aujourd'hui devenus une dette, elle constate la difficulté à infléchir réellement à la hausse les moyens attribués à ce budget. On devine en filigrane que ce "plafond de verre" n'est pas seulement dû aux contraintes générales pesant sur le budget de l'État et qu'il résisterait même à des orientations partisanes plus favorables à un refinancement de ce ministère : l'inertie budgétaire fait bien fi des arguments, aussi intelligents soient-ils, qui plaisent pour l'augmentation ou à la diminution d'un budget.

Marc LEROY ensuite, en se basant sur la théorie de l'« incrémentalisme »[322], a constaté dans le cadre d'une étude dédiée à un niveau de collectivité territoriale que, malgré de réelles marges de manœuvre constatées chaque année, une politique de stabilité, de conservatisme pourrait-on dire, a longtemps été mise en œuvre par les exécutifs locaux[323].

Ces travaux sont certes souvent davantage centrés sur le volet dépenses que sur le volet recettes des budgets et sur le volet national que sur le volet local, mais il nous semble qu'ils peuvent être logiquement étendus aux politiques fiscales et tarifaires mises en œuvre au sein des collectivités territoriales. Nous n'avons cependant pas retrouvé d'étude sur cette question précise.

On constatera cependant que les très nombreux articles consacrés depuis quelques années à la rénovation des grilles tarifaires[324] mettent en avant une stabilité desdites grilles dont les structures n'avaient pas été modifiées depuis plusieurs années. Les contraintes juridiques fortes pesant sur la construction des budgets locaux[325] et la rigidité des structures[326] limitent certes objectivement les marges de manœuvre, mais elles ne sauraient seules expliquer l'inertie que l'on devine en matière tarifaire comme en matière fiscale. C'est surtout une discipline de réinterrogation régulière qui semble faire ici défaut.

Dans cette perspective, ce n'est pas une surprise de constater que les évolutions de grilles tarifaires sont souvent liées à un changement à la tête de l'exécutif local. Comme le constatait Philippe MATHIEU[327], les grandes collectivités qui ont intégralement revu la tarification de leur service public muséal au début des années 2000 étaient toutes dans la même configuration : un « premier mandat du leader politique local à la tête de l'exécutif ». La stabilité des politiques tarifaires ne serait en fin de compte qu'une des conséquences de la stabilité constatée des exécutifs locaux.

On notera également que cette inertie propre aux grilles tarifaires peut entraîner de véritables problèmes, politiques et potentiellement juridiques, de cohérence interne. Il n'est en effet pas rare de constater que certaines catégories d'usagers sont traitées différemment par les différents secteurs d'une collectivité. Ainsi, en 2003, l'Inspection générale de la ville de Paris constatait que les bénéficiaires de la carte *Paris famille* bénéficiaient de la gratuité pour certains services, d'un éventuel avantage supplémentaire pour d'autres, voire du demi-tarif ou encore d'aucun avantage[328]. Ces écarts tiennent autant de l'absence de transversalité et/ou d'investissement de la Direction générale et des élus sur cette question que de l'historicité des tarifs de chaque service, arrêtés à un moment où telle ou telle population était considérée comme devant bénéficier d'un avantage tarifaire.

Cette inertie touchant les finances publiques en général et les politiques tarifaires en particulier ne doit pas nécessairement être perçue comme un mal. Si l'aversion pour le changement entraîne le maintien sur de nombreux exercices ou mandatures d'une tarification au rendement faible et à la structure parfois injuste, elle présente souvent un point de rupture qui permet de remettre à plat réellement l'ensemble du dispositif de financement des services publics, ce que des modifications au fil de l'eau ne permettraient peut-être pas. Un peu comme le chêne dans la fable de LA FONTAINE, la grille tarifaire ne plie pas sous le vent de la contestation, mais, lorsqu'elle est déracinée par un évènement exceptionnel[329], doit obligatoirement laisser sa place à un nouvel arbre[330]. À force de ne pas toucher à la grille tarifaire et de seulement indexer les prix sur une partie ou sur la totalité de l'inflation, la plupart des collectivités se sont retrouvés avec une concentration de la cohorte des usagers dans les dernières tranches de revenus utilisées pour déterminer les tarifs à acquitter : le temps vient alors de revoir la grille, et souvent avec lui de repenser le financement des services publics locaux. Après avoir réparti sur de nouvelles bases la charge entre les usagers, on réfléchit en général ensuite à la répartition de la charge entre contribuables et usagers. C'est en tout cas le propos tenu par Laurent GONZALES, directeur des finances de la ville de Toulouse, lorsque l'on l'interrogerait sur les suites à donner à la refonte des tarifs des services publics administratifs facultatifs municipaux :

« En tout cas, sans être une planification aussi précise, c'est une préoccupation très forte de l'élu aux finances. Il en a posé les enjeux dès le début du projet, et il l'a présenté, vis-à-vis des élus thématiques notamment, dans ce sens-là. »[331]

Ainsi, il convient de ne désespérer de l'inertie : elle peut à terme réserver de belles surprises en cas de rupture, que ce soit dans le cadre d'une alternance politique ou sous l'effet d'un changement de paradigme budgétaire. En ce sens, le renouvellement conséquent constaté à l'occasion des élections municipales de 2014, à un degré qui n'avait pas été vu depuis 1983, pourrait être porteur d'une réinterrogation généralisée de l'utilisation des tarifs dans le financement des services publics du bloc communal.

b) La tradition locale externe : l'inertie de groupe

Il en est de la politique tarifaire comme de toutes les politiques publiques locales :

« Les choix d'un gouvernement local dépendent stratégiquement des choix des autres gouvernements locaux. »[332]

Outre les mécanismes propres à l'histoire de l'institution et le poids de cette dernière dans les décisions renouvelées chaque année en matière budgétaire, il convient également d'évoquer l'impact des décisions prises par les autres collectivités dans la détermination de la stratégie en matière de ressources en général et en matière tarifaire en particulier. La décision de sous-exploiter les redevances dans le financement des services publics d'une commune dépend en effet autant des décisions prises au sein du conseil municipal par le passé que des décisions prises dans les conseils municipaux voisins. Bien sûr, il y a au niveau national d'incontestables écarts dans le degré de sollicitation des usagers d'un service public donné : au début des années 1980, GRUSON et COHEN constataient ainsi que, « pour un même service public administratif, l'effort contributif des usagers est très variable d'une collectivité à l'autre (de 1 à 5 pour les cantines scolaires, les piscines) »[333]. Mais cette dispersion des stratégies de financement des services publics locaux ne doit pas masquer l'importance dans la décision locale des décisions prises par les collectivités limitrophes ou comparables. La « démocratie différentielle »[334] qui doit théoriquement accompagner la décentralisation n'aurait en réalité que peu le droit de cité en matière de tarification des services publics locaux.

On pense ici naturellement en premier lieu à la notion de concurrence. En la matière, deux logiques opposées s'articulent.

Il y a d'abord la concurrence généralement appelée fiscale,[335] mais que nous pourrons en l'espèce étendre à l'ensemble des ressources des collectivités et donc aux ressources tarifaires. Dans une hypothèse de mobilité des facteurs de production et des ménages, hypothèse à la pertinence contestable rappelons-le, la modération voire la moins-disance en matière de niveau de contribution vise à attirer, au mieux, ou à ne pas perdre, au pire, ces bases fiscales mobiles.

Il y a ensuite la concurrence politique par comparaison. L'appréciation de la qualité de la gestion publique locale ne pouvant être faite par les électeurs sans référentiel autre qu'un référentiel historique que l'on sait biaisé et déformé, lesdits électeurs sont amenés à effectuer un comparatif avec les "performances" des élus voisins. Conscients de ce comportement électoral, les élus intègrent les choix des autorités locales voisines, notamment en matière de pression fiscale et de tarification des services, comme paramètres de leurs propres choix.

L'idée de concurrence, très développée dans la littérature pendant de nombreuses années, traduit la volonté de se distinguer positivement, en l'espèce par une moindre pression contributrice, de ses homologues. Une autre notion tend cependant à émerger ces derniers temps pour caractériser l'influence des décisions des autres collectivités sur ses propres décisions : le mimétisme, c'est-à-dire la volonté non pas de se démarquer des autres à tout prix, mais au contraire d'adopter un comportement similaire à celui constaté ailleurs.

La notion de mimétisme appliquée au secteur public local a notamment fait l'objet d'études concernant les dépenses[336] et concernant les politiques fiscales[337]. Là encore, pas d'étude à notre connaissance sur les politiques tarifaires, mais il serait étonnant qu'une grille de lecture faisant du taux de taxe d'habitation voté par la commune voisine un des déterminants de son propre taux ne puisse s'exporter : qui peut soutenir que la mise en œuvre de la gratuité de la cantine scolaire dans la commune limitrophe n'aura aucun impact sur les futurs choix du conseil municipal sur cette même question ? Ainsi, dans leur étude de terrain qu'ils reconnaissent sommaire, GRUSON et COHEN constataient que, concernant la tarification des piscines, l'un des deux principaux arguments avancés dans la définition de la structure tarifaire est de « s'aligner sur les autres communes de la région »[338].

On notera que cette idée de mimétisme, si elle s'apprécie essentiellement entre personnes publiques du même rang, peut également s'analyser dans une perspective plus verticale. Ainsi, Claire BOSSEBOEUF, dans sa thèse dédiée à la gestion des musées des collectivités territoriales, fait un lien entre la suppression de la gratuité pour les musées nationaux mise en œuvre par l'article 118 de la loi du 31 décembre 1921 portant loi de finances pour 1922 et la disparition progressive de cette gratuité dans les musées territoriaux dans les années suivantes, avec en point d'orgue la mise en place d'une tarification des musées parisiens en 1935[339].

Concurrence, mimétisme : quel que soit le terme employé, il est aujourd'hui admis qu'il existe une réelle interaction horizontale[340] dans la prise de décision au sein du secteur public local. Une interaction dont on peut émettre l'hypothèse qu'elle s'est renforcée du fait d'une part du niveau perçu comme élevé des contributions demandées aux citoyens et d'autre part du fait du développement de ce que l'on appelle, à défaut d'une appellation plus précise, la "société de l'information".

Traduction concrète pour notre sujet d'étude : si la commune limitrophe diminue la pression tarifaire voire met en place la gratuité de l'accès à certains services publics locaux, la tendance sera certainement de faire mieux, dans une logique concurrentielle, ou au moins de faire de même, dans une logique mimétique. C'est ainsi que la sous-exploitation du levier tarifaire, en partie déterminée par les décisions des Conseils municipaux passés, l'est tout autant par ailleurs par les décisions des Conseils municipaux voisins.

L'histoire, celle de la collectivité concernée comme celle du pays tout entier, semble bien être un facteur explicatif du recours modéré à l'usager dans le financement des services publics locaux. La redevance, longtemps associée à une réelle insécurité juridique et confrontée à l'image relativement moderne de l'impôt, est d'autant plus figée dans sa condition que les décideurs locaux sont liés par les décisions de leurs prédécesseurs et de leurs homologues.

À côté de ces ressorts historiques, il en est d'autres, idéologiques, qui ont très longtemps inhibé le levier tarifaire. Ils sont liés à la réponse que tout un chacun apporte à cette simple question : qu'emporte l'augmentation de la contribution de l'usager dans le financement d'un service public donné ?

Section 2 : Les ressorts idéologiques de la sous-mobilisation du levier tarifaire

Dans la sélection des leviers à solliciter pour financer les services publics locaux, la redevance n'apparaît pas dans une relation de concurrence objectivée avec l'impôt, mais bien plus en lutte avec sa propre image, son ombre[341] serait-on tenté de dire même tant celle-ci peut parfois sembler déformée dans la perception qu'en ont élus et électeurs.

Car si les impôts représentent encore, pour certains économistes ou philosophes[342], une entrave à la liberté, les redevances portent encore souvent dans l'imaginaire collectif atteinte à l'égalité et à la fraternité. Nous sommes incontestablement en présence d'« une très forte charge symbolique »[343], d'une « charge affective particulière qui déclenche en chaque individu, dans tout groupe, au sein de toute société, une réaction plus ou moins instinctuelle »[344].

A- Ce que représente la translation d'un financement fiscal vers un financement tarifaire

La translation de la charge du financement d'un service public des contribuables vers les usagers peut se fonder sur plusieurs motifs, plus ou moins objectifs. Ce sont ces motifs et leurs interactions que nous allons ici essayer d'évoquer rapidement, sur la base d'une grille de lecture d'abord puis sur l'étude d'un service public ciblé ensuite.

a) Externalités, confinement, généralisation : les trois fondements d'une tarification faible ou nulle

Pour chaque service public local, ce sont schématiquement trois questions qui se posent lorsqu'arrive la question des modalités de financement et de la répartition de l'effort entre contribuables et usagers. 1- Combien de personnes bénéficient-elles, directement et indirectement, du service rendu ? 2- Combien de non-résidents sont-ils usagers du service ? 3- Combien de contribuables sont-ils usagers du service ?

Les réponses à ces questions, qui permettent de définir la nature et la structure du service public rendu, peuvent être représentées sous la forme de trois cercles, trois ensembles constitués des contribuables de la collectivité (C), des usagers du service (U) et enfin des bénéficiaires du service (B), c'est-à-dire les citoyens qui ne sont pas usagers dudit service, mais sont socialement considérés comme bénéficiaires de ses externalités positives.

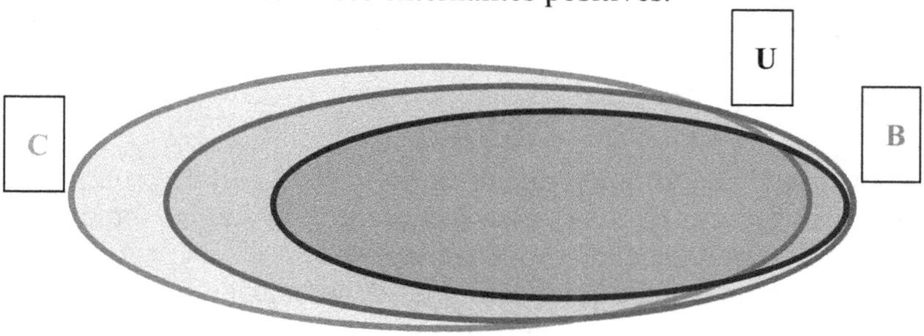

Modélisation des trois ensembles concourant à la définition d'un service public : contribuables, usagers et bénéficiaires

La première question d'abord, c'est celle de la part des contribuables non usagers du service qui sont considérés comme des bénéficiaires du service rendu, ratio qui définirait le « degré d'externalisation du service rendu »[345].

Si les usagers, pris individuellement ou collectivement, sont considérés comme les uniques bénéficiaires du service rendu, c'est qu'il n'y a pas ou trop peu d'externalités positives : alors un financement majoritaire voire exclusif par la redevance se justifie. On peut ici prendre comme exemple, pour caricaturer, les services publics sportifs ou culturels analysés sous un prisme individualiste, certes contestable. À l'inverse, si les usagers ne sont pas considérés comme les seuls voire comme les véritables bénéficiaires du service rendu, c'est que les externalités positives du service rendu sont conséquentes : alors un financement essentiellement fondé sur l'impôt fait sens. On pensera ici aux transports publics, dont les externalités positives en termes d'environnement et de circulation pour l'ensemble des automobilistes sont peu contestées. On retrouve ici la distinction faite dans le rapport BOURREL de 1964 entre d'une part les services procurant « un avantage personnel » individualisable, « en dehors de toute idée d'assistance », à financer par le tarif exclusivement, et d'autre part les services « vis [ant] à l'amélioration générale des conditions de vie » ou « la promotion générale de la cité », devant être financés quasi exclusivement par l'impôt[346].

Notons que l'on part ici du principe que s'il peut y avoir plus de bénéficiaires que d'usagers, du fait des externalités positives du service public, il ne peut à l'inverse pas y avoir moins de bénéficiaires que d'usagers : cela implique que les externalités positives d'un service public sont toujours supérieures à ses éventuelles externalités négatives[347] et que les usagers sont toujours réellement bénéficiaires du service qui leur est rendu[348].

Le nombre de bénéficiaires non-usagers d'un service dépend bien sûr de données potentiellement quantifiables, mais il semble évident qu'il dépend également, et peut-être surtout serait-on tenté de dire, d'une conception sociétale qui varie naturellement dans le temps et dans l'espace. Cette notion est quelque peu volatile et sujette à discussion voire à contestation, mais elle demeure essentielle, à notre sens, pour interpréter les arbitrages qui sont rendus entre financement par les usagers d'une part et financement par les contribuables d'autre part.

La seconde question ensuite, c'est celle de la part des contribuables usagers du service au sein de l'ensemble des usagers du service, ratio qui définirait le « degré de confinement du service rendu »[349].

Il vise à appréhender les effets de débordement de la consommation des services publics locaux produits par une collectivité donnée. Si peu de contribuables locaux sont usagers du service, parce qu'il s'agit d'un service dédié quasi exclusivement aux touristes par exemple, alors le financement par la redevance s'impose dans la logique budgétaire de court terme.

Ce questionnement, contrairement au précédent, présente un degré d'objectivation relativement élevé. Ce qui ne signifie pas, et cette remarque est valable pour la suite de notre raisonnement, qu'il l'est toujours : la perception en la matière peut souvent prendre le pas sur la réalité.

La troisième question enfin, c'est celle de la part des contribuables usagers du service au sein de l'ensemble des contribuables de la collectivité, ratio qui définirait le « degré de généralisation du service rendu »[350].

Si la quasi-totalité des contribuables locaux est usagers du service, alors le financement par l'impôt s'impose. On peut ici penser à l'intégralité des services publics liés à l'état civil, voire à la petite enfance. À l'inverse, un service qui ne bénéficierait qu'à un nombre très limité de contribuables devrait lui prioritairement être financé par une redevance. On prendra ici comme exemple un service public culturel rendu ponctuellement dans un équipement à la jauge particulièrement restreinte.

Notons que ce questionnement présente, comme le précédent, un réel potentiel d'objectivation.

Si l'on s'en tient à cet ensemble de trois questions, volontairement simplificateur et réducteur, alors les services publics ne faisant pas l'objet d'une contribution de leurs usagers ou d'une contribution toute symbolique sont des services à fortes externalités positives, rendus principalement voire exclusivement à la population de la collectivité, et/ou dont l'essentiel voire la totalité de la population de ladite collectivité est usager à un moment ou à un autre.

Insistons bien à nouveau, il ne s'agit là que d'une simple grille de lecture. La structure de financement de plusieurs services publics, nationaux ou locaux, peut parfaitement la contredire.

C'est le cas par exemple du service public funéraire[351]. Les redevances funéraires représentaient en 2010 11,4 M€[352] et présentaient sur la seconde moitié des années 2000 un taux de progression conséquent, à hauteur de + 11 %. Pourtant, au regard de ses caractéristiques, le financement de ce service devrait être selon notre grille de lecture intégralement ou presque assuré par l'impôt.

Tout d'abord, tous les usagers, à de rares exceptions, sont des résidents de la collectivité.

Ensuite, c'est un service présentant des externalités positives incontestables d'hygiène et de salubrité, en dépit d'une individualisation marquée de la prestation rendue : il existe des bénéficiaires de second rang, non-usagers, de ce service. C'est notamment ce qui justifie que les communes prennent en charge les frais d'inhumation des indigents[353].

Enfin, tous les contribuables utiliseront un jour ou l'autre ce service[354], même si ce n'est pas nécessairement dans la collectivité où ils auront passé l'essentiel de leur existence.

Cette grille de lecture a ainsi un pouvoir explicatif relativement faible sur la structure de financement d'un service donné, mais elle offre une perspective intéressante quant à sa dynamique. Une augmentation des tarifs ne se fonde en effet dans ce cadre que dans trois hypothèses : soit une révision à la baisse de la perception, objectivée ou non, des externalités positives du service rendu, soit une augmentation de la part des non-résidents dans les usagers du service, soit enfin une réduction du pourcentage de résidents qui sont ou seront usagers du service.

Si la population des usagers du service est relativement stable et que les tarifs demandés augmentent, cela signifie que l'intérêt même du service pour l'ensemble des citoyens est contesté, sur des critères objectifs ou subjectifs. La part grandissante de la tarification dans le financement du service public traduirait, dans cette interprétation, une certaine forme de déclassement du service considéré, dans sa vocation universaliste comme dans ses externalités.

Rappelons que, derrière le vocable apparemment monolithique de « service public administratif », il y a une distinction jurisprudentielle entre des services qui s'adressent à des usagers spécifiques et non captifs et ceux qui servirait l'intérêt général dans sa globalité :

« Si le service public sert personnellement et spécifiquement des usagers "privatifs", il peut donner lieu à tarification[355] : dès lors que le service est créé pour répondre à un besoin spécifique des usagers, il est légitime que la collectivité fasse payer le service rendu à ces usagers identifiés. Si, en revanche, il est placé indistinctement au service de l'intérêt général global et indifférencié, il doit, en principe, être gratuit[356]. »[357]

La mise en place ou l'essor de la tarification pesant sur un service public équivaut, jurisprudentiellement, mais surtout symboliquement, à une forme de déclassement du service concerné : il n'appartient plus à la catégorie des services publics « de puissance publique », mais à celle des services publics « économiques ou para-commerciaux », pour reprendre la distinction formulée par Stéphane BRACONNIER[358].

b) Comment est perçue l'augmentation de la contribution demandée aux usagers d'un service public donné

Plusieurs services publics administratifs facultatifs locaux auraient pu ici être étudiés pour analyser les ramifications de l'instauration ou de l'augmentation d'une redevance. On pensera par exemple, actualité oblige, à la tarification des activités mises en œuvre dans le cadre de l'aménagement des rythmes scolaires[359]. Nous avons cependant fait le choix de nous attarder ici sur un service public national qui, s'il n'est pas par définition au cœur de notre analyse, a le mérite d'être particulièrement éclairant : le service public d'enseignement supérieur.

Pour ce service, le financement partiel par les usagers est prévu par la loi[360], alors que les premières années passées dans le système d'enseignement sont financées quasi exclusivement par la contribution commune[361]. Dans notre grille de lecture, cet écart de traitement entre le temps de l'enseignement supérieur et le temps de l'éducation qui le précède peut s'expliquer par trois facteurs. D'une part, un moindre degré d'externalisation du service public d'enseignement supérieur, quand l'éducation des enfants et adolescents présente elle des externalités incontestables pour l'ensemble de la société[362]. D'autre part, un moindre degré de confinement du service public d'enseignement, dont peuvent profiter des étudiants étrangers qui ne sont parfois que des contribuables partiels. Enfin, un moindre degré de généralisation du service rendu du service public d'enseignement supérieur, puisqu'une partie seulement d'une génération de citoyens en est usagers.

Si la mise à contribution des usagers de l'enseignement supérieur fait bien sens par rapport à la gratuité de l'éducation, quelles conséquences peut-on tirer d'une augmentation conséquente de cette tarification ? C'est d'une certaine façon la principale question posée lors des évènements du "Printemps érable", grande contestation étudiante de 2012 face à un projet d'augmentation drastique des frais de scolarité des universités publiques québécoises. Cet épisode mérite toute notre attention : il est pour la France un laboratoire de ce qui s'annonce, peut-être, dans les toutes prochaines années. En effet, si une augmentation conséquente des frais de scolarité des étudiants n'est dans un avenir proche pas encore certaine, elle n'en est pas moins plausible et déjà bien à l'œuvre dans certains établissements[363]. Que Terra Nova et l'Institut de l'Entreprise prônent concomitamment[364] cette évolution est symptomatique de l'émergence d'un certain consensus. Consensus aussi large qu'étonnant en vérité, au regard des répercussions, mais surtout des symboles que porteraient une telle décision.

Dans notre grille de lecture, il existe rappelons-le trois fondements à l'augmentation de la contribution des usagers dans le financement d'un service public.

Elle peut se faire dans le cadre d'une évolution à la baisse du degré d'externalisation. Il s'agit là de la composante la plus subjective ou en tout cas la moins objectivable de notre matrice. Le service public d'enseignement supérieur serait dans ce cas de moins en moins considéré comme participant à l'éducation des citoyens et de plus en plus comme permettant la formation de futurs employés ou entrepreneurs. C'est un glissement sociétal dont il est difficile de contester qu'il présente une certaine résonance de nos jours.

Elle peut aussi s'envisager dans le cadre d'une évolution à la baisse du degré de confinement. C'est une hypothèse que nous écarterons. Si l'on constate bien sur le dernier quart de siècle une augmentation de la part des étudiants étrangers dans l'enseignement supérieur, les évolutions constatées[365] ne nous semblent pas suffire à motiver une translation vers un financement essentiellement tarifaire.

Elle peut enfin se faire dans le cadre d'une évolution à la baisse du degré de généralisation. Là aussi, c'est une hypothèse que l'on pourrait être tenté d'écarter, puisque c'est en réalité la tendance inverse qui est à l'œuvre : en 2012, 47 % des femmes et 38 % des hommes ayant entre 25 et 34 ans étaient diplômés de l'enseignement supérieur, contre "seulement" 34 % des femmes et 29 % des hommes de la même cohorte en 2000[366]. Néanmoins, cet élargissement du public concerné par le service public rendu masque le fait que l'enseignement supérieur profite encore massivement aux enfants des classes supérieures. L'augmentation quantitative du degré de généralisation ne doit pas masquer son évolution qualitative : l'enseignement supérieur ne se serait pas tant ouvert à toutes les classes de la population, il se serait seulement élargi aux classes moyennes tout en continuant à ne bénéficier que marginalement aux classes populaires[367].

Cet exemple montre, nous en sommes conscients, la limite de la composante « degré de généralisation » de notre proposition de grille de lecture, qui ne s'attache qu'à l'évolution quantitative des usagers. C'est problématique, notamment pour les services pouvant avoir l'image de profiter essentiellement aux classes moyennes et supérieures : l'enseignement supérieur, mais aussi certaines activités culturelles. Cet indicateur conserve cependant nos faveurs, au regard de la complexité des alternatives envisageables[368] qui nécessitent tous une connaissance plus fine des publics, rarement disponible dans la pratique.

Toutes choses égales par ailleurs, l'augmentation de la part des redevances dans le financement d'un service public peut être interprétée comme un déclassement du service visé, ce qui expliquerait l'aversion des autorités, des citoyens et des usagers pour une telle évolution. Car avec le déclassement du service vient le spectre de son possible abandon au secteur privé.

B- La tarification comme cheval de Troie de la privatisation

Tout est dans le titre de cet article de la Revue française de finances publiques datant du début des années 1990 : « Une façon de privatiser : tarifer les services publics »[369].

Le levier tarifaire est aujourd'hui encore associé au mouvement des maires entrepreneurs[370] des années 1970, catalogués comme très voire trop libéraux et à ce titre mal perçus dans l'opinion publique. Cela peut surprendre lorsque l'on sait, historiquement, le rôle joué par le développement de services publics tarifés dans l'émergence de ce que l'on a appelé le "socialisme municipal"[371], mais c'est ainsi : la tarification est "de droite", un peu comme la délégation de service public[372] ou les autres modalités d'externalisation. Et en la matière, il est souvent difficile pour l'argumentation présente de lutter contre le discours passé[373]. Tout se passe comme si la tarification faisait formellement du citoyen un usager et potentiellement un client, alors même que le paiement du prix d'un service par ses bénéficiaires de premier rang n'est en rien sa transformation en relation de type commerciale[374].

Ainsi, l'énoncé du titre du rapport publié en 2008 d'un groupe de travail québécois sur la tarification des services publics ne ferait ainsi aucun sens et apparaîtrait même contradictoire en France : « Mieux tarifer pour mieux vivre ensemble ».

La critique émise à l'encontre de la tarification des services publics comme prémisse de leur privatisation est naturellement recevable.

La mise en œuvre d'une redevance implique en effet une identification du bénéficiaire du service rendu par la collectivité, identification qui peut ouvrir la voie à l'intervention d'acteurs privés. Par exemple, il n'est pas interdit de penser que le développement de la tarification de certaines activités de police, qui s'est développé depuis les années 1990 sous l'effet d'évolutions législatives déjà évoquées, est à l'origine de l'intervention croissante de différents opérateurs privés dans des missions de sécurité ou d'ordre public, sur le territoire national comme à l'étranger[375].

Il convient aussi d'admettre que la mise en œuvre d'une tarification des services publics s'est juridiquement traduite, sur le dernier siècle, par un double mouvement d'« application par le juge administratif de règles inspirées du droit privé » et d'« extension de l'emprise du droit privé sur l'état de l'usager »[376]. Si ce n'est pas une privatisation au sens opérationnel du terme, c'en est indéniablement une au sens conceptuel du terme. Cette tendance, réelle, demeure néanmoins asymptotique : « le régime de l'usager du SPIC n'est pas totalement régi par le droit privé » et la « métamorphose totale de l'usager en client » est impossible, à plus forte raison pour les usagers des services publics administratifs.

Cependant, lorsque l'on s'interroge aujourd'hui sur la faiblesse relative des redevances dans le financement des services publics locaux, ce n'est pas tant un élargissement du champ des activités susceptibles d'être tarifées, dans une perspective toute libérale, que nous avons en tête qu'un approfondissement de la tarification des activités pour lesquelles cette possibilité est depuis longtemps juridiquement reconnue et politiquement admise : services à caractère culturel, sportif ou social. Ces deux tendances, élargissement et approfondissement de la tarification, relèvent de logiques très différentes : juridique pour la première, puisqu'elle nécessite l'intervention du législateur ou du juge administratif, et extra-juridique pour la seconde, puisqu'elle ne nécessite qu'une décision de chaque collectivité prise individuellement, en fonction des contraintes politiques, sociales, économiques et budgétaires qui sont celles de son équipe dirigeante et de son territoire. Pourtant, elles sont très souvent confondues et les critiques, légitimes, que l'on peut adresser à la logique d'élargissement de la tarification contribuent, nous le pensons, au refus prolongé de nombreux élus locaux de mobiliser le levier dans une logique, encore une fois entièrement différente, d'approfondissement.

Au-delà du risque de privatisation, c'est le spectre d'un moindre accès aux services publics qui accompagne le levier tarifaire :

« Le tarif manifeste le pouvoir qu'ont les élus locaux de choisir le mode de fonctionnement et les modalités d'accessibilité de leurs services publics. »[377]

« Les élus [...], parce qu'ils sont influencés par la conception traditionnelle de la gratuité des services publics, hésitent à augmenter le prix du service. »[378]

Quel élu prendrait le risque d'envoyer le message tout symbolique d'une restriction de l'accès à certains services publics ?

Pourtant, pour prendre l'exemple culturel, « aucune étude ne démontre à ce jour qu'un relèvement des prix diminuerait la probabilité de la venue de nouveaux publics au musée ; [...] aucune étude ne démontre non plus qu'un relèvement des prix réduit le nombre de visites potentielles »[379].

La gratuité n'attire pas forcément de nouveaux publics, comme l'a prouvé certaines expériences locales récentes comme les musées de la ville de Caen ou ceux du conseil général du Gard :

« La gratuité destinée à tous, et notamment aux non-visiteurs et aux plus démunis, semble profiter davantage aux visiteurs fidèles dont on sait par ailleurs qu'ils appartiennent en outre aux classes sociales aisées. Souvent les musées constatent que l'élargissement social de la fréquentation ne se vérifie pas, à moyen et à long terme, après la mise en place de la gratuité. »[380]

Ce constat est d'autant plus surprenant que la loi reconnaît une élasticité-prix forte en matière de service public muséal, comme en atteste la rédaction de l'article L.442-6 du Code du patrimoine : « les droits d'entrée des musées de France sont fixés de manière à favoriser l'accès à ces musées au public le plus large ».

Reconnaissons néanmoins à la gratuité ou à la tarification symbolique cette capacité à lever certaines barrières psychosociales : l'amélioration de l'accessibilité pécuniaire d'un service public peut être le préalable à l'amélioration de son accessibilité symbolique, puis de son rayonnement et pourquoi pas à terme de son équilibre économique. Le juge administratif lui-même, au détour de certains arrêts, semble bien reconnaître ces vertus de la gratuité[381].

C- La mauvaise réputation de la redevance

L'impôt devrait toujours être « en même temps un acte de souveraineté et un principe de solidarité »[382], si ce n'est dans sa structure, au moins dans son emploi. C'est grâce à ce principe de solidarité que l'impôt bénéficie de ce que nous qualifierons de présomption irréfragable de justice, non seulement auprès de la population, mais aussi auprès des élus locaux et, plus surprenant encore, des spécialistes en finances locales. Raymond MUZELLEC et Matthieu CONAN ne font-ils pas, dans leur ouvrage sur la question, du « caractère plus redistributeur de l'impôt »[383] l'une des principales difficultés internes dans la mise en œuvre des redevances ? Pourtant, ce présupposé résiste mal à l'analyse.

La redevance, elle, jouit à l'inverse d'une forte présomption d'injustice. Prélevée auprès des seuls usagers et non de l'ensemble des contribuables, elle ne permettrait pas de mettre en œuvre une quelconque redistribution. Prélevée en fonction du service rendu, principe d'équivalence posé historiquement par la jurisprudence, et non des « facultés »[384] des usagers, elle ne permettrait pas de mettre en œuvre une quelconque solidarité.

En réalité, le levier tarifaire se heurte à un malentendu historique en France : il est avant tout perçu comme une valeur, à savoir une individualisation de la charge ne permettant pas par essence de redistribution et pouvant initier un processus de privatisation, alors qu'il n'est qu'une technique de financement de la personne publique[385]. Le levier fiscal semble lui être le vecteur d'une certaine solidarité, valeur associée à son idéal type et/ou à ses avatars historiquement les plus aboutis, et ce quelles que soit ses déclinaisons opérationnelles[386]. Ainsi, une taxe d'habitation à la dégressivité empiriquement constatée pour la moitié la plus aisée des contribuables sera toujours mieux perçue qu'une grille tarifaire objectivement progressive pour l'accueil périscolaire. De façon générale, dans le financement du service public, le recours à la redevance n'implique en réalité pas nécessairement une moindre solidarité et justice qu'un recours à l'impôt. En fin de compte, « on parle plus volontiers de justice fiscale de justice tarifaire », tout simplement parce que « l'impôt exprime à lui seul la justice tant dans son principe, la solidarité et le partage, que dans ses modalités, l'égale répartition de la contribution commune énoncée dans l'article 13 de la Déclaration des droits de l'homme et du citoyen »[387], quand bien même ladite expression théorique ne se retrouve pas dans la réalité de la structure fiscale. Tout se passe comme si l'arbitrage entre le levier fiscal et le levier tarifaire était un choix entre la solidarité et son contraire, alors que c'est en réalité un choix entre différentes formes, différentes configurations de solidarité : la redevance n'est pas par essence moins solidaire que l'impôt, elle est le vecteur d'une autre forme de solidarité.

Il y a quelque chose d'étonnant dans cette priorisation inconsciente des valeurs sur la technique qui semble caractériser la culture française, cette « mystification généralisée »[388] vis-à-vis de l'impôt comme source de financement de la personne publique. Alors qu'un pragmatisme certain prédomine en la matière chez nos voisins anglo-saxons, nous restons attachés à des idéaux types asymptotiques dont les avatars concrets prennent parfois le contre-pied. « Seul un fou poursuit son combat dans une maison qui brûle », comme le veut le proverbe klingon : admettre cet axiome, c'est considéré la part de déraison qui est à l'œuvre dans notre préférence longtemps inconditionnelle pour le levier fiscal, préférence fondée sur ce qu'il représente et non sur ce qu'il est.

Si c'est bien la passion française pour l'égalité identifiée par TOCQUEVILLE qui est à l'origine de cette préférence pour l'impôt, dans le financement des services publics comme dans les arbitrages visant à équilibrer les budgets nationaux et locaux par ailleurs, peut-on vraiment espérer un jour un « divorce de raison »[389] avec notre système fiscal tel qu'il est à l'œuvre aujourd'hui ?

Si les caractéristiques de la cohorte de ses usagers sont inchangées ou presque, revoir à la hausse la part des redevances dans le financement d'un service public local équivaudrait aux yeux des citoyens à déclasser ledit service, c'est-à-dire à considérer qu'il s'accompagne désormais de bien moins d'externalités positives pour l'écosystème territorial. L'une des conséquences possibles, à terme, de cette trajectoire de déclassement est un abandon au secteur privé de la gestion et/ou de l'initiative en la matière, et la fin du service public en tant que tel.

Si la séquence relève clairement du paralogisme informel de diversion, elle présente un incontestable ancrage dans notre imaginaire collectif. C'est, selon nous, l'une des principales explications à la sous-mobilisation du levier tarifaire dans le financement des services publics locaux.

Conclusion du chapitre 1

Ainsi, derrière les marges de manœuvre théoriquement offertes par les évolutions normatives et jurisprudentielles du dernier demi-siècle, « l'histoire d'un service, des habitudes locales, des préjugés idéologiques, des effets de mode limitent les options effectivement étudiées »[390]. Au moment d'arbitrer entre le contribuable et l'usager, l'histoire de la France, de ses collectivités territoriales en général et de la collectivité territoriale concernée en particulier peut se révéler être un formidable biais, tout comme ce que GRUSON et COHEN appelaient l'« idéologie ambiante »[391].

C'est naturellement le lot de chaque décision publique, pour laquelle les considérations affectives, traditionnelles, rationnelles par rapport en valeur et rationnelles en finalité[392] forment une toile d'injonctions contradictoires souvent inextricable. Mais cela nous semble particulièrement vrai pour les décisions en matière de structure de financement des services publics locaux. Si la tendance est incontestablement à la régression de l'emprise de ces considérations peu objectives, sous l'effet de facteurs aussi hétéroclites que le renouvellement des élites territoriales et la crise des finances publiques locales, lesdites considérations conservent encore un certain pouvoir explicatif lorsque l'on analyse les grilles tarifaires aujourd'hui à l'œuvre.

Cependant, au-delà de l'histoire et de l'idéologie, certaines caractéristiques prêtées à tort ou à raison à la redevance jouent un rôle tout aussi important dans la décision de solliciter ou non l'usager du service public local.

Chapitre 2 : Les handicaps prêtés à la redevance par les décideurs publics locaux

On peut cataloguer les handicaps prêtés à la redevance en deux ensembles bien distincts.

Il y a tout d'abord ce que l'on appellera les tares, attribuées à tort à la redevance dans sa mise en place comme dans sa mise en œuvre, qui ne résistent pas complètement à une analyse sérieuse. « Établir une grille tarifaire, créer un fichier des redevables, assurer la facturation, veiller avec sa trésorerie au recouvrement, et gérer les risques d'impayés »[393], tout en n'oubliant pas d'informer au mieux les usagers : tout cela est dans la pratique souvent moins complexe et moins politiquement explosif que l'on ne peut le penser, le dire ou le lire. Au sein de ces tares, on choisira d'évoquer la faible prévisibilité budgétaire des recettes tarifaires et le niveau élevé des coûts de gestion.

Il y a ensuite ce que l'appellera les vices, attribués là à raison à la redevance et sur lesquels les décideurs locaux préfèrent ne pas s'appesantir publiquement. Ainsi, contrairement à l'avatar du levier fiscal hérité de la législation du début des années 1980, le levier tarifaire ne permet pas de transférer le blâme de l'augmentation de la contribution sur d'autres personnes publiques et oblige la collectivité à gérer en direct les demandes de remise gracieuse.

Section 1 : Les tares de la redevance

Nous souhaiterions ici mettre en avant deux handicaps prêtés à tort à la redevance et qui justifieraient un recours préférentiel à l'impôt pour financer les services publics locaux : d'une part le caractère prétendument erratique et imprévisible des ressources tirées de la tarification, rendant difficile la réalisation au compte administratif des prévisions budgétaires faites au budget primitif ; d'autre part le niveau soi-disant trop important des coûts de gestion afférents à la mise en œuvre et la gestion quotidienne d'une redevance.

A- Quelle prévisibilité ?

L'une des principales critiques émises à l'encontre du recours au levier tarifaire serait l'incertitude pesant sur le produit obtenu en fin d'exercice budgétaire.

Ainsi, lorsqu'il est décidé d'augmenter le taux de la taxe d'habitation pour l'année en cours afin de dégager des recettes complémentaires pour votre budget, l'état fiscal 1259 transmis par les services de la Direction générale des finances publiques en février permettrait de déterminer avec une précision le gain espéré en fin d'année.

À l'inverse, toute hausse des tarifs des services publics administratifs facultatifs, comme les centres aérés ou les écoles de musique, permettrait certes d'augmenter le montant individuellement acquitté par chaque usager, mais pourrait également en détourner certains : ce sont là les traditionnels effet-prix et effet-base de l'analyse économique classique. Le résultat en fin d'exercice pourrait ainsi être difficilement prévisible et même contraire à l'objet de la modulation si l'effet base est supérieur à l'effet prix ou, pour reprendre un vocabulaire commercial, si le « prix psychologique »[394] est dépassé. S'il est théoriquement possible d'anticiper en partie ledit effet base au moyen d'un observatoire socio-économique, cela reste complexe à mettre en place.

Tels sont les discours le plus souvent relayés. Un argumentaire qui ne résiste pourtant pas à une analyse détaillée.

Concernant la prévisibilité de toute modulation du levier fiscal, elle doit être relativisée.

Elle n'est valable, à ce degré de précision, que pour la taxe d'habitation et les taxes foncières, pour lesquelles un état fiscal prévisionnel est transmis chaque année. *A contrario*, les prévisions effectuées en matière de versement transport, de droits de mutation[395], ou encore de cotisation sur la valeur ajoutée des entreprises sont beaucoup moins fiables. De façon générale, c'est sur les impôts de flux dans leur ensemble que pèse cette incertitude.

La modulation de l'assiette des taxes foncières et de la taxe d'habitation doit intervenir en général avant le 30 septembre n-1, à une époque où ni les bases définitives n-1 ni les bases prévisionnelles n ne sont connues. Une telle utilisation du levier fiscal comporte plus d'incertitude qu'il n'y paraît sur l'augmentation du produit obtenu au 31/12/n.

Enfin, le gain affiché en cas de modulation du taux de taxes d'habitation, de taxes foncières ou de taxe d'enlèvement des ordures ménagères n'est calculé qu'à partir des bases prévisionnelles. Or, certains écarts peuvent survenir entre ces bases prévisionnelles et les bases définitives transmises à l'automne. Prenons l'exemple de la ville de Boulogne-Billancourt, pour l'exercice 2007.

[396]	Bases prévisionnelles	Bases définitives	Δ
Taxe d'habitation	233 258 000 €	233 300 990 €	+ 0,02 %
Taxe foncière sur les propriétés bâties	296 742 000 €	295 368 054 €	- 0,46 %
Taxe foncière sur les propriétés non bâties	2 772 000 €	2 654 637 €	- 4,23 %

Écart entre les bases prévisionnelles et les bases définitives notifiées par les services de l'État – Ville de Boulogne-Billancourt – Exercice budgétaire 2007

Concrètement, au regard des taux pratiqués par la collectivité visée, l'écart entre le produit attendu sur ces impôts au regard des bases prévisionnelles et le produit effectivement perçu en fin d'année aura été de l'ordre de 98 K€, à comparer aux 64 K€ de redevances perçues sur les bibliothèques ou les 160 K€ pour les ateliers d'arts plastiques, dans la même commune.

À l'inverse, concernant l'incertitude supposée de l'impact financier des modulations tarifaires, et notamment de l'effet-base si souvent évoqué, il nous semble important de rappeler ici que, empiriquement et contrairement aux idées reçues, les recettes tarifaires les plus importantes pour une commune présentent une véritable régularité d'un exercice budgétaire à l'autre. S'il ne nous a pas été possible de trouver une étude détaillée portant sur ce point, il semble néanmoins clair que l'élasticité de la demande de la grande majorité des services publics tarifés au prix réclamé à l'usager, pour employer une sémantique micro-économique, est quasi nulle. Parce que les services publics concernés ne connaissent pas ou peu de concurrence, en tout cas pas dans les gammes de prix proposées, et qu'ils sont par ailleurs incontournables au quotidien pour les familles : il n'y a ni service de substitution ni possibilité de se passer des services visés, d'où la très faible élasticité-prix d'une bonne partie des services publics administratifs facultatifs municipaux.

Cette captivité de la clientèle de certains services publics locaux a même été reconnue indirectement par le juge administratif dans la seconde moitié des années 2000.

Pour le service de transport scolaire, il a été établi que le nombre d'usagers scolaires n'était pas susceptible de diminuer pendant la durée de la convention de délégation de service public analysée en l'espèce[397].

Pour le service de restauration, en se basant sur l'évolution du nombre de repas servis sur près de deux décennies, le Conseil d'État a estimé que le nombre d'usagers n'était « pas, en l'espèce, susceptible de diminuer de manière substantielle d'une année sur l'autre »[398]. Quelques années auparavant, il s'était pourtant refusé à admettre une telle analyse économique pour le service public local de restauration scolaire, estimant que le nombre de repas n'est pas garanti et que le nombre de repas effectivement servis aux usagers est susceptible de variations annuelles.

L'hypothèse d'une inélasticité-prix, même si elle peut présenter une corrélation avec certaines données nationales ou locales, ne doit cependant pas être entendue de façon générale et systématique : dans le cas de la restauration scolaire, comme le rappelle Serge BOUJOU[399], « la qualité des repas fluctuant, la croissance démographique aidant, la crise économique sévissant, la fréquentation du service peut effectivement varier à la baisse comme à la hausse ». Mais elle doit néanmoins être prise en compte comme un facteur de prévisibilité forte, à court terme, du niveau des redevances à percevoir pour une commune qui réfléchirait ou se risquerait à moduler sa grille tarifaire.

On peut également noter que les tarifs de ces services publics changent dans la plupart des collectivités chaque année, et que les usagers ont l'habitude de voir les prix évoluer régulièrement : une remise à plat complète d'une grille tarifaire ou la simple création d'une tranche supplémentaire peut intervenir, dans l'objectif principal ou annexe de dégager des ressources complémentaires pour la collectivité sans nécessairement affecter particulièrement la demande des usagers, et assurer une relative prévisibilité aux ressources afférentes.

Ainsi, la critique émise à l'encontre des redevances, selon laquelle leur modulation serait bien moins aisée à budgéter qu'un recours complémentaire au levier fiscal, doit à notre sens être relativisée. Si les principaux impôts locaux, fondés sur une logique de stock, sont très prévisibles, leur niveau au sein des ressources des collectivités fait qu'un écart, même faible en pourcentage, entre les prévisions et la réalisation a souvent beaucoup plus de répercussions qu'une erreur d'appréciation similaire pour les redevances.

B- Quels coûts de gestion ?

Gérer une redevance met nécessairement à la charge de la collectivité des coûts qu'assument les services de l'État pour les impôts : dépenses afférentes aux agents concernés[400], à l'organisation du service rendu[401], ainsi qu'à la perte financière liée aux incontournables impayés. La volonté d'échapper à ces « charges de la gestion administrative »[402] de la redevance est, selon Robert HERTZOG, la première des considérations toutes prosaïques qui viennent perturber une analyse comparative objective des atouts et handicaps respectifs du levier tarifaire et du levier fiscal. Et nous n'évoquerons pas ici la problématique générale, en ces temps de questionnement de la dépense publique, de voir un travail identique ou même simplement similaire réalisé par deux administrations différentes.

La redevance impliquerait dans l'esprit du décideur local, un peu à tort, un coût administratif et politique non négligeable. Au-delà des risques liés à sa simple institution[403], c'est la gestion quotidienne de la redevance qui explique son attrait limité pour les élus, tant elle peut relever dans leur esprit du « vrai casse-tête »[404].

Ainsi, alors que le recouvrement d'un impôt local repose exclusivement sur les équipes de la Direction générale des finances publiques[405], le recouvrement d'une redevance locale est à la charge de la collectivité.

Avant tout, il doit se fonder sur un titre de recette. Les conditions et les modalités de cette émission ont été définies de façon précise à la fin des années 1990 par la circulaire interministérielle du 18 juin 1998[406]. La collectivité doit pouvoir justifier d'un acte fondant le titre de recette et la créance afférente, ce qui est naturellement plus simple s'il y a contrat écrit et non oral[407].

Le recouvrement se fonde principalement sur l'article L.1617-5 CGCT, qui confère sous conditions un caractère exécutoire de plein droit aux titres de recettes émis : le titre émis par la collectivité ou un établissement public local permet l'exécution forcée d'office contre son débiteur, sauf contestation pour celui-ci du bien-fondé de la créance devant le juge.

Cette divergence dans les modalités de recouvrement est encore aujourd'hui, aux yeux des services de l'État eux-mêmes, l'un des principaux facteurs explicatifs de la sous-mobilisation du levier tarifaire :

« L'une des raisons pour lesquelles les collectivités privilégient [le levier fiscal au levier tarifaire] aujourd'hui est que le mode de recouvrement en diffère. »[408]

Rappelons que, sur le produit des impôts locaux, l'État effectuait jusqu'à récemment[409], au titre de l'article 1641 CGI, deux prélèvements.

4,4 % pesant sur les contribuables, et clairement identifiés sur les avis qui leur sont transmis, au titre des frais de gestion, c'est-à-dire l'établissement de l'assiette et la mise en œuvre du recouvrement pour 4 %, ainsi que les travaux de révision des bases pour 0,4 %.

3,6 % pesant sur les collectivités au titre des frais de dégrèvements et de non-valeurs.

Soit au final 7,66 %[410] du produit de l'impôt effectivement acquitté par le contribuable.

Selon le rapport MERCIER de 2007[411], cela représentait de l'ordre de 4,5 Md€ par an, pour un coût réel estimé de seulement 1 Md€, coût qui a dû encore diminuer depuis avec la modernisation informatique de la Direction générale des finances publiques et la mise en œuvre de la Revue générale des politiques publiques et de son symbolique non-remplacement d'un fonctionnaire sur deux partant à la retraite. Un rapport d'information[412] du début des années 2010, présenté au nom de la commission des finances du Sénat, demandait à ce titre que « le service rendu aux collectivités territoriales par la Direction générale des finances publiques fasse l'objet d'une évaluation approfondie », au regard de l'ampleur du prélèvement sur recettes réalisé pour le financer.

Si l'ensemble des coûts budgétaires afférents à la mise en œuvre d'une redevance est inférieur à 7,66 % de son produit, alors ses frais de gestion seront inférieurs à ceux demandés aux contribuables pour les impôts locaux.

Nous n'avons malheureusement pas réussi à trouver trace d'une étude d'envergure sur les coûts effectifs de traitement des redevances. Un article de la *Gazette des communes*, en date de 2010 et consacré à la redevance pour enlèvement des ordures ménagères, recueille le témoignage de différentes collectivités ayant opté pour ce mode de financement : un coût de gestion de l'ordre de 4 %, dont seulement 2 % afférents aux impayés, y est avancé, avec en prime une meilleure qualité du service rendu, notamment en matière de réclamations[413]. Un autre article, un peu plus récent encore et consacré à la redevance incitative mise en place dans d'autres territoires, maintient cette estimation du coût de gestion à hauteur de 4 %[414].

Une telle affirmation ne peut se reposer que sur la production de données assises sur une comptabilité analytique sérieuse, ce qui contribue à expliquer l'absence d'étude sur le sujet au regard de la difficulté à produire ce type de données dans chaque collectivité et les méthodologies diverses adoptées.

Tentons ici cependant un pari pascalien : oui, la mise en œuvre des redevances peut coûter moins cher globalement que celle des impôts locaux. La souplesse relative des administrations des collectivités territoriales par rapport aux services déconcentrés de l'Etat doit contribuer à cet écart qui, s'il n'est pas appuyé aujourd'hui sur des données agrégées sérieuses, se fonde sur une intuition argumentée. Mais, au même titre que le recours au levier fiscal permet de faire supporter à l'Etat un coût politique non négligeable, il revient aussi à une forme d'externalisation de la gestion de la contribution pour la collectivité, externalisation trop souvent acceptée mécaniquement par les élus au regard de son confort indéniable pour l'administration locale.

Il semble que la redevance est, après analyse, bien moins imprévisible dans son rendement et bien moins coûteuse dans sa gestion que son image véhiculée dans le secteur public local ne le laisse croire. Ces deux attributs restent néanmoins, aujourd'hui encore, parmi les principaux facteurs explicatifs de la préférence locale pour l'impôt. Il n'est pas impossible que, dans le cadre d'un processus de rationalisation[415] aujourd'hui clairement inachevé, ces deux arguments ne soient plus mobilisés dans un avenir proche lorsque le débat sur la structure de financement des services publics sera relancé.

Dans ledit débat, aux côtés des arguments erronés soulevés que nous venons d'évoquer, il y a également des arguments beaucoup plus confidentiels, qui méritent à notre sens d'être ici mis en lumière.

Section 2 : Les vices de la redevance

Ce sont des caractéristiques rarement, pour ne pas dire jamais, mises en avant lorsque le non-recours ou le recours à des doses homéopathiques à la redevance est arrêtée par l'assemblée locale sur proposition de l'exécutif : cette contribution ne permet pas d'effectuer un partage ou un transfert de blâme vers d'autres personnes publiques d'une part et fait gérer par la commune ou l'établissement public de coopération intercommunale les épineuses demandes de remise gracieuse d'autre part.

A- La redevance ne permet pas de partage ou de transfert de blâme

Parce que la redevance est « une ressource totalement décentralisée, dans la mesure où les autorités locales peuvent décider de son institution et de son niveau »[416], la responsabilité de l'évolution de la pression tarifaire pèse quasi exclusivement sur les épaules des élus locaux. À l'inverse, l'existence de responsabilités croisées dans l'évolution de la pression fiscale locale et le manque de pédagogie déployée par l'ensemble des acteurs publics en la matière alimentent la faible lisibilité du système. Il en est des décisions publiques afférentes au financement des collectivités comme des autres :

« Simple d'apparence, la question de l'organisation de l'imputabilité des décisions prend une résonance particulière dans le cas de systèmes décentralisés. [..] La décentralisation a été mise en œuvre en France à rebours de la rhétorique de responsabilisation qui la légitimait. »[417]

C'est ce flou qui permet pour l'impôt, et non pour la redevance, de mettre en œuvre des stratégies d'évitement, de partage, ou de transfert du blâme.

a) L'évitement du blâme, une définition pour le secteur public local

La notion d'évitement du blâme, développée dans les années 1980 dans la pensée anglo-saxonne[418] et ultérieurement popularisée en France[419], se fonde sur l'idée que les décideurs choisissent la plupart du temps de ne pas apparaître comme les responsables des décisions qu'ils prennent ou qu'ils contribuent à prendre, afin de bénéficier de la bienveillance de leur opinion publique et de leurs électeurs. Tel le prince prudent et avisé décrit par MACHIAVEL qui cherche avant tout à ne pas être haï, les décideurs publics locaux seraient ainsi toujours à la recherche de stratagèmes pour ne pas porter la responsabilité de décisions potentiellement impopulaires, et ainsi maximiser leurs chances de réélection en minimisant le mécontentement de leurs électeurs. Notons bien qu'il ne s'agit ici en aucun cas d'une critique des élus, qui seraient décrits comme faisant preuve en l'espèce d'une certaine lâcheté, mais bien du système d'action et de financement du secteur public local dans lequel ils s'insèrent.

L'évitement du blâme se fonde traditionnellement, pour un secteur public local français caractérisé par une confusion sur la répartition des compétences et incidemment des responsabilités[420], sur des stratégies assez connues : limitation de l'apparition de nouvelles questions dans l'agenda politique, report des responsabilités sur d'autres dès que cela est possible que ce partage de la responsabilité soit réel ou fantasmé, désignation d'un bouc émissaire, développement d'une gouvernance par automatisme. Autant de mécanismes parfaitement adaptables au levier fiscal local, mais beaucoup moins au levier tarifaire qui offre une plus grande liberté, mais fait porter en corollaire une plus grande responsabilité sur les épaules des décideurs locaux.

La mise en œuvre d'une redevance, si elle souhaite ne pas s'attirer les foudres de l'opinion publique locale, implique le déploiement à l'attention des usagers non seulement d'une « publicité suffisante »[421], comme tous les actes réglementaires, mais plus encore d'une réelle pédagogie sur le fondement de la contribution demandée et sur son niveau, souvent fluctuant d'un exercice à l'autre et en fonction des caractéristiques du ménage. Cette communication n'est ainsi pas propre à la seule année où est mise en œuvre pour la première fois la redevance, même si elle reste un déterminant incontestable de l'acceptation de la contribution nouvelle[422] : c'est un exercice récurrent. Ce qui n'est pas nécessaire pour les impôts dont les principales caractéristiques sont votées par le législateur et sur lesquels l'élu local n'a en définitive que peu d'emprise, voire parfois pas du tout. L'impôt présente ainsi l'avantage considérable, pour les élus locaux, de ne pas imposer à eux seuls ce travail de légitimation de la contribution[423] dans son niveau global comme dans sa structuration.

Tout se passe comme si, pour reprendre la formulation de Edouard LAFERIERE à la fin du XIXe siècle[424], la fixation du taux et/ou de l'assiette d'un impôt local par le conseil municipal était un « acte d'autorité » pris en qualité de « dépositaire d'une part de l'autorité et de la puissance qui est un des attributs du pouvoir », et la fixation du tarif d'une redevance un « acte de gestion » pris en qualité de « gérant et intendant des services publics » et bénéficiant par essence d'une légitimité originelle.

b) L'impossible transfert de blâme en matière tarifaire

Les redevances sont « une ressource particulièrement malléable dont l'institution et le niveau dépendent de la seule volonté des autorités locales », pour reprendre l'expression de Martine LONG[425]. Ce pouvoir est même l'une des manifestations les plus criantes de la libre administration et de l'existence d'un pouvoir réglementaire appartenant aux organes délibérants des collectivités locales.

Le Conseil d'État a ainsi très tôt établi cette liberté dont dispose le pouvoir réglementaire en la matière, national, mais aussi local, en dehors même de toute habilitation législative[426]. Plus tard, le Conseil constitutionnel a lui aussi reconnu cette liberté, par opposition aux contraintes juridiques pesant entre autres sur l'établissement des prélèvements fiscaux[427].

Cependant, si l'institution d'une redevance, contrairement aux impositions de toutes natures[428], est bien une compétence de principe des autorités administratives, l'autorité locale à qui il appartient de l'établir n'est pas nécessairement toujours l'autorité compétente pour en définir le régime général.
En effet, lorsqu'il s'est avéré nécessaire de fixer des règles uniformes pour encadrer l'exercice par les collectivités de cette compétence de principe, l'État a exercé son pouvoir normatif, à travers la loi. Cela explique par exemple la codification, dans l'article L.2332-1 CGCT et suivants, de dispositions relatives au régime juridique des redevances dont la loi a entendu prévoir et encadrer la perception : il en va ainsi de la redevance pour enlèvement des ordures ménagères, de la redevance spéciale sur les terrains de camping ou encore de la redevance de stationnement.
Cette incursion du pouvoir législatif se fonde sur les articles 34 alinéa 10[429] et 72 alinéa 3[430] de la Constitution, dont il résulte que le législateur peut toujours intervenir pour encadrer la libre administration des collectivités.

On notera que, dans une interprétation stricte du quatrième alinéa de ce même article 34 de la Constitution[431], il pourrait être juridiquement envisageable de contester toute intervention de la loi en matière de redevances pour service rendu instituées par les collectivités.

Tout d'abord, la compétence législative étant précisée seulement en matière fiscale et non en matière tarifaire, tout ce qui n'est pas du domaine de la loi est du domaine du règlement. Ensuite, le pouvoir réglementaire national ne pouvant intervenir de façon autonome pour limiter la libre administration des collectivités, la seule et pleine compétence appartiendrait bien à l'autorité locale.

Sans entrer dans une querelle pour savoir qui de l'article 34 alinéa 4 ou de l'article 34 alinéa 10 est une dérogation à l'autre, il convient d'avoir ici une position pragmatique, proche de celle adoptée par le Conseil constitutionnel dans sa décision n°76-92 L du 6 octobre 1976.

En théorie, une loi fixant le régime général d'une redevance locale pourrait être considérée comme non conforme à la Constitution si elle porte atteinte excessivement à la libre administration des collectivités : la jurisprudence du Conseil constitutionnel des dernières années[432] a montré que ce dernier effectuait un véritable contrôle de la nécessité et surtout de la proportionnalité des restrictions législative imposée à la libre administration des collectivités. Si la nécessité d'avoir un régime uniforme peut justifier l'intervention du législateur dans les modalités d'institution d'une redevance, comme la redevance d'enlèvement des ordures ménagères par exemple, une intervention abusive pourrait potentiellement être sanctionnée par le juge constitutionnel.

L'intervention initiale du législateur n'interdit pas pour autant une intervention ultérieure du pouvoir réglementaire national, en dehors des simples décrets d'application. Ainsi, l'article 1er du décret n°87-654 du 11 août 1987 relatif aux prix des cantines scolaires et de la demi-pension pour les élèves de l'enseignement public avait mis en place un encadrement du pouvoir de tarification des collectivités en la matière :

« Les prix des repas servis aux élèves des écoles maternelles et élémentaires ainsi que des collèges et lycées de l'enseignement public peuvent varier chaque année dans la limite d'un taux moyen sans que la hausse maximale applicable à une catégorie déterminée d'usagers puisse excéder le double du taux moyen. Ce taux est fixé par arrêté du ministre chargé de l'économie en fonction de l'évolution des salaires, du prix de l'énergie et des prix des produits alimentaires. »

De même, l'article 1er du décret n°87-538 du 16 juillet 1987 relatif aux tarifs des transports publics urbains de voyageurs hors de la région Île-de-France prévoyait un encadrement similaire :

« Les tarifs des transports urbains de voyageurs, tels qu'ils résultent des conventions ou des règlements de régie, varient chaque année en fonction du prix du matériel, des frais d'entretien, du coût de l'énergie et des salaires. »

Ces deux décrets ont depuis été abrogés[433], dans une logique de simplification du droit, de liberté des prix et d'« approfondissement de la décentralisation »[434], redonnant ainsi une pleine liberté aux collectivités en la matière, dans les limites fixées par la loi et la jurisprudence naturellement. Mais ils sont un bon exemple des contraintes complémentaires que le pouvoir national, législatif ou réglementaire, peut ici et là imposer aux collectivités dans l'institution et l'évolution de la tarification des services publics.

Notons également, dans cette perspective, que si le législateur et l'exécutif ont prévu au fil des ans des modalités de renforcement de la transparence des procédures de tarification, avec publicité préalable ou procédure de consultation[435], ces garde-fous n'ont pas été prévus pour les redevances perçues par le secteur public local. Là encore, la libre administration semble passer devant l'intérêt général : charge à chaque élu local d'organiser au mieux les étapes menant au vote de l'assemblée locale en la matière.

En résumé, pour les redevances pour service rendu perçues par les collectivités, les deux branches de l'alternative sont les suivantes. Soit le législateur intervient et il ne peut en tout état de cause que fixer les principes fondamentaux, le pouvoir réglementaire national[436] ou local étant chargé de la mise en œuvre. Soit le législateur s'abstient et le pouvoir réglementaire local est compétent pour instituer et aménager la redevance. Le principe est bien celui de la libre administration des collectivités sous réserve d'une possible intervention de l'État.

La modulation d'une redevance par une collectivité territoriale, tout comme son institution ou sa suppression, se fonde sur l'intervention de l'assemblée locale compétente[437]. Si toute délibération implique des contraintes juridiques non négligeables, elle est surtout porteuse d'une réelle légitimité auprès des citoyens.

Au niveau local, la loi peut être davantage perçue comme une restriction à la libre administration que comme la garante d'un ordre démocratique, ce qu'elle représente incontestablement au niveau national. Si la norme dont la dimension démocratique est la plus forte au niveau national est bien la loi, c'est bien le règlement qui occupe ce rang au niveau local. Une redevance locale sera toujours plus porteuse d'une réelle prise de position des représentants des citoyens locaux[438] qu'un impôt local. Et c'est ce qui explique en partie cette désaffection relative pour le levier tarifaire : « c'est l'inconvénient de la liberté : on n'échappe pas à la responsabilité »[439].

c) Le fréquent transfert de blâme en matière fiscale

En matière de fiscalité directe locale acquittée par les ménages au bénéfice du bloc communal, le transfert du blâme se fait d'une part en direction des autres niveaux de collectivités, en se fondant sur le partage des impôts et du levier taux, et d'autre part en direction de l'État, non seulement responsable de la structure même de l'impôt, mais également détenteur d'une partie du levier base.

α- Le transfert de blâme vers les autres collectivités

L'organisation mise en place mise en place avec la loi n°80-10 du 10 janvier 1980 portant aménagement de la fiscalité directe locale puis avec l'acte I de la décentralisation s'est révélée être « un terreau favorable au développement de comportements opportunistes »[440].

Alors que la plupart des États européens prévenaient ce phénomène en attribuant des prélèvements distincts aux différents niveaux de collectivités ou en privant les collectivités de liberté de vote du taux, la France a fait le choix pendant deux décennies de financer ses collectivités locales avec une taxe d'habitation, deux taxes foncières et une taxe professionnelle sur lesquelles chaque niveau de collectivité disposait d'un pouvoir de taux et sur lesquelles l'État disposait par ailleurs d'un pouvoir de base avec l'indexation législative des valeurs locatives cadastrales et les différentes exonérations ou les différents dégrèvements compensés.

L'empilement des impôts directs locaux combiné à un pouvoir fiscal général a ainsi permis aux élites locales de mettre en place un système de déresponsabilisation relative et surtout d'inflation fiscale, système décrit pour l'impôt économique local dans le rapport de la commission de réforme de la taxe professionnelle dit rapport FOUQUET de 2004 :

« La superposition, sur une même assiette, de taux votés par différents niveaux de collectivités, rend possible une concurrence fiscale verticale, entre collectivités de niveaux différents. [...] Du fait de la multiplicité des décideurs, chaque niveau de collectivité peut être tenté de préempter la marge politiquement admissible d'augmentation des taux. »[441]

Malgré une clarification progressive permise notamment par l'évolution de la présentation des divers avis d'imposition[442], « démêler l'écheveau des responsabilités des différentes catégories de gouvernants impliquées dans la gestion [de ces impôts locaux] supposait des efforts d'information qui outrepassent les capacités des électeurs »[443]. Face à ce constat, et malgré le confort incontestable que représentait pour chacun un système peu lisible, le législateur a dû choisir entre une restriction du pouvoir fiscal et une spécialisation fiscale. C'est cette dernière qui a été mise en œuvre, d'abord épisodiquement avec la suppression de la part régionale de la taxe d'habitation puis de façon plus structurelle avec la réforme fiscale mise en œuvre par la loi n°2009-1673 du 30 décembre 2009 portant loi de finances pour 2010 qui transféra notamment la part départementale de cette même taxe d'habitation aux établissements publics de coopération intercommunale.

Désormais, le bloc communal est le seul bénéficiaire de la taxe d'habitation ainsi que de la taxe foncière sur les propriétés non bâties : il est dès lors impossible de transférer sur une autre collectivité le blâme d'une augmentation du produit fiscale que l'on aurait décidé.

Naturellement, il reste toujours possible de tenter de faire porter une partie de l'impopularité de la hausse du prélèvement dont on bénéficie sur l'intercommunalité lorsque l'on dirige une commune membre ou vice-versa. On pense ici notamment au fait que, en l'absence de délibérations en matière d'abattement dans un établissement public de coopération intercommunale, ce sont les abattements votés par les communes membres qui s'appliquent : très concrètement, cela signifie qu'une révision à la baisse des abattements mise en œuvre par une commune entraîne également une hausse du produit perçu par l'établissement public sans que ce dernier n'ait à prendre lui-même de décision en la matière.

Mais l'harmonie politique qui règne le plus souvent[444] entre ville centre et intercommunalité limite la mise en place de telles stratégies dans la pratique.

Les possibilités de transfert de blâme entre le bloc communal et les autres niveaux de collectivités, concernant l'évolution de la pression fiscale afférente à la taxe d'habitation, ont été fortement réduites par le mouvement de spécialisation fiscale initié à la fin des années 1990 et consacré au début des années 2010. Néanmoins, un tel transfert peut toujours être mis en œuvre vis-à-vis de l'État, producteur de la loi fiscale et surtout responsable de l'indexation législative annuelle des valeurs locatives cadastrales.

β- Le transfert du blâme vers l'État

La faiblesse persistante des « impôts propres »[445] dans le panier fiscal local permet aujourd'hui encore la survivance d'une telle stratégie.

Au-delà même de la répartition objective des responsabilités entre décisionnaires nationaux et locaux en matière de niveau et de structure de la pression fiscale locale, c'est le caractère aujourd'hui peu lisible de cette répartition qui peut inciter les décideurs locaux à mobiliser le levier fiscal, pour lequel les responsabilités sont non seulement objectivement partagées[446] et surtout parfois confuses pour le contribuable moyen, et non un levier tarifaire pour lequel il sera seul responsable, et incidemment un peu coupable, aux yeux de ses usagers-électeurs. Gageons qu'une évolution *a minima*, permettant d'identifier sur l'avis de taxe d'habitation d'un côté la part de l'augmentation de l'impôt dû imputable à une délibération et de l'autre la part liée à la revalorisation législative annuelle des valeurs locatives cadastrales votée par le Parlement, induirait à elle seule une plus grande modération dans l'utilisation du levier fiscal et un recours corollaire accru au levier tarifaire.

La faible intelligibilité de la responsabilité réelle du décideur local dans le niveau de la contribution fiscale qui est demandée permet la mise en œuvre d'une véritable stratégie[447] d'évitement du blâme, stratégie inenvisageable dans le cas du levier tarifaire : au « pas d'imposition sans représentation » de la *Magna Carta*[448] peut faire écho au niveau local un surprenant binôme « de l'imposition sans responsabilisation et, *a contrario*, pas de tarification sans responsabilisation ». Il y a bien, pour reprendre le titre d'un article récent[449], un art et une manière d'augmenter les impôts sans supporter seul les conséquences de la hausse de la charge pesant sur les citoyens concernés.

Cette possibilité offerte, par le biais de l'indexation législative des valeurs locatives cadastrales, mais aussi de la prise en charge par l'Etat des dégrèvements et exonérations d'impôts locaux[450], de partager ou transférer le blâme d'une évolution de la pression fiscale locale avec l'Etat semble cependant être condamnée à moyen terme. La réforme annoncée de la fiscalité locale, sur laquelle le Comité des finances locales doit prochainement produire un rapport, a au sein de ses principes directeurs une « lisibilité pour les citoyens et transparence pour les élus »[451] qui ne saurait s'accommoder du système actuel de détermination de l'impôt dû par chacun, système dans lequel les responsabilités se mélangent et incidemment se diffusent.

Le récent rapport MALVY – LAMBERT propose également de « stabiliser la valeur des bases de la taxe d'habitation »[452], ce qui impliquerait que la responsabilité de la hausse du produit de l'impôt ne serait plus partagée entre les collectivités et l'État avec la disparition incidente de l'indexation législative annuelle des valeurs locatives cadastrales.

À défaut d'une disparition du partage des responsabilités en matière d'évolution de la pression fiscale locale, une clarification sera de toute façon nécessaire. Dans cette perspective, le récent rapport MALVY – LAMBERT fait de « l'information des citoyens sur l'évolution de la fiscalité locale » un des axes de travail du redressement des finances publiques[453]. Il y est notamment évoqué la possibilité, comme cela est le cas au Pays Bas, que chaque collectivité émette ses propres avis d'imposition, afin de clarifier encore davantage la part prélevée par chaque niveau de collectivité pour les impôts partagés.

Si la redevance ne permet pas aux élus locaux de partager avec d'autres personnes publiques le blâme de l'évolution de la contribution demandée, les évolutions récentes ou attendues de la matière fiscale locale pourraient à terme mettre le levier fiscal et le levier tarifaire sur un pied d'égalité en la matière.
Un autre vice de la redevance n'a lui pas sa suppression à l'ordre du jour : l'obligation de gérer les demandes de remise gracieuse et autres complaintes des usagers en direct.

B- La redevance fait gérer par la collectivité les demandes de remise gracieuse

Le principal handicap dont souffre peut-être le levier tarifaire par rapport au levier fiscal aux yeux des décideurs locaux, c'est qu'il impose aux élus la gestion des impayés et autres situations personnelles socio-économiques délicates. Si cela est juridiquement incontestable, nous verrons cependant qu'il est difficile de soutenir que le maire et son exécutif peuvent se désintéresser totalement du traitement des demandes de remise gracieuse d'impôt effectué par les services de la Direction générale des finances publiques.

a) Présentation de la répartition des responsabilités en matière de gestion des demandes de remise gracieuse

Une assemblée locale ne peut en aucun cas renoncer à percevoir un impôt local individualisé, alors qu'elle peut, par délibération, prononcer une remise gracieuse pour une redevance. Si ces remises gracieuses se fondent le plus souvent sur la situation sociale des ménages et font l'objet dans la plupart des mairies d'une étude par une commission dédiée, elles représentent néanmoins une source considérable de sollicitations pour les premiers édiles, avec les complications que cela implique dans la gestion d'une réponse négative transmise à l'usager-électeur.

Concernant les demandes de remise ou de modération de l'impôt local dû, dans sa grande sagesse, le législateur a préféré laisser la responsabilité de la gestion de ces demandes aux services de la Direction régionale des finances publiques[454], pour encadrer tout risque d'arbitraire et, surtout semble-t-il, ne pas exposer les élus locaux à une pression supplémentaire. L'article L.247 du Livre des procédures fiscales précise ainsi que c'est « l'administration [qui] peut accorder sur la demande du contribuable des remises totales ou partielles d'impôts directs régulièrement établis ». Il en est d'ailleurs de même pour les pénalités, amendes ou majorations.

D'un point de vue sociologique, et si l'on considère que les parlementaires sont dans leur grande majorité également des élus locaux, nous sommes ici dans une situation typiquement elstérienne, où la contrainte préalable que l'on s'impose est préférable à une liberté qui peut se révéler dans le futur être contre-productive, au regard de la faiblesse de la volonté. Dernier avatar de ce souci légitime du législateur : l'article L.251 A du Livre des procédures fiscales, qui prévoyait que les assemblées délibérantes des collectivités locales avaient la responsabilité d'« accorder la remise gracieuse des pénalités liquidées à défaut de paiement à la date d'exigibilité » pour les taxes d'urbanisme, a été abrogé à compter de 2012 par la loi n°2000-1208 du 13 décembre 2000 relative à la solidarité et au renouvellement urbains. Les élus locaux sont *de facto* déchargés de toute responsabilité en la matière pour les impôts directs, y compris pour les pénalités afférentes aux taxes d'urbanisme pour lesquelles le régime dérogatoire ici décrit a donc été supprimé.

L'examen des demandes de remise gracieuse d'impôt local par les services fiscaux est très structuré[455] : il se fonde sur une analyse de la situation du contribuable, de sa solvabilité à la fois conjoncturelle[456] et plus structurelle[457]. La capacité effective de paiement du contribuable est notamment appréciée en tenant compte d'une part de son patrimoine et de l'ensemble des ressources des personnes intégrées au ménage et d'autre part des dépenses indispensables à la vie courante du foyer familial, tout en s'assurant que les dépenses invoquées sont en rapport avec les ressources et la structure du foyer. Enfin, si remise ou modération il y a, elle peut être simple ou conditionnelle.

L'écart de structuration entre la procédure d'instruction de demande de remise gracieuse de l'impôt local par les services fiscaux et son homologue pour la redevance locale par les services territoriaux est réel : il trouve son origine à la fois dans le professionnalisme ancien des services fiscaux dans le traitement de ce type de demande et dans l'investissement tout relatif consenti par les administrations territoriales en la matière qui savent pertinemment que 1- la faible volumétrie de ces demandes[458] n'encourage pas à la production d'une procédure trop structurée et 2- l'intervention du politique vient *in fine* perturber tout travail objectif d'analyse qui aurait pu être mené par les services.

Notons que cette répartition des responsabilités en matière de demande de remise, de modération ou d'échelonnement en fonction de la nature de la contribution visée, l'impôt à l'Etat et la redevance à l'élu local, est confortée en apparence par l'origine même de la "dette" du demandeur :

« La redevance est ainsi souvent considérée par ceux qui instruisent les recours comme un prélèvement sur un bien superflu. »[459]

Les démarches initiées concernant les redevances partent ainsi d'ores et déjà avec un handicap : elles sont adossées à une prestation qui, si elle n'est pas toujours « superflue », n'en demeure pas moins facultative. Demander une remise de taxe d'habitation au regard de la situation économique et sociale de son ménage, mais aussi de la structure de l'impôt dû dont le caractère injuste sera largement exposé et détaillé dans la suite de notre propos, peut sembler aux yeux de tout un chacun plus acceptable que de demander une remise pour la cantine scolaire, l'accueil périscolaire, le cours de sport ou encore le centre aéré, pour ne reprendre que les redevances afférentes aux services publics administratifs (inter -) communaux donnant le plus souvent lieu à tarification pour les familles.

Néanmoins, au-delà de cette distinction théorique, il convient de prendre en compte la réalité : au même titre qu'un droit qui n'est pas partagé par tous n'est un droit, mais un privilège, une faculté qui serait sollicitée par tous n'est pas réellement une faculté, mais une nécessité. Les services locaux évoqués sont, pour la plupart des ménages, incontournables dans l'organisation de leur quotidien : faire garder ses enfants un peu plus tôt, un peu plus tard, entre midi et deux, ou encore le mercredi ou pendant des vacances scolaires dont l'amplitude dépasse largement le nombre de jours de congé payé pour un salarié peut être une nécessité, surtout pour les ménages les plus fragilisés économiquement, socialement ou encore familialement. Il suffit de se pencher sur les derniers avatars juridiques[460] et médiatiques[461] de la restriction à l'accès aux cantines scolaires pour s'en persuader. Dans ces circonstances, demander une remise de la redevance due pour la cantine scolaire ou encore le centre aéré n'est pas plus illégitime que pour un impôt local.

b) Une collectivité peut-elle réellement se désintéresser de la gestion par les services de l'État des demandes de remise gracieuse d'impôt ?

Formellement, l'énoncé est peu contestable : la redevance locale fait peser sur les épaules de l'administration et plus encore des élus l'épineuse question du traitement des demandes de remise gracieuse, question externalisée légalement pour l'impôt local.

Néanmoins, en pratique, un maire ne peut se désintéresser complètement des difficultés rencontrées dans la collecte d'un impôt local, collecte qui aurait été rendue plus difficile par la mobilisation du levier fiscal et la hausse corollaire du montant demandé au contribuable local. Comme le constate Alexis SPIRE, la taxe d'habitation est devenue « un enjeu de litiges et de contestations pour beaucoup de ménages à faibles revenus en dépit des possibilités d'abattements et d'exonérations »[462].

De façon générale, et c'est le principal constat développé dans cet ouvrage, l'augmentation continue de la fiscalité directe locale sur les trois dernières décennies a considérablement transformé le profil de l'usager des services de la Direction générale des finances publiques. La structure de la fiscalité directe locale a fait entrer de plein fouet une part des classes moyennes et populaires dans la question fiscale et, plus prosaïquement, dans les relations avec l'administration : en 2009, ce sont près d'un million de réclamations qui ont été enregistrées concernant les seuls avis de taxe d'habitation[463], et la part des demandes relatives à cet impôt dans l'ensemble des demandes transmises aux services de l'État n'a cessé de croître sur l'ensemble des années 2000[464]. Les dispositifs complexes d'exonérations, de réductions ou encore de plafonnements de cet impôt déconnecté de la capacité contributive, permettant de mieux tenir compte de la situation économique des plus modestes, supposent en effet de vérifier des conditions de ressources et surtout de cohabitation, engendrant de nombreuses réclamations.

Le décalage dans le temps entre le fait générateur, à savoir l'occupation de l'habitation au 1er janvier n fondée le plus souvent sur la déclaration de revenus réalisée au printemps n-1, et la date de réception de l'avis, à savoir l'automne n, génère à lui seul un nombre conséquent de réclamations. Ce « décalage entre le temps vécu et le temps de l'impôt »[465], la redevance le connaît également, étant souvent assise pour une année scolaire sur l'avis d'impôt sur le revenu établi en fonction des ressources perçues sur l'année civile précédente. Mais il ne génère, reconnaissons-le, pas autant d'insatisfaction et d'incompréhension : peut-être parce que le prix du tarif est annoncé en amont du fait générateur, et le prix de l'impôt *a posteriori*.

Dans pareille situation, l'opposition entre « des fonctionnaires disposant du capital bureaucratique et informationnel pour dire le droit et des usagers profanes qui perçoivent ce discours comme arbitraire et absurde »[466] ne peut que générer une insatisfaction chez les citoyens concernés qui impactera, d'une façon ou d'une autre, leur perception de l'administration en général et incidemment de l'administration locale.

Cette analyse de la nature relations des contribuables modestes avec les services de la Direction générale des finances publiques, renforçant le caractère déjà injuste de la structure des impôts directs locaux acquittés par les ménages, suggère que le premier édile de la cité ne peut se désintéresser entièrement du traitement des demandes de remise gracieuse qu'il externalise vers les services de l'État en mobilisant le levier fiscal.

Deux autres aspects doivent également être ici mis en avant.

Tout d'abord, les demandes de remise gracieuse de taxe d'habitation sont parfois envoyées au maire. Quand bien même il est clairement précisé sur les avis d'imposition quels services contacter en cas de question sur le calcul ou sur le paiement de l'impôt, le maire est souvent le destinataire de la demande de report, de remise ou de modération : en matière sociale comme dans tant d'autres domaines, les édiles des cités sont qu'ils le veulent ou non en première ligne des préoccupations des citoyens et jouent souvent un rôle de guichet social de proximité. Une fois la demande reçue, le maire informe le contribuable de son incompétence et de la transmission de sa requête aux services fiscaux, mais il se trouve *de facto* associé à la démarche. Et c'est vers lui que le contribuable-électeur aura tendance à se tourner pour disposer d'information sur l'avancée du traitement de son dossier.

Notons que cette sollicitation du maire et non des services fiscaux peut également trouver son origine non dans une méconnaissance de la répartition des compétences, mais dans une stratégie assumée de faire "appuyer" sa demande. Même s'ils sont très réticents à l'admettre, les élus locaux savent que les agents de la Direction régionale des finances publiques disposent d'un pouvoir d'appréciation et d'une réelle marge de manœuvre dans leur activité en général et dans l'instruction des demandes de remise gracieuse en particulier, même si lesdits se retranchent souvent derrière une application présentée comme monolithique du droit. Si la méthodologie de l'appréciation de la solvabilité est bien définie, l'absence de grille stabilisée et d'instruction valable au niveau national détermine la liberté relative d'appréciation des agents en la matière. Il suffit de lire l'extrait du Bulletin officiel des finances publiques – impôts consacrés à l'examen au fond des demandes de remise gracieuse[467] : derrière une position de principe relativement stricte, réservant les remises « aux contribuables se trouvant réellement hors d'état de se libérer ou à ceux qui, ayant acquitté leurs cotisations, ne sont parvenus à se libérer qu'au prix de sacrifices considérables ou à l'aide d'emprunts »[468], la nuance et le jugement des agents occupent une place importante dans le déroule de l'examen[469]. On peut s'en étonner par ailleurs, l'égalité des citoyens face à l'impôt pouvant être perturbée par cette marge d'appréciation[470], d'autant plus importante que le représentant de l'administration n'est jamais obligé de préciser au contribuable la raison de l'acceptation ou du refus de la demande de remise gracieuse.

Faute d'étude disponible en la matière, difficile de savoir si une demande de remise gracieuse appuyée par le maire présente de plus grandes chances de réussite qu'une demande formulée directement aux services de la Direction générale des finances publiques. Il n'est pas inenvisageable que l'implication de l'élu local se révèle être contre-productive *in fine*, les agents souhaitant éviter tout effet de contagion en la matière. Le refus peut également être interprété comme le plus sûr moyen, pour le contrôleur, de transférer formellement à son supérieur hiérarchique la "patate chaude" : ce sera en effet à l'échelon départemental de trancher en cas de recours, toujours appuyé par le maire, du rejet prononcé par l'agent.

Ensuite et surtout, toute hausse du nombre de demandes de remise gracieuse en matière d'impôt local, si elle n'impacte pas directement le produit perçu par la collectivité, est annonciatrice d'un mouvement similaire en matière de redevance locale. Augmenter les impôts plutôt que les tarifs peut même se révéler contre-productif pour le budget local, la fermeté et l'objectivité des services fiscaux pouvant entraîner une forme d'effet d'éviction et un accroissement des démarches des citoyens sur le stock de redevances existant.

Ainsi, si l'impôt permet de ne pas avoir à gérer directement les demandes de remise gracieuse, il ne permet néanmoins pas d'échapper pleinement à ses répercussions. L'externalisation partielle de cette responsabilité, impossible pour la redevance, ne doit pas être érigée en solution miracle.

La redevance met les décideurs publics locaux en première ligne face aux citoyens, que ce soit dans la responsabilité de l'évolution de la pression tarifaire comme dans le traitement des demandes de remise gracieuse. Cette situation est d'autant plus inconfortable qu'elle tranche clairement avec le système à l'œuvre pour l'imposition locale, où la faible lisibilité du système et le rôle historiquement pourvu aux agents de l'ex-Trésor peuvent offrir aux élus une partition bien plus confortable à jouer.

Néanmoins, cette situation, loin d'être figée, est appelée à évoluer. La modernisation annoncée de la fiscalité locale annonce la fin des stratégies de transfert de blâme. Le traitement des demandes de remise gracieuse d'impôts locaux ne peut lui plus être totalement ignoré par les collectivités locales, ne serait-ce que comme un indicateur de la situation économique de leurs contribuables – usagers – électeurs – citoyens[471].

Conclusion du chapitre 2

Au-delà d'une histoire qui lui est quelque peu défavorable et d'une idéologie qui en fait le marqueur d'un déclassement des services publics, la redevance se heurte dans son appréciation par les décideurs publics à certaines idées particulièrement inhibitrices. On la présente ouvertement comme une ressource peu fiable en matière de prévisibilité budgétaire ou particulièrement coûteuse à mettre en œuvre. On la sait, moins ouvertement, n'offrir aucune prise aux stratégies d'évitement du blâme en matière de hausse de la pression contributive et imposer aux élus locaux une relation directe aux usagers se retrouvant dans l'incapacité de régler leur dette. Autant de caractéristiques qui grippent la mobilisation d'un levier tarifaire.

Insistons bien, il ne s'agit pas là de considérations mineures quand la question de la structure de financement d'un service public locale est posée. Néanmoins, leur remise en question, si elle relève clairement d'un lent processus, est incontestable. De nombreux retours d'expérience et études tendent à remettre en cause l'image de la redevance en matière de coût de gestion et de fiabilité des prévisions budgétaires. Le législateur quant à lui, par le mouvement de spécialisation fiscale initié dans les années 1990 et par une refonte attendue de l'assiette des principaux locaux, pourrait condamner les traditionnelles stratégies d'évitement du blâme. Cette remise en question sera l'une des composantes d'un rééquilibrage entre usagers et contribuables dans des proportions plus conformes aux atouts objectifs du levier tarifaire.

Conclusion du titre 2

Ainsi, la tarification n'est pas aussi libre qu'on peut dans un premier temps le penser, prisonnière qu'elle est de considérations historiques et idéologiques, comme autant de « biais conceptuels et freins qui s'opposent à une démarche rationnelle dans l'élaboration de politiques tarifaires »[472].

Le regard porté sur le levier tarifaire par les élus comme par les citoyens expliquerait la sous-exploitation de ces ressources dans le financement des services publics locaux. Même s'il est par essence très compliqué d'identifier avec certitude les facteurs clés dans une telle prise de décision[473], on peut légitiment avancer que certaines idées reçues, côté élu, et un attachement aussi historique qu'affectif à l'impôt, côté citoyen, ont longtemps freiné une mise en œuvre raisonnée du levier tarifaire.

Ainsi, un peu comme pour l'inflation en politique économique, les excès potentiels ou fantasmés de la mobilisation du levier tarifaire semblaient encore récemment lui interdire toute mobilisation dans des proportions plus conformes aux marges de manœuvre laissées aux collectivités par le juge administratif et le législateur d'une part et à son intérêt et sa pertinence d'autre part.

CONCLUSION DE LA PREMIÈRE PARTIE

La redevance a connu, sur les dernières décennies, une discrète, mais déterminante mue qui porte en elle les fondements et les fondamentaux d'une réappropriation par les décideurs publics locaux de ce levier de financement.

D'une part, les marges de manœuvre accordées par le législateur et précisées par le juge administratif n'ont cessé de s'élargir.

Un service public rendu certes dans l'intérêt de tous, mais excédant en l'espèce les besoins normaux auxquels la collectivité est tenue de pourvoir peut faire l'objet d'une tarification. Une simple corrélation entre le prix demandé et le coût du service mis en œuvre est admise. Il est aussi possible de mettre en œuvre une tarification en fonction du degré potentiel et non effectif d'utilisation du service rendu.

Autant d'évolutions juridiques qui, combinées à un interventionnisme public local persistant et à une appréciation de plus en plus large de ce qui peut économiquement et politiquement être tarifé, donnent aux décideurs locaux de réelles marges de manœuvre.

D'autre part, les obstacles extra-juridiques qui s'érigeaient traditionnellement face à la mise en place et la mise en œuvre de la redevance sont en voie de disparition.

L'histoire et l'idéologie ont de moins en moins leur mot à dire, à une époque où le renouvellement et la professionnalisation des personnels sont de plus en plus visibles, que ce soit dans les assemblées ou dans les administrations.

Les tares et les vices propres à la matière tarifaire, parfois soumise à une concurrence déloyale de la matière fiscale, sont eux aussi en voie d'extinction. Encore une fois, il s'agit là d'un processus lent, mais il est incontestablement en marche.

La redevance a ainsi su évoluer pour redevenir, au regard de ses caractéristiques propres, une source pertinente et opportune de financement des services publics locaux. Mais elle bénéficie aussi dans cette trajectoire des évolutions que connaît concomitamment sa principale alternative, l'imposition locale.

SECONDE PARTIE
LA DYNAMIQUE EXOGÈNE DE LA REDEVANCE

Les ressorts exogènes de l'intérêt renouvelé des décideurs publics locaux pour la redevance se trouvent dans les interactions de la matière tarifaire avec les deux composantes de la matière fiscale : l'« impôt général » et l'« impôt spécial »[474].

Nous utiliserons ici la classification imaginée par Robert HERTZOG pour distinguer, au sein des impositions de toutes natures, celles qui sont affectées au financement de l'ensemble des services publics et celles qui sont affectées, sémantiquement ou budgétairement, au financement d'un service public donné : enlèvement des ordures ménagères, transports urbains, propreté de la voie publique, infrastructures touristiques, investissements structurants. Cette classification présente à notre sens deux mérites pour notre analyse.

D'une part, elle permet de se prévenir de la confusion qui peut accompagner l'emploi des termes d'impôt et de taxe pour distinguer clairement, au sein des impositions, ce qui n'est pas affecté et ce qui l'est[475]. D'autre part, l'expression d'impôt spécial fait utilement écho au principe de spécialité budgétaire, contribuant à la prise de conscience que les impositions de toutes natures affectées à une personne ou un service public sont *in fine* une forme supplémentaire de contrainte pesant sur les exécutifs locaux dans l'élaboration et l'exécution de leurs budgets. La spécialisation intervient ici non pas au moment de l'adoption du budget, comme c'est le cas normalement, mais dès la levée de la « contribution commune ». L'impôt spécial déplace le contrôle de l'action de l'exécutif de l'assemblée vers les citoyens, de la représentation vers ceux qui sont représentés : c'est une translation qui pose, nous le verrons, de lourdes questions politiques et juridiques.

Tout d'abord, la redevance bénéficie d'avantages comparatifs conséquents lorsqu'on la confronte aux impôts généraux directs locaux et notamment à leur avatar le plus connu : la taxe d'habitation (*premier titre : La redevance contre l'« impôt général »*).

Si la modulation de cet impôt, à travers la mise en œuvre d'abattements ou l'évolution du taux, est l'une des plus libres du panier fiscal local, cette marge de manœuvre accordée par le législateur n'est que toute relative comparée aux possibilités offertes en matière de tarification : sur le fondement d'une disposition législative, d'un intérêt général ou même d'une différence de situation objective, chaque collectivité peut moduler la charge demandée aux usagers et tendre vers du cousu main.

Par ailleurs, la taxe d'habitation, comme l'ensemble de la fiscalité locale, est en grande partie déconnectée de la capacité contributive de ceux qui s'en acquittent. Le biais attentionnel constaté sur le vote des taux peut même inciter les décideurs publics locaux à privilégier la modulation des abattements, particulièrement pénalisante pour les classes populaires. Les redevances pour service rendu, en prenant en compte des critères de ressources et de charges de leurs usagers, ne présentent pas cet écueil.

Ensuite, la redevance bénéficie indirectement de l'essor actuel des taxes locales, dont elle ne partage certes pas la nature juridique, mais bien la logique : la mise à contribution des bénéficiaires effectifs ou potentiels d'un service donné (*second titre : La redevance avec l'« impôt spécial »*).

La forte critique que connaît l'impôt, dans son niveau et sa structure, mais surtout dans son emploi, a trouvé en France plusieurs formes de réponses de la part des pouvoirs publics. Pour le secteur public local, c'est principalement sur le fléchage des impositions que s'est fondée ladite réponse. La création de nouvelles taxes comme l'augmentation du rendement de taxes plus anciennes contribuent à placer de plus en plus souvent les contribuables locaux dans des situations de quasi-usagers. Dès lors, un recours renforcé au levier tarifaire dans d'autres circonstances en devient plus accepté. À long terme cependant, cette trajectoire est porteuse d'un certain risque pour la distinction entre l'imposition et la redevance.

Titre 1 : La redevance contre l'« impôt général »

Lorsqu'on la compare objectivement à la taxe d'habitation, qui n'est certes pas l'impôt général présentant le meilleur rendement pour le bloc communal, mais qui en est à coup sûr le plus emblématique, la redevance présente deux atouts incontestables.

D'une part, la redevance offre bien plus de marges de manœuvre aux décideurs locaux dans la modulation de la contribution demandée aux citoyens concernés. Modifier le taux ou l'assiette d'un impôt, dans les limites fixées par la loi, n'est en effet qu'une latitude toute relative quand on la compare à la liberté dont disposent les exécutifs locaux en matière de tarification. Naturellement, certaines limites ont été posées par la loi ou la jurisprudence, mais elles restent fondées sur un certain bon sens et tendent avec le temps à s'assouplir, dans une logique de pleine et entière libre administration. Dernier exemple en date : la décision du *Syndicat national de défense de l'exercice libéral de la médecine à l'hôpital*[476], modifiant le référentiel du plafonnement des redevances.

D'autre part, la redevance permet une meilleure prise en compte de la capacité contributive de ceux qui s'en acquittent. Alors que la taxe d'habitation est dégressive en fonction des revenus pour près de la moitié de ses contribuables, les redevances peuvent présenter de bien meilleures structures, au regard notamment des possibilités offertes en matière de tarification sociale par les décisions *Denoyez et Chorques*[477] et *Commune de Gennevilliers*[478].

La reconnaissance progressive, par les élus comme par les électeurs locaux, de ces avantages comparatifs participe grandement au renouveau de la redevance locale.

Chapitre 1 : Des modalités de modulation plus larges pour la redevance

Le cadre législatif et réglementaire actuel permet une modulation des redevances pour service rendu demandées aux usagers bien plus importante que celle de la taxe d'habitation demandée aux contribuables.

Section 1 : Les modalités de modulation de la taxe d'habitation

Les leviers de modulation de la taxe d'habitation offerts aux conseils municipaux et conseils communautaires sont variés, mais s'inscrivent néanmoins dans un encadrement certain, notamment avec le plafonnement de l'impôt levé.

L'analyse de ces modalités de modulation de l'impôt levé par la collectivité concernée peut sembler en première lecture périphérique à notre étude, mais c'est un préalable nécessaire à l'identification et l'objectivation des avantages comparatifs de la redevance en la matière. Nous nous efforcerons cependant de limiter ce détour de production, pour reprendre la sémantique hayekienne.

Reprécisons ici les raisons qui nous ont poussés à centrer l'analyse comparative du présent titre sur la seule taxe d'habitation.

Nous avons choisi de nous centrer sur un seul impôt pour pouvoir rentrer dans des considérations techniques concrètes (abattements, encadrement du vote du taux, structure…) et ne pas rester dans la généralité. Ainsi, au même titre que « le Conseil constitutionnel se refuse à apprécier les effets globaux du système fiscal pris dans son ensemble »[479] et n'analyse le respect du principe d'égalité devant les charges publiques[480] que pour chaque imposition prise isolément[481], il nous est apparu plus pertinent de nous arrêter sur une incarnation concrète de l'impôt général local pour mener à bien ce travail de comparaison entre les mérites respectifs du levier tarifaire et du levier fiscal.

Nous avons choisi la taxe d'habitation comme incarnation concrète de l'impôt général local parce que c'est l'avatar de l'impôt général local le plus répandu et le plus connu. C'est également l'impôt local qui présente concrètement le plus de marges de manœuvre dans sa modulation : son taux est certes plafonné comme nous le verrons, contrairement au taux de la taxe foncière sur les propriétés bâties, mais son assiette est clairement la plus modulable, avec des abattements et des exonérations qui par ailleurs peuvent tout aussi bien cibler une partie des contribuables que leur ensemble. La taxe d'habitation, enfin, partage avec les deux taxes foncières et la cotisation foncière des entreprises un taux proportionnel fixé par l'assemblée locale et une assiette foncière fondée sur les contestables valeurs locatives cadastrales, ce qui lui assure un certain degré de représentativité et un élargissement de certaines conclusions que nous tirerons de son analyse à d'autres impôts.

A- La modulation de la taxe d'habitation

La modulation de la taxe d'habitation se fonde essentiellement sur le levier taux, consenti aux collectivités en 1980, mais aussi sur une série d'abattements et d'exonérations affectant l'assiette de l'impôt, la valeur locative cadastrale de l'habitation.

a) La logique fondée par la loi n°80-10 du 10 janvier 1980, partiellement remise en cause depuis

Si l'ordonnance n°59-108 du 7 janvier 1959 portant réforme des impôts directs locaux avait autorisé les collectivités à majorer éventuellement, dans la limite de 20 %, le taux fixé nationalement pour les « quatre vieilles », c'est bien deux décennies plus tard que l'on situe traditionnellement le point de départ du pouvoir fiscal local.

Depuis l'adoption par le Parlement de la loi n°80-10 du 10 janvier 1980 portant aménagement de la fiscalité directe locale, les collectivités percevant la taxe d'habitation[482] ainsi que les autres impôts généraux directs locaux bénéficient, pour ces prélèvements et « dans les conditions prévues par la loi », d'un pouvoir fiscal :

« À partir de 1981, et sous réserve des dispositions de l'article 3 de la présente loi, les conseils généraux, les conseils municipaux et les instances délibérantes des organismes de coopération intercommunale dotés d'une fiscalité propre votent chaque année les taux des taxes foncières, de la taxe d'habitation et de la taxe professionnelle. »[483]

Cette possibilité de moduler le taux de l'impôt direct local, pourtant relativement récente à l'échelle d'une histoire d'une décentralisation entamée en 1789, a pourtant été très rapidement intégrée par les élus locaux comme un droit commun, une composante incontournable de leur libre administration. Elle est la base même de ce que l'on appelle en théorie économique le fédéralisme financier, avatar budgétaire de ladite libre administration : les électeurs-contribuables choisissent les équipements qu'ils souhaitent voir aménagés et les actions publiques qu'ils souhaitent voir mises en œuvre, et maîtrisent, au travers des élections organisées à échéances régulières et sur la base des programmes présentés par les différents candidats, le niveau des recettes locales nécessaire à ces dépenses.

Pourtant, la dernière décennie a mis à mal ce qui était jusqu'alors une évidence, à travers deux épisodes.

α- La définition de l'autonomie financière posée par la loi constitutionnelle n°2003-276 du 28 mars 2003 relative à l'organisation décentralisée de la République

Cette réforme a introduit un nouvel article 72-2 précisant dans son deuxième alinéa que « les recettes fiscales et les autres ressources propres des collectivités territoriales représentent, pour chaque catégorie de collectivités, une part déterminante de l'ensemble de leurs ressources ».

Pour comprendre les raisons qui ont poussé les parlementaires à adopter cette disposition, il faut revenir quelques années en arrière. La législature 1997-2002 avait en effet connu la suppression de nombreux impôts locaux[484], compensée par des dotations étatiques présentant certes un réel dynamisme,[485] mais sur lesquelles les collectivités n'avaient aucune prise individuellement. Ainsi, entre 1998 et 2002, la part des recettes propres avait baissé de 5 % pour le bloc communal, 9 % pour les départements et 20 % pour les régions. On parlait alors de « recentralisation » des ressources des collectivités[486].

Faute de disposition constitutionnelle expresse, le Conseil constitutionnel ne s'était jamais opposé à ces suppressions d'impôts locaux qui n'entraînaient pas de diminution des ressources des collectivités : tout juste avait-il rappelé au législateur de ne pas « restreindre la part de recettes [ou] de diminuer les ressources globales des collectivités concernées au point d'entraver leur libre administration »[487]. Insuffisant au regard d'un élu local, par ailleurs législateur effectif et constituant potentiel au travers du cumul des mandats, qui prit les choses en main en 2003 pour se donner des assurances qu'ils pensaient suffisantes au regard de la rédaction du deuxième alinéa de l'article 72-2 de la Constitution.

Mais la loi n°2004-809 du 13 août 2004 relative aux libertés et responsabilités locales a très rapidement montré aux décideurs locaux que des « ressources propres » n'étaient pas nécessairement des ressources dont ils pouvaient fixer le niveau. Sont ainsi incluses dans les produits des impositions de toutes natures faisant partie des ressources propres des collectivités d'une part les impositions nationales partagées avec un taux déterminé par collectivité bénéficiaire, comme la taxe intérieure sur la consommation des produits énergétiques ou la taxe spéciale sur les conventions d'assurance, et d'autre part les impositions nationales partagées avec une assiette localisée sur laquelle s'applique un taux national, comme la redevance des mines ou l'imposition forfaitaire sur les entreprises de réseaux des pylônes électriques.

Ainsi, financièrement parlant, certains impôts partagés ou transférés depuis 2003 s'apparentent davantage à de « quasi-dotations »[488] qu'à des prélèvements fiscaux locaux tels que leur idéal type était perçu par les décideurs jusqu'alors, puisque les collectivités n'ont ni la faculté d'en moduler l'assiette, qui n'est parfois même pas localisable géographiquement, ni la liberté d'en fixer le taux. Le ratio d'autonomie fiscale des collectivités locales, défini par le Conseil des prélèvements obligatoires comme le « montant des impôts et taxes sur lesquels les collectivités locales disposent d'un pouvoir d'assiette ou de taux rapporté à l'ensemble du produit des impôts et taxes perçus »[489], s'est ainsi dégradé entre la mise en œuvre de la réforme constitutionnelle visée et la fin de la législature qui l'avait vu instaurée.

Dans une décision récente[490], le Conseil constitutionnel a bien confirmé qu'« il ne résulte ni de l'article 72-2 de la Constitution ni d'aucune autre disposition constitutionnelle que les collectivités territoriales bénéficient d'une autonomie fiscale ».

β- La création de la contribution économique territoriale par la loi n°2009-1673 du 30 décembre 2009 portant loi de finances pour 2010

Cette loi a vu la taxe professionnelle, premier impôt local en volume[491], supprimée et partiellement remplacée par un nouveau panier fiscal sur lequel les décideurs locaux n'ont que peu de prise. Seule la nouvelle cotisation foncière des entreprises voit en effet son taux fixé localement, alors que la cotisation sur la valeur ajoutée des entreprises, principal nouvel impôt en volume[492] de ce panier de substitution, voit son taux et son assiette arrêtés nationalement. Conséquence mécanique : une forte réduction du pouvoir fiscal des collectivités.

Par ailleurs, la redistribution du panier fiscal des collectivités qui a accompagné la suppression de la taxe professionnelle a vu les régions être dépossédées de l'ensemble des impôts généraux directs qu'elles percevaient et les départements ne conserver que la taxe foncière sur les propriétés bâties. Ces impôts étant comme on l'a vu traditionnellement au cœur du pouvoir fiscal local, leurs ratios d'autonomie fiscale de ces niveaux de collectivité se sont mécaniquement dégradés.

Cette réforme fiscale a ainsi accéléré le mouvement de diminution du pouvoir fiscal des collectivités, initié à la fin des années 1990 et contre lequel les décideurs locaux pensaient, à tort, être prémunis du fait de la réforme constitutionnelle de 2003.

La possibilité de moduler le produit de l'impôt local demandé aux citoyens afin de financer les politiques publiques qu'ils ont souhaité voir mises en œuvre n'est ainsi pas le droit commun, mais elle reste bien présente en matière de fiscalité directe locale pesant sur les ménages. Car si « la libre administration des collectivités territoriales n'implique pas nécessairement la détention d'un pouvoir fiscal »[493], ledit pouvoir fiscal demeure bien un des marqueurs de cette libre administration.

b) Les deux leviers de la modulation de la charge pesant sur les ménages au titre de la taxe d'habitation

La modulation de la taxe d'habitation demandée aux contribuables du bloc communal peut se faire par deux leviers bien distincts : le vote du taux de l'impôt d'une part, la mise en œuvre d'abattement sur la valeur locative castrale qui sert d'assiette à l'impôt d'autre part.

α- Le vote du taux

Rappelons-le, le principe de libre vote des taux par les collectivités, posé par la loi n°80-10 du 10 janvier 1980 portant aménagement de la fiscalité directe locale, est conforme à une réelle décentralisation et un véritable fédéralisme financier. Il est cependant dans la pratique tempéré par la règle dite de lien des taux. Concrètement, le taux de taxe d'habitation voté par une commune ne peut augmenter moins vite ou baisser plus rapidement que le taux de taxe foncière sur les propriétés non bâties et que le taux de cotisation foncière des entreprises. Notons que cette règle du lien ne concerne pas la taxe foncière sur les propriétés bâties, ce qui autorise certaines extravagances dans la taxation des contribuables concernés[494].

Naturellement, comme souvent en matière fiscale, des dérogations existent pour assouplir le principe posé : c'est ce qu'on appelle la déliaison partielle des taux. Il est ainsi possible de ne pas avoir à augmenter le taux de taxe d'habitation si l'on souhaite augmenter celui de la cotisation foncière des entreprises, sous certaines conditions. De même, il est possible de diminuer le taux de taxe d'habitation sans avoir à diminuer celui de la cotisation foncière des entreprises et de la taxe foncière sur les propriétés non bâties.

La capacité de modulation, avec le levier taux, de la taxe d'habitation acquittée par les contribuables locaux demeure conséquente, malgré cette contrainte de liaison régulant la liberté formellement affichée.

β- L'instauration ou la suppression d'abattements sur l'assiette

Outre ce levier taux, la commune peut moduler la taxe d'habitation demandée au contribuable avec une évolution de l'assiette imposable.

Les articles 1411 CGI et suivants prévoient ainsi une série d'abattements divers, obligatoires ou facultatifs : l'abattement obligatoire pour charges de famille, l'abattement facultatif général à la base, l'abattement facultatif spécial à la base, et enfin l'abattement facultatif mis en place par la loi n°2006-1771 du 30 décembre 2006 portant loi de finances rectificative pour 2006 pour les personnes atteintes d'une infirmité ou d'une invalidité.

Il convient de faire ici plusieurs remarques, d'ordre juridique ou économique, sur ces différents leviers qui ensemble déterminent la politique d'abattement de la collectivité.

Tout d'abord, tous ces abattements ne sont valables que pour la résidence principale. Ce n'est pas sans conséquence sur la préférence marquée par certaines collecttivité pour ce levier plutôt que pour la modulation des taux. Ainsi, on constate une politique d'abattement très généreuse dans les communes touristiques, qui permet de faire baisser la charge fiscale des contribuables résidents, tout en assurant des recettes fiscales conséquentes acquittées par les propriétaires de résidences secondaires, qui ne sont eux pas électeurs de la commune.

Ensuite, la valeur locative moyenne de la collectivité, base de calcul de ces abattements, évolue chaque année en fonction de l'indexation législative votée par le Parlement dans le cadre de la loi de finances et du dynamisme immobilier du territoire concerné[495], alors que la valeur locative cadastrale de chaque habitation prise individuellement[496] n'est elle affectée que par l'indexation législative, toute chose égale par ailleurs.

Deux répercussions à ce différentiel de rythme d'évolution : sur le long terme, les abattements augmentent plus vite que l'assiette ; il est possible de devenir éligible à l'abattement spécial à la base d'une année sur l'autre si la valeur locative du logement passe sous la barre des 130 % de la valeur locative moyenne.

Par ailleurs, si l'abattement général à la base, qui concerne l'ensemble des contribuables de la taxe d'habitation, est mis en œuvre dans un peu moins d'un quart des communes, l'abattement spécial à la base, qui ne bénéficiera lui qu'aux ménages modestes, n'est instauré que par moins de 5 % des villes[497].
Les décideurs locaux semblent préférer, si on se limite à cette information, une politique d'abattement bénéficiant à une très large partie des contribuables que bénéficiant aux moins aisés d'entre eux. Notons cependant que l'abattement spécial à la base a été celui qui a été le plus modifié par la loi n°2010-1657 du 29 décembre 2010 portant loi de finances pour 2011 : peut-être que les décideurs locaux y verront désormais un outil pertinent et opérationnel de politique fiscale.

Enfin, et c'est peut-être le point le plus important, en prenant la valeur locative moyenne de la collectivité comme base de calcul de ces abattements, le législateur a instauré une diminution forfaitaire de l'assiette de l'impôt à acquitter et incidemment de l'impôt lui-même, le taux étant le même pour tous les contribuables. Cela revient à instiller une dose de progressivité[498] dans un impôt, ce qui n'aurait pas été le cas si le référentiel de cet abattement avait été la valeur locative de chaque logement.

γ- Avantages et inconvénients de cette dualité

L'existence de ces deux leviers distincts permet aux collectivités locales de mettre en œuvre une politique très fine en matière d'imposition, même si elle ne saurait présenter autant de liberté dans sa définition qu'une politique tarifaire, par essence moins contrainte par la législation.

Ainsi, on pourrait pour simplifier identifier trois degrés de finesse dans la taxation supplémentaire des contribuables locaux qui serait rendue nécessaire par une hausse des dépenses de la collectivité : la variation proportionnelle des taux de plusieurs impôts à la hausse, quand l'effort complémentaire est partagé par toutes les catégories de contribuables ; la variation différenciée des taux à la hausse, quand l'effort est différemment réparti entre les différentes catégories de contribuables ; la suppression d'abattements, quand l'effort est différemment réparti au sein d'une même catégorie de contribuables.

Par ailleurs, la modulation de l'assiette représente une marge de manœuvre permettant de contourner les contraintes pesant sur le vote des taux.

Prenons l'exemple d'un maire nouvellement élu, qui souhaite baisser le poids des impôts des ménages, et plus spécifiquement des familles. Eu égard aux contraintes de liaison de taux, il ne peut pas baisser le taux de taxe d'habitation sans toucher aussi le taux de cotisation foncière des entreprises et de taxe foncière sur les propriétés non bâties, ce qu'il ne peut pas faire au regard des contraintes budgétaires pesant sur la commune. Il peut certes moduler librement à la baisse le taux de taxe foncière sur les propriétés bâties, mais ce ne sont pas les propriétaires qu'il vise, sa politique fiscale risquant d'être perçue comme trop favorable pour une partie restreinte de la population. Si cet élu dispose encore de marges de manœuvre sur les abattements de taxe d'habitation, il peut tout simplement instaurer ou revoir à la hausse l'abattement général à la base ou bien majorer l'abattement obligatoire s'il vise spécifiquement les ménages avec des personnes à charge.

Notons enfin que, contrairement à la modulation de la politique de tarification des redevances pour service rendu qui peut être arrêtée globalement dans une seule délibération pour l'exercice ou l'année scolaire à venir, la modulation de la taxe d'habitation doit se faire en deux temps bien distincts. En effet, si le vote du taux de l'impôt à acquitter intervient au printemps n[499], les différents abattements doivent eux être adoptés par le conseil municipal à l'automne n-1[500].

Cette contrainte, liée à l'obligation de transmission avant le vote des taux d'un état des bases prévisionnelles qui sont naturellement impactées par la politique d'abattement, implique une grande discipline inter-temporelle pour la mise en œuvre de la politique fiscale globale, les deux leviers n'étant pas actionnés au même moment.

Si la capacité à moduler la taxe d'habitation, par des décisions affectant son assiette ou son taux, est bien réelle, le pouvoir fiscal en la matière n'est pas total et le législateur a souhaité mettre en œuvre un plafonnement du produit demandé aux contribuables.

B- Le plafonnement de la taxe d'habitation

La taxe d'habitation acquittée est plafonnée en fonction de la contribution moyenne demandée à l'ensemble des contribuables sur le territoire national ou départemental d'une part et en fonction de la capacité contributive de chaque contribuable d'autre part.

En application de l'article 1636 B septies CGI, les taux de taxe d'habitation adoptés par une commune ne peuvent dépasser 2,5 fois le taux moyen constaté l'année précédente dans l'ensemble des communes du département ou, s'il est plus élevé, 2,5 fois le taux moyen constaté l'année précédente dans l'ensemble des communes au plan national.

Ce plafonnement est le corollaire de la liaison des taux évoquée plus tôt et participe à un objectif simple posé par le législateur : ne pas trop solliciter une catégorie de contribuables locaux, dans l'espace et dans le temps. La fixation du taux de la taxe d'habitation demandée au contribuable communal dépend ainsi de l'effort fiscal général demandé à ses homologues d'autres communes et de l'effort fiscal supplémentaire demandé aux autres catégories de contribuables des impôts locaux de la commune.

Par ailleurs, dans le cadre de l'article 1414 CGI, les contribuables dont le montant des revenus de l'année passée n'excède pas une certaine limite sont dégrevés d'office de la taxe d'habitation afférente à leur habitation principale pour la fraction de la cotisation qui excède 3,44 % de leurs revenus diminués d'un abattement déterminé par le nombre de personnes à charge.

L'intérêt social de ce plafonnement de la taxe d'habitation en fonction des revenus, un bien meilleur référentiel de la capacité contributive des ménages que la valeur locative cadastrale de l'habitation, semble évident. Mais il entraîne mécaniquement une déconnexion de l'impôt effectivement acquitté par certains contribuables et du taux voté par l'assemblée locale. Sachant la hausse du taux indolore pour une partie des ménages[501], les décideurs locaux peuvent avoir la tentation de recourir au levier fiscal, avec une répercussion limitée à l'avis de taxe d'habitation des classes moyennes et supérieures. Si, en termes de distribution de l'assiette, une telle politique n'est pas contestable, elle l'est plus au regard de la sur-progressivité qu'elle peut ponctuellement générer sur une partie des contribuables.

La taxe d'habitation demandée au contribuable municipal est ainsi plafonnée en fonction de ses revenus d'une part et de l'effort fiscal général demandé à ses homologues d'autres communes d'autre part, c'est-à-dire des données individuelles et collectives.

Le législateur a confié au bloc communal, pour la taxe d'habitation, une réelle liberté en matière de détermination du produit global comme de la charge acquittée individuellement par chaque contribuable. Les contraintes prévues sont peu contestables dans une logique de préservation de l'égalité des contribuables dans le temps et sur le territoire de la République.

Notons que la future réforme de la taxe d'habitation, incluse dans le « pacte de confiance et de responsabilité entre l'État et les collectivités locales » annoncé le 16 juillet 2013[502], ne devrait pas *a priori* élargir le spectre des modalités de modulation du levier fiscal. Les grands principes de la réforme envisagée, présentée à l'automne 2013[503], se focalisent en effet sur une révision des valeurs locatives cadastrales.

Cependant, ces marges de manœuvre laissées par les élus nationaux à l'appréciation des élus locaux restent toute relative quand on les compare aux possibilités offertes en matière de tarification des services publics administratifs facultatifs.

Section 2 : Les modalités de modulation de la redevance

Le cadre législatif et réglementaire, en matière de détermination de la redevance locale, n'est en rien un carcan et permet aujourd'hui une variété de choix sans commune mesure avec les possibilités de modulation de la matière fiscale locale que nous venons de présenter.

A- La modulation de la redevance pour service rendu

Si la différenciation tarifaire s'effectue toujours dans le respect de certaines dispositions ou préconisations, comme tout acte réglementaire soumis à la hiérarchie des normes, on constate que les textes en vigueur apparaissent de moins en moins contraignants[504], dans une logique de pleine et entière responsabilisation des décideurs locaux[505].

a) La logique fondée par l'ordonnance n°86-1243 du 1er décembre 1986, réaffirmée au fil des ans

Avant d'évoquer les modalités de modulation par une collectivité du niveau des redevances qu'elles perçoivent, il semble important de faire ici un point concernant l'effectivité les concernant de la législation sur les prix. Si la libre détermination des prix a bien été affirmée en France par l'ordonnance n°86-1243 du 1er décembre 1986, abrogeant l'ordonnance n°45-1483 du 30 juin 1945, son application aux tarifs des services publics locaux n'est en effet pas évidente en première analyse. Découlant d'arbitrages complexes entre des objectifs souvent contradictoires, les tarifs ne résultent pas du jeu libre ou régulé du marché et ne sont pas un prix, au sens purement économique du terme.

L'ordonnance de 1986 pose le principe que « les prix des biens, produits et services relevant antérieurement de ladite ordonnance [de 1945] sont librement déterminés par le jeu de la concurrence ». Cette liberté, de valeur législative[506], ne peut être remise en cause que par le Parlement : citons par exemple la loi n°87-588 du 30 juillet 1987 portant diverses mesures d'ordre social qui a rétabli, peu de temps après la promulgation de l'ordonnance, un contrôle réglementaire[507] des prix des médicaments et services médicaux. Elle s'impose, dans la cadre de la hiérarchie des normes, au pouvoir réglementaire : le pouvoir réglementaire national ne peut ainsi pas intervenir pour réglementer les prix, en dehors des cas précis prévus par l'ordonnance ; le pouvoir réglementaire local, s'il est compétent pour fixer les tarifs des services publics locaux, ne peut pas, lui, entraver ou limiter le libre jeu de la concurrence par le biais d'une réglementation d'ensemble.

Notons, pour le secteur public local, que l'ordonnance de 1986 intervient dans un contexte où la régulation des prix des services publics locaux par l'État, dans une volonté de lutter contre l'inflation, était perçue comme contraire à l'esprit de la libre administration des collectivités territoriales : elle prenait alors la forme d'arrêtés ministériels ou interministériels, pris sur la base de l'ordonnance de 1945 bien que son champ d'application n'ait pas été défini de façon précise[508]. Ces arrêtés fixaient une majoration maximale de plusieurs tarifs des services publics locaux, administratifs comme industriels et commerciaux[509]. Seules quelques marges de manœuvre étaient ouvertes au niveau local, au travers des dérogations accordées par arrêtés préfectoraux ou des accords de régulation ou d'engagement de lutte contre l'inflation. Dans la pratique, la contrainte imposée par ces arrêtés s'est accompagnée fort logiquement d'une suspension de la règle de l'équilibre financier pour les services publics industriels et commerciaux : il eut été peu pertinent d'obliger ces services à se financer auprès des seuls usagers pour équilibrer leur budget si le niveau de la contribution demandée à ces mêmes usagers était par ailleurs limité.

L'applicabilité de l'ordonnance de 1945 aux services publics locaux n'ayant été que tardivement reconnue par la jurisprudence, les rédacteurs de l'ordonnance de 1986 ont fait le choix de la précision et de la clarté. Son article 53 stipule en effet que « les règles définies par la présente ordonnance s'appliquent à toutes les activités de production, de distribution et de services, y compris celles qui sont le fait de personnes publiques, notamment dans le cadre de conventions de délégation de service public ».

Or, si le principe général posé est bien celui de la liberté des prix, l'ordonnance n'en prévoit pas moins diverses exceptions[510] et deux dérogations majeures.

D'une part, une intervention gouvernementale sur les prix est possible pour les secteurs ou zones où la concurrence par les prix est limitée en raison « soit de situations de monopole ou de difficultés durables d'approvisionnement, soit de dispositions législatives ou réglementaires ».

D'autre part, l'intervention gouvernementale est envisagée pour des mesures temporaires contre « des hausses ou des baisses excessives de prix motivées par une situation de crise, de circonstances exceptionnelles, une calamité publique ou une situation manifestement anormale du marché dans un secteur déterminé ».

Même si l'application de ces dérogations aux services publics locaux reste limitée, elle n'est pas inexistante. Ainsi, sur le fondement de la première d'entre elles, en considérant le caractère captif de certaines activités, ont été adoptées une réglementation des tarifs des pensions et demi-pensions des cantines scolaires[511] ou encore une réglementation des tarifs du secteur des transports publics urbains de voyageurs hors Île-de-France[512]. L'application d'une réglementation contraignante à ces deux services publics locaux, qui présentent certes des monopoles de fait et un caractère captif difficilement contestable, posait néanmoins une question plus large : n'est-ce pas le cas de très nombreux services publics locaux ?

En dehors de ces exceptions qui restent d'application limitée, l'ordonnance de 1986, en donnant à la liberté des prix valeur légale, a entériné la libre administration des collectivités en matière tarifaire. Cette liberté, si elle peut naturellement être délaissée au profit du recours à d'autres sources de financement des services publics locaux, ne peut en aucun cas être abandonnée : le juge administratif, sur ce point, n'hésite pas à sanctionner l'incompétence négative lorsque la personne publique confie à une entreprise délégataire ce pouvoir de tarification[513].

Mais cette liberté théorique de mise en œuvre et de modulation des tarifs doit cependant être relativisée dès à présent :

« Il semble en résulter une totale liberté de fixation des tarifs pour les collectivités territoriales, corollaire du principe de libre administration posé par la Constitution. La réalité est plus nuancée. Si l'on ausculte de façon plus précise le corps local, on s'aperçoit très vite qu'un grand nombre de tarifs locaux obéit à des contraintes pratiques. »[514]

La liberté des communes en matière de tarification des services publics peut ainsi être restreinte par les décisions prises par d'autres collectivités, mais aussi naturellement par l'État. Cette intervention étatique peut être contraignante[515] comme incitative[516]. S'il a bien abandonné toute velléité de réglementation générale des prix depuis 1986, l'État continue bien d'intervenir dans certains domaines, au nom de l'intérêt général national et de la logique républicaine d'homogénéité minimale des territoires.

b) Les fondements de la modulation de la charge pesant sur l'usager : « l'égalité n'interdit pas la différenciation »[517]

À l'origine, la somme exigée des usagers au titre de la redevance devait en principe incorporer les éléments visant à couvrir les coûts du service rendu, ni plus ni moins. Mais la jurisprudence administrative a reconnu au fil des ans, sous certaines conditions, la possibilité non seulement de fixer une redevance inférieure au niveau du coût de la prestation rendue, faisant glisser le principe d'équivalence vers une logique de proportionnalité voire même de corrélation, mais aussi de moduler les tarifs à la baisse pour certaines catégories d'usagers[518].

Ces modulations sont toutes soumises au principe d'égalité devant le service public, énoncé une première fois par le Conseil d'État au début du XXe siècle[519] puis précisé dans les années 1970 par l'arrêt *Denoyez et Chorques*[520] :

« La fixation de tarifs différents applicables, pour un même service rendu, à diverses catégories d'usagers d'un service ou d'un ouvrage public implique, à moins qu'elle ne soit la conséquence nécessaire d'une loi[521], soit qu'il existe entre les usagers des différences de situation appréciables[522], soit qu'une nécessité d'intérêt général en rapport avec les conditions d'exploitation du service ou de l'ouvrage commande cette mesure. »

Une différenciation tarifaire peut d'abord découler de la loi.

En la matière, le juge constitutionnel a explicité à plusieurs reprises une position très claire : « le principe d'égalité implique qu'à situations semblables soient appliquées des règles semblables et n'interdit nullement qu'à des situations différentes soient appliquées des règles différentes »[523]. Ainsi, le législateur peut déroger à une égalité formelle dès lors que les différences de traitement qui en résultent sont en rapport direct avec l'objet de la loi[524].

On citera ici plusieurs exemples. La loi n°82-1153 du 30 décembre 1982 d'orientation des transports intérieurs permettait dans son texte d'origine la prise de mesures spécifiques pour certaines catégories d'usagers. L'article L.533-1 du Code de l'éducation ouvrait lui des possibilités en matière de tarification sociale. L'article 7 de la loi n°2002-5 du 4 janvier 2002 relative aux musées de France, codifié dans l'article L.442-6 du Code du patrimoine, exonérait de droit d'entrée les mineurs pour les collections permanentes, dans la logique, politique tarifaire dont les débats parlementaires de l'époque laissent passer qu'elle aurait également pu être étendue aux musées territoriaux[525]. Autre exemple, la loi n°2007-209 du 19 février 2007 relative à la fonction publique territoriale justifiait, avec la clarification du régime de l'action sociale des collectivités territoriales qu'elle a permise, des avantages réservés au personnel des collectivités locales mettant en œuvre des services publics tarifés. Tout récemment encore, la loi n°2013-312 du 15 avril 2013 visant à préparer la transition vers un système énergétique sobre et portant diverses dispositions sur la tarification de l'eau et sur les éoliennes, dite loi BROTTES, faisait des ménages occupants d'immeuble à usage principal d'habitation une potentielle catégorie d'usagers du service public de fourniture d'eaux potables[526]. Dernier exemple, l'année 2015 a vu l'adoption au printemps d'une proposition de loi visant à faciliter le stationnement des personnes en situation de handicap en prévoyant pour eux la gratuité de toutes les places de stationnement ouvertes au public[527].

Évoquons ici l'importance que pourront désormais avoir les questions prioritaires de constitutionalité (QPC) entrée en vigueur au printemps 2010, en permettant au Conseil constitutionnel, s'il n'avait pas déjà eu l'occasion de le faire, de confronter lesdites lois instaurant des différenciations entre catégories d'usagers à sa propre interprétation du principe d'égalité. Par exemple, il n'est pas interdit de penser que les avantages consentis aux agents d'une collectivité territoriale pour les services publics tarifés qu'elle met en œuvre, avantages fondés sur la loi n°2007-209 du 19 février 2007 relative à la fonction publique territoriale, pourraient être censurés dans le cadre d'une question prioritaire de constitutionalité : c'est d'autant plus envisageable que lesdits avantages sont souvent accordés aux agents en activité, mais aussi aux retraités.

Rappelons aussi que plusieurs dispositions législatives, constitutionnelles ou conventionnelles interdisent clairement de recourir à certaines formes de différenciation[528] : a ainsi été annulé un traitement différencié entre les familles étrangères et françaises pour l'attribution de l'allocation de congé parental d'éducation[529].

Parmi les trois fondements envisageables d'une différenciation tarifaire, le fondement législatif pourrait être considéré comme de second rang, puisque le juge constitutionnel lui-même vérifie dans le cadre de son contrôle de la loi votée par le Parlement que l'application de solutions différentes à des situations différentes se fonde bien sur une nécessité d'intérêt général ou des situations particulières au regard du service rendu[530].

Une différenciation tarifaire peut ensuite découler de l'intérêt général, dont la jurisprudence a par ailleurs bien précisé par la suite qu'elle devait être « en rapport avec les conditions d'exploitation du service »[531] et avec son objet[532]. Ce même motif d'intérêt général se retrouve dans la jurisprudence du Conseil constitutionnel lorsqu'il s'agit de justifier des inégalités de traitement au regard du principe d'égalité[533].

En dépit de la jurisprudence énoncée, une partie de la doctrine persiste à considérer qu'un motif d'intérêt général ne saurait justifier à lui seul une différence entre des usagers placés dans une situation identique par ailleurs.

« Dans la mesure où les usagers sont placés dans une situation identique, il ne nous paraît pas que l'administration ni le législateur puissent, en invoquant l'intérêt général, violer le principe d'égalité. »[534]

« Il est impensable que l'intérêt général permette d'établir des distinctions entre des personnes se trouvant dans des situations strictement identiques. »[535]

L'intérêt général ne serait dans cette perspective qu'un motif supplétif. L'analyse de la jurisprudence postérieure à 1974 confirme cette position, le recours au motif d'intérêt général n'a qu'un rôle très secondaire et le juge ne le mobilise que si la différence de situation établie ne lui paraît pas suffisamment significative. Une telle prudence du juge administratif est certainement liée à la « plasticité [...] consubstantielle à l'idée d'intérêt général »[536], idée qui ne cesse d'« évoluer en fonction des besoins sociaux à satisfaire et des nouveaux enjeux auxquels est confrontée la société ».

La différenciation tarifaire peut enfin, et ce sera l'essentiel de notre analyse, découler de différences de situation appréciables, c'est-à-dire nécessairement « objectives et préexistantes »[537] à la décision de l'autorité locale.

Au regard de la jurisprudence *Denoyez et Chorques*, une différence de traitement peut ainsi se fonder non seulement sur une différence dans la nature ou la qualité du service rendu,[538] mais aussi sur une différence de situation au regard dudit service.

N'importe quelle différence de situation ne peut ainsi pas légitimer une différence de traitement en matière de tarif : au-delà des motifs de discrimination expressément interdits par la Constitution[539], le critère retenu devra toujours être suffisamment pertinent et significatif au regard de la réglementation existante et du service visé[540]. Par ailleurs, comme l'a rappelé le Conseil d'État dans une décision récente[541], la différence de traitement qui résulte de cette différence de situation appréciable devra toujours être « en rapport direct avec l'objet de la norme qui l'établit » et ne pas être « manifestement disproportionnée au regard des motifs susceptibles de la justifier ».

Ainsi, en matière de redevance pour enlèvement des ordures ménagères, un tarif différent peut être fixé en fonction de l'importance du service rendu à chaque catégorie d'usagers à condition que chacune d'elle regroupe, en fonction de critères objectifs et rationnels, des usagers se trouvant à la fois dans une situation identique et différente de celle des usagers des autres catégories, au regard du service rendu. Il est parfaitement légal de créer deux catégories d'usagers selon qu'ils se trouvent en zone urbaine ou en zone rurale, pour tenir compte de la densité de la population qui induit des charges différentes de collecte des déchets ménagers[542]. A été *a contrario* considéré comme illégal par le juge administratif un critère de calcul de la redevance fondé sur le montant des impôts locaux acquittés par les contribuables de la commune[543] : il ne s'agit pas là d'une reconnaissance du caractère injuste de la fiscalité locale, mais simplement de la prise en compte de l'absence de lien entre cette donnée et le service rendu.

De même, est illégale une différenciation de tarifs entre anciens et nouveaux élèves d'une école de musique[544] : l'ancienneté de la relation entre l'usager et le service rendu, qui pourtant sert de base à de nombreux avantages dans le secteur marchand, n'a ainsi pas droit de citer dans le secteur public.

Enfin, dans décision récente[545], le juge administratif a censuré un arrêté relatif aux tarifs d'électricité non seulement pour une méconnaissance du principe d'égalité,[546] mais également pour le manque de transparence sur les critères en fonction desquels ces tarifs devaient être appliqués. Toujours en matière d'énergie, un arrêté fixant des tarifs au volume de gaz consommé différents entre consommateurs résidents et non-résidents a été annulé pour méconnaissance du principe d'égalité, puisqu'« au regard de l'objet de la mesure, ces différentes catégories d'usagers ne sont pas placées dans des situations différentes »[547]. Même logique pour la tarification de l'assainissement : il a encore été récemment confirmé qu'il n'était pas possible d'instaurer des tarifs différenciés suivant la nature du maître d'ouvrage ou la destination des constructions[548].

Le plus souvent, le juge administratif censure toute distinction dans la tarification qui ne serait pas justifiée par une différence objective de situation[549], qui serait trop importante au regard de la différence de situation entre les usagers[550], ou encore qui ne serait tout simplement pas pertinente[551]. Il n'opère en la matière, rappelons-le, qu'un contrôle restreint sur le degré de spécificité sur lequel se fonde le traitement différencié ou sur le degré de différenciation tarifaire mise en œuvre. D'où la survivance de certaines distinctions de traitement pouvant apparaître étonnante voire arbitraire : à la ville de Paris, au début des années 2000, les invalides militaires et les invalides civils ne bénéficiaient ainsi pas des mêmes avantages tarifaires[552].

Pendant très longtemps, le principe d'égalité s'appliquant aux collectivités dans leur politique tarifaire ne conférait pas aux usagers un "droit à la différence", mais assurait seulement un droit à l'identité de traitement en cas d'identité de situation[553] : un usager s'estimant dans une situation spéciale au regard du service rendu ne pouvait ainsi pas revendiquer un régime à sa mesure[554], et n'avait pour seule garantie que d'être traité comme ceux qui se trouvent légalement dans la même situation que lui. Conséquence de cette position de principe dans la définition d'une grille tarifaire par exemple : « l'administration n'est pas dans l'obligation de traiter différemment les situations différentes »[555].

La jurisprudence nationale semble évoluer depuis quelques années sur cette question, en partie sous l'influence d'une jurisprudence de l'Union européenne qui reconnaît depuis des décennies que la notion de discrimination recouvre le traitement différent de situation similaire, tout naturellement, mais aussi le traitement identique de situations différentes[556]. Le Conseil d'État a par exemple reconnu, dans la seconde moitié des années 1990, que le fait de ne prévoir aucune mesure en faveur des riverains entache d'illégalité un arrêté municipal fixant les tarifs de la redevance de stationnement en bordure de la voie publique[557]. Il a été amené à sanctionner, à différentes occasions[558], des administrations qui n'avaient envisagé qu'un régime homogène, en estimant que le principe d'égalité n'était alors pas respecté. Prémices d'un droit, pour les usagers des services publics, de revendiquer la prise en compte, dans l'établissement de la grille tarifaire, de la spécificité de leur situation au regard du service ? À ce jour, aucune généralisation de cet avatar du principe d'égalité, non pas « arithmétique et statique », mais bien « dynamique »[559], n'a été arrêtée.

On peut comprendre la prudence du Conseil d'État en l'espèce. Une telle jurisprudence impacterait lourdement les collectivités et indirectement les juridictions administratives avec la multiplication potentielle des contentieux. Il pourrait même apparaître problématique que le juge administratif s'immisce un peu trop dans les délibérations adoptées par les assemblées locales en matière de structure tarifaire sauf illégalité flagrante naturellement : ne s'agit-il pas là de « décision [s] de pure opportunité relevant tout naturellement du pouvoir d'appréciation général des autorités locales »[560] ? Comme nous l'avons déjà dit, au même titre que « le Conseil constitutionnel ne se reconnaît pas un pouvoir général d'appréciation et de décision de même nature que celui du Parlement »[561] en général et en matière fiscale en particulier, il n'est pas étonnant que le juge administratif soit très prudent lorsqu'il s'agit de se substituer au pouvoir réglementaire pour apprécier la pertinence d'une grille tarifaire, au-delà de son simple respect d'impératifs fixés par la loi ou la jurisprudence.

On notera également le Conseil constitutionnel a plusieurs fois réaffirmé au cours des années 2000, et dans des propos immuables[562], son opposition de principe à une consécration de ce "droit à la différence" qui semble pourtant émerger en dehors de nos frontières. Ainsi, si une évolution du système actuel d'« habilitation sans obligation »[563] vers un avatar plus conforme aux positions adoptées pour les Cour de justice de l'Union européenne et Cour européenne des droits de l'homme ne semble pas évidente à court terme, elle semble néanmoins plus que probable à long terme au regard de la « tendance progressive et irrépressible à l'harmonisation du droit en Europe »[564].

De manière générale, il y a bien deux[565] axes principaux dans le développement de la différenciation tarifaire, comme le synthétise Martine LONG[566] : « accorder un "avantage" aux personnes qui, parce qu'elles résident dans une collectivité, alimentent financièrement le budget local », avec une modulation au regard de critères géographiques ; « permettre un accès privilégié des personnes défavorisées à certains services », avec une modulation au regard de critères sociaux.

α- La modulation au regard de critères géographiques

C'est à l'occasion de la décision *Denoyez et Chorques* que le Conseil d'État a mis en lumière pour la première fois le cadre de la modulation tarifaire basée sur des critères géographiques. En l'espèce, concernant le bac reliant la commune de La Pallice à l'île de Ré, si l'application d'un tarif différent aux habitants de l'île était justifiée par leur situation géographique, ce n'était pas le cas d'un tarif différent pour les habitants du département et les autres passagers, quand bien même l'ouvrage en question était financé par la collectivité départementale[567].

Notons bien que, à l'occasion de cet arrêt, le commissaire du gouvernement BOUTET précisa qu'« il serait dangereux d'admettre que la seule qualité de contribuable d'une collectivité permette de bénéficier d'un tarif préférentiel sur les services publics gérés par cette collectivité ». Si le Conseil d'État a dans un premier temps choisi de justifier cette pratique en mettant en avant non seulement la qualité de contribuable local, mais aussi le principe d'égalité devant les charges publiques, sa position a évolué et il considère désormais[568] que les personnes qui ne sont pas domiciliées dans une collectivité sont dans une situation par essence différente de celles qui le sont, ce qui suffit à justifier une différenciation tarifaire pour certains services publics.

La légalité d'une tarification en fonction de critères géographiques a ainsi été depuis plusieurs fois admise par le Conseil d'État.

Elle l'a été pour les crèches[569], les haltes-garderies[570], les centres de loisirs[571], les cantines scolaires[572] ou encore les écoles de musique[573], selon que les élèves sont ou non domiciliées dans la commune.

Elle l'a aussi été pour les transports scolaires[574], selon que les établissements fréquentés par les usagers sont situés ou non à l'intérieur du secteur de ramassage.

À chaque fois cependant, le juge administratif vérifie qu'il y a bien un lien suffisant entre la qualité de résident et la mesure tarifaire envisagée.

Attardons-nous un instant sur les logiques extra-juridiques de cette modulation.

La logique micro-économique ou budgétaire d'un tel avantage tarifaire est assez peu contestable : ne pas pénaliser les résidents bénéficiaires du service public en leur faisant financer deux fois ce dernier, une fois en tant que contribuable local[575] et une seconde fois en qualité d'usager du service. Il ne s'agit pas tant de « privilégier les gens des pays »,[576] mais au contraire de ne pas les pénaliser avec une forme de double peine, l'impôt et la redevance. Le Conseil d'État a parfaitement résumé cette problématique dans sa décision *Commune de Lavelanet* pris au milieu des années 1980[577] : « le conseil [municipal] a pu, sans commettre d'illégalité et notamment sans méconnaître au profit des élèves domiciliés dans la commune le principe d'égalité devant les charges publiques, réserver à ces élèves l'application d'un tarif réduit grâce à la prise en charge partielle du prix du repas par le budget communal ».

Il s'agit bien de tenir compte de l'avantage indu que représenterait un tarif identique pour les non-résidents, "passagers clandestins" d'un service public qui est toujours partiellement financé par les contribuables[578]. C'est dans ce sens notamment que la possibilité est ouverte, pour les communes voisines, de compenser le surplus tarifaire par une allocation aux familles concernées ou par une subvention directe à la collectivité gestionnaire du service public visé.

Notons que si que la domiciliation est un critère de distinction tarifaire admis pour les services publics administratifs, elle n'est généralement pas admise pour les services publics industriels et commerciaux, ce qui est parfaitement logique : ces derniers ne devant pas être financés par le budget général, la qualité de contribuable local n'emporte pas théoriquement de financement indirect au service visé, sauf exceptions visées par le CGCT, et incidemment pas de légitimité à bénéficier d'une tarification plus douce[579]. Néanmoins, une modulation tarifaire en faveur des résidents permanents usagers d'un service public industriel et commercial demeure possible si et seulement si elle est prévue par la loi ou justifiée par une considération d'intérêt général en rapport avec l'objet et l'exploitation du service[580].

La logique macro-économique, elle, fait moins sens : si le non-résident n'est pas contribuable local, sa présence sur le territoire de la collectivité est toujours source d'une dépense qui ne peut qu'être profitable à l'économie locale. Mettre en œuvre une grille tarifaire défavorable pourrait ne pas être très productif à long terme.

Enfin, la logique politique elle est bien plus problématique, une tarification différenciée en fonction du domicile pouvant s'assimiler à une forme primaire de clientélisme. En effet, les non-résidents, outre le fait qu'ils sont la plupart du temps non-contribuables locaux, sont surtout des non-électeurs. Toute décision tarifaire ouvertement favorable aux habitants de la collectivité et défavorable aux non-résidents s'apparenterait alors à une mesure purement électoraliste : ici, la réservation d'une distribution gratuite de l'électricité[581] ; là, une augmentation des services rendus à tarification constante pour les abonnés d'un service public régional qui sont presque tous électeurs de la collectivité, augmentation ouvertement financée par une hausse simultanée des tarifs appliqués aux non-abonnés, très souvent non-électeurs de ladite collectivité[582].

Au-delà de la seule dimension électoraliste ou clientéliste, il y aura toujours un certain malaise à mobiliser ce critère, « eu égard au danger de l'idéologie qu'il semble véhiculer à travers l'idée de "préférence locale" qui n'est d'ailleurs pas sans rappeler celle de "préférence nationale" qui a été fermement condamnée par la juridiction administrative[583] »[584].

La modulation des redevances en fonction des critères géographiques est ainsi la première reconnue par le juge administratif. Si elle semble solidement établie dans le paysage jurisprudentiel et légal français, il convient d'attirer l'attention sur un risque juridique certain pesant sur elle depuis le début des années 2000.

En 2003, la Cour de justice de l'Union européenne[585] a arrêté une position beaucoup plus restrictive en la matière, en jugeant contraire au principe de non-discrimination une tarification variable d'un service public facultatif se fondant sur l'origine de l'usager : dans le cas d'espèce, pour l'accès à certains musées municipaux, un tarif préférentiel était accordé aux seuls ressortissants nationaux ou aux seuls résidents des communes concernées.

Seules quelques circonstances ou compétences peuvent permettre de faire exception à cette doctrine de non-discrimination : ordre public, sécurité publique, santé publique, ou toute autre raison impérieuse d'intérêt général[586]. La Cour rappelle à cette occasion qu'aucun État membre ne saurait exciper de situations de son ordre juridique interne pour justifier le non-respect des obligations du droit de l'Union européenne[587].

La situation peut être ainsi résumée :

« Si la jurisprudence administrative semblait s'orienter dans un sens favorable à la prise en compte du localisme et du lien particulier entre telle catégorie d'usagers (résidents, contribuables…) et la collectivité pour admettre un "préférentialisme tarifaire", une telle position n'est pas constante, et ne semble pas devoir être admise par le juge communautaire. »[588]

Au niveau local, les répercussions de cette jurisprudence apparaissaient en première lecture claires : « les tarifs préférentiels ne sauraient constituer une contrepartie à la contribution des résidents »[589].

Suite à cet arrêt, le Gouvernement français[590] a affirmé qu'« une discrimination tarifaire fondée sur des différences de situation objectives et rationnelles et suffisamment nettes, directement en rapport avec l'objet ou le but de la décision qui l'établit, comme l'exige le juge national, ne serait pas prohibée par le juge communautaire », et le Ministère cite explicitement la discrimination tarifaire en fonction des ressources des familles. Il fait même appel au principe d'égalité gravé dans la Déclaration des droits de l'homme et du citoyen de 1789, en affirmant que ces discriminations permettent l'accès de tous au service sans distinction d'origine sociale.

Dans cette analyse toute pragmatique, le Gouvernement démontre que la décision de la Cour de justice « contraint seulement les collectivités à faire bénéficier des mêmes avantages tarifaires les résidents et les autres usagers ». Or, par résident, la jurisprudence du Conseil d'État entend non seulement les habitants de la commune, mais aussi tous ceux qui y travaillent ou sont scolarisés, la domiciliation étant entendue pour le juge administratif comme un « lien suffisant avec la commune »[591]. Ce faisant, il démontre que la contrainte jurisprudentielle imposée par la Cour n'a un champ d'application que très restreint, quasiment tous les usagers étant dans la pratique résidents au sens du Conseil d'État[592].

En dépit de cette interprétation, qui permet de soulever la question générale de la preuve du domicile[593], le spectre de la jurisprudence *Commission c/Italie* plane encore aujourd'hui sur la modulation tarifaire établie au regard de critères géographiques. Une précision de la position de la Cour de justice pourrait à l'avenir fragiliser le bel édifice construit par les publicistes français pour assurer la pérennité d'une pratique historique et, rappelons-le, économiquement justifiée au regard de l'absence de contribution du non-résident à l'impôt local. Le juge administratif français a encore récemment rappelé la possibilité de mettre en œuvre une tarification différente pour les non-résidents, dans un cadre certes très strict[594], réaffirmant ainsi qu'il n'avait pas encore abdiqué sur ce point face à son homologue de la Cour de justice de l'Union européenne.

En guise de conclusion, on remarquera que cette problématique d'une tarification différenciée des services publics en fonction d'un lien suffisant avec le territoire n'est qu'un avatar, local et relativement simplifié, d'une polémique plus générale à l'œuvre depuis quelques années au niveau national : la mise sous condition de certains droits et avantages, allant de l'accès gratuit au service public médical au droit de vote, en fonction de la citoyenneté française ou de la résidence sur le territoire national, et la participation à la contribution commune qui va avec cette dernière[595].

Rappelons en préambule que le Conseil constitutionnel admet, dans une jurisprudence constante, qu'une différence de traitement entre nationaux et non-nationaux, notamment pour l'octroi ou le niveau de prestations contributives ou d'aides facultatives, n'est illégale que si le critère de nationalité n'a pas de rapport avec l'objet de la mesure[596].

À la différence de l'échelon local pour lequel la question de la citoyenneté ne se pose pas, il est ici très complexe, dans la mesure où la France, pays qui a historiquement privilégié le droit du sol et une politique d'intégration permettant l'acquisition de la nationalité française, a longtemps pris comme référentiel de droits et avantages la citoyenneté, ce qui permettait pendant longtemps une réelle coïncidence entre l'état civil et la résidence. Ce schéma était différent en Angleterre par exemple, où la *Magna Carta* de 1215, fondement de la pensée juridique britannique, liait qualité de contribuable et capacité à participer à la désignation des représentants du peuple. Aujourd'hui, la mobilité accrue des individus d'une part et le durcissement sur la dernière décennie des conditions d'obtention de la nationalité française d'autre part[597] ont conduit à une distinction inédite entre contribuable et citoyen, dans le prolongement d'un mouvement de différenciation déjà initié il y a plusieurs décennies[598]. Cela n'est naturellement pas sans interpeller le modèle français[599] . Un citoyen français vivant à l'étranger doit-il continuer à bénéficier de certains droits et avantages, comme le droit de vote bien sûr, mais également protection diplomatique ou militaire par exemple, alors qu'il n'acquitte pas d'impôts en France[600] ? Inversement, un étranger vivant en France et y acquittant régulièrement ses impôts, s'il n'a plus la possibilité d'acquérir relativement aisément la nationalité française, doit-il se voir refuser certains droits et avantages financés en partie par son apport personnel à la contribution commune ?

La direction prise par la nécessaire évolution du logiciel français sur cette question n'est pas à ce jour acquise, mais il nous semblait pertinent d'évoquer cette question qui partage un lien avec la problématique nous intéressant de tarification des services publics locaux en fonction de la localisation de l'usager : la façon dont la différenciation entre le contribuable et le citoyen sera traitée demain sera à coup sûr un indice de la façon dont le lien entre l'usager et le contribuable, au niveau local, sera amené à être conçu.

β- La modulation au regard de critères sociaux

Là aussi, la logique économique à la base de cette modulation peut sembler plutôt simple : il s'agit de tenir compte des capacités contributives des usagers pour que la charge du financement du service soit répartie « en fonction de leurs facultés »[601]. En quelque sorte, il s'agit d'assurer une égalité "réelle" des usagers, au-delà d'une égalité formelle, en arrêtant un prix du service qui serait effectivement abordable[602] pour tous les usagers potentiels.

Notons que la reconnaissance par le juge administratif de la pertinence de la modulation du prix d'un service public facultatif est une reconnaissance à peine voilée de l'échec, même relatif, de la politique de redistribution mise en œuvre au niveau national[603]. La discrimination tarifaire favorise certes une redistribution sociale des revenus, mais est-ce là son rôle ?

Elle peut être, dans une perspective moins pessimiste, interprétée comme la conséquence d'une forte volonté collective d'« égalisation sociale et économique »[604], qui interviendrait en complément des mécanismes traditionnels de redistribution. La redistribution, telle que pensée dans la théorie économique classique, n'est rappelons-le concrètement pas opérationnelle au niveau local. Dès lors, la mise en œuvre d'une tarification sociale peut être vue comme une prestation en nature venant compenser l'absence de prestations en espèces et permettant de tendre vers une véritable redistribution. La tarification sociale serait ainsi d'autant plus mobilisée que la structure fiscale sera considérée comme injuste.

Cette modulation a été plus tardive à se voir consacrée par la jurisprudence que la modulation au regard de critères géographiques. Elle a d'abord été consacrée pour les seuls services ayant un objet social avant d'être étendue à l'ensemble des services socio-éducatifs.

Ainsi, pour les services culturels par exemple, contrairement aux services sociaux que sont les crèches ou les cantines scolaires, les différenciations tarifaires n'ont été tolérées pendant longtemps que pour les seuls motifs de résidence. Dans les années 1980[605], était ainsi encore illégale la différenciation des tarifs d'une école de musique fondée sur les ressources des familles : pour le Conseil d'État et selon l'analyse du Ministère de l'Intérieur à l'époque, « les différences de revenus entre les familles des élèves fréquentant ladite école de musique n'étaient pas pour le Conseil d'État constitutives, en ce qui concerne l'accès au service public, de différences de situation justifiant des exceptions au principe d'égalité »[606].

Certains services publics facultatifs bénéficiaient portant historiquement d'une autorisation de discrimination tarifaire en fonction des ressources des ménages, comme les crèches[607] ou les cantines[608], mais ils présentaient la double caractéristique de n'avoir de facultatif que le nom[609] et de présenter des coûts de revient très élevés. Par contre, une tolérance existait pour les services publics liés à la santé publique[610]. Il y avait bien une dichotomie entre deux types de services, à laquelle tenait le juge encore au début des années 1990 malgré les critiques de la doctrine[611] : les services publics à vocation sociale, pour lesquels une tarification sociale était autorisée, et les autres pour lesquels elle était interdite.

Le Conseil d'État, dans ses décisions de 1997 *Commune de Gennevilliers* et *Commune de Nanterre*[612], a opéré un revirement jurisprudentiel sur cette question et admis pour l'enseignement artistique, en l'espèce l'éducation musicale, la fixation des droits d'inscription différents en fonction des ressources familiales. Il est ici intéressant de noter que l'autorisation de cette modulation se fonde sur « l'intérêt général qui s'attache à ce qu'un conservatoire de musique puisse être fréquenté par les élèves qui le souhaitent sans distinction de leurs possibilités financières », et non sur les disparités de ressources en elles-mêmes comme différences de situation objective. Quelques mois plus tard, la loi n°98-657 du 29 juillet 1998 d'orientation relative à la lutte contre les exclusions donnera, avec son article 147, une valeur légale à cette possibilité de tarification sociale pour tous les services publics administratifs facultatifs :

« Les tarifs des services publics administratifs à caractère facultatif peuvent être fixés en fonction du niveau du revenu des usagers et du nombre de personnes vivant au foyer. Les droits ainsi fixés ne peuvent être supérieurs au coût par usager de la prestation concernée. Les taux ainsi fixés ne font pas obstacle à l'égal accès de tous les usagers au service. »

Sur cette question, c'est bien le juge qui a ouvert la voie au législateur.

Longtemps incertain puis restreint à certains services publics facultatifs, la prise en compte des facultés des usagers dans la détermination du niveau de la redevance est aujourd'hui pleinement intégrée. Elle vient même de trouver son application dans les transports en commun, avec l'utilisation du quotient familial dans le calcul des tarifs des transports strasbourgeois[613]. Ce revirement jurisprudentiel et législatif de la fin des années 1990 justifie une politique tarifaire allant dans certains cas jusqu'à la gratuité pour certaines catégories d'usagers.

Pour revenir sur la comparaison avec le cadre législatif qui pèse sur les politiques fiscales, on peut dire que si « la lecture du principe d'égalité par le Conseil constitutionnel ménage des marges de liberté pour la conduite des politiques fiscales »[614], la lecture de ce même principe par le Conseil d'État ménage désormais des marges encore plus importantes pour la conduite des politiques tarifaires.

On notera que cette modulation admise en fonction de critères sociaux permet aux collectivités locales de recourir à d'autres critères que le seul revenu, afin d'inciter telle ou telle catégorie sociale à fréquenter un service public donné.

Les politiques incitatives ou sélectives menées dans ce cadre présentent bien une connotation sociale de meilleure intégration de ces catégories socio-professionnelles mais ne sont pas directement fondées sur la capacité contributive des usagers : on pense ici à la gratuité des transports urbains pour les retraités ou la gratuité des musées pour les mineurs.

Comme pour la modulation tarifaire basée sur les ressources, on peut y voir un palliatif à l'attribution d'une allocation, qui présenterait en outre l'avantage de s'assurer que les crédits accordés par la collectivité dans le cadre de la politique visée sont bien employés dans le but souhaité.

On regrettera cependant la confusion que l'on retrouve parfois du fait de la coexistence de deux types de justifications différentes à une tarification sociale, basées l'une sur la capacité contributive et l'autre sur un critère autre comme l'âge. Si les jeunes bénéficient par exemple d'une tarification réduite voire d'une gratuité dans l'accès à certains services publics muséaux, ce ne peut être en aucun cas au regard de la seule situation financière générale de la cohorte qu'ils représentent, mais bien d'un ensemble de caractéristiques qui en font une catégorie socio-professionnelle à part au regard du service rendu. Les quelque 30 M€[615] annuels alloués aux musées nationaux pour financer l'accès gratuit des jeunes aux collections permanentes, prévu par l'article R.411-2 du Code du patrimoine, ne pourraient-ils pas ne serait-ce que partiellement pris en charge par la partie la moins désargentée de cette population ? La question mérite d'être posée. Il en est de même pour les personnes âgées, dont il est évident qu'elles « ne sont pas forcément démunies »[616].

On insistera enfin sur le fait que le choix des critères retenus pour déterminer la capacité contributive des usagers n'est jamais totalement neutre : « le critère qui semble *a priori* le plus satisfaisant (celui du revenu imposable) est loin de se révéler, malgré les apparences, à l'abri de toute critique »[617]. Les variations constatées d'une collectivité à l'autre en la matière[618] traduisent bien l'absence de consensus.

c) L'absence de modulation

Lorsque la tarification n'est pas modulée en fonction du coût du service effectivement rendu à chaque usager et/ou dans les conditions énumérées dans la jurisprudence *Denoyez et Chorques*[619], on se retrouve confronté à une redevance dite forfaitaire. Le même prix est ainsi demandé dans différentes configurations.

D'abord, à des usagers présentant des différences de situation appréciables[620] et bénéficiant du même niveau de service rendu, ce que nous pourrons qualifier de "forfait *Syndicat national des transporteurs aériens*" dans le sens où il se contente de répondre aux exigences posées par la jurisprudence de 1958 et ses premières interprétations en se centrant sur le coût du service rendu pour arrêter le montant de la redevance à acquitter.

Ensuite, à des usagers ne présentant pas, apparemment, de différence de situation appréciable et bénéficiant de niveaux de service rendu différents, ce que nous pourrons qualifier de "forfait solidaire", pour des raisons que nous allons détailler par la suite.

Enfin, à des usagers présentant des différences de situation appréciables et bénéficiant de niveaux de service rendu différents, ce que nous pourrons qualifier de "forfait globalisé"[621].

	Revenus identiques	Revenus différents
Prestations identiques	Forfait "logique"	Forfait *Syndicat national des transporteurs aériens*
Prestations différentes	Forfait "solidaire"	Forfait "globalisé"

Proposition de typologie des logiques sous-jacentes à la mise en œuvre d'une redevance forfaitaire en fonction de la dispersion d'une part des prestations rendues et d'autre part des capacités contributives des usagers

La mise en œuvre de cette forfaitisation, qui connaît un succès certain ces dernières années notamment pour des services publics de transport en commun[622], se fonde sur trois principales justifications : l'une d'ordre opérationnelle, l'autre économique, et la dernière philosophique.

Tout d'abord, elle permet de limiter considérablement les frais de gestion et de contrôle afférents à la situation des usagers et au degré de prestation rendue. Pas de grille tarifaire à élaborer[623], pas d'informations et pièces justificatives à recueillir pour déterminer quel tarif s'applique à l'usager, pas de contrôle à effectuer sur place de façon systématique ou aléatoire ni d'investissement en équipement permettant de déterminer l'intensité du service rendu. Il permet d'éviter les situations relativement absurdes dans lesquelles les coûts de gestion afférents à une grille tarifaire d'une complexité certaine peuvent dépasser les recettes collectées.

Ensuite, la forfaitisation peut se justifier pour les services publics dont les coûts de structure sont tellement élevés que le degré d'utilisation effective par chaque usager pris distinctement n'a que peu d'impact sur le coût global qui peut lui être affecté.

Enfin, la forfaitisation représente une forme de financement du service public par la redevance qui se rapprocherait un peu plus de la logique de financement par l'impôt, dans le sens où elle définit un espace de solidarité. En effet, elle fait porter sur les personnes faisant un usage limité du service visé un surcoût relatif, qui représente une économie du même ordre pour les personnes ayant un usage intensif de la prestation. Ainsi, le timbre postal a le même montant, que le courrier ait vocation à traverser une ville ou la France entière. L'abonnement à une bibliothèque municipale est souvent le même, quelle que soit la quantité de livres consultés ou empruntés. Le prix du ticket de bus ou de métro, toute chose égale par ailleurs, est dans la plupart des agglomérations identiques, quelle que soit la distance parcourue par l'usager[624].

D'un certain point de vue, ce forfait solidaire, un même prix demandé pour une prestation différente, peut être interprété comme une version extensive de la jurisprudence *Denoyez et Chorques*. Faire payer le même prix à une personne prenant le bus pour faire cent mètres et une autre l'utilisant pour quatre kilomètres, c'est trouver un "équilibre mécanique"[625] entre une force tendant à faire payer davantage celui qui parcourt le plus de distance, puisque le coût du service qui lui est rendu est supérieur, et une force tendant à faire payer moins celui qui parcourt le plus de distance, soit pour un motif d'intérêt général, soit pour tenir compte d'une différence de situation objective, en l'espèce géographique, et de la contrainte afférente qui pèse sur lui.

En droit de l'Union européenne, comme l'a montré la jurisprudence de la Cour de justice en matière de service d'intérêt économique général[626], un tarif uniforme sur un territoire donné, ne prenant pas uniquement en compte des considérations purement économiques et opérant ainsi une péréquation géographique invisible le plus souvent en faveur des territoires les moins urbanisés, est un élément de reconnaissance de l'activité d'un service public et, d'une certaine manière, une condition de son bon fonctionnement.

Aussi séduisante soit-elle, la forfaitisation de la redevance pour service rendu présente des inconvénients non négligeables, déjà évoqués pour la gratuité[627] dans le premier titre de la première partie.

Elle ne permet pas de modulation en fonction de la capacité contributive des usagers ou autres différences de situations appréciables. C'est un paradoxe apparent qui peut interpeller : la tarification unique d'un service public est porteuse à la fois d'une solidarité territoriale et d'un défaut de solidarité sociale. Au-delà de considérations économiques ou juridiques, elle est ainsi porteuse d'un questionnement politique fort.

En ne faisant pas porter aux bénéficiaires directs les surcoûts liés à un usage du service intensif, elle est porteuse d'externalités négatives potentielles : par exemple, pour les transports urbains, une certaine dévalorisation du service rendu ou un encouragement à l'étalement urbain[628].

Ainsi, le législateur et le juge ont accordé aux élus locaux de conséquentes marges de manœuvre dans l'évolution de la charge demandée aux usagers comme dans la répartition de cette charge entre différentes catégories d'usager. Cette liberté s'accompagne néanmoins de certaines contraintes quant au niveau de la redevance demandée à chacun.

B- Le plafonnement de la redevance

La très grande liberté dont jouissent les collectivités pour moduler le niveau de la redevance demandée aux usagers justifie, en corollaire, un plafonnement relativement strict du montant demandé à chaque usager individuellement.

On notera d'ores et déjà, avant de nous attarder sur les modalités de détermination de ce plafond et leur évolution récente, qu'il dépend désormais, comme pour l'impôt, de données d'une part collectives, le coût du service rendu, et d'autre part individuelles, la valeur du service rendu pour chaque usager.

a) Hier, un plafonnement exclusivement en fonction du coût du service

La loi et la jurisprudence participent conjointement à définir un plafond pour les redevances pour service rendu.

Côté jurisprudentiel, on renverra à l'analyse déjà réalisée de la décision *Syndicat national des transporteurs aériens*[629] dans le premier titre de la première partie : la redevance est demandée « en vue de couvrir les charges d'un service public déterminé » et ne peut ainsi dépasser lesdites charges.

Côté législatif et réglementaire, on retrouve ce principe général pour les services publics administratifs dans la loi n°98-657 du 29 juillet 1998 d'orientation relative à la lutte contre les exclusions : elle dispose toujours dans à l'article 147 que « les droits les plus élevés ainsi fixés ne peuvent être supérieurs au coût par usager de la prestation concernée ». Ce principe général est par ailleurs réaffirmé dans certains textes afférents à la tarification d'un service public donné. Ainsi, l'article R.531-53 du Code de l'éducation précise que les tarifs de la restauration scolaire « ne peuvent [...] être supérieurs au coût par usager résultant des charges supportées au du service »[630]. De même, le décret n°2001-493 du 6 juin 2001 relatif aux modalités de communication des documents administratifs précise bien que les frais de délivrance de copies de documents administratifs communicables, qui constituent bien « une rémunération pour service rendu », ne peuvent excéder le coût de la reproduction et de l'éventuelle expédition.

Pour les services publics industriels et commerciaux, le principe général d'interdiction de financer le budget général de la collectivité par les redevances perçues auprès des usagers à l'occasion de la mise en œuvre d'un service a été d'abord reconnu par le juge administratif[631] puis par le législateur[632]. Si l'article L.2224-1 CGCT ne peut être interprété comme prohibant toute affectation comptable de l'excédent ponctuel d'un budget annexe au budget général de la collectivité[633], le principe général reste bien celui d'une limitation stricte de la tarification du service public au niveau de son besoin de financement.

α- Les modalités de calcul du coût du service

On l'a dit, le principe du plafonnement du montant de la redevance en fonction du coût du service a été défini par le Conseil d'État quelques années seulement après la décision *Syndicat national des transporteurs aériens* de 1958[634] :

« En amont même de la question de savoir s'il y a ou non disproportion manifeste entre le coût [du service] et le montant des sommes exigées, l'administration doit justifier devant le juge les éléments de calcul permettant de vérifier la correspondance entre les sommes exigées et le coût des opérations. »[635]

Plafonnement en fonction du coût, mais quel coût ? Une fois identifiés les éléments de coût qui peuvent potentiellement être intégrés dans la redevance, lesquels faut-il retenir et dans quelle proportion pour appliquer la règle du plafonnement du montant de ladite redevance ? Comment le juge apprécie-t-il la pertinence des modalités de calcul proposées par la personne publique ?

Dans les années 1950, le Commissariat au Plan recommandait aux établissements publics de l'État de facturer leurs services au coût marginal, c'est-à-dire le coût supplémentaire résultant d'une augmentation unitaire de la prestation rendue.

Puis, dans un souci d'équilibre budgétaire, le coût total de production a été préféré comme référence et reste aujourd'hui très pertinent, puisqu'il intègre l'ensemble des coûts : dépenses d'investissement et de fonctionnement[636], coûts fixes, indépendants du volume de la prestation, et coûts variables, directs ou indirects. Seuls certains coûts spécifiques restent écartés de cette computation, comme les frais financiers liés à la dette mobilisée[637]. Sur ce périmètre, le juge administratif fait preuve d'une interprétation large : peuvent être incluses dans le coût complet d'un service rendu les frais de fonctionnement d'une instance consultative adjointe à l'autorité gestionnaire de l'ouvrage[638], ou encore la formation du personnel[639]. Mais le référentiel reste bien le coût total du service rendu du point de vue de la collectivité gestionnaire : c'est notamment pour cela que le Code de l'éducation, dans l'article R.531-53 du Code de l'éducation, prévoit que le coût par usager se détermine « après déduction des subventions de toutes natures bénéficiant à ce service ».

Plus récemment, l'idée d'un coût de développement, c'est-à-dire la valeur de remplacement des équipements et des investissements avec évolution anticipée de l'offre, a émergé, tout comme la prise en compte d'un éventuel surcoût social[640] lié au service rendu. Il s'agit, pour reprendre l'expression de Henry-Michel CRUCIS, de passer de la « justesse arithmétique » à la « justesse économique » du tarif[641]. Si la mobilisation de ces deux concepts reste très limitée dans les calculs de coûts présentés par les collectivités dans le cadre de la détermination de leurs grilles tarifaires, ce sont là deux pistes clairement ouvertes pour les années à venir.

L'essor de nouveaux référentiels n'a pas pour autant discrédité totalement le premier d'entre eux chronologiquement, le coût marginal. Il connaît même de nos jours une réelle jouvence avec l'essor de ce que Guy BRAIBANT considérait comme la « troisième génération de droits de l'homme », l'accès aux données publiques[642]. La récente directive 2013/37/UE du 26 juin 2013 sur la réutilisation de l'information du secteur public prévoit ainsi dans son article 6 § 1 un principe de tarification à la réutilisation au coût marginal, n'intégrant que les coûts de « reproduction, mise à disposition et diffusion » des données[643]. On notera que la France avait déjà arrêté un principe similaire au début des années 2000 pour la mise à disposition de copie de documents administratifs communicable avec le décret n°2001-493 du 6 juin 2001 relatif aux modalités de communication des documents administratifs puis le décret n°2005-1755 du 30 décembre 2005 relatif à la liberté d'accès aux documents administratifs et à la réutilisation des informations publiques.

Rien n'interdit que le référentiel de coût retenu, qu'il soit marginal, total ou « réel »[644], ou encore de développement, évolue au fur et à mesure de la vie de l'équipement visé.

Un exemple récent illustre cette possibilité de changement de paradigme[645]. Au 1er janvier 2012, le péage du pont de l'île de Ré a été modifié. Auparavant, le prix payé par les automobilistes visait, au regard de l'exposé des motifs des délibérations successives prises par le conseil général de Charente-Maritime, à rembourser l'emprunt souscrit dans les années 1980 par la collectivité pour la construction du pont. Nous étions bien dans une logique de coût total et non marginal pour la détermination du niveau de la redevance demandée aux usagers. L'amortissement de l'emprunt afférent achevé en 2011, le niveau de la redevance aurait dû diminuer très fortement, voire disparaître : le coût de l'entretien d'un tel ouvrage est relativement faible, et il n'est pas impossible que les coûts liés à la mise en œuvre d'une redevance[646] dont le niveau serait devenu faible soient supérieurs à son produit. Or, il n'en a rien été, et le péage a été maintenu, pour financer la mise en place de transports en commun à énergie propre, l'entretien du port, ou encore la valorisation de la pointe de Saint-Clément-des-Baleines. Si la légalité d'une telle logique est selon nous incertaine[647], le nouveau référentiel retenu est clairement celui du coût de développement du service, défini en l'espèce de façon extensive : l'accès à l'île, mais aussi la qualité de l'environnement et de l'espace de cette île.

Quoi qu'il en soit, chaque méthode de calcul se heurte à des difficultés non négligeables. D'une part, le raisonnement en coût marginal ou en coût total suppose une véritable comptabilité analytique susceptible de servir de justification devant le juge administratif. D'autre part, le coût de développement repose sur des hypothèses dont la fiabilité est toujours contestable.

À ces difficultés d'ordre techniques ou administratives s'ajoute l'incapacité d'une seule méthode de calcul de répondre à toutes les situations et de satisfaire toutes les injonctions, parfois contradictoires, de l'économie publique[648].

Tout cela explique la posture traditionnelle et toute pragmatique du juge administratif en matière de calcul de coût et la survivance de plusieurs méthodes de calcul : « bien que la jurisprudence décrive d'une manière de plus en plus précise les éléments qui peuvent entrer dans le montant de la redevance, elle s'abstient de fixer des règles trop rigides quant à la méthode pour évaluer ces éléments »[649].

β- Les conséquences de ce référentiel

Une parenthèse tout d'abord sur la question de la prise en compte des externalités négatives générées par le service rendu dans le calcul du plafond de la redevance.

En présence de ces externalités, il pourrait paraître logique d'inclure l'évaluation de leur coût, s'il est mesurable, dans le montant de la redevance demandée à l'usager. Une telle démarche d'internalisation des externalités permet, selon la théorie économique, d'éviter qu'un prix trop bas n'incite à une consommation excessive d'un bien ou d'un service[650].

Dans une certaine mesure, le régime juridique des redevances ne semble pas étranger à ces préoccupations : n'est-il pas légitime d'inclure le coût de la construction d'un mur antibruit sur une autoroute dans les dépenses répercutées sur l'usager à travers le péage qui lui est réclamé ? Notons que, pour la théorie économique, peu importe que ce mur soit effectivement bâti ou non : s'il est construit, il conviendra d'intégrer le montant de cet investissement dans les charges à couvrir par la redevance ; s'il n'est pas construit, son coût représente une estimation de l'externalité négative que l'on souhaite internaliser dans le calcul économique réalisé par l'usager.

Dans la pratique pourtant, le juge administratif reste frileux sur ce point, ces dépenses spécifiques n'ayant parfois qu'un lien tenu avec la prestation dont bénéficie l'usager : a ainsi été jugé illégal le décret qui instituait une redevance pour atténuation des nuisances phoniques[651], perçue sur certains aérodromes, au motif que cette contribution demandée aux compagnies aériennes n'était la contrepartie d'aucune prestation servie par l'exploitant de l'aérodrome à ces compagnies. En l'espèce, l'atténuation des nuisances se basait concrètement sur des travaux d'insonorisation des habitations et établissements divers, et sur le rachat d'immeuble en vue de l'exercice d'activités moins sensibles à ces nuisances.

Contrairement au juge administratif, le juge constitutionnel a lui reconnu[652] aux personnes publiques la faculté de moduler le montant des redevances pour « tenir compte des atteintes à l'environnement [...] ou répondre à des impératifs de continuité et d'aménagement du territoire », et ainsi répercuter sur les usagers des services publics les coûts des potentiels dommages, financièrement coûteux, générés par la production de ce service.

Ainsi, l'intégration des externalités négatives dans les charges afférentes au service rendu, qui permet de déterminer le niveau de plafonnement de la redevance, ne va pas de soi. Malheureusement pourrait-on ajouter, au regard de l'importance que prennent aujourd'hui ces désagréments.

Pour reprendre les propos du Conseil d'État, dans son étude de 2002 consacrée aux redevances, de la mise en œuvre conjuguée d'une modulation tarifaire à vocation sociale et d'un plafonnement de la redevance pour service rendu émerge une nouvelle contrainte pour le financement du service public visé :

« Ainsi peut-il sembler paradoxal d'admettre pour de tels services[653] une modulation tarifaire, tout en subordonnant la légalité du tarif le plus élevé, comme le fait une décision[654], à un plafonnement en fonction du coût par usager, alors que ces services, du moins lorsqu'ils relèvent des communes, sont simultanément soumis à une obligation légale d'équilibre budgétaire[655]. »

Cette "injonction contradictoire"[656] explique à notre sens en partie la désaffectation des décideurs locaux pour les redevances pour service rendu. Elle ne pouvait en l'état perdurer indéfiniment, ne serait-ce que dans un souci d'équilibre des comptes publics. C'est pourquoi la doctrine s'est penchée au fil des ans sur la possibilité d'une tarification prenant en compte non pas le coût du service, mais sa valeur pour l'usager, comme c'est le cas historiquement pour les redevances d'occupation du domaine public.

Cet infléchissement, selon certaines interprétations, ne remettrait pas en cause fondamentalement l'esprit de la jurisprudence *Syndicat national des transporteurs aériens*. Que la redevance pour service rendu ait pour objet de « couvrir les charges d'un service public déterminé ou les frais d'établissements et d'entretien d'un ouvrage public » est une chose. Qu'il faille en déduire un strict plafonnement du prix demandé en fonction du coût par usager en est une autre.

Pour reprendre les conclusions du commissaire du gouvernement CHARDEAU dans cette même décision de 1958, « la redevance comporte toujours et nécessairement une équivalence entre la somme fournie par ce dernier et la valeur rendue à lui par l'administration ». Or, il peut arriver que cette valeur se détermine autrement qu'en considération du seul coût.

De nombreux arguments ont été avancés en faveur de la disparition du strict plafonnement selon le coût, dans les situations où il se révélait inadapté. Mais ce n'est que récemment que le Conseil d'État a franchi ce Rubicon, à un moment même où la diminution des marges de manœuvre de la puissance publique[657] encourage à une réflexion sur une meilleure valorisation, dans tous les sens du terme, du patrimoine et de l'action des personnes publiques[658].

b) Aujourd'hui, un plafonnement possible en fonction du niveau du service

Le plafonnement de la redevance demandé à l'usager en fonction du coût du service rendu, s'il présente une logique incontestable, n'est pas sans poser de problèmes logiques dans certains cas d'espèce :

« L'usager ne devait pas payer d'autres charges ou coûts qui seraient sans rapport avec le coût du service rendu [...]. On aboutissait ainsi à des situations plus ou moins anormales : dans certains cas (coût du service amorti et donc faible), on pouvait aboutir à des redevances minimes, si ce n'est nulles, alors que les bénéfices personnels réalisés par les usagers pouvaient être très élevés. »[659]

Cet inconvénient du plafonnement en fonction du coût du service, conséquence du critère posé par la décision *Syndicat national des transporteurs aériens* en matière de couverture des charges, a récemment été levé pour un important infléchissement jurisprudentiel : désormais, le plafonnement de la redevance peut se fonder non pas sur le coût du service rendu, mais bien sur la valeur dudit service rendu à l'usager.

α- Le revirement jurisprudentiel de 2007

Par sa décision *Syndicat national de défense de l'exercice libéral de la médecine à l'hôpital*[660], le Conseil d'Etat a fortement impacté les modalités potentielles de détermination du niveau des redevances pour service rendu et plus précisément de leur plafonnement.

« Considérant que, pour être légalement établie – et, en particulier, ne pas revêtir le caractère d'une imposition dont seul le législateur pourrait fixer les règles – une redevance pour service rendu doit essentiellement trouver une contrepartie directe dans la prestation fournie par le service ou, le cas échéant, dans l'utilisation d'un ouvrage public et, par conséquent, doit correspondre à la valeur de la prestation ou du service ; que, si l'objet du paiement que l'administration peut réclamer à ce titre est en principe de couvrir les charges du service public, il n'en résulte pas nécessairement que le montant de la redevance ne puisse excéder le coût de la prestation fournie ; qu'il s'ensuit que le respect de la règle d'équivalence entre le tarif d'une redevance et la valeur de la prestation ou du service peut être assuré non seulement en retenant le prix de revient de ce dernier, mais aussi, en fonction des caractéristiques du service, en tenant compte de la valeur économique de la prestation pour son bénéficiaire ; que, dans tous les cas, le tarif doit être établi selon des critères objectifs et rationnels, dans le respect du principe d'égalité entre les usagers du service public et des règles de la concurrence. [...]

Dès lors, le tarif de la redevance due aux établissements hospitaliers par les praticiens peut dépasser le seul coût de la prestation fournie. »

En l'espèce, la valeur du service rendu par un hôpital à un médecin y exerçant une activité libérale ne devait pas être limitée au coût des installations techniques, des locaux et du personnel hospitalier mis à sa disposition, mais également tenir compte des avantages de toutes natures qu'en retirent les praticiens hospitaliers et le prix qu'il est par conséquent prêt à acquitter pour pouvoir en bénéficier[661].

Cette décision peut être considérée comme l'aboutissement d'un processus d'inflexion de la jurisprudence initié par la décision *Société Direct Mail Promotion* du 1996[662], dans lequel le Conseil d'État admettait qu'il était possible de s'évader des critères traditionnels de tarification des redevances pour service rendu lorsqu'il apparaissait que leur stricte application n'aurait guère de sens. En l'espèce, si la mise à disposition des informations numérisées, collectées ou produites par l'administration dans l'exercice de ses missions de service public n'a qu'un coût minime, sa valeur pour l'utilisateur peut être bien supérieure, surtout s'il s'en sert pour une exploitation lucrative. On peut également citer ici une décision de 2002[663] qui a vu le Conseil d'État admettre que le montant d'une redevance devait tenir compte des dépenses que la prestation entraîne pour l'administration et des « services rendus ». Cette évolution jurisprudentielle avait été envisagée par la doctrine depuis plusieurs années… et appelée de ses vœux par le Conseil d'État lui-même dans son étude adoptée le 24 octobre 2002 sur les redevances pour service rendu et redevances d'occupation du domaine public[664].

Notons que, sur ce point, le Conseil constitutionnel avait devancé le Conseil d'État. Abandonnant sa stricte jurisprudence antérieure directement inspirée de la décision *Syndicat national des transporteurs aériens*[665], il a en 2005[666] adopté une conception plus souple du principe d'équivalence en estimant que rien ne s'opposait à ce que le tarif des redevances pour service rendu prenne en compte des dépenses futures liées à la construction d'infrastructures ou d'installations nouvelles avant leur mise en service, ce qui revenait implicitement à réclamer aux usagers un montant supérieur au coût du service qui lui est rendu à un instant t.

β- Ses répercussions

Il s'agit là d'une triple révolution copernicienne dans la détermination du prix maximal que la puissance publique peut demander à l'usager d'un service ou d'un ouvrage public dans le cadre d'une redevance pour service rendu, qui met fin à une certaine inadaptation du cadre juridique traditionnel.

Tout d'abord, le référentiel de ce plafond est transféré de la collectivité, avec l'appréciation de la charge globale supportée pour assurer le fonctionnement du service mis à disposition des bénéficiaires, à l'usager, avec l'appréciation de l'avantage individuel retiré par l'usager.

Ce changement de référentiel est aussi, même si cela n'est que périphérique à notre propos, un rapprochement non négligeable des critères de tarification des redevances pour service rendu avec ceux des redevances d'occupation du domaine public[667] : s'agissant du domaine public, la jurisprudence admet en effet depuis des décennies la possibilité de tenir compte de l'avantage retiré par l'occupant dans la fixation du montant de la redevance[668]. Ce rapprochement pourrait avoir des répercussions à long terme. Reste néanmoins une distinction majeure qui justifie des traitements juridiques distincts : alors que le coût pour la collectivité de l'occupation de son domaine est bien souvent inexistant, le coût de la mise en œuvre d'un service est rarement nul.

Par ailleurs, ce transfert ouvre la porte à l'intégration, dans l'évaluation de ce montant, d'éléments non quantifiables ne relevant pas d'un simple calcul analytique[669], puisqu'elle se fonde sur des perceptions et préférences individuelles. Le prix que l'on est prêt à acquitter n'est que la mesure de l'intensité toute subjective du besoin que la prestation remplit pour la personne qui en bénéficie, sa « valeur d'usage » pour reprendre la formule popularisée par Adam SMITH. D'où la complexité d'arrêter une méthode d'évaluation de l'avantage retiré par l'usager, méthode d'évaluation dont le juge administratif contrôlera naturellement qu'elle est « objectivement justifiée, transparente et non discriminatoire »[670] comme c'est déjà le cas pour les redevances d'occupation du domaine public.

Cette dimension libérale, au sens philosophique et non économique du terme, devra cependant être appréciée au fil des prochaines jurisprudences, mais sera de toute façon très observée. Le Conseil d'État a bien pris soin de préciser que le niveau de la redevance devait être déterminé dans le respect du principe d'égalité entre les usagers du service public[671] d'une part et des règles de concurrence d'autre part : excessif[672], il traduirait une position d'essence monopolistique ; trop faible, il empêcherait d'autres opérateurs économiques d'accéder au marché concerné. L'assouplissement de la règle traditionnelle du plafonnement par les coûts ne saurait évidemment permettre de s'affranchir de ces contraintes.

Enfin, et c'est fondamental dans notre analyse, l'évolution de ce plafond a pour conséquence majeure de permettre au service public financé par une redevance de ne pas être, par essence, déficitaire, et ce d'autant plus que la valorisation du service au niveau du sacrifice maximum qu'on est prêt à faire pour l'obtenir peut être bien supérieure au coût du service fourni.

Détaillons le mécanisme de cette dernière assertion, qui donnerait, enfin, de la consistance à une doctrine que l'on prête à Raymond BARRE : « les services publics n'ont pas vocation à faire de profits, mais ils n'ont pas vocation à faire de déficits non plus »[673].

Prenons l'exemple d'un cours de musique proposé par une mairie aux élèves de l'école primaire. Il est susceptible d'accueillir chaque année 20 enfants, pour un coût total estimé à 20 000 €. Le coût moyen par enfant, ou prix de revient pour la collectivité, est 1 000 € en intégrant la mise à disposition de locaux municipaux, l'amortissement des instruments achetés, les coûts divers de fonctionnement, la rémunération du ou des professeurs…

Une prestation similaire peut être proposée par le secteur privé pour un coût de 1 200 €[674], montant qui peut servir d'estimation plancher à la valeur économique de la prestation pour l'usager puisqu'il est prêt à s'en acquitter pour bénéficier du service visé.

Dans le cadre de la jurisprudence antérieure à 2007[675], le montant maximum que la collectivité pouvait demander aux familles était de 1 000 € par enfant. Si d'aventure la collectivité décidait de mettre en place une modulation de la tarification[676] comme cela est souvent le cas, l'ensemble des redevances perçues ne permettait pas de couvrir le coût du service rendu.

Ainsi, un service public financé par une redevance était mécaniquement déficitaire, en cas d'existence d'une grille tarifaire. Handicap budgétairement complexe à assimiler et à accepter pour des élus locaux (dé) formés à la cardinale obligation d'équilibre des deux sections, fonctionnement et investissement, de leurs budgets…

Dans le cadre de la nouvelle jurisprudence, rien n'interdit à la commune de demander à certains usagers une redevance dont le montant, tout en restant inférieur ou égal à la valeur économique de la prestation, serait supérieur à son coût de revient individualisé, et ainsi combler le déficit lié à une tarification moindre pour les usagers les plus modestes.

La récente jurisprudence *Syndicat national de défense de l'exercice libéral de la médecine à l'hôpital* permet bien un financement non déficitaire des services publics locaux par des redevances et avec une modulation tarifaire. Il s'agit là, insistons à nouveau, d'une véritable révolution[677].

γ- Ses réserves

Tout d'abord, rappelons bien que cette jurisprudence n'a pas pour objet de substituer de manière générale et définitive, pour les redevances pour service rendu, une tarification en fonction de l'utilité du service pour l'usager à la tarification traditionnelle au regard du coût du service.

Ensuite, ce « net infléchissement jurisprudentiel »[678] peinera peut-être à trouver une répercussion conséquente dans les politiques de financement et de tarification des services publics locaux. En effet, les collectivités, les usagers, et même le juge administratif[679], ont et auront encore pendant longtemps de réelles difficultés à déterminer le coût de revient pour la collectivité d'une prestation rendue et sa valeur économique, dont l'estimation dépend de l'offre la plus proche que peut faire le secteur concurrentiel.

En résumé, un changement de référentiel, lorsque ce dernier était et demeure encore flou, ne peut avoir par essence qu'une portée symbolique.

Plus concrètement, on constatera que le prix maximum demandé dans la plupart des services publics locaux les plus généralisés, comme la restauration scolaire par exemple, est très souvent bien en deçà du coût de revient de la prestation[680] : pour reprendre les propos de Robert HERTZOG, « la tension entre prix et service public naît rarement de l'excès de prix »[681].

Le niveau du plafond n'était en réalité pas une contrainte dans la mise en œuvre de la tarification, et son relèvement ne devait pas entraîner une augmentation dans la pratique des tarifs demandés dans les tranches supérieures.

De même, l'existence avérée d'un écart entre le coût du service rendu et le prix acquitté pour en bénéficier, si elle permet aux services publics de ne plus être par essence déficitaire, les fait entrer au moins partiellement dans une logique de marché, au sens marxiste du terme, et dans des secteurs d'activité potentiellement concurrentiels. S'il y a une demande solvable et que le coût de l'offre permet de dégager une marge, alors la légitimité même de l'intervention publique est directement interpellée[682].

Il convient que l'existence de ce delta, une fois agrégées les redevances payées par les différents types de bénéficiaires, ne soit que la conséquence de la grille tarifaire arrêtée et en aucun cas son objectif premier.

Par ailleurs, la marge de manœuvre dont dispose l'administration pose nécessairement la question de l'intensité du contrôle opéré par le juge administratif[683] : en matière de redevance pour service rendu comme de pur, est exercé un contrôle normal, sur l'erreur de droit et l'erreur d'appréciation[684], sur les modalités de calcul et les critères retenus par l'autorité administrative, mais un contrôle "seulement" restreint, sur l'erreur manifeste d'appréciation[685], sur le montant de la redevance déterminé sur le fondement de ces modalités et critères.

Il ne ressort pas en effet de la décision du 16 juillet 2007 que le juge ait modifié la nature de son contrôle. Or, son caractère, associé aux possibilités nouvelles ouvertes par cette jurisprudence, ne manque pas de donner aux administrations une liberté certaine. Il n'est pas inenvisageable que le juge mette en œuvre à l'avenir un contrôle plus poussé sur le respect du principe d'égalité entre les usagers, des règles de la concurrence, et du caractère objectif et rationnel des critères établis : comme l'a rappelé un jugement récent, le niveau d'une redevance ne peut en aucun cas être fixé dans le but de "punir" le redevable[686].

Enfin, l'articulation entre d'une part cette jurisprudence qui se veut pour l'instant quelque peu restrictive et d'autre part certains principes réglementaires demeure à ce jour incertaine.

Par exemple, l'article R.531-53 du Code de l'éducation , créé par le décret n°2009-553 du 15 mai 2009 relatif aux dispositions réglementaires du livre V du Code de l'éducation, prévoit que « les tarifs [de la restauration scolaire] ne peuvent, y compris lorsqu'une modulation est appliquée, être supérieurs au coût par usager résultant des charges supportées au titre du service de restauration ». Si la hiérarchie des normes place la jurisprudence au-dessus du pouvoir réglementaire, il serait intéressant d'observer la réaction d'un juge qui serait confronté à un recours pour excès de pouvoir concernant la délibération d'une commune fixant le tarif maximal de la cantine scolaire à un niveau clairement supérieur au coût de revient de la prestation.

Le Conseil d'État a d'ores et déjà commencé à appliquer cette jurisprudence à d'autres secteurs d'activité, comme les redevances dues par les sociétés qui, pour rendre des services aux passagers ou aux compagnies aériennes, occupent des locaux aéroportuaires[687].

Sont également un exemple de secteur potentiellement impacté par cette jurisprudence les péages autoroutiers. Cette modulation tarifaire est limitée par la règle du plafonnement en fonction du coût du service rendu. Il n'est possible d'augmenter de façon conséquente les tarifs que si le coût unitaire d'usage de l'ouvrage augmente avec la congestion. Ce qui n'est pas aisé à démontrer : si un trafic plus dense rend nécessaire la multiplication des postes de péage et le recours à plus d'agents d'entretien dans les aires de repose, le coût unitaire global n'augmente que peu pour autant, au regard du nombre d'usagers et des coûts de structures, très élevés. Un changement de référentiel permettrait de justifier un relèvement plus important des péages en période de congestion, puisqu'on considérerait que l'utilisation des autoroutes en période de pointe correspond à un service d'une valeur supérieure, en raison même de l'accroissement de la demande.

Les fondements variés de la modulation de la redevance demandée à un usager d'un service public administratif facultatif local, que ce soit un dispositif législatif, un intérêt général ou encore une différence de situation géographique ou socio-économique, concourent à assurer au levier tarifaire une marge de manœuvre inégalée dans le spectre des ressources propres des collectivités territoriales.

Ce diagnostic est encore renforcé par un plafonnement en fonction du coût du service qui n'est que peu contraignant dans la pratique et par la récente possibilité, pour aller éventuellement outre, de prendre comme référentiel la valeur du service effectivement rendu à l'usager.

Conclusion du chapitre 1

C'est incontestable, « la marge de manœuvre théorique des élus sur les tarifs apparaît bien supérieure à celles qu'ils ont sur la fiscalité »[688].

Ce n'est pas tant que les élus locaux n'aient pas de marges de manœuvre en matière d'impôts locaux en général et de taxe d'habitation en particulier. La capacité de l'assemblée locale à augmenter l'impôt acquitté par les contribuables, avec une hausse du taux ou une révision des abattements précédemment consentis, est réelle : la presse quotidienne régionale s'en fait suffisamment l'écho pour que l'on ne s'aventure pas à soutenir le contraire. Mais les marges de manœuvre offertes par le législateur et précisées par le juge administratif en matière d'évolution et plus encore de structuration de la redevance sont bien plus importantes.

Une fois acté cet avantage comparatif en matière de capacité à moduler à la hausse ou à la baisse la contribution attendue, nous pouvons ensuite aborder le second volet de notre analyse, à savoir le niveau de prise en compte des « facultés »[689] des citoyens, contribuables ou usagers, dans la détermination de la contribution demandée, impôt ou redevance. En la matière, l'écart est encore plus conséquent entre une prise en compte de la capacité contributive clairement insuffisante pour la taxe d'habitation et potentiellement importante pour les redevances pour service rendu.

Chapitre 2 : Une meilleure prise en compte de la capacité contributive par la redevance

Alors que, dès la fin des années 1970, le rapport COTTEN présentait déjà le caractère injuste de la fiscalité locale comme un argument potentiel de mobilisation de la tarification des services publics[690], il semble opportun de reposer ici les bases d'une comparaison actualisée.

Avant de nous pencher sur les mérites respectifs de l'imposition et de la tarification locale en la matière, un préalable méthodologique s'impose, afin de proposer une définition de la capacité contributive. Cette dernière n'a effet jamais fait à ce jour l'objet que de propositions doctrinales, ce qui complexifie grandement la mobilisation de ce concept :

« On observa que la notion de capacité contributive ne fait pas l'objet d'une définition juridique précise ce qui en affaiblit considérablement la portée. En effet, si les débats sont nombreux et nourris sur le terrain social et économique, il n'en est pas ainsi sur le terrain juridique. »[691]

Même si le Conseil constitutionnel veille toujours à ce que l'appréciation des facultés contributives se fonde sur des « critères objectifs et rationnels »[692], le législateur dispose en la matière de très larges marges de manœuvre pour faire cohabiter des critères de justice fiscale parfois difficilement conciliables. Ainsi, tout comme la notion d'intérêt général, la notion de capacité contributive, pourtant essentielle au contrôle du respect de l'article 13 de la Déclaration des droits de l'homme et du citoyen, demeure « une notion d'une certaine plasticité, volontairement imprécise, qui permet au juge d'adapter les contours de sa jurisprudence aux aspirations et aux nécessités de son temps »[693].

Dans la suite de notre analyse et pour plus de simplicité, nous prendrons les revenus du ménage comme référentiel de la capacité contributive.

Section 1 : L'insuffisante prise en compte de la capacité contributive dans la liquidation de la taxe d'habitation

Comme pour l'analyse des modalités de modulation de l'impôt visé effectuée plus tôt, nous allons nous efforcer de limiter ce nécessaire détour de production à quelques pages. Il s'agit ici de démontrer que le caractère injuste de la taxe d'habitation se fonde non seulement sur la structure même de cet impôt, mais aussi sur les usages concrets qui sont faits par les élus locaux des leviers mis à leur disposition par le législateur.

A- La structure de la taxe d'habitation

La structure de la taxe d'habitation en particulier et de la fiscalité locale pesant sur les ménages en général, mise en lumière par plusieurs rapports du Conseil des prélèvements obligatoires, est très critiquable.

Outre un taux qui est rappelons-le unique, ce qui est un premier obstacle conséquent à toute progressivité de l'impôt visé, l'assiette de la taxe d'habitation est fonction de la valeur locative du bien occupé par le redevable.

De façon générale, l'utilisation d'une assiette foncière, dont nous ne contestons pas les réels attraits[694], comme base d'un impôt implique deux paris pour que l'impôt levé présente une certaine progressivité : un "pari administratif", l'index retenu par l'administration devant être une estimation fidèle de la valeur vénale du bien ; un "pari socio-économique", la valeur vénale du bien devant présenter une réelle corrélation avec votre capacité contributive.

Or, ces deux paris sont perdus.

Tout d'abord, la valeur locative cadastrale d'une habitation n'est que trop rarement fidèle à sa valeur vénale, du fait d'un mode de calcul déconnecté de la réalité actuelle du marché immobilier et d'une valorisation datant des années 1970. Le Conseil des prélèvements obligatoires, dans un récent rapport, dresse un constat accablant sur les répercussions de l'absence de mise à jour et de modernisation de cette assiette.

« La non-revalorisation des bases induit […] des transferts de charges importants entre contribuables. Les tarifs de 1970, encore en vigueur, ne reflètent plus la réalité du marché immobilier. En particulier, les biens de faible valeur paraissent largement surestimés par les valeurs locatives cadastrales. »[695]

Pour nuancer ce propos, on pourra utilement signaler que si les valeurs locatives cadastrales sont figées depuis les années 1970, des adaptations restent possibles pour les évolutions les plus conséquentes du local. Ainsi, au regard de l'article 1406 CGI, le contribuable doit déclarer les constructions nouvelles et changements d'affectation ou de consistance des propriétés dans les 90 jours suivants leur réalisation définitive. Au regard de l'article 1729 CGI, l'administration procède annuellement à la mise à jour des valeurs locatives cadastrales des propriétés lorsque les changements de caractéristiques physiques ou d'environnement entraînent une modification de plus du dixième de leur valeur.

Ensuite, plusieurs études[696] ont confirmé que la valeur vénale d'une habitation rapportée aux revenus d'un ménage est une fonction décroissante de ces mêmes revenus, conséquence d'une part de la mécanique diminution de la valeur vénale au m² avec l'augmentation des surfaces et d'autre part de la loi tendancielle relative à la diminution de la part des revenus consacrés à l'habitation avec l'augmentation des revenus.

Ainsi, la valeur locative cadastrale, socle du calcul de la taxe d'habitation, est souvent déconnectée de la valeur vénale du bien, et ladite valeur vénale est elle-même souvent déconnectée de la capacité contributive du ménage. Notons que si l'utilisation de l'assiette foncière[697] peut dès lors être considérée comme une atteinte aux principes posés par l'article 13 de la Déclaration des droits de l'homme et du citoyen, le Conseil constitutionnel s'est jusqu'ici refusé à censurer les lois fiscales afférentes aux impôts concernés : pour lui, le législateur ne méconnaît pas les capacités contributives des ménages assujettis en faisant varier le montant d'un impôt en proportion de la superficie d'un local[698]. Analyse économique défaillante, volonté de ne pas rentrer en conflit avec le pouvoir législatif en matière fiscale, souci pragmatique de préserver une assiette présentant l'avantage unique de ne pas être mobile et d'être relativement bien répandu sur le territoire ? On retrouve ici un paradoxe soulevé par Michel DEBRE[699] : ce n'est pas parce qu'une injustice fiscale est reconnue qu'elle est traitée.

La taxe d'habitation, au regard des caractéristiques actuelles de son assiette et de l'unicité de son taux et en dépit de différents mécanismes mis en œuvre, est bien un impôt dégressif pour la moitié des foyers fiscaux. Cette inégalité est encore plus criante au regard de la situation respective des plus favorisés et des classes moyennes, sachant que « le centile le plus riche des contribuables locaux est soumis à un taux de prélèvement (0,68 % du revenu) plus de 80 fois inférieur à celui du 6e centile »[700].

À cette injustice de la situation des classes moyennes vis-à-vis des plus fortunés s'ajoute une autre injustice, toujours des classes moyennes, mais cette fois vis-à-vis cette fois des moins fortunés. Le système complexe d'exonérations et de dégrèvements[701] fait qu'une hausse du taux voté n'impactera pas les classes les plus populaires. Si cela est politiquement justifiable, cela aboutit dans les faits à une sur-sollicitation des classes moyennes, qui se retrouvent donc victimes d'une injustice d'assiette vis-à-vis des plus favorisés et d'une injustice de taux vis-à-vis des plus défavorisés.

Cette problématique posée par l'assiette foncière de la taxe d'habitation, ses modalités de détermination comme sa nature même, irrigue l'ensemble de la fiscalité locale : avant la réforme fiscale de 2010, c'était plus des 2/3 des recettes fiscales des collectivités qui provenaient d'impôts dont l'assiette était totalement ou partiellement foncière. Si le remplacement de la taxe professionnelle par, entre autres, une cotisation sur la valeur ajoutée des entreprises déconnectée de contingences foncières dans son mode de calcul au niveau national a dû contribuer depuis à diminuer ce ratio, l'assiette foncière reste dans la structure actuelle encore le cœur de la fiscalité locale pesant sur les ménages : valeur locative cadastrale pour la taxe d'habitation, mais également les taxes foncières[702] et la taxe d'enlèvement des ordures ménagères, valeur vénale pour les droits de mutation.

La quasi-absence de lien entre la capacité contributive du ménage et l'impôt local acquitté est un argumentaire de plus pour le développement d'une tarification des services publics qui peut être plus fidèle aux « facultés » des usagers, comme nous allons le voir dans la suite de notre analyse. Permettons-nous enfin d'ajouter un point : si la prise en compte toute partielle de la capacité contributive par les impôts locaux justifie déjà en elle-même un recours aux redevances, le creusement des inégalités de revenus dans la France des années 2000[703] est un argument supplémentaire pour activer ce levier.

B- La politique fiscale menée par les collectivités

Prenons ici l'exemple de la politique fiscale menée par la ville de Marseille[704] pour sa taxe d'habitation. À l'automne 2010, elle a décidé de ramener l'abattement facultatif général à la base de 15 % à 5 %.

Il s'agissait, selon les termes de la délibération, de dégager de nouvelles ressources « en attendant la mise en œuvre d'une nouvelle révision des valeurs cadastrales »[705]. Il y est également précisé que, en fixant le taux de son abattement général à la base à hauteur de 5 %, la ville ne ferait que « s'aligner sur ce qui se pratique en matière de taxe d'habitation dans certaines grandes villes de France (Nantes, Lille, Rennes[706]) ainsi que dans certaines communes de la communauté urbaine Marseille Provence Métropole ».

L'argumentaire déployé souligne bien que la ville rentre dans la norme, sous la contrainte budgétaire[707] et au regard de l'incapacité des parlementaires à traiter la question des valeurs locatives cadastrales dans un délai raisonnable[708].

L'impact annuel de cette décision est une augmentation de la part due à la ville égale à la valeur locative moyenne de la commune pour l'année (A) multipliée par l'écart entre le taux d'abattement précédemment consenti et le nouveau taux (B), le tout multiplié par le taux de taxe d'habitation fixé par le conseil municipal avant le 31 mars de l'année suivante.

L'équipe municipale connaissait au moment du vote la valeur locative moyenne 2010, à savoir 2 706 €, mais ne pouvait pas connaître la valeur locative moyenne 2011, son évolution dépendant chaque année 1- de l'indexation législative votée par le Parlement en décembre dans le cadre de la loi de finances et 2- du dynamisme immobilier du territoire. La valeur locative moyenne 2011 pouvait être estimée alors à environ 2 760 €, soit + 2 % par rapport à 2010.

Le taux de taxe d'habitation fixé par le conseil municipal en 2010 était de 26,07 %.

Avec un taux inchangé, l'impact mécanique de cette délibération était pour l'année suivante une augmentation de la part communale de taxe d'habitation de 2 760 x (15 % – 5 %) x 26,07 %, soit environ 72 €. Cette augmentation était identique pour tous les ménages, sauf pour ceux qui sont exonérés, ceux pour lesquels le cumul des abattements encore à l'œuvre permet d'atteindre une valeur locative nette nulle, ou ceux bénéficiant du plafonnement de la taxe en fonction de leurs ressources.

La mise en œuvre d'abattements calculés sur une valeur commune à tous instille une part de progressivité dans la taxe d'habitation, c'est un fait. À l'inverse, la suppression ou la réduction de ces abattements représente une hausse d'impôts particulièrement injuste, puisqu'il revient à créer un forfait complémentaire, par opposition à une augmentation du taux de l'impôt, qui entraîne une hausse proportionnelle à la valeur locative nette de chaque foyer.

Pourquoi ce choix alors, difficilement justifiable d'un point de vue social et même économique ?

Il semble que l'équipe municipale en place ait préféré recourir au levier base, plus technique et surtout moins médiatique, plutôt qu'au levier taux. C'est certainement ce qu'entendait le président du groupe majoritaire au conseil municipal lorsqu'il déclarait à l'automne 2010 qu'« il nous semblait plus intelligent de toucher cet abattement plutôt que d'augmenter les impôts locaux en mars prochain »[709].

De façon générale, le taux de la taxe d'habitation est un indicateur suivi au niveau national, que ce soit par les services de l'État et surtout par une presse ne communiquant que sur le vote des taux la plupart du temps[710] et publiant chaque année un baromètre se basant sur cette seule information, certes prépondérante dans la détermination de la charge fiscale pesant sur les contribuables locaux, mais qui ne suffit pas à elle seule à définir ladite charge. La pédagogie toute relative et la faible exigence des médias en la matière participent grandement à définir le degré de transparence et d'honnêteté intellectuelle que les décideurs locaux s'appliquent[711].

On peut y voir enfin la volonté de coller à la stratégie budgétaire du Gouvernement de l'époque, tenu par l'engagement présidentiel de ne pas augmenter les impôts, qui effectue un travail sur les niches fiscales aboutissant mécaniquement à une hausse de l'impôt acquitté. Même si, *in fine*, une diminution d'une réduction est incontestablement une augmentation, les apparences sont préservées à cause de la complexité de la matière fiscale.

Quelles que soient les origines plus ou moins avouables de cette préférence pour la modulation de l'assiette de l'impôt direct local, on constatera à regret, au regard des caractéristiques évoquées, qu'elle est depuis le début de la décennie de plus en plus mobilisée par les municipalités[712].

Suite à cette réduction de l'abattement, l'équipe municipale s'est engagée à ne pas augmenter ou alors très marginalement la taxe d'habitation, dans le cadre du rendez-vous suivant qui était le vote du taux au printemps 2011[713]. Pourtant, le taux de taxe d'habitation pour 2011 fut bien augmenté de 1,5 %. Cette hausse du taux est certes proche de l'inflation constatée[714], mais dans la pratique, elle contribue à une augmentation bien supérieure puisqu'elle se cumule avec la réduction de l'abattement votée à l'automne et avec l'indexation législative des valeurs locatives votées en décembre (2 %).

Ceci est une excellente illustration de la difficulté, déjà évoquée, à bâtir une politique fiscale et de s'y tenir sachant que l'actionnement du levier base se fait six mois avant celui du levier taux.

Au final, si l'augmentation entre 2010 et 2011 de la charge fiscale pesant sur les contribuables de la taxe d'habitation, pour la seule part communale, n'est pas purement forfaitaire, elle présente tout de même une importante dégressivité lorsqu'elle est rapportée à l'assiette de l'impôt[715].

Cet épisode illustre à notre sens parfaitement les limites de la modulation de l'impôt local, en termes de gouvernance, de justice et de lisibilité, lorsqu'on la compare à la modulation qui peut être effectuée sur les redevances pour service rendu.

Si une « répartition équitable des charges publiques entre les individus composant la collectivité »[716], fondement de la justice sociale rawlsienne[717], pouvait théoriquement se faire uniquement sur la base de la fiscalité, elle ne saurait pourtant se faire sur la base de la fiscalité locale française en l'état.

Notons que la future réforme de la taxe d'habitation, incluse dans le « pacte de confiance et de responsabilité entre l'État et les collectivités locales » annoncé le 16 juillet 2013[718], ne devrait en la matière apporter que des évolutions marginales. D'une part, la seule révision des valeurs locatives cadastrales, au cœur du projet présenté à l'automne 2013[719], ne changerait pas la structure proportionnelle de cet impôt, un taux unique étant conservé. D'autre part, quand bien même l'assiette retenue serait une estimation fidèle de la valeur vénale de l'habitation, ladite valeur vénale ne présente aucune assurance d'être en réelle corrélation avec la capacité contributive de ceux qui s'acquittent de l'impôt.

Confrontés à une incapacité légale de « changer l'impôt pour changer leur territoire »[720], les décideurs locaux peuvent fort heureusement se tourner vers le levier tarifaire pour infuser plus de justice dans les contributions demandées aux citoyens.

Section 2 : La possible prise en compte de la capacité contributive dans le calcul de la redevance

Ce n'est pas nouveau, mais c'est encore plus vrai au regard des évolutions jurisprudentielles survenues dans les années 1990 :

« La répartition des tarifs permet une action sociale très sélective car adaptée à chaque service en particulier. Ce qui n'est pas le cas des modalités de répartition de l'effort fiscal local, qui n'offrent que des possibilités très limitées et très générales. »[721]

Même s'il faut toujours, comme l'illustrait un article récent, démontrer aux citoyens que le levier tarifaire permet une meilleure prise en compte des moyens financiers des ménages[722], cela est théoriquement incontestable, et dans la pratique, souvent avéré.

A- La structure des redevances pour service rendu

Comme déjà évoqué, le Conseil d'État a accepté depuis la fin des années 1990 et les décisions *communes de Gennevilliers* et *communes de Nanterre* la modulation des tarifs des services publics administratifs facultatifs au regard de critères sociaux. Sur la base de cette jurisprudence, une tarification en fonction des revenus déclarés par les ménages concernés, peut-être la meilleure estimation possible de leur capacité contributive, peut être mise en œuvre.

Cependant, si la redevance est potentiellement perçue comme plus juste lorsqu'elle prend en compte la capacité contributive des usagers, elle ne l'est pas nécessairement lorsqu'elle prend en compte d'autres critères. Par exemple, les réductions accordées en matière de services publics culturels à certains publics[723] qui ne présentent pas nécessairement des revenus faibles demeurent contestables : « la tarification sociale doit être fonction des revenus disponibles des personnes, et non de leur statut »[724].

De façon générale, rappelons que la jurisprudence *Denoyez et Chorques*[725] avait clairement posé que la différence de traitement résultant de situations différentes devait toujours être « en rapport direct avec l'objet de la norme qui l'établit » et surtout ne devait jamais être « manifestement disproportionnée au regard des motifs susceptibles de la justifier » : si une tarification progressive en fonction des revenus est théoriquement possible, elle ne devra en aucun cas être perçue comme sur-progressive, c'est-à-dire redistributive. Mais cette limite laisse une marge de conceptualisation suffisamment large pour permettre à la redevance d'être plus juste que l'impôt ménage local tel qu'il existe actuellement.

B- La politique tarifaire menée par les collectivités

Prenons l'exemple de la ville de Nantes[726]. À l'automne 2010, elle a revu la grille tarifaire de ses prestations de restauration scolaire et d'accueil périscolaire.

Plusieurs rappels s'imposent avant d'aller plus loin, sur ce service public en lui-même et sur les marges de manœuvre dont dispose la collectivité en matière.

La restauration scolaire est bien un service public facultatif[727] dont le caractère administratif a été confirmé dans les années 1990[728], ce qui emporte possibilité de moduler les tarifs en fonction de la capacité contributive des ménages.

Le décret n°2006-753 du 29 juin 2006 relatif aux prix de la restauration scolaire pour les élèves de l'enseignement public a supprimé tout encadrement des prix pour ce service public[729].

En vertu de l'article R.531-52 du Code de l'éducation, c'est bien la collectivité locale qui a la charge de la fixation des tarifs de la restauration scolaire fournie aux élèves de l'enseignement public, quelles que soient les modalités de mise en œuvre du service[730].

Enfin, si l'objet du service public de restauration scolaire a longtemps été limité à la seule fourniture d'un repas aux élèves[731], il est désormais admis que le tarif acquitté par les usagers inclue également la surveillance des élèves[732] et que la présence des élèves à la cantine participe intrinsèquement à l'exercice du service public d'enseignement : socialisation, mais aussi apprentissage de la nutrition et éducation du goût[733].

La grille précédente, datant de 2002, montrait en effet ses limites, selon les élus. Elle présentait des effets de seuil à chaque changement de tranche ; ainsi, en 2010, lorsque votre quotient familial était de 427 €, vous bénéficiez encore du tarif dit social de 0,68 € par repas, et lorsqu'il était de 428 €, vous passiez dans la deuxième tranche de 1,59 € par repas, soit une augmentation de 0,91 € en valeur absolue et de 134 % en valeur relative. Par ailleurs, la pertinence des différentes tranches existantes était toute relative, les deux dernières tranches regroupant plus d'un tiers des ménages concernés, et la dernière regroupant des revenus par essence très hétérogènes[734].

Les deux faiblesses ici identifiées, effet de seuil et architecture des tranches, sont de façon générale les principales critiques que l'on peut émettre concernant toute grille tarifaire.

Toutefois, cette grille tarifaire avait déjà le mérite d'utiliser, pour déterminer le niveau de redevance demandée, le quotient familial[735] : ce référentiel a le double intérêt de tenir compte à la fois des ressources du ménage et du nombre de personnes à charge, soit un indicateur de richesse et un indicateur de charges[736], et de ne pas fournir de travail supplémentaire aux agents municipaux puisqu'aucun calcul spécifique n'est à effectuer. D'autres collectivités n'ont pas fait ce choix et préfèrent n'utiliser qu'un critère de richesse pour déterminer la tranche tarifaire et/ou effectuer des abattements en fonction du nombre d'enfants, pour un résultat à la fois plus complexe et peut-être un moins pertinent.

Face au constat évoqué plus haut, un nouveau système de calcul a été mis en place pour essayer de lutter contre les limites décrites.

Il introduit ainsi un lissage tarifaire[737], tout en s'assurant qu'aucun contribuable qui n'appartenait pas à la dernière tranche ne voit sa redevance augmentée, et revoit à la hausse la cotisation maximale demandée aux ménages les moins modestes, de 4,72 € à 5 €, tout en augmentant le niveau de ressources à partir duquel elle est demandée[738].

Notons que la mairie a profité de cette révision tarifaire pour mettre en place une convention avec la Caisse d'allocations familiales qui permet, avec l'accord des familles, de disposer directement du quotient familial. Ce qui, au-delà de l'avantage procuré aux familles, permet aussi de réduire le travail d'accueil des services municipaux concernés.

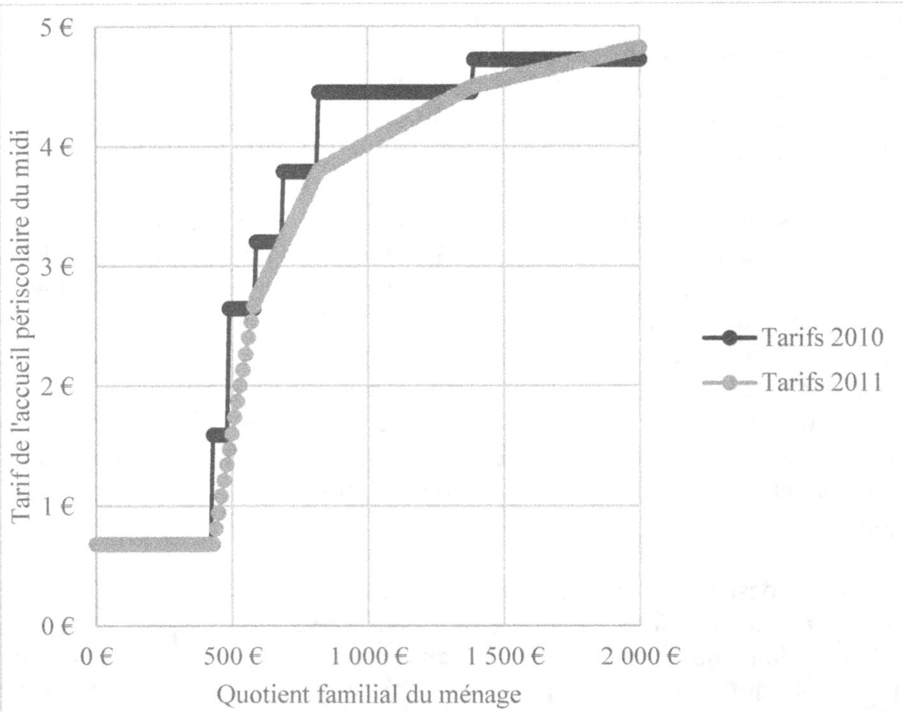

Tarifs 2010 et 2011 de l'accueil périscolaire en fonction du quotient familial du ménage – Ville de Nantes

La mairie a évalué le coût de cette réforme à 0,3 M€ par an, le manque à gagner lié à la diminution de la redevance demandée aux foyers les plus modestes n'étant *a priori* pas compensé par l'élévation du montant à acquitter par les ménages dont les revenus sont les plus élevés.

D'un point de vue économique, il est en réalité très difficile d'effectuer une projection fiable sur l'impact de cette révision de la grille tarifaire sur les ressources de la collectivité au regard de l'élasticité-prix de ces prestations, *a priori* faible, mais non nulle. La hausse du prix maximal acquitté par les ménages présentant des quotients familiaux élevés, certes faibles en valeur absolue (+ 0,28 €), mais conséquents en valeur relative (+ 6 %), pourrait ainsi entraîner un effet d'éviction sur ce public, amputant le budget général de précieuses ressources. Inversement, la diminution du prix acquitté par les ménages présentant des quotients familiaux faibles pourrait, dans la limite de la capacité d'accueil marginale des équipements publics visés, entraîner une augmentation de leur recours au service de restauration scolaire, creusant l'écart entre les ressources dégagées par l'ancien système de tarification et le nouveau.

De façon générale, et par opposition par exemple à une hausse de l'abattement de la taxe d'habitation pour charge de famille qui vise un public sensiblement similaire, une révision de la tarification de la cantine scolaire présente trois inconvénients majeurs.

Il y a tout d'abord l'incertitude relative sur son coût pour la collectivité, alors que l'impact budgétaire du vote d'un abattement sur le produit définitif de taxe d'habitation à percevoir peut être déterminé, avec un certain degré de fiabilité, en partenariat avec les services de la Direction générale des finances publiques.

Il y a ensuite l'incertitude portant sur la justice de cette modulation[739] et la difficulté à la justifier dans le cadre des questions qui seront nécessairement posées par les usagers. En face, la modulation de l'assiette de la taxe, basée sur un dispositif légal bénéficiant de la bénédiction de la représentation nationale, sera par essence moins contestable et pourra faire aisément la démonstration de son caractère juste, une diminution forfaitaire d'un impôt participant mécaniquement à sa progressivité.

Il y a enfin la nécessité de réviser les tarifs et la grille régulièrement, pour tenir compte de l'inflation. Rappelons que ladite inflation a pour conséquence d'une part de concentrer à terme une grande partie de la population sur la ou les dernières tranches, rendant inopérant un système qui se veut progressif, et d'autre part de diminuer chaque année, en volume[740], la contribution des usagers qui ne changeraient pas de tranches[741]. Si l'inflation est bien porteuse de l'euthanasie des rentiers selon KEYNES, elle peut tout aussi bien être qualifiée de soin palliatif pour les usagers.

Sur la base des avancées jurisprudentielles du dernier quart de siècle, le tarif du service public administratif facultatif peut parfaitement, pour peu que l'exécutif local en fasse l'effort, prendre en compte les facultés des usagers.

En arrêtant des grilles tarifaires tenant compte de critères de charges et de richesses des ménages, comme l'exemple nantais l'a démontré, les décideurs locaux peuvent faire à leur niveau ce que le législateur n'a pas su faire avec les impôts locaux en général et la taxe d'habitation en particulier : s'assurer d'une adéquation entre les moyens du ménage et le niveau de la contribution demandée.

Conclusion du chapitre 2

La liberté accordée aux élus locaux par la loi, la réglementation et la jurisprudence en matière de tarification des services publics administratifs facultatifs, pour peu qu'elle soit bien employée, permet à la redevance d'être ce que l'impôt local n'est pas : une contribution tenant compte des facultés des citoyens.

De là à dire que le financement tarifaire, parce qu'il permet une action sociale plus fine, peut s'imposer comme une réelle alternative au financement fiscal, il y a un pas que nous ne franchirons pas. D'une part parce l'écart de rendement entre ces deux types de ressources est trop important pour envisager une possible substitution : l'alternative, si elle existe, ne peut se penser qu'à la marge lorsqu'un besoin de financement complémentaire émerge. D'autre part parce que la déconnexion constatée entre la taxe d'habitation et la capacité contributive des ménages qui l'acquittent ne doit pas être considérée comme une donnée intangible, mais bien comme une anomalie que le législateur a vocation à corriger.

Il n'en demeure pas moins que, à législation constante, c'est par la redevance et uniquement par elle que, du côté de ses ressources, une collectivité peut mener une réflexion sur la justice de la structure de financement des services publics qu'elle met en œuvre.

Conclusion du titre 1

Ainsi, « la grande liberté de modulation dont disposent les autorités locales [pour la redevance] permet un ajustement plus fin aux situations des personnes (âge, activité, résidence, statut économique, etc.) que l'impôt local, et le prix est donc souvent plus respectueux de l'égalité réelle »[742]. C'est bien cette « liberté » analysée dans le premier chapitre du présent titre qui permet, sous certaines conditions, l'« égalité » entrevue dans le second chapitre.

Naturellement, le degré de liberté existant en matière de niveau et de structure de la tarification n'est pas une fin, mais un moyen : il n'apporte aucune garantie. Il est ainsi possible de mettre en œuvre concomitamment une politique fiscale tenant compte en partie des facultés des contribuables, avec certains abattements, et une politique tarifaire ne le faisant pas, avec des redevances forfaitaires ou la mise en place de la gratuité. Mais, potentiellement, le levier tarifaire est un outil bien plus efficace en la matière que le levier fiscal local.

La redevance présente d'incontestables avantages comparatifs vis-à-vis du principal « impôt général » local. C'est là un constat certes ancien, mais dont l'appréciation tend seulement à se généraliser. Ce diagnostic est un des moteurs du renouveau de l'exploitation du levier tarifaire par les décideurs publics locaux. L'autre ressort exogène de ce renouveau de la redevance que nous souhaiterions mettre en valeur, c'est l'effet d'entraînement que peut représenter l'essor de l'autre composante de l'imposition locale, l'« impôt spécial ».

Titre 2 : La redevance avec l'« impôt spécial »

Un autre moteur exogène de l'intérêt renouvelé des décideurs publics locaux pour la redevance se trouve dans l'essor des taxes locales, mouvement résultant autant du vote des parlementaires que de celui des conseillers municipaux et intercommunaux.

L'essor des taxes a été en France l'une des réponses apportées par les personnes publiques à la critique grandissante de l'impôt. Ressuscitée à la fin des Trente Glorieuses, ladite critique a atteint son paroxysme à la fin du XXe siècle pour finir par devenir une orthodoxie. Au-delà du niveau ou encore de la structure des impositions, c'est bien le questionnement de la qualité de l'usage fait des deniers publics qui l'alimente.

C'est parce que les taxes locales, taxe d'enlèvement des ordures ménagères ou versement transport pour ne citer que les plus significatives, permettent de donner des assurances non pas sur la qualité de la gestion publique, mais au moins sur la destination de l'impôt levé, qu'elles se sont imposées comme la plus simple réponse, à court terme, à la critique de l'impôt. On observera que cette préférence pour les taxes et le désintérêt corollaire pour les impôts généraux, a priori plus en adéquation avec la capacité contributive de ceux qui s'en acquittent, implique une prédominance nouvelle au sein de la Déclaration des droits de l'homme et du citoyen de l'article 14 sur l'article 13.

L'évolution de la composition du panier fiscal territorial qui en a découlé n'est pas sans répercussion sur la perception, par les décideurs comme par les citoyens, des attraits du levier tarifaire : paradoxalement, la redevance se retrouve relégitimée par ce mouvement d'affectation des impôts locaux et en même temps menacée dans ce qui faisait sa spécificité, un lien entre un contributeur et un service rendu.

Chapitre 1 : La critique de l'impôt et la réponse apportée par les pouvoirs publics

La critique de notre système fiscal s'est aujourd'hui banalisée au point que les plus hauts personnages de l'Etat n'hésitent plus à porter eux-mêmes un discours particulièrement critique sur la structure, le niveau ou encore l'emploi des impositions :

« Le système fiscal français est devenu très complexe, quasiment illisible, et les Français, trop souvent, ne comprennent plus sa logique et ne sont pas convaincus que ce qu'ils paient est juste, que le système est efficace. Or, dans un État démocratique, l'impôt est un acte citoyen. »[743]

Si l'après-1945 a bien été une période d'« impôt apaisé »[744], les années 1970 ont vu l'émergence de ce que Michel BOUVIER appelle d'une « banalisation d'une image négative de l'impôt »[745] qui n'a cessé depuis de s'amplifier : il suffit, pour le constater, d'analyser sur les dernières décennies le glissement du champ lexical mobilisé par certains commentaires et analystes de la question fiscale[746].

Il y a, pour reprendre la formulation de l'économiste Jean GADREY, « deux voies classiques du questionnement sur la fiscalité : celle de la justesse et du bien-fondé des dépenses (à quoi ça sert ?) et celle de la justice dans le prélèvement (qui met-on à contribution et dans quelles proportions ?) »[747] C'est la seule première voie que nous nous astreindrons ici à décrire dans ses différentes composantes.

Nous verrons que la critique de l'impôt a entraîné deux types de réponses au niveau de son avatar local : un développement des prélèvements indirects et, surtout, un essor des impôts spéciaux.

Si le propos développé dans le présent chapitre pouvait paraître, en première lecture, éloigné de notre réflexion sur le levier tarifaire local, elle nous semble pourtant bien nécessaire. La critique multiforme du système fiscal doit ici être étudiée, car elle a entraîné une refonte de la composition du panier fiscal local au bénéfice des prélèvements affectés, refonte dont nous verrons dans le chapitre suivant qu'elle impacte considérablement la mobilisation du levier tarifaire. En ce sens, la question de la critique de l'impôt et de la nature de la réponse apportée par les personnes publiques à cette critique n'est pas périphérique à notre analyse : elle en est centrale. D'où notre choix d'y consacrer le développement suivant.

Section 1 : La critique de l'emploi de l'impôt

Au-delà de la critique du niveau des prélèvements obligatoires ou de la structure des différents impôts[748], c'est l'emploi fait des deniers publics collectés qui demeure aujourd'hui encore le principal questionnement afférent aux mérites et carences de la matière fiscale.

« Le prélèvement fiscal n'est pas une fin en soi. L'impôt ne vaut que par les missions qui lui sont assignées. »[749]

Gaston JEZE professait dans la première partie du XXe siècle que l'accroissement des dépenses publiques et la hausse corollaire de la contribution commune sont plus souvent dus à « l'accroissement du nombre des services publics et de leur perfectionnement » qu'à une « gestion financière maladroite ou malhonnête »[750]. Il aurait sans doute été étonné de constater que, dans la dernière partie du même siècle, les prénotions s'étaient en la matière totalement inversées.

De nombreux économistes, politistes et sociologues se sont attachés, depuis les années 1970, à démontrer que l'État, loin d'être une entité irriguée par le seul intérêt général, n'était qu'une organisation comme une autre, influencée par les intérêts privés de ceux qui conçoivent les politiques publiques financées par les impôts, les élus, comme de ceux qui les mettent en œuvre, les agents publics. La « préférence pour la dépense publique », pour reprendre les termes du rapport PEBEREAU[751], en serait le principal effet émergent.

Cette dénonciation d'un État partial qui ne bénéficierait plus d'un « triple postulat de bienveillance, d'omniscience et d'infaillibilité »[752] et d'un impôt qui ne serait alors qu'un banal moyen d'extorsion n'est certes pas nouvelle : elle fait écho à d'anciennes critiques formulées par les marxistes ou, en France, par les radicalistes dans la seconde moitié du XIXe siècle. Mais, alors que l'histoire du XXe siècle avait été celle de la légitimation de l'impôt et de la neutralisation de l'État, la résurgence de cette critique fragilise un édifice dont la vulnérabilité intrinsèque avait été sous-estimée. Désormais, pour surmonter les relations de défiance qui caractérisent la société actuelle, l'État doit « légitimer son pouvoir fiscal [...] et faire la pédagogie de l'impôt »[753].

Dans le détail, la critique de l'emploi de l'impôt s'articule autour de trois pôles : d'une part la critique de l'intervention étatique en elle-même, d'autre part la critique de ceux qui votent la loi fiscale et des dépenses qu'elle permet, et enfin la critique de ceux qui les mettent en œuvre. Si, en pure théorie juridique, cette critique ne devait porter que sur l'Assemblée nationale et le Sénat qui votent lois de finances et lois fiscales, l'incontestable « dépossession du Parlement de la fonction législative au profit du Gouvernement et de l'Administration »[754] a entraîné un partage, mais aussi une diversification du blâme en la matière.

A- La critique économique de l'intervention de l'État

C'est ici la légitimité même de l'intervention étatique financée par l'impôt qui est contestée au regard de l'entrave qu'elle représente pour le bon fonctionnement du marché.

« Depuis le début des années quatre-vingt, beaucoup de gens ont estimé que l'État jouait un rôle trop important dans l'économie. Ils pensaient que des dépenses publiques élevées privaient de ressources des activités plus productives dans le secteur privé, qu'une lourde fiscalité étouffait les entreprises. »[755]

Le renouveau des idées libérales, incarné théoriquement par Milton FRIEDMAN et porté politiquement dans les pays occidentaux par Ronald REAGAN[756], Margaret THATCHER[757] et Jacques CHIRAC[758], a été permis d'une part par « l'affaiblissement des bases intellectuelles du keynésianisme »[759], bases qui légitimaient l'action de l'État-providence et les moyens qui lui étaient alloués avec l'impôt, et d'autre part par les échecs visibles dudit État-providence, qui ne sait pas fonctionner sans croissance ni plein-emploi.

Il se traduisit par des choix politiques aussi symboliques que spectaculaires : citons ici la fixation de la tranche marginale de l'*income tax* à 35 %, son plus bas historique, aux États-Unis au cours du second mandat de REAGAN, ou encore la suppression de l'impôt sur les grandes fortunes par le gouvernement CHIRAC. Nous y reviendrons plus en détail de la partie dédiée aux réponses françaises à la critique totale de l'impôt.

Pour les libéraux, lointains héritiers d'Adam SMITH, l'État doit se limiter à être « le garant du droit qui permet le bon fonctionnement des institutions économiques »[760]. L'État keynésien, cauchemar du secteur productif, serait ainsi porteur de bien des maux. Il limite l'esprit d'initiative des particuliers. Il produit de multiples réglementations qui impactent les coûts administratifs[761]. Il ponctionne les bénéfices des entreprises, empêchant une juste rémunération du capital et du travail. Il l'épargne des particuliers de l'investissement productif[762] en la canalisant par la fiscalité, augmentant les taux d'intérêts par la masse de ses emprunts. Ses coûteuses politiques discrétionnaires de régulation budgétaire ont vocation à être de moins en moins efficaces, au fur et à mesure que les anticipations supposées rationnelles des agents s'y adaptent.

Peut-être la critique la plus forte faite à l'État keynésien est son absence de « prévoyance »[763]. On sait le peu de cas que faisait l'auteur de la *Théorie générale* du futur[764] et de la soutenabilité des politiques publics qu'il conseillait.

Bien sûr, toute intervention de l'État dans la sphère économique, financée par la « contribution commune », n'est pas rejetée par les penseurs libéraux de l'après-guerre. Seuls les plus extrêmes d'entre eux, cousins éloignés de la pensée hayekienne, soutiennent le contraire. Les ultralibéraux, comme Robert NOZICK[765], plaident pour un Etat limité à sa plus simple expression : préservation de l'ordre public et défense du territoire, respect des contrats par la justice, garantie de l'émission monétaire. Toute intervention de l'État en dehors de ce périmètre strict serait non seulement vouée à l'échec, car il est impossible de construire et de diriger une société selon un plan délibéré, mais surtout une entrave inacceptable aux libertés individuelles. Pour les libertariens, comme Murray ROTHBAR, c'est encore plus simpl (ist) e : la liberté est un principe absolu qui ne saurait supporter aucune mise en concurrence avec d'autres valeurs, comme l'égalité ou la sécurité. Toute action de l'État est contestée, y compris dans les domaines régaliens comme l'armée ou la police, ces missions pouvant être remplies par des entrepreneurs privés. Pour les tenants de l'école du *Public Choice*, la partialité de l'Etat et des décideurs publics implique des conséquences économiques négatives très diverses : une allocation non optimale des ressources, un cycle des dépenses électorales déconnecté d'une logique de pilotage conjoncturel fin des dépenses publiques, des programmes économiques qui convergent nécessairement pour satisfaire un électeur médian pivot de toute (ré) élection.

Bien sûr, il s'agit là de positions extrêmes qui n'ont à ce jour façonné aucune politique générale gouvernementale. Mais leur écho montre néanmoins l'importance prise par les thèses libérales, au sens large du terme, dans le dernier quart du XXe siècle.

La théorie libérale a certes, depuis la fin des années 1980, été contestée par l'émergence d'une nouvelle génération de keynésiens qui ont partiellement relégitimé l'intervention de l'État et son nécessaire financement par l'impôt : on pensera notamment aux travaux de Paul KRUGMAN, portant sur la pertinence des politiques commerciales interventionnistes des États, mais surtout aux théoriciens de la croissance endogène, Paul ROMER et Robert LUCAS, qui ont permis de réhabiliter dans la doxa économique l'action globale de l'État en matière d'infrastructures, de recherche, d'éducation ou de formation[766].

Mais la pensée libérale reste encore aujourd'hui dominante, et avec elle la critique de l'impôt : comme l'illustrait encore une enquête de l'INSEE à la fin des années 2000[767], l'analyse de l'importance relative accordée par les décideurs économiques aux différents facteurs pesant sur la décision de développer des activités de production à l'étranger montre bien que la charge sociale et fiscale reste leur principale grille de lecture.

Notons enfin, contrairement à ce que l'on pourrait penser, que la reprise par des hommes politiques de cette critique générale de l'intervention étatique, dans ses dépenses courantes comme dans ses investissements, n'est pas l'apanage de la culture anglo-saxonne. Comme l'indique Robert SKIDELSKY, professeur émérite d'économie politique à l'Université de Warwick :

« L'Europe a ses propres acharnés du *Tea Party*. Ces personnes détestent l'État providence, veulent le supprimer ou le réduire à une portion congrue, et sont convaincues que toute dépense de capitaux commanditée par l'État est un objet sans valeur. »[768]

B- La critique politique de l'action de la représentation nationale

« Pour qu'un impôt soit accepté, il faut qu'il ait été discuté, amendé et voté par les représentants du peuple »[769] : c'est là une condition nécessaire, mais aujourd'hui malheureusement insuffisante du consentement à l'impôt. Car, au-delà des polémiques actuelles sur la représentativité ou encore la "qualité" de la représentation nationale[770], c'est la légitimité même de la démocratie représentative qui fait l'objet de certaines critiques théoriques et pragmatiques. Résultat : c'est toute la légitimité, au sens rosanvallonien du terme[771], du gouvernement dans sa production législative et incidemment fiscale qui est désormais questionnée.

« La partie valant pour le tout et le moment électoral valant pour la durée du mandat : tels sont les deux présupposés sur lesquels a été assise la légitimité d'un régime démocratique. […] L'idée première d'une enceinte de la raison publique où serait débattue à haute voix la définition de l'intérêt général s'est de fait dégradée en un système de marchandages asservis à des intérêts particuliers. »[772]

a) La critique théorique du Parlement : comment déterminer l'intérêt général ?

La représentation nationale permet-elle « magiquement et automatiquement »[773] de déterminer un intérêt général atemporel ? Au-delà de la critique générique que l'on peut faire à toute "foule" dans son aptitude à se montrer rationnelle ou *a minima* raisonnable, et une assemblée est bien une foule au sens lebonien du terme[774], c'est la capacité même de la représentation nationale à déterminer l'intérêt général qui peut être questionnée.

En effet, contrairement à ce qu'énonçait ROUSSEAU, la volonté générale ne tend pas toujours à l'utilité publique[775].

Le paradoxe de CONDORCET[776] mettait déjà en lumière dès le XVIIIe siècle les limites du système de vote majoritaire, l'un des plus répandus dans la désignation de la représentation nationale, et TOCQUEVILLE insistait aussi à la même époque sur le fait que tout gouvernement démocratique « manque souvent de persévérance dans ses desseins », dépensant ainsi inutilement l'argent du contribuable[777]. Plus près de nous, James BUCHANAN, une des figures de proue de l'école du *Public Choice*, fait même de ce mode de scrutin le principal facteur d'accroissement de la dépense publique et, en corollaire, des impôts : lorsqu'une majorité vote pour la réalisation d'un bien public, la minorité qui ne le souhaitait pas a tendance en contrepartie à essayer de créer une nouvelle majorité pour demander un nouveau bien public. Ainsi, « même dans les meilleures conditions, le fonctionnement du processus démocratique engendre des excès budgétaires »[778].

Mais le système de vote majoritaire n'est pas seul en cause. La théorie de l'électeur médian de Kenneth ARROW[779], une des grandes figures de la résurgence de la pensée économique classique dans la seconde moitié du XXe siècle, a montré que ce problème n'était pas propre à un mode de scrutin spécifique, mais inhérent à toute procédure de passage de préférences individuelles aux préférences collectives. « Il n'existe aucune méthode de scrutin qui lève le paradoxe électoral, ni le vote majoritaire, ni aucun système de représentation proportionnelle quelle que soit sa complexité » : dès lors, « l'idéologie de la souveraineté de l'électeur est incompatible avec celle de la rationalité collective »[780].

La fiction selon laquelle la représentation nationale est intrinsèquement productrice de l'intérêt général est, d'un point de vue théorique, mise à mal par ces analyses.

« Ce n'est pas parce qu'une dépense est publique qu'elle est socialement utile (et il ne suffit pas de montrer que sa finalité est légitime, ce qui est bien la moindre des choses) : dans une démocratie, l'utilité d'une dépense publique ne se présume pas, mais doit en permanence se prouver. »[781]

Naturellement, comme le disait Winston CHURCHILL, la démocratie représentative[782] reste le pire des systèmes à l'exception de tous les autres, y compris en matière de finances publiques[783]. Mais avec la remise en cause de cette idée fondatrice du parlementarisme, c'est toute la légitimité des décisions prises par les élus du peuple qui devient contestable, et avec elle la première d'entre elles, le vote du budget de l'État et des contributions qui permettent le financement de son action.

b) Une critique pragmatique du Parlement : comment résister aux intérêts particuliers ?

Au-delà de la critique du système parlementaire, une critique des parlementaires eux-mêmes s'est développée au cours des dernières décennies, et elle n'est pas moins acerbe :
« Les courtisans du peuple sont pires que les courtisans du roi. »[784]

La représentation nationale est ainsi souvent accusée de privilégier une partie de la population seulement.

Dans une vision marxiste du droit, c'est naturellement la bourgeoisie qui a les faveurs du Parlement. La production législative n'est qu'un instrument de domination au service de la classe exploitante, et en aucun cas l'incarnation de la rationalité décrite par HEGEL ou, comme déjà cité, par ROUSSEAU : le législateur n'est aucunement extérieur ou supérieur à la société, il en est l'émanation. Les pauvres, eux, « ne voient pas quel est leur intérêt réel et votent contre leur intérêt »[785], face à des enjeux non économiques soulevés par la bourgeoisie pour faire diversion et démobiliser les électeurs les moins fortunés : c'est la mécanique marxiste de l'aliénation.

Pour les penseurs libéraux en revanche, ce sont les classes populaires qui auront toujours la préférence de la représentation nationale. Cette posture se fonde sur une logique purement quantitative : les pauvres pèsent plus électoralement que les riches[786].

Au-delà de ces postures diamétralement opposées, d'autres analyses mettent en avant le rôle joué par des lobbies, divers ou variés, dans la production législative. Un auteur comme Mancur OLSON[787] a ainsi montré que le système parlementaire des démocraties occidentales conduisait aux développements de coalitions d'intérêts ne cherchant qu'à consolider leur pouvoir et agissant prioritairement sur la répartition des revenus pour maintenir un cadre normatif qui leur soit favorable. Ainsi, si « les institutions qui n'ont pas à rendre des comptes de manière démocratique peuvent être la proie d'intérêts particuliers »[788], les institutions issues du suffrage universel le sont parfois aussi.

La politique de dépenses fiscales, sur laquelle nous allons revenir, est peut-être la meilleure illustration de l'« influence des lobbies sur la fabrication de la norme fiscale »[789] et de la norme législative en général : la prolifération des dispositifs étant perçus comme de pures réponses aux prétentions d'intérêts catégoriels « soulève des interrogations sur la substance et la crédibilité de la décision publique en la matière ».

Mais le groupe d'influence auquel les parlementaires seraient les plus sensibles serait, dans une perspective qui tend à se développer, elle-même.

« Ils veulent bien faire, être puissants, être populaires et, par-dessus tout, être réélus. Même si l'ensemble de la société à des objectifs cohérents, il n'en résulte pas que les politiciens agiront de façon à refléter ces objectifs aussi fidèlement que possible. »[790]

Au sein d'un État partial, les hommes politiques, « engoncés dans l'étroitesse de leurs préoccupations »[791], vendent un produit : leur image, mais surtout les dépenses publiques leur servant de moyen de promotion. Ainsi, « les personnels des gouvernements, comme les hommes d'affaires du secteur privé, ne cherchent à promouvoir, sous le discours de l'intérêt général, que leurs propres préférences individuelles »[792]. Par ailleurs, la contrainte que représentent dans cette perspective les élections pousse les hommes politiques à privilégier le court terme et à céder aux groupes de pression organisés.

Cette incapacité constatée à dire non aux différentes sollicitations[793], en partant du principe que le budget de l'État et les finances des contribuables pourront toujours absorber une mesure catégorielle marginale supplémentaire, quand bien même ladite mesure présente une pertinence toute questionnable au regard du seul intérêt général, alimente la critique du Parlement et à travers lui de son acte principal, la levée de l'impôt.

Notons que peut s'ajouter à cette critique centrale de parlementaires trop attentifs aux intérêts catégoriels une critique plus périphérique de leur compréhension l'économie en général et de la mécanique fiscale en particulier : si le temps d'une « ignorance profonde des mécanismes économiques »[794] par des hommes politiques dont « la culture générale et économique était franchement inadéquate »[795] semble révolu, le profil socio-économique de la représentation nationale ne met toujours pas en avant une culture économique théorique ou concrète, c'est incontestable. Nous sommes, rappelons-le, dans le pays où l'enseignement des finances publiques est rattaché depuis plus d'un siècle aux facultés de droit et non d'économie comme c'est le cas dans la majorité des pays de l'OCDE[796].

L'intervention du législateur dans l'évolution des finances publiques, et surtout dans le volet recettes, est ainsi ouvertement déconsidérée de nos jours, y compris par les plus grands spécialistes de la question :

« La fiscalité fait l'objet de réformes qui ne relèvent pas d'un projet d'ensemble, mais d'agencements bâtis au travers d'une grille au sein de laquelle se mêlent, sans jamais être explicitement identifiés, des intérêts, des techniques et des idéologies souvent contradictoires et d'un autre âge, par conséquent inadapté aux sociétés contemporaines. »[797]

Pour conclure sur cette critique théorique et pragmatique de la capacité de la représentation nationale à prendre en compte l'intérêt général, citons l'essayiste James SUROWIECKI qui, dans un ouvrage publié dans la dernière décennie, énonce les prérequis permettant à une assemblée d'être « sage » : la diversité, l'indépendance, et enfin une certaine forme de décentralisation dans son organisation[798].

Au regard de la sociologie actuelle de ses membres, de la permanence de certains conflits d'intérêts dont le plus significatif demeure le cumul des mandats, du poids plus ou moins discret des lobbies ou encore du rôle fondamental joué par les groupes politiques en son sein, le Parlement français ne semble clairement pas aujourd'hui remplir ces conditions.

C- La critique sociologique de l'administration

Au-delà de la critique économique de l'intervention étatique en elle-même et de la critique politique de la représentation nationale, c'est aujourd'hui la critique de l'administration publique au sens large qui alimente la contestation de l'impôt :

« La révolte anti-fiscale a pour raison première la perception du gaspillage éhonté des appareils d'État. Quel citoyen peut ignorer la gabegie publique ? »[799]

C'est pour Pierre ROSANVALLON l'une des causes fondamentales de la crise de l'État-providence et de la contribution des citoyens à celui-ci : « l'interface étatique est devenue largement opaque »[800], à un tel point qu'il est devenu nécessaire de « débureaucratiser [...] la gestion des grands équipements et fonctions collectives ».

À ce procès en opacité, avatar administratif de la théorie judiciaire de l'apparence[801], et à une plus traditionnelle critique sur son efficacité dans la gestion des deniers publics[802], l'administration se voit aussi opposée, et c'est nouveau, d'intervenir au-delà de son champ légitime d'action.

Pour pouvoir être légitime, rappelons une nouvelle fois que l'impôt doit être légal, et pour être légal, il doit avoir été consenti par le Parlement, afin que la décision appartienne ne serait-ce que formellement aux citoyens, au travers de leurs représentants. Depuis la *Magna Carta* de 1215, qui vit Jean Sans Terre concéder le contrôle de l'impôt levé par le Grand Conseil du Royaume d'Angleterre, le principe[803] est en effet posé d'un lien entre la qualité de contribuable et la capacité à participer à la désignation des représentants chargés d'autoriser la recette fiscale et la dépense qu'elle permet. À ce titre, la non-convocation des États généraux entre 1614 et 1789 en France a fortement contribué, pour les historiens[804] et les fiscalistes, au climat de tension et de critique à l'encontre de la monarchie qui a abouti à la révolution française. De même, la guerre d'indépendance américaine trouve une de ses origines dans la tutelle britannique et l'absence de représentations des habitants du Nouveau Monde dans le processus de taxation[805].

De ce point de vue, l'importance du pouvoir réglementaire, ou de l'administration elle-même avec les circulaires interprétatives et la production d'une doctrine administrative[806], agissant comme quasi-législateur en matière fiscale est de nature à mettre en cause le principe de consentement de l'impôt s'il n'est pas tempéré et mesuré.

S'ajoute également une critique de la posture même des fonctionnaires, représentants officiels de l'intérêt général, mais individu concernés par leurs propres intérêts alors qu'ils ne devraient être qu'« intéressés au désintéressement »[807] : en l'espèce, le fonctionnaire lui « sait que son plan de carrière, ses chances de promotion et son emploi dépendent des dimensions de dotation budgétaire de son administration »[808] :

« La logique bureaucratique pousse les gestionnaires publics à s'assurer le contrôle de ressources toujours plus importantes et à étendre le champ d'intervention de leurs services. »[809]

« Les fonctionnaires influent de deux façons sur les prises de décisions publiques et leur exécution. Ils offrent des avis et une expertise, qui influencent le gouvernement en ce qui concerne la façon dont les lois et les mesures doivent être conçues. Ils ont aussi la responsabilité de mettre en œuvre les lois votées et les mesures décidées, et peuvent avoir une certaine latitude quant au rythme et au champ d'application des directives qu'ils ont reçues. »[810]

En résumé, difficile au regard de la littérature et des études disponibles sur la question de ne pas admettre que les fonctionnaires « poursuivent aussi des objectifs privés en utilisant les marges de discrétion offertes par le système bureaucratique : […] le mythe est toujours présent, mais le sens du service public ne se présume plus »[811].

Cette critique du fonctionnaire pris individuellement s'accompagne d'une critique plus holiste de l'administration perçue comme l'agrégation de multiples pouvoirs engagés dans une lutte aussi permanente que contre-productive. On pensera ici notamment à Michel CROZIER[812] et à son analyse stratégique. Les luttes perpétuelles de pouvoir rigidifient les organisations, en multipliant des règles limitant l'autonomie de chacun : toute organisation tend à devenir une bureaucratie incapable d'évoluer, car une transformation nécessiterait une renégociation longue et pénible des relations de pouvoir. Par ailleurs, toute tentative de réformer la bureaucratie de l'extérieur est ressentie par ses membres comme une agression, et renforce le sentiment de cohésion interne, au-delà des luttes de chacun pour la maîtrise des zones de liberté et d'incertitude. Pour

CROZIER, les bureaucraties ne peuvent être réformées que d'en haut, et cette transformation ne peut être que brutale.

La prise de décision et le contrôle de sa qualité par les pouvoirs établis sont défectueux. Le système politico-administratif jouirait, toujours pour CROZIER, d'un quasi-monopole dans la préparation des décisions, leur mise en œuvre et leur évaluation. Il ne tient pas assez compte de la réalité du terrain, ou à l'inverse bien trop compte de cette réalité pour la partie de la prise de décision qui concerne les élus. L'autocontrôle de l'administration est inefficace, car lorsque « l'administration se juge elle-même, elle empêche les fonctionnaires de s'écarter de la ligne, mais elle est totalement incapable de juger de l'utilité de cette ligne ». Quant aux élus, ils ne peuvent contrôler l'administration, tout occupés qu'ils sont à satisfaire leur électorat et des problématiques de court terme.

On pourra également se référer, pour la critique de l'administration comme organisation, aux études diverses sur les conséquences de l'environnement stable et du statut monopolistique de la personne publique : management mécanique avec règles formelles et forte centralisation, rigidité de la stratification interne, méconnaissance de la réalité du secteur privé[813].

Critique des fonctionnaires pris individuellement et collectivement, mais aussi critique générale de l'administration en tant qu'institution enfermée dans un « sentier de dépendance ». Ce concept économique, développé dans les années 1980[814], part du constat que « une fois en place, une institution est créatrice de logiques qui la maintiennent et rendent toute transformation difficile »[815].

Irréformable administration ? La fusion des services du Trésor et des Impôts ainsi que les progrès constatés en matière de réactivité et de service rendu aux citoyens, en partie grâce au développement des TIC, viennent en partie contester cette hypothèse.

Insistions sur ce point : il convient de ne pas sous-estimer l'importance de la mauvaise image d'une administration dans le consentement global à l'impôt. Ainsi, « les recherches les plus récentes ont mis en évidence l'importance de la confiance comme condition *sine qua non* du consentement », « indépendamment de la perception de leur intérêt personnel ou de leur engagement civique, les individus acceptent de payer l'impôt s'ils font confiance à l'administration »[816].

Pour se rassurer, on pourrait toujours se dire que ce n'est pas tant l'exemplarité des fonctionnaires qui s'est dégradée au fil des décennies que la capacité de la population dans son ensemble à percevoir leurs défauts : c'est peut-être parce que la société est « plus lucide et plus éduquée » que les serviteurs de l'État ne lui semblent plus aussi parés « des vertus de la rationalité et du désintéressement »[817], que « l'idée très générale »[818] qu'on se faisait d'une fonction publique idéale n'est plus le paradigme exclusif ni même dominant. L'existence même d'un biais en la matière, d'un mouvement de balancier passant d'une perception excessive voire erronée à une autre n'est pas non plus à exclure. Malheureusement, quelle qu'en soit la cause, le résultat n'en demeure pas moins le même.

D'« institution fondatrice du lien social »[819], l'impôt a vu sa légitimité s'éroder doucement, mais sûrement sur les dernières décennies. Au-delà du niveau et de la structure de la « contribution commune » visée par l'article 13 de la Déclaration des droits de l'homme et du citoyen, c'est bien la qualité de l'emploi de l'impôt qui s'est imposée comme principal ressort de cette critique.

Il n'était pas pensable que les personnes publiques concernées ne prennent pas de mesure pour essayer de contrer ou *a minima* d'atténuer cette critique. Alors que la transparence ou la qualité attestée de la gestion publique aurait pu être des leviers pertinents, nous allons voir que c'est l'évolution de la structure générale du panier fiscal qui a jusqu'à présent eu la préférence des décideurs publics.

Section 2 : La réponse à cette critique pour le secteur public local : la régression des impôts généraux directs

Avant toute chose, il semble opportun ici de mettre en lumière le double décalage épistémologique dont est victime une politique fiscale française, nationale et locale, dans l'adoption et la mise en œuvre des paradigmes macro-économiques et médiatiques dominants.

Il y a avant tout le retard presque naturel entre une révolution copernicienne, qui renverse un paradigme dominant pour en installer un autre au sommet de la science, et son appropriation par le personnel politique et administratif[820]. Ce n'est qu'au début des années 1970 que Richard NIXON, alors président républicain des États-Unis, déclara que « désormais, nous sommes tous keynésiens », soit presque près de 40 ans après la parution de la *Théorie générale de l'emploi, de l'intérêt et de la monnaie*. Ce n'est qu'à la fin des années 1990 en France que le Ministre des Finances socialiste Laurent FABIUS a lancé une politique de diminution des prélèvements obligatoires qui s'apparentait à un « désormais, nous sommes tous friedmaniens ».

Il y a également le retard pris par une idée pour traverser la Manche ou l'Atlantique. Souvent la barrière de la langue[821], parfois la méfiance à l'égard des idées anglo-saxonnes, font que ce qui est accepté et mis en œuvre par les décideurs publics en Angleterre et aux États-Unis n'est que très rarement transposé dans la foulée en France. Cela est valable en matière économique comme dans bien d'autres domaines.

Cette double contrainte doit être présente à l'esprit au moment où ne nous apprêtons à analyser les délais de la réponse française à la contestation de l'impôt.

La critique afférente à l'emploi des prélèvements obligatoires, plus que celle du niveau ou de la structure de l'impôt, a eu un impact considérable sur le paysage fiscal français.

Est-ce la conséquence mécanique de l'importance de l'intervention de l'État[822] ? Du souci grandissant de transparence dans l'utilisation des fonds publics ? Des dérives souvent mises en lumière par les médias ou la Cour des comptes sur la légalité, l'efficacité, l'efficience, ou même l'opportunité[823] des dépenses publiques ? Ou tout simplement de la passion française pour l'égalité identifiée par TOCQUEVILLE qui ne tolère que très peu un emploi de la contribution commune qui ne serait pas uniquement dédié à la poursuite de l'intérêt général ?

Face à la montée en puissance de la critique visant l'emploi fait par la personne publique de prélèvements jugés trop conséquents sur l'économie réelle, on n'a en effet pas chercher à « relégitimer l'impôt », solution la plus raisonnable à long terme, mais aussi certainement la plus complexe à mettre en œuvre[824].

Du côté de la fiscalité nationale, la réponse la plus visible a été le développement des niches fiscales, système d'« évitement légalisé de l'impôt »[825], notamment pour l'impôt sur le revenu[826] et pour l'impôt sur la fortune[827].

Ces dépenses fiscales présentent des conséquences néfastes à long terme non seulement sur la soutenabilité des finances publiques, mais aussi sur le redressement même du consentement à la contribution commune puisqu'elles sont notamment une illustration de l'influence des lobbies sur la fabrication de la loi. Même si, pour reprendre les propos du comité d'évaluation qui leur est dédié, « la dépense fiscale n'est pas nuisible par nature »[828], les critiques demeurent nombreuses : « difficultés à maîtriser leur coût, effets d'aubaine, difficulté de ciblage de la population visée et de pilotage de la politique publique, iniquité dans la répartition de l'avantage fiscale, transformation en droits acquis »[829].

Du côté de la fiscalité locale, c'est davantage en rendant moins visible la contribution, avec le développement des impôts indirects, ou en la "fléchant", avec le développement des taxes, que l'on a cherché à apporter une réponse à la critique de l'impôt.

Ainsi, entre 1995 et 2010, alors que le produit de la taxe d'habitation perçue au niveau du bloc communal doublait et que celui de la taxe professionnelle augmentait de moitié, le rendement du versement transport et de l'ensemble des impôts indirects augmentait lui de 130 % et celui de la taxe d'enlèvement des ordures ménagères dépassait les 180 %[830].

Précisons-le dès à présent : cette évolution de la structure du panier fiscal du bloc communal sur les quinze années qui ont précédé la suppression de la taxe professionnelle est autant le fruit de décisions prises par les parlementaires dans le cadre de la législation fiscale que des décisions prises par les élus locaux dans le cadre du pouvoir fiscal dont ils disposent sur certains impôts.

Dans l'arsenal déployé à cette occasion, nous allons voir que si le recours aux prélèvements indirects est une tendance historique en matière de fiscalité en France, l'essor des prélèvements affectés est lui plus récent et emporte des conséquences non négligeables sur la conception générale de la contribution commune.

A- L'historique préférence française pour les prélèvements indirects

La France a, depuis la Révolution et même avant[831], une préférence affichée pour le recours aux taxes indirectes, jugées indolores et efficaces économiquement[832], mais dont le caractère injuste[833] a pourtant été très vite perçu :

« La préférence pour la taxation des biens de consommation, réputée indolore, et le refus de la transparence sont ainsi des traits caractéristiques de la situation française, hérités pour une large part de la politique menée entre les années 1870 et 1930. »[834]

Certes, dans beaucoup d'autres pays, la modulation des impôts indirects est aussi le premier levier utilisé pour augmenter les recettes fiscales en cas de nécessité[835]. Pour Fabrice BIN, cette préférence pour l'imposition de la dépense[836] est même un marqueur des pays d'influence catholique, au premier rang desquels on trouve tout naturellement la « fille aînée de l'Église ». Mais la France a en la matière un héritage des plus singuliers.

C'est cette tradition, que certains font remonter à NAPOLÉON[837], qui explique l'adoption très tardive de l'impôt sur le revenu comme son poids très faible encore aujourd'hui : 7,3 % du produit intérieur brut en 2009, contre 8,7 % en moyenne dans les pays de l'OCDE[838]. C'est cette tradition encore qui explique aussi nos choix en matière fiscale, de la politique des dégrèvements mise en œuvre dans les premières années de la IIIe République au développement des niches depuis la fin du XXe siècle en passant par le choix de financer l'effort de guerre, entre 1914 et 1918, par l'emprunt et non par l'impôt, ou encore le creusement de la dette de l'État depuis la moitié des années 1970 et de celle des collectivités depuis le début des années 2000.

Usons ici d'une litote : le courage n'a jamais été en France notre qualité première lorsqu'il s'est agi de définir les principes et les exceptions à la répartition, dans la sphère socio-économique comme dans le temps, de l'indispensable contribution commune[839]. Et les redevances sont sur ce point un sujet des plus épineux. Une observation cependant, susceptible d'assouplir quelque peu la dureté de cette position : en période de crise, comme c'est le cas actuellement dans la conjoncture économique mondiale très dégradée que nous connaissons, il n'y a pas qu'en France que le recours aux prélèvements indirects a la faveur du législateur[840]. Qu'il y ait d'autres coupables ne fait certes pas de nous des innocents, mais cela permet de relativiser l'importance du biais français dans cette posture des décideurs face aux contraintes pesant sur les recettes de l'État.

Si la préférence pour les prélèvements indirects est ancienne, elle se combine désormais avec une volonté de fonder également le financement de services publics sur des prélèvements affectés.

B- La nouvelle passion française pour les taxes

L'intérêt d'un développement au sein du panier fiscal local des taxes, « catégorie d'imposition affectée au financement d'un service public »[841], semble évident quand il s'agit de répondre à une critique de l'impôt qui se fonde essentiellement sur l'emploi des deniers publics :

« De même que la fiscalité locale favorise la différenciation entre l'activité de l'État et celle des collectivités (sans toujours y parvenir du reste), de même les [taxes] permettent à l'individu de sérier les diverses interventions des collectivités elles-mêmes. »[842]

Nous assistons ainsi, pour nous inspirer de la formule popularisée par Gaston JEZE, à une absorption progressive des impositions générales, « en mouvement constant de reflux depuis 1990 »[843], par les impositions spécifiques[844]. Alors que les premiers impôts nationaux étaient eux affectés au financement de dépenses précises[845] et que l'histoire de l'impôt était jusqu'à présent celle de la substitution, lente, mais irréversible pensait-on, d'une légitimité procédurale à une légitimité fonctionnelle[846], c'est moins à une inflexion de cette trajectoire qu'à un véritable mouvement de balancier que nous sommes désormais confrontés.

Bien sûr, cette affectation est surtout sémantique et politique, puisqu'elle ne peut pas, dans la grande majorité des cas, être budgétaire, au regard des grands principes qui gouvernent l'élaboration des budgets nationaux et locaux[847]. On pensera notamment au célèbre épisode de la vignette automobile[848] ou, plus près de nous, à la remontée d'un point du taux marginal de l'impôt sur le revenu[849].

On notera que ce choix de recourir davantage aux impôts spéciaux qu'aux impôts généraux présente par ailleurs une externalité intéressante, en termes de communication institutionnelle, puisque plusieurs taxes, dont un grand nombre concernent les collectivités locales, ne sont pas incluses dans le calcul du taux global des prélèvements obligatoires, dans la mesure où elles sont traitées en achat de service marchand en tant que rémunération d'un service identifiable par l'administration[850]. C'est le cas de la contribution à l'audiovisuel public, anciennement redevance audiovisuelle, dont le statut de taxe a été confirmé par la loi n°2003-1311 du 30 décembre 2003 portant de finances pour 2004 et validé, en l'absence d'observation, par le Conseil constitutionnel[851]. C'est aussi le cas de la taxe sur les permis de conduire, de la taxe sur les cartes grises, ou encore de la taxe d'enlèvement des ordures ménagères.

La distinction existant entre l'impôt général et l'impôt spécial, plus communément appelé taxe, a déjà été explicitée. À ce stade, il convient de préciser davantage le vocabulaire qui sera employé, en faisant intervenir une distinction complémentaire, au sein des prélèvements fiscaux, entre les prélèvements directs et indirects.

Une imposition indirecte est acquittée par une personne autre que celle qui en supporte effectivement le coût, alors qu'une imposition directe est payée et supportée par la même personne, le plus souvent identifiée nominativement par un rôle émis par les services de la Direction générale des finances publiques. Si cette distinction présente certaines limites dans une analyse économique lorsqu'elle est confrontée à la logique de l'incidence fiscale[852], elle a le mérite de distinguer clairement dans une grille de lecture sociologique les prélèvements ressentis par le contribuable[853] et ceux qui sont relativement indolores.

En utilisant la distinction entre impôt général et impôt spécial d'une part et prélèvement direct et indirect d'autre part, on peut identifier une sous-catégorie, à savoir les impôts généraux directs. Ces derniers présentent la double caractéristique d'être d'une part des prélèvements déconnectés de tout service rendu, ce qui implique un certain degré de confiance des contribuables à l'égard des détenteurs de la puissance publique dans « les dépenses de l'administration » et « l'entretien de la force publique », et d'autre part acquittés nominativement, ce qui implique un certain degré de confiance des détenteurs de la puissance publique à l'égard des contribuables dans l'acceptation de la « contribution commune ». On pressent déjà dans cette définition que la part des impôts directs dans le panier fiscal d'une personne morale de droit public est un indicateur, au regard de la confiance réciproque qu'il suppose, de ce que l'on pourrait appeler la maturité du système fiscal.

Les principaux prélèvements fiscaux locaux, tels que retenus dans le *Guide statistique de la fiscalité directe locale 2011-2012*, se répartissaient avant la suppression de la taxe professionnelle ainsi :

en millions d'euros

	2009	2010 (1)	2011 (2)
Fiscalité directe			
Taxe d'habitation	16 508	17 329	18 733
Taxe sur le foncier bâti	22 429	23 603	26 102
Taxe sur le foncier non bâti	884	899	961
Taxe professionnelle	30 253		
Compensation relais de la taxe professionnelle		31 357	
Cotisation foncière des entreprises (CFE)			6 327
Cotisation sur la valeur ajoutée des entreprises (3)			14 695
Impositions forfaitaires sur les entreprises de réseaux (IFER)			1 336
Taxe sur les surfaces commerciales (TASCOM)			609
Ensemble des 3 taxes "ménages" et des impôts économiques	70 073	73 189	68 762
Taxe d'enlèvement des ordures ménagères	5 402	5 686	5 896
Taxe pour frais de chambre d'agriculture, de commerce et d'industrie, chambre des métiers	1 876	1 800	1 134
Taxes annexes (balayage, redevance des mines, pylônes)	283	300	310
Taxe spéciale d'équipement au profit d'établissements publics	288	371	596
Versement destiné aux transports en commun	5 945	6 083	6 653
Ensemble de la fiscalité directe (y compris versement transport)	83 866	87 428	83 350
Fiscalité indirecte			
Droits de mutation	6 907	9 064	10 928
Taxe sur les produits pétroliers	9 648	10 068	10 806
Taxe spéciale sur les conventions d'assurance	3 125	3 208	6 235
Taxe sur les cartes grises	1 917	1 917	2 080
Taxe sur l'électricité *	1 561	1 512	1 601
Taxe de séjour	189	202	221
Taxe sur les permis de conduire	3	3	3
Taxe locale d'équipement	592	531	631
Taxe des espaces naturels sensibles	280	270	335
Taxe pour les conseils d'architecture, d'urbanisme et de l'environnement	72	61	86
Versement pour le dépassement du plafond légal de densité	71	30	31
Contribution au développement de l'apprentissage **	719	724	722
Autres taxes (4)	1 806	1 663	1 761
Ensemble de la fiscalité indirecte	26 889	29 254	35 440
Ensemble de la fiscalité locale (y compris versement transport)	110 755	116 682	118 790

Produits 2010-2011 de la fiscalité directe et indirecte de l'ensemble des collectivités locales[854]

Au sein de la fiscalité directe, la taxe d'habitation, les deux taxes foncières, la taxe professionnelle ainsi que les prélèvements qui s'y substituent dans le cadre de la réforme fiscale votée en 2010, sont bien des impôts généraux, des prélèvements dédiés au financement de l'ensemble des dépenses d'intérêt général. Inversement, la taxe d'enlèvement des ordures ménagères, les taxes pour frais de chambres, les taxes spéciales d'équipements prélevées au profit d'établissements publics, et le versement transport sont des impôts spéciaux, des prélèvements affectés à une compétence, une dépense ou un organisme précis.

Au sein de la fiscalité indirecte, les droits de mutation, la taxe intérieure sur la consommation des produits énergétiques, la taxe sur les cartes grises, la taxe sur l'électricité, la taxe sur les conventions d'assurance[855], la taxe sur les permis de conduire sont des impôts généraux. Inversement, la taxe de séjour, la taxe d'aménagement et le versement pour sous-densité créés par la loi n°2010-1658 du 29 décembre 2010 portant loi de finances rectificative pour 2010 pour se substituer aux différents avatars de la fiscalité de l'urbanisme[856], et la majoration de la taxe intérieure sur la consommation des produits énergétiques [857] sont des impôts spéciaux.

Une observation, avant d'aller plus loin dans ce raisonnement, doit être faite sur le cas de la taxe d'enlèvement des ordures ménagères. Prélèvement facultatif additionnel à la taxe foncière sur les propriétés bâties, elle s'apparente en première analyse à une taxe directe. Pourtant, au regard des dispositions d'ordre public des lois n°86-1290 du 23 décembre 1986 et n°89-462 du 6 juillet 1989 régissant les baux d'habitation, ainsi que du décret n°87-713 du 26 août 1987 fixant la liste des charges récupérables, le montant de la taxe d'enlèvement des ordures ménagères peut être répercuté par les propriétaires sur les locataires : un tel mécanisme caractérise clairement un prélèvement indirect. Néanmoins, parce qu'il ne s'agit là que d'une possibilité, cette taxe reste considérée, par l'essentiel de la doctrine, comme un prélèvement direct[858]. D'où son positionnement dans notre analyse.

Cette typologie permet d'isoler, au sein des prélèvements fiscaux locaux, les taxes foncières, la taxe d'habitation, la nouvelle contribution économique territoriale et les autres impôts remplaçant la défunte taxe professionnelle : ce sont les seules impositions à n'être affecté à aucune destination ou aucun objectif précis[859] et, dans un même temps, à être acquitté directement, pour ne pas dire douloureusement, par le contribuable.

On observera que le pouvoir fiscal, c'est-à-dire la faculté pour le décideur local d'instituer un prélèvement fiscal ou de moduler son assiette ou son taux, est relativement important pour l'ensemble des catégories identifiées, sauf pour les impôts indirects pour lesquels le pouvoir fiscal est « à géométrie variable »[860].

Certes, le taux de la taxe sur les cartes grises et de la taxe sur les permis de conduire est bien fixé librement par les conseils régionaux, sans être encadré par quelque limite que ce soit, inférieure ou supérieure : c'est un exemple rare de pouvoir fiscal total au niveau local, mais il concerne deux prélèvements qui présentent un rendement cumulé symbolique, un peu plus de 2 Md€ en 2010, lorsqu'on le ramène au produit fiscal global des collectivités et qui sont perçues par les régions, niveau de collectivité dont le ratio d'autonomie financière est le plus faible[861] ; cela explique peut-être cette étonnante liberté accordée par le législateur.

Pour le reste, le levier fiscal est très strictement encadré pour la taxe sur l'électricité avec un taux maximal de 8 %[862], les droits de mutation avec un taux fixé à 1,2 % pour les communes et entre 1 et 4,5 % pour les départements[863], et la taxe intérieure sur la consommation des produits énergétiques avec la modulation de la part régionale limitée à 1,15 centime par litre pour le gazole et 1,77 centime par litre pour le sans-plomb[864]. Il est par ailleurs inexistant pour la taxe sur les conventions d'assurance.

La fiscalité locale amputée des « quatre vieilles » pesait 15,8 Md€ en 2000. Elles s'établissent à 43,5 Md€ une décennie plus tard en 2010, soit une hausse de l'ordre de 175 %. Conséquence de cette croissance soutenue, les parts cumulées de la fiscalité directe affectée et de la fiscalité indirecte sont passées, au sein des ressources fiscales locales, de 24 % en 2000 à 37 % en 2010.

Notons d'ores et déjà que la réforme fiscale initiée par la loi n°2009-1673 du 30 décembre 2009 portant loi de finances pour 2010 devrait encore renforcer à l'avenir le poids des impôts spéciaux dans les ressources fiscales locales, puisqu'un impôt, la taxe professionnelle, a été remplacé par deux impôts, la cotisation foncière des entreprises et la cotisation sur la valeur ajoutée des entreprises, une dotation, la dotation de compensation de la réforme de la taxe professionnelle, et différents prélèvements complémentaires.

[865]	2000	2010	Δ (%)
Taxe d'habitation, taxes foncières et taxe professionnelle (fonds départementaux de péréquation compris)	48,66 Md€	74,14 Md€	52 %
Taxe d'enlèvement des ordures ménagères	2,92 Md€	5,68 Md€	95 %
Versement transport	3,85 Md€	6,08 Md€	58 %
Taxes d'urbanisme	0,57 Md€	1,00 Md€	75 %

Progression 2000-2010 des « quatre vieilles » et des principales taxes locales

Sur un temps plus long, ce mouvement est encore plus ample, du fait notamment des décisions du législateur, dans les années 1990, de faire bénéficier le bloc communal d'un versement transport et de supprimer la part salaire de la taxe professionnelle.

Comment expliquer cette augmentation de ces taxes locales bien plus rapide que celle des impôts généraux locaux ? Deux types d'explication viennent à l'esprit.

Tout d'abord, les taxes locales, lorsqu'elles s'accompagnent d'un pouvoir fiscal, sont parfois modulables avec beaucoup moins de contraintes que les impôts locaux, dont nous avons déjà évoqué le plafonnement et la liaison des taux. Ainsi, la taxe d'enlèvement des ordures ménagères n'est pas concernée par ces mécanismes, tout comme le taux de la taxe sur les cartes grises perçue par les régions. Certaines taxes, longtemps très encadrées par le législateur, ont même connu sur les derniers exercices une véritable tendance au déplafonnement ou, *a minima*, de relèvement des plafonds qui s'impose à elles : c'est le cas notamment du versement transport[866] pour le bloc communal et de la surmodulation affectée de la taxe intérieure sur la consommation des produits énergétiques pour les régions[867].

On notera que cette évolution de la législation en matière de marge de manœuvre a également touché des impôts indirects et non des moindres. On évoquera ici le passage du plafond du taux fixé par les conseils généraux pour le droit départemental d'enregistrement et la taxe départementale de publicité foncière[868] de 3,6 à 3,8 % au 1er janvier 2011 puis à 4,5 % au 1er janvier 2014[869]. Le plafond de la taxe de séjour est lui passé à l'été 2014, par le biais d'un amendement au projet de loi de finances rectificative, de 1,5 € à 8 €[870].

Ensuite, l'augmentation des taxes permet, savoureux parallélisme local avec le leitmotiv de la législature 2007-2012, de respecter une éventuelle promesse électorale de ne pas augmenter les impôts. Et tout comme la période a vu au niveau national la multiplication de nouvelles taxes et plus généralement la diminution de la part des impôts généralistes dans les recettes fiscales globales de l'État, l'augmentation des taxes locales permet une hausse du produit fiscal sans toucher aux impôts généraux locaux. Et même s'il arrive que l'augmentation d'une taxe entraîne un mécontentement prononcé des contribuables visés relayé par la presse quotidienne régionale[871], les conséquences politiques sont souvent bien moindres que celles qui accompagnent une augmentation des taux de taxe d'habitation ou de taxe professionnelle. Cette manipulation sémantique a cependant du mal à résister à une analyse sérieuse, et a fait l'objet de nombreuses critiques. Par exemple, à Paris, les hausses de la taxe de balayage[872], des droits de terrasses[873] ou encore de la taxe d'enlèvement des ordures ménagères ont été dénoncées par l'opposition municipale comme faisant mentir le maire sur ses promesses de ne pas augmenter les impôts.

Ce mouvement de développement de la part des impôts spéciaux dans la fiscalité locale devrait s'accélérer encore dans les années à venir selon nous : a ainsi récemment été évoquée la création d'une fiscalité spécifique pour financer les services départementaux d'incendie et de secours[874]. Cette anticipation se fonde sur les facteurs déjà évoqués, mais aussi sur les répercussions de la réforme fiscale mise en œuvre par la loi n° 2009-1673 du 30 décembre 2009 portant loi de finances pour 2010, qui a fait perdre aux collectivités non seulement une part non négligeable du levier fiscal afférent aux impôts locaux, mais aussi la stabilité des ressources qui allait avec un panier fiscal essentiellement fondé sur des impôts et des taxes de stock.

On notera enfin que les collectivités locales elles-mêmes sont victimes de cette passion pour les taxes : l'État envisage ainsi de plus en plus de solliciter directement les collectivités auxquelles un service relativement spécifique est rendu, au lieu d'assurer le financement dudit service avec ses ressources fiscales traditionnelles. Ainsi, une taxe due par les communes forestières pour financer l'Office national des forêts a-t-elle été annoncée en 2011[875].

Insistons bien sur les chiffres une dernière fois. En 1986, la taxe d'habitation, les deux taxes foncières et la taxe professionnelle représentaient un peu moins de 87 % du panier fiscal du bloc communal. En 2011, la taxe d'habitation, les deux taxes foncières, la cotisation économique territoriale et les autres impôts économiques[876] issus de la loi n°2009-1673 du 30 décembre 2009 portant loi de finances pour 2010 ne représentaient plus que 71 % de ce même panier fiscal[877].

En un quart de siècle, la part des impôts généraux directs dans l'ensemble des ressources fiscales de l'échelon local ayant en charge « l'extrême quotidienneté des problèmes »[878] des citoyens s'est dégradée de 16 points. Ce recours aux prélèvements indirects, un peu, et affectés, beaucoup, est par ailleurs une responsabilité partagée entre les élus nationaux, dans leur production législative, et les élus locaux, dans l'utilisation qu'ils font du levier fiscal.

Tout se passe comme si l'essor de la fiscalité bénéficiant au bloc communal, dont le volume a été multiplié par presque quatre sur la période visée[879], n'avait pas pu se fonder uniquement sur les impôts généraux directs et que pour emporter le consentement des citoyens-contribuables, la personne publique avait fait le choix de privilégier des impôts indirects, moins douloureux, et surtout des impôts spéciaux, *a priori* plus acceptables, car affectées.

Ce recul des impôts généraux directs dans le panier fiscal communal est selon nous très problématique, car l'illustration du développement d'une défiance réciproque entre la personne publique et les citoyens. Comme déjà évoqué, les impôts généraux sont des prélèvements déconnectés de tout service précis, ce qui implique un certain degré de confiance des contribuables à l'égard de la puissance publique, dans ses choix en matière de « dépenses de l'administration » et d'« entretien de la force publique ». Ce sont aussi des contributions acquittées le plus souvent nominativement, ce qui implique un certain degré de confiance de la puissance publique à l'égard des contribuables dans l'acceptation de la « contribution commune » demandée. Voir d'autres formes d'impôts leur être préférées est une tendance particulièrement alarmante, contrairement à ce que certains discours sur les taxes peuvent laisser croire.

C- De l’ascendant pris par l’article 14 de la Déclaration des droits de l’homme et du citoyen sur l’article 13

Ainsi, la fragilisation du consentement à l’impôt s’est concrétisée en France avec deux avatars.

D’une part, il y a la multiplication de nouveaux impôts spéciaux comme levier préférentiel de l’augmentation des prélèvements fiscaux, au détriment des impôts généraux, dans une logique pseudo-pédagogique[880]. Ces taxes présentent par ailleurs assez souvent des possibilités d’exonération lorsque le contribuable ne bénéficie pas directement du service public financé, dans une logique déjà énoncée qui présente certes des arguments séduisants, mais fait émerger *in fine* un principe général de contestation de l’usage de l’impôt et par incidence de l’impôt lui-même.

D’autre part, il y a la possibilité de choisir une partie de la destination de sa contribution en bénéficiant de niches fiscales, c’est-à-dire d’une réduction partielle de l’impôt dû en cas de dépenses ciblées par le Parlement comme relevant d’un intérêt général.

Non seulement la personne publique a accepté de voir bousculée sa légitimité à lever une contribution commune dans l’intérêt général, mais elle a aussi accepté que des particuliers se voient reconnaître implicitement une aptitude à la qualification de ce qui relève de l’intérêt général. Ce double mouvement, d’une part une fragilisation de la légitimité de l’acteur public qui va bien au-delà d’un simple « recul de l’idéologie de puissance publique »[881] et d’autre part une reconnaissance de ses qualités historiques et supposées chez des acteurs privés, pourrait même être annonciateur d’un renversement, certes symbolique, de l’État tel que nous le connaissions jusqu’à présent.

Cette évolution de la structure de la fiscalité nationale, mais surtout locale est le symbole et plus encore le symptôme de la translation d’une conception « mutualiste et solidariste », où l’impôt est « un devoir nécessaire à l’établissement d’un lien social et plus encore d’un lien sociétal », à une conception « contractualiste et échangiste », où l’impôt est « le prix payé par le contribuable pour la sécurité et les services que lui apporte l’État »[882].

Principale conséquence de ce recours aux prélèvements indirects, aux taxes et aux niches fiscales, la diminution de la prise en compte de la capacité contributive au sein du panier fiscal. Ce qui avait été admis comme une exception par le Conseil constitutionnel, la non-prise en compte des « facultés » dans le calcul de l’impôt dû[883], est devenu la règle, les impôts indirects, par nécessité, et les taxes, par simplicité, étant au mieux proportionnels et au pire dégressifs.

C'est un retournement historique, puisque l'article 14 de la Déclaration des droits de l'homme et du citoyen semble avoir pris le pas sur l'article 13 : maîtriser la destination de l'impôt, ou de la somme que l'on soustrait à l'impôt dans le cas des niches fiscales, serait devenu plus important que de solliciter chacun en fonction de ses capacités contributives, aux yeux des citoyens, du législateur, et du Conseil constitutionnel qui n'a rien trouver à redire à cette évolution hier insidieuse, mais aujourd'hui évidente.

Cette tendance n'est certes pas propre à la France. L'Allemagne[884] ou le Canada[885], pour ne citer qu'eux, sont aussi victimes de ce paradoxe : affecter toute contribution complémentaire pour la rendre plus acceptable, au risque de créer un prélèvement dont le caractère injuste devrait le rendre inacceptable.

La critique de l'emploi de l'impôt a généré en France une stratégie d'évitement et non de pédagogie, stratégie qui s'est concrétisée pour le panier fiscal local par la diminution de la part des impôts généraux directs. Cette évolution est essentiellement due l'essor, voulu localement et nationalement, des impôts spéciaux dans ledit panier.

On observera que nous sommes ici en présence d'une réponse "classique" à une contestation d'une institution, mobilisant trois ordres de changement définis par l'économiste Peter HALL[886] : un changement dans le niveau d'utilisation de certains outils en place, avec une diminution des prélèvements fiscaux généraux directs ; l'introduction de nouveaux outils respectant la logique du régime précédent, avec une multiplication des prélèvements affectés ou indirects ; et enfin l'introduction de nouveaux outils étrangers à la logique initiale, avec le développement des niches fiscales.

Conclusion du chapitre 1

Face à la critique de « l'impôt comme il faut », c'est-à-dire l'impôt général direct dont la destination est laissée à l'arbitrage de la puissance publique et qui est clairement notifié aux contribuables concernés, les responsables politiques français nationaux et locaux ont conjointement décidé de recourir à « l'impôt comme en il en faut »[887] : un impôt indirect et surtout un impôt affecté, bien plus simples à mobiliser à différents égards.

La critique de l'impôt, qui a atteint ce qui semble être son paroxysme ces dernières années, a ainsi abouti à une évolution conséquente de la structure du panier fiscal au sein duquel la part des impôts spéciaux ne cesse de se développer, et avec elle une véritable logique de spécialisation fiscale.

À première vue, cette légitimation grandissante de l'impôt spécial ne pourrait qu'être bénéfique pour la relégitimation en cours de la redevance, puisque les deux contributions partagent la même « cible »[888], l'usager potentiel ou effectif. Ce n'est malheureusement pas si simple.

Chapitre 2 : L'impact nuancé de l'essor de l'impôt spécial local sur la redevance

Naturellement, « les effets de la fiscalité affectée [...] ne sont pas simples à établir ; ils ne sont ni univoques ni exempts de difficultés. »[889] Cependant, il n'est pas interdit de penser que l'essor des taxes locales, en affirmant une logique du financement des services publics par une contribution ciblée acquittée par leurs bénéficiaires, conforte le recours à la redevance qui se fonde sur une logique similaire. Il emporte par ailleurs un risque non négligeable de confusion dans l'esprit des citoyens, voire des élus.

Section 1 : Une redevance aujourd'hui confortée : l'exemple de deux services publics locaux

Le développement quantitatif des taxes locales s'accompagne statistiquement d'un essor conjoint des redevances. Ces deux mouvements contribuent mécaniquement, toute chose égale par ailleurs, à une diminution de la part de l'impôt général dans le financement des services publics concernés.

Sans revenir sur l'analyse que nous avons déjà effectuée de l'évolution des redevances pour service rendu et des impôts spéciaux sur les dernières années, on s'attardera ici sur deux exemples de "correspondances" quantitatives entre les deux natures de contribution.

A- Le service public de transport urbain

Il s'agit selon nous d'une excellente illustration de mouvement de spécialisation du financement de nos services publics : sur la dernière décennie, la part de financement des transports publics urbains reposant sur l'impôt général, local et national, a reculé de quatre points, alors que dans un même temps la part reposant sur l'impôt spécial qu'est le versement transport[890] et sur les redevances acquittées par les usagers a, elle, augmenté en pareille proportion.

[891]	2001		2010	
Versement transport et tickets ou abonnements acquittés par les usagers	3 027 M€	64 %	4 080 M€	68 %
Subventions versées à l'autorité organisatrice des transports urbains	1 685 M€	36 %	1 882 M€	32 %
Dont subventions versées par les collectivités dans le périmètre de l'autorité organisatrice des transports urbains	*1 481 M€*	*31 %*	*1 794 M€*	*30 %*
Dont subventions versées par l'État	*204 M€*	*4 %*	*88 M€*	*1 %*

Structuration 2001 et 2010 des principales ressources des autorités organisatrices des transports urbaines

On remarquera que, au sein de l'impôt général, c'est l'apport du contribuable national à ce service public local qui diminue le plus : c'est bien l'usager local, effectif et potentiel, et non le contribuable local qui est appelé à la rescousse pour compenser ce retrait du contribuable national dans le financement des transports urbains.

Cette tendance est appelée à se renforcer si l'on en croit les recommandations issues des dernières Rencontres nationales du transport public qui se sont tenues en novembre 2013 : face à l'augmentation des dépenses et une mobilisation du versement transport presque au plafond de ce que la législation autorise, une hausse des redevances acquittées par les usagers, intégrant *a minima* l'inflation et l'augmentation de l'offre de service, y était présentée comme « inéluctable »[892].

Il n'y a ainsi pas eu en l'espèce une logique de vase communiquant comme on aurait pu le penser initialement, à savoir un essor de la taxe compensé par une diminution à due proportion de la redevance, mais un véritable effet d'entraînement.

Rappelons que, selon la grille de lecture développée dans le second titre de la première partie, le service public de transport urbain aurait vocation à n'être que peu financé par ses usagers.

Il présente de fortes externalités positives, les usagers ne représentant qu'une petite partie seulement des bénéficiaires pour trois des quatre missions qui lui sont traditionnellement attribuées[893].

En général, une toute petite partie seulement des usagers sont des contribuables extérieurs au périmètre de l'autorité organisatrice, sauf peut-être pour les territoires à forte vocation touristique.

Enfin, un bon nombre de contribuables sont usagers du service.

On notera que cette augmentation progressive du versement transport[894], qui a entraîné dans son sillage un essor concomitant des tickets et abonnements acquittés par les usagers, s'est fondée sur une double logique, assez intéressante, d'élargissement dans un premier temps et d'approfondissement par la suite.

Élargissement d'abord, puisque le périmètre des collectivités susceptibles de lever cette taxe n'a cessé de s'étendre depuis les années 1970, dont on rappelle, et ce n'est pas un hasard, qu'elles sont chronologiquement le point de départ de la contestation renouvelée de l'emploi de l'impôt.

La loi n°71-559 du 1er juillet 1971 relative au versement des employeurs destiné aux transports en commun de la région parisienne limitait la mise en place de cette taxe à l'Île-de-France. Puis la loi n°73-640 du 11 juillet 1973 autorisant certaines communes et certains établissements publics à instituer un versement transport l'ouvrit à l'ensemble du territoire pour les communes de plus de 300 000 habitants.

Depuis, ce seuil n'a cessé de diminuer.

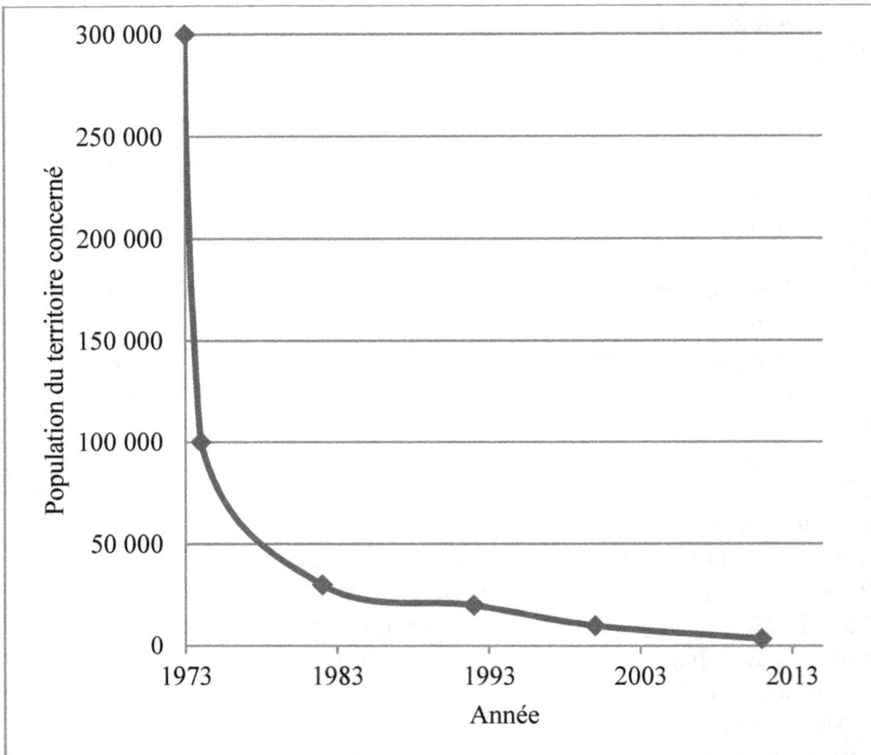

Évolution du seuil démographique permettant la mise en place d'un versement transport[895]

Approfondissement ensuite, puisque au-delà de l'extension progressive de la possibilité de lever le versement transport à de plus en plus de collectivités, l'encadrement du taux à voter par l'assemblée locale s'est progressivement assoupli, notamment sur les toutes dernières années.

Ainsi, la loi n°2010-788 du 12 juillet 2010 portant engagement national pour l'environnement a institué une possibilité de majoration de 0,2 % au-delà du taux plafond afférent à la strate de population de l'autorité organisatrice des transports urbains en cas de présence sur le territoire d'une ou plusieurs communes classées comme touristiques.

De même, la loi n°2010-1658 du 29 décembre 2010 portant loi de finances pour 2011 a relevé le taux plafond de 0,55 % à 0,85 % pour les autorités organisatrices des transports urbains dont la population est comprise entre 50 000 et 100 000 habitants et qui ont entrepris la réalisation d'infrastructures de transport collectif en site propre. Ce déplafonnement en cas de mise en œuvre d'un investissement lourd était jusqu'alors réservé aux autorités organisatrices des transports urbains de plus de 100 000 habitants, avec un taux plafond passant de 1 % à 1,75 %.

Si le produit du versement transport a fortement augmenté sur ces dernières années, c'est bien sous l'effet d'un double mouvement : l'ouverture de la possibilité de mettre en œuvre cet impôt spécial à de plus en plus de collectivités d'une part, l'ouverture des marges de manœuvre en matière de fixation du taux, d'autre part.

L'évolution quantitative du produit global de la taxe est clairement une responsabilité partagée entre les élus nationaux d'abord, à travers les assouplissements législatifs successifs, et les élus locaux ensuite, à travers l'établissement et la modulation à la hausse du taux de la taxe. Pour l'évolution quantitative du produit global de la redevance, c'est la responsabilité des seuls élus locaux qui est en cause : ainsi, pas de transfert de blâme possible pour la matière tarifaire, même si l'insuffisance des financements publics nationaux et des marges de manœuvre fiscales peut politiquement être mise en avant.

Deux observations pour conclure sur ce point.

Tout d'abord, dans le cas du versement transport, l'affectation du financement à un service public, c'est-à-dire la restriction consentie par la personne publique dans l'utilisation des deniers publics levés avec l'impôt, ne s'accompagne pas pour autant d'une restriction dans l'emploi de ces fonds. Ainsi, le versement transport est une ressource librement disponible pour les autorités organisatrices des transports urbains, et non plus uniquement dédié au financement des investissements en infrastructures. Pour parler en termes budgétaires, l'absence de fongibilité globale entre les ressources attribuées à certains services publics financés par des impôts spéciaux s'accompagne, dans un nécessaire équilibre, d'une fongibilité totale de l'utilisation du produit de ces impôts au sein de chaque service.

Ensuite, on observera que ce mouvement d'accentuation du financement des transports par des redevances et des taxes touche également les transports interurbains. La récente loi n°2014-872 du 4 août 2014 portant réforme ferroviaire a ainsi instituée, avec ses articles 2 et 16, une contribution locale temporaire, supportée par les voyageurs et visant à financer les aménagements extérieurs des gares ferroviaires, et un versement transport dit interstitiel.

B- Le service public d'enlèvement et de traitement des ordures ménagères

Ici, l'analyse du lien entre la redevance et la taxe est un peu plus complexe que pour le financement du service public de transport urbain, puisqu'il ne peut pas y avoir sur un territoire un recours concomitant à la redevance et à la taxe d'enlèvement des ordures ménagères[896]. Mais on peut néanmoins se pencher sur la dynamique respective de ces deux ressources, qui présente une similarité assez surprenante.

En effet, sur la seconde partie des années 2000, le produit de la redevance d'enlèvement des ordures ménagères perçu par les établissements publics de coopération intercommunale a augmenté à un rythme proche de l'évolution du produit de la taxe d'enlèvement des ordures ménagères, même s'il demeurait inférieur.

Dans le même temps, les deux contributions augmentaient elles-mêmes bien plus vite que l'ensemble des dépenses du bloc communal[897].

[898]	2005	2010	Δ
Redevance d'enlèvement des ordures ménagères (REOM)	294 M€	358 M€	+ 22 %
Taxe d'enlèvement des ordures ménagères (TEOM)	4,32 Md€	5,61 Md€	+ 30 %
Dépenses totales du bloc communal	103,96 Md€	117,89 Md€	+ 13 %

Progression 2005-2010 de la REOM et de la TEOM comparée à l'évolution globale des dépenses du bloc communal

Sur la dernière année sur la période étudiée, la redevance a augmenté plus vite que la taxe : + 4,9 % pour la redevance sur le seul exercice 2010, contre + 3,9 % "seulement" pour la taxe.

Au-delà du rythme d'augmentation de ces deux contributions ciblées, supérieur à celui de la dépense publique locale et au rythme d'évolution moyen des autres sources de financement des services publics locaux, c'est le taux de couverture du territoire qui traduit la quasi-généralisation de l'idée que le service public d'enlèvement des ordures ménagères ne doit pas uniquement être financé par l'impôt général : plus 97 % de la population était en 2011 couverte par une redevance ou une taxe, contre moins de 95 % en 2006[899].

Comme cela a été fait pour le service public de transport urbain, rappelons ici que, selon la grille de lecture développée précédemment, le service public d'enlèvement des ordures ménagères aurait pourtant vocation à être peu financé par les usagers. Tout d'abord, il présente de très fortes externalités positives sur le territoire communal en tant que service public d'hygiène et de salubrité[900]. Ensuite, il n'y a pratiquement pas d'usagers qui ne soient pas par ailleurs contribuables de la collectivité. Enfin, il n'y a enfin pratiquement pas de contribuables qui ne souhaiteraient pas être usagers du service.

Au regard de cette dynamique que la redevance partage avec l'impôt spécial ces dernières années, au détriment rappelons-le de la part de l'impôt général local dans le financement des services publics locaux, on peut légitimement avancer que l'essor de l'impôt spécial présente un effet d'entraînement et non d'éviction sur la redevance. Dans deux secteurs où coexistent le recours possible à l'usager potentiel et à l'usager effectif, on constate bien une progression quantitative conjointe des deux ressources.

Le renforcement du levier tarifaire dans le sillage du développement des taxes nous semble ainsi peu contestable. Mais s'il représente une victoire voire une revanche pour la redevance, il porte aussi en lui un risque significatif de confusion entre les deux contributions affectées, confusion aux conséquences non négligeables à long terme.

Section 2 : Une redevance demain peut-être confondue avec la taxe

Si « la distinction entre taxe et redevance a longtemps été assez confuse »[901], elle semblait à peu près claire depuis un peu plus d'un demi-siècle. Comme le résumait un chargé de mission de l'Agence de l'environnement et de la maîtrise de l'énergie, spécialisé dans les modes de financement des services d'enlèvement et de traitement des déchets, « la taxe est due même si l'on n'utilise pas le service, la redevance l'est en proportion de son utilisation »[902]. La nature du contributeur d'une part et les modalités de détermination de la contribution due, et plus spécifiquement de sa base, permettraient ainsi de distinguer en théorie sans trop de difficultés taxes et redevances.

Simplification à vocation pédagogique d'une interview donnée à une revue spécialisée, mais généraliste, ou méconnaissance plus alarmante du détail des textes, cette logique connaît en réalité de nombreuses dérogations aujourd'hui. Mais, avant d'évoquer ces exceptions, rappelons les caractéristiques afférentes au contributeur et à la contribution qui différencie théoriquement la matière tarifaire de la matière fiscale.

La distinction entre ce qui doit relever du financement par une taxe et du financement par une redevance s'articule essentiellement d'une part sur les catégories de contributeurs visées et d'autre part sur les modalités de calcul de la contribution.

Alors que la redevance est due par les seuls usagers du service public concerné, selon le principe visé par la jurisprudence fondatrice *Syndicat national des transporteurs aériens*[903], alors que la taxe est due par des contribuables qui, s'ils ne sont dans une situation différente de la généralité des contribuables par rapport à la prestation financée, n'ont pas nécessairement à être usagers effectifs du service public concerné : n'être que des bénéficiaires de premier rang potentiels ou même des bénéficiaires de second rang, par incidence ou externalité selon la sémantique que l'on préfère, suffit. Le principe est clair :

« Au niveau de chaque contribuable, il n'existe pas de contrepartie directe et personnelle émanant des collectivités qui perçoivent l'impôt. »[904]

La redevance est, toujours selon la jurisprudence de 1958, la contrepartie du service rendu et doit être en adéquation avec le niveau du service fourni[905], alors que l'assiette de la taxe doit être représentative de la capacité contributive des personnes visées afin d'assurer l'égale répartition de la charge en fonction des facultés, conformément à l'article 13 de la Déclaration des droits de l'homme et du citoyen.

Le schéma semble assez clair, en théorie :

	Redevance	Taxe
La contribution est due par	les seuls usagers effectifs	les usagers effectifs et potentiels, voire parfois par les bénéficiaires de second rang
La contribution doit augmenter	avec le niveau de service rendu	avec la capacité contributive du contribuable

Ce qui distingue classiquement redevance et taxe : nature des contributeurs, référence des contributions

Néanmoins, aujourd'hui, ces frontières semblent devenir de plus en plus poreuses.

A- Quel contributeur ?

D'une part, des exonérations de taxes sont prévues pour les contribuables qui ne bénéficieraient pas d'un service effectivement rendu.

La taxe d'enlèvement des ordures ménagères n'est ainsi pas due pour les « locaux situés dans la partie de la commune où ne fonctionne pas le service d'enlèvement des ordures »[906]. La jurisprudence a même précisé le zonage qui détermine cette exonération : un propriétaire n'est ainsi pas passible de la taxe pour un immeuble éloigné de plus de 500 mètres de la plus proche des rues où circulent les voitures municipales d'enlèvement des ordures ménagères[907]. Cela n'est pas sans susciter un certain étonnement de notre part. Rappelons qu'en vertu de la jurisprudence *Sassenay c/Loup*[908], une exonération ou une réduction de la redevance n'est pas possible sans lien avec le service rendu : sous réserve de l'appréciation souveraine du juge compétent, une tarification spécifique pour l'enlèvement des déchets en un point de ramassage éloigné de l'habitation peut être ainsi déterminée, au motif que le service rendu génère un moindre coût par rapport à un enlèvement à la porte du domicile. On en arrive au paradoxe que, lorsque le service n'est pas rendu dans des conditions que l'on peut définir comme normale, la taxe n'est même pas acquittée, alors que la redevance pourra l'être partiellement.

Dans une logique similaire, quoique quelque peu différente, un député avait déposé à l'automne 2010 une proposition de loi visant à faire restituer à des contribuables une partie de la taxe acquittée si un service minimum d'enlèvement des ordures ménagères n'avait pas été mis en œuvre dans leur secteur sur l'année écoulée[909]. Il s'agit là encore de permettre aux contribuables en apparence non bénéficiaires du service financé par la taxe de s'exonérer, certes partiellement et *a posteriori*, de la charge due.

Le versement transport est lui reversé aux « employeurs qui justifient avoir assuré le logement permanent sur les lieux de travail ou effectué intégralement et à titre gratuit le transport collectif de tous leurs salariés »[910].

Enfin, il avait été confirmé au début des années 2010, dans le cadre de la réponse apportée à une question parlementaire, que la taxe locale d'équipement, dont la nature fiscale a été confirmée par la jurisprudence[911], pouvait être remboursée si les équipements liés ne sont pas réalisés dans le délai prévu[912]. Il en est de même pour la taxe d'aménagement qui s'est substituée à la taxe locale d'équipement[913] : le nouvel article 1723 quinquies CGI permet au redevable d'obtenir la restitution intégrale de la taxe s'il n'a entrepris aucun travail de construction dans le prolongement de l'autorisation de construire qu'il avait préalablement obtenue[914].

Ainsi, pour ces taxes, s'il est prouvé que l'on n'utilise pas, de son plein gré ou pas, le service public financé, on est exonéré de la taxe qui vise à le financer, quand bien même on est bénéficiaires des externalités positives. On se rapproche ici d'une vision italienne de la taxe : chez nos voisins transalpins, depuis un revirement jurisprudentiel datant de la fin des années 1990, la taxe n'est pas due lorsque le service n'est pas fourni ou que le destinataire ne peut pas effectivement en jouir[915], dès que l'usager potentiel ne peut être usager effectif.

On est clairement, avec ces exonérations de taxes où la non-jouissance voulue ou subie autorise le non-paiement, dans un risque de confusion avec la logique tarifaire, où le paiement conditionne la jouissance.

D'autre part, des redevances peuvent être acquittées par des non-usagers du service public.

La possibilité de mettre en œuvre une part fixe et une part variable de la redevance d'enlèvement des ordures ménagères, prévue par la nouvelle rédaction de l'article L.2333-76 CGCT, peut ainsi théoriquement conduire à faire payer une redevance à une personne ne produisant aucun déchet.

De façon générale, il appartient au redevable d'établir que le tarif fixé à son encontre est excessif au regard du service rendu faible, voire nul[916] : une charge de la preuve pesant sur l'usager qu'il n'est pas toujours aisé de mettre en œuvre[917].

Toutefois, une récente décision de la juridiction civile[918] a affirmé qu'un redevable local ne pouvait s'exonérer du paiement de la redevance au seul motif qu'il n'a pas recours au service collectif de ramassage organisé par un syndicat mixte intercommunal. Le simple fait d'être bénéficiaire de second rang du service suffirait alors à en être redevable. Il s'agirait là, dans l'attente de la confirmation d'une telle jurisprudence, d'une petite révolution copernicienne qui participerait encore à la confusion taxe – redevance.

Le législateur et le juge ont ainsi admis que, dans certains cas, s'il était prouvé que le contribuable n'utilisait pas un service public, il pouvait être entièrement ou partiellement exonéré de la taxe qui vise à le financer. On applique bien ici une logique purement tarifaire dans le cadre juridique de l'impôt.

Pourquoi cet écart récent avec l'architecture logique arrêté il y a plusieurs décennies entre la taxe et la redevance ? Il semble que, dans la pesée des intérêts effectués par le législateur et l'intégration des faits sociaux au droit réalisée par le juge, la volonté de ne pas ériger un prélèvement considéré comme injuste, car acquitté sans le bénéfice du service qu'il finance, ait été priorisée sur la permanence de l'édifice conceptuel et juridique.

B- Quelle contribution ?

On le rappelle, depuis le début des années 1940 et l'arrêt *Toublanc*[919], la méthode de calcul de la contribution demandée était un critère fondamental de distinction entre la taxe et la redevance : la première est un « prélèvement à caractère fiscal dont le produit n'a pas à être proportionné aux dépenses du service », la seconde est « un prélèvement sans caractère fiscal dont le produit doit correspondre aux frais de fonctionnement du service »[920]. Cette séparation, longtemps stricte, semble aujourd'hui quelque peu poreuse.

Nous l'avons vu, des redevances peuvent aujourd'hui voir leur montant être déterminé essentiellement en fonction de la capacité contributive des redevables[921] et même être déconnecté du coût service effectivement rendu à l'usager[922]. Les jurisprudences du Conseil constitutionnel et du Conseil d'Etat ont ainsi progressivement amoindri le critère de l'équivalence entre le niveau de la redevance et le coût du service rendu : l'arrêt *Syndicat national de défense de l'exercice libéral de la médecine à l'hôpital*[923] est l'exemple le plus récent de cette trajectoire. N'omettons pas ici le rôle du législateur, qui participe aussi à cette évolution en faisant ponctuellement de la modulation circonstanciée du niveau de la redevance un outil de politique publique[924].

Dans un même temps, certaines impositions peuvent ne pas tenir compte de critères significatifs de ressources et de charges dans l'appréciation des facultés contributives[925].

La liquidation de certaines taxes peut même désormais se fonder, pour partie, sur le niveau du service rendu à chaque contribuable ou groupe de contribuables. C'est le cas notamment pour la taxe d'enlèvement des ordures ménagères. Deux dispositions législatives votées depuis le début de la décennie 200 permettent en effet de moduler l'imposition acquittée en fonction du service rendu.

L'article 107 de la loi n°2003-1311 du 30 décembre 2003 portant loi de finances pour 2004 permet aux communes ou EPCI de définir des zones de perception sur lesquelles des taux différents s'appliquent au regard du service rendu : fréquence des ramassages, organisation de la collecte, ou encore mode de tri peuvent être utilisés pour délimiter chaque zone et déterminer le taux qui doit s'y appliquer.

L'article 97 de la loi n°2011-1977 du 28 décembre 2011 portant loi de finances pour 2012 ouvre aux collectivités concernées la possibilité d'instituer une « part incitative ». Cette part variable, qui peut représenter jusqu'à 45 % du produit total de la taxe, peut tenir compte du volume ou du poids des déchets produits, ainsi que du nombre d'enlèvements par semaine.

Ces deux dispositions, si elles sont mises en œuvre, font clairement basculer la logique de liquidation de la taxe vers celle de la redevance. Nous n'en contestons pas la pertinence ou la légitimité au regard de certains enjeux afférents au service public financé, mais elles aboutissent clairement à menacer ce qui fait la spécificité de la redevance et incidemment sa raison d'être.

On rappellera qu'une telle déconnexion entre les facultés des contribuables et le montant de l'imposition acquittée n'est possible que parce que le Conseil constitutionnel a arrêté depuis de longues années deux positions de principe.

D'une part, s'il a bien reconnu une valeur constitutionnelle à la progressivité de l'imposition globale du revenu des personnes physiques[926], cette garantie ne s'applique pas à toutes les impositions[927] et peut être écartée au profit d'autres impératifs. C'est ainsi que, dans un « objectif de simplification » de la loi fiscale et de limitation afférente des coûts de gestion par l'administration, le législateur peut choisir d'appliquer des bases forfaitaires et ne pas prendre en compte la réalité des situations individuelles[928].

D'autre part, comme nous l'avons déjà signalé, « le Conseil constitutionnel ne se reconnaît pas un pouvoir général d'appréciation et de décision de même nature que celui du Parlement »[929]. Sous réserve d'une erreur manifeste d'appréciation[930], il ne recherche pas si les objectifs que s'était assignés le législateur auraient pu être atteints par d'autres moyens plus en conformité avec le principe d'égalité devant les charges publiques. Si la censure en 2009 de la contribution carbone[931] avait un temps laissé penser que le Conseil était prêt à faire évoluer sa position ne serait-ce qu'en matière fiscale, s'emparant ainsi d'un contrôle de l'omission législative[932], plusieurs décisions prises depuis ont confirmé qu'il ne s'agissait là que d'un cas d'espèce bien spécifique, au regard notamment de la création d'une imposition *ex nihilo*.

Plusieurs arrêts de la juridiction administrative contribuent également à ce mouvement de rapprochement dans les modalités de calcul des redevances et des taxes. À ainsi été considérée comme illégale une taxe dont le montant global ne se bornait pas à couvrir les charges du service public à financer[933], ce qui n'est au final qu'une transposition de la vieille jurisprudence du Conseil d'État *Société stéphanoise des eaux*[934] censurant toute redevance dont le produit global viserait ouvertement à dégager des excédents visant à financer le budget général d'une collectivité et non le service public visé.

La frontière entre taxe et redevance, si elle reste juridiquement bornée au regard de la compétence exclusive du législateur en matière fiscale, est aujourd'hui sujette à questionnement, à l'heure où la logique d'impôt-échange ne cesse d'être confortée et où les grilles tarifaires empruntent de plus en plus de modalités et de critères à l'impôt[935].

À terme, il n'est pas impossible que le levier tarifaire, bien que relégitimé dans son ensemble par l'essor des impôts spéciaux, ne soit condamné dans les situations particulières où il entre en concurrence avec lesdits impôts spéciaux, au regard des atouts objectifs et subjectifs résiduels de la matière fiscale. À moins que des taxes qui s'apparenteraient trop à une logique tarifaire ne soient, elles, transformées[936], ce qui semblerait nettement préférable d'un point de vue conceptuel.

La balle est dans le camp du législateur, qui à force de laisser la jurisprudence expérimenter en la matière et d'entretenir lui-même une certaine confusion, devra peut-être franchir dans les prochaines années le Rubicon d'un rapprochement.

Le constat fait il y a plus de trente ans par GRUSON et COHEN sur la « difficulté pratique de distinguer redevance et taxe dans certains cas »[937] est aujourd'hui d'une brûlante actualité. L'édifice théorique patiemment bâti au cours du XXe siècle est aujourd'hui mis à mal par les choix du législateur et les positions du juge : la redevance peut être demandée à l'usager potentiel et tenir compte de la capacité contributive de celui qui s'en acquitte, quand la taxe dans un même temps peut épargner l'usager potentiel et ne pas tenir compte des « facultés » visées par l'article 13 de la Déclaration des droits de l'homme et des citoyens.

Dès lors, redevances et taxes, « notions voisines au contenu différent »[938], pourraient dans les années qui viennent voir cette différence se réduire, au point éventuellement de disparaître.

Conclusion du chapitre 2

L'essor de l'impôt spécial local, s'il a permis un véritable effet d'entraînement pour le levier tarifaire en relégitimant la mise à contribution des bénéficiaires des services publics, est incidemment porteur d'un risque pour ce même levier tarifaire. Il menace d'une certaine façon son existence en offrant une alternative à la recherche d'un financement ciblé sur certains citoyens.

Dès lors que des mécanismes législatifs peuvent prévoir que les usagers potentiels, mais non effectifs d'un service ne soient pas concernés par la taxe et que le niveau de ladite taxe se fonde non pas sur les facultés des contribuables, mais sur le niveau du service rendu, la possibilité d'une translation générale de la matière tarifaire vers la matière fiscale n'est plus un scénario purement hypothétique.

L'essor de l'impôt spécial local pourrait ainsi à terme s'apparenter à une victoire à la Pyrrhus pour la redevance, confortée à court terme, mais menacée dans sa spécificité même à long terme.

Conclusion du titre 2

Comme le relevait Pierre ROSANVALLON, « l'impôt affecté peut être à la fois une solution et un piège »[939].

À court terme, l'essor de l'impôt spécial permet de répondre à la critique de l'emploi de l'impôt qui s'était développée ces dernières décennies : c'est une réponse formelle, quasi scolaire, à la « double demande contemporaine d'une individualisation accrue et d'un développement du sens de l'intérêt général »[940]. Il emporte incidemment une relégitimation du levier tarifaire avec qui est partagée une logique de ciblage partiel du financement d'un service public donné sur ses bénéficiaires.

À long terme, ce mouvement pourrait cependant fragiliser encore davantage le consentement à l'impôt par la négation qu'il représente du principe d'universalité budgétaire, principe pourtant nécessaire au fonctionnement apaisé de chaque démocratie[941]. Il pourrait également, après avoir un temps insufflé une relance du levier tarifaire, questionner la pertinence de ce mode de financement à partir du moment où le législateur et le juge ont fragilisé sur les dernières années les distinctions existant entre les deux contributions en matière de contributeur et de niveau de la contribution.

Ainsi, si l'essor de l'impôt spécial est aujourd'hui un incontestable moteur de l'intérêt renouvelé des décideurs publics locaux pour la tarification des services publics qu'ils mettent en œuvre, le caractère positif d'une telle trajectoire est plus incertain sur la durée au regard des questionnements qu'elle porte.

CONCLUSION DE LA SECONDE PARTIE

La récente redécouverte de la redevance par les décideurs publics locaux s'est naturellement fondée sur des évolutions propres à la matière tarifaire, mais aussi sur des évolutions touchant la perception et la structure même de l'impôt local, autre branche de l'alternative lorsqu'il s'agit de financer les services publics.

C'est parce que l'impôt général local, dans son avatar actuel, n'offre une liberté que relative dans sa modulation et une prise en compte toute limitée de la capacité contributive de ceux qui s'en acquittent que le recours au levier tarifaire redevient pertinent et opérationnel.

C'est parce que l'impôt spécial se développe au sein du panier fiscal local, et avec lui une logique de plus ample mise à contribution des bénéficiaires des services publics, que le recours au levier tarifaire redevient légitime.

Ces ressorts exogènes du renouveau quantitatif et qualitatif du levier tarifaire semblent tout aussi importants dans la bonne appréhension de ce phénomène que les ressorts endogènes que sont la sécurisation juridique ou l'objectivation des avantages et inconvénients de la tarification des services publics.

CONCLUSION
VERS UN RECOURS RAISONNE ET RAISONNABLE AU LEVIER TARIFAIRE LOCAL ?

« C'est une erreur de quelques écrivains financiers de regarder l'impôt comme étant actuellement ou devant être prochainement la source presque exclusive des revenus publics. Certes, jusqu'ici presque partout, la part des revenus provenant de l'impôt a augmenté [...], mais il se pourrait qu'il y eût dans l'avenir un mouvement inverse. »

Paul LEROY-BEAULIEU[942]

L'horizon temporel de presque un siècle et demi n'était certainement pas celui imaginé par LEROY-BEAULIEU, mais les faits semblent aujourd'hui lui donner raison, au niveau du secteur public communal tout du moins. Le temps d'une « inclination en "faveur" du contribuable »[943] hégémonique semble bien révolu. Les redevances progressent aujourd'hui plus rapidement que les impositions en général et les impôts généraux directs en particulier, sous l'effet de quatre ressorts que nous avons essayé de décrire : un élargissement de ce qui peut être tarifé, une objectivation des atouts et des handicaps du levier tarifaire, la prise de conscience des limites des impôts généraux locaux en matière de modalités de modulation et de prise en compte de la capacité contributive de ceux qui s'en acquittent, et enfin un effet d'entraînement des impôts spéciaux locaux qui partagent avec les redevances la même logique de mise à contribution d'une partie de la population.

Le recours accru au levier tarifaire qui semble s'amorcer ne doit cependant pas être analysé de la même manière que l'essor des taxes locales qui l'accompagne et qui l'a, pour partie, rendu possible. La seconde tendance n'est qu'une simple réponse, dont nous avons tenté de montrer qu'elle faisait peu de sens sur le long terme, à la diminution de la confiance qu'accordent les citoyens à la personne publique. La première tendance doit être accueillie comme la redécouverte d'un support de financement des services publics aussi anciens dans ses fondements que modernes dans ses derniers avatars. C'est notamment parce que « les inégalités économiques sont largement redoublées par des inégalités devant l'impôt »[944], y compris et surtout devant l'impôt local, que la mobilisation complémentaire d'une redevance potentiellement bien plus juste fait aujourd'hui pleinement sens.

Il aura ainsi fallu des décennies pour dépassionner, partiellement, le débat et permettre d'accepter qu'une redevance juste valait peut-être mieux, dans la préservation du vivre ensemble, qu'un impôt injuste. Aussi paradoxal que cela puisse paraître au premier abord, on retrouvera demain dans les rangs des promoteurs du levier tarifaire d'une part le libéral par essence méfiant vis-à-vis de la « contribution commune » et d'autre part le progressiste pragmatique qui n'est pour sa part que l'amoureux déçu par ladite contribution commune, voyant dans une redevance intelligemment instituée un moindre mal. Pareille concordance illustre selon nous la pertinence d'une telle évolution, même s'il ne faut pas trop demander à ce levier tarifaire après l'avoir longtemps ignoré : en cette période de crise des finances publiques, dans leur équilibre comme dans leur fondement, « la tarification est sans doute une réponse, qui a ses propres limites »[945]. Au même titre que sa mobilisation limitée hier soulevait certaines questions, une mobilisation excessive demain ne manquerait pas d'en soulever d'autres[946].

Il reste à espérer que, dans la durée, la redevance, « source de financement non négligeable, mais souvent négligée »[947], trouve enfin la place qui aurait dû être la sienne depuis des décennies au sein des finances locales françaises. La place non plus d'un concurrent malaisé, mais d'un complément apaisé d'une imposition locale qui aurait atteint ses limites, quantitatives et surtout qualitatives. Aux élus d'en décider[948] dans les prochaines années, de leur propre initiative ou à défaut sous le « poids des circonstances »[949]. Mais, pour reprendre la rhétorique aristotélicienne, sommes-nous enfin prêts à troquer un peu moins d'impôt, outil défaillant d'une justice générale, contre un peu plus de redevances, outil opérationnel d'une justice particulière ?

Un trop grand optimisme n'est pas de rigueur. Certes, « les marges de manœuvre de relèvement des tarifs restent importantes : modestie des produits tarifaires existants, inégalité de traitement par catégories d'usagers, fréquentation encore peu sensible aux prix dans certains cas »[950]. Néanmoins, un contexte favorable sur le papier à la réinterrogation et la réappropriation du levier tarifaire a déjà existé par le passé en France, sans aboutir pour autant à une relation modernisée des citoyens et de leurs élus vis-à-vis de ce mode de financement du secteur public. Par ailleurs, comme le constataient déjà GRUSON et COHEN il y a trente ans, « il faut une volonté très affirmée et une grande continuité de vues pour qu'une municipalité accepte les surcoûts initiaux qu'elle doit supporter, et les risques d'impopularité qui la menacent, avant de voir la concrétisation des bénéfices d'une politique d'aménagement des tarifs »[951]. Il n'est pas certain que la capacité des édiles nationaux et locaux à identifier puis viser un intérêt général atemporel ait réellement progressé sur les dernières décennies. De même, le renouvellement en cours de la classe politique locale, voyant des profils de gestionnaires des affaires publiques succéder à des profils traditionnellement plus militants et idéologisés[952], ne garantit pas nécessairement que les handicaps historiques et affectifs du levier tarifaire que nous avons mis en lumière soient dépassés.

Enfin, et surtout serait-on tenté de dire, toute réforme tarifaire mise en œuvre dans une volonté de meilleure répartition de la charge, entre usagers et contribuables et surtout au sein des usagers, peut sembler dans le contexte actuel vouée à ne donner que des résultats fragiles, réversibles et surtout limités au regard des enjeux afférents à la distribution des revenus par la sphère économique et leur redistribution par la sphère publique. Repenser la tarification de la cantine scolaire, de la crèche, du musée ou encore de la salle des fêtes ne représente au bout du compte qu'une amélioration marginale de la vie des citoyens concernés. Mais c'est bien sur cette marge, plus ou moins grande, que l'action publique locale fonde à la fois son objet et sa distinction, sa noblesse diront certains. Dès lors, ne renonçons pas à cultiver ce jardin.

BIBLIOGRAPHIE

Ouvrages, essais et manuels

ALGAN Yann, CAHUC Pierre et ZILBERBERG André, *La fabrique de la défiance... et comment s'en sortir*, Poche, 2013, 192 pages

ARKWROGHT Edward, BŒUF Jean-Luc et COURREGES Cécile, *Les finances publiques et la réforme budgétaire*, La Documentation française, 2008 (4e édition), 180 pages

BALLY Jean-Luc et BONSIGNORE Jean-Pascal, *Finances, budget, fiscalité : mieux communiquer, mieux faire participer*, Territorial, 2011, 152 pages

BAREL Etienne, BEAUX Christophe, KESLER Emmanuel et SICHEL Olivier, *Économie politique contemporaine*, Armand Colin, 2007 (3e édition), 487 pages

BARILARI André, *Le consentement à l'impôt*, Presses de Sciences-Po, 2000, 147 pages

BATSCH Laurent et JEAMBAR Denis, *Quand l'université fait école*, PUF, 2014, 208 pages

BEITONE Alain (sous la direction de), *Économie, sociologie et histoire du monde contemporain*, Armand Colin, 2013, 704 pages

BELTRAME Pierre, *La fiscalité en France*, Hachette, 2014 (20e édition), 168 pages

BEZES Philippe et SINE Alexandre (sous la direction de), *Gouverner (par) les finances publiques*, Presses de Sciences-Po, 2011, 523 pages

BIN Fabrice, *L'influence de la pensée chrétienne sur les systèmes fiscaux d'Europe occidentale*, L'Harmattan, 2007, 466 pages

BLANC Jacques, *Finances locales comparées*, LGDJ, 2002, 150 pages

BŒUF Jean-Luc, *Le quarteron de la décentralisation : contribuable, usager, électeur, citoyen*, Secteur public, 2012, 133 pages

BOURDIEU Pierre, *Sur l'État : cours au Collège de France (1989-1992)*, Points, 2015, 702 pages

BOUVIER Michel, *Les finances locales*, LGDJ, 2013 (15e édition), 320 pages

BOUVIER Michel, *Introduction au droit fiscal général et à la théorie de l'impôt*, LGDJ, 2014 (12e édition), 304 pages

BOUVIER Michel (sous la direction de), *Réforme des finances publiques, démocratie et bonne gouvernance*, LGDJ, 2004, 396 pages

BRACONNIER Stéphane, *Droit des services publics*, PUF, 2007 (2e édition), 621 pages

BRAIBANT Guy et STIRN Bernard, *Le droit administratif français*, Dalloz, 2005 (7e édition), 652 pages

BRAUD Philippe, *Sociologie politique*, LGDJ, 2014 (11e édition), 659 pages

BROLLES Roland et STRAUB Bernadette, *Budget des communes et des EPCI 20015*, Berger-Levrault, 2015 (25e édition), 1 288 pages

CABANNES Michel, *Les finances locales sur la paille ?*, Le bord de l'eau, 2011, 158 pages

CHEVALLIER Jacques, *Le service public*, PUF, 2010 (8e édition), 126 pages

CLEREMBAUX Joël, *Vade-mecum de la fiscalité locale : comment optimiser le levier fiscal*, Territorial, Dossiers d'experts, 2011, 130 pages

DANTONEL-COR Nadine, *Droit des collectivités territoriales*, Bréal, 2011 (4e édition), 304 pages

DAUNTON Martin, *Trusting Leviathan : the politics of taxation in Britain (1799-1914)*, Cambridge University Press, 2007, 456 pages

DAVEZIES Laurent, *La République et ses territoires : la circulation invisible des richesses*, Seuil, 2008, 109 pages

DAVID Cyrille, FOUQUET Olivier, PLAGNET Bernard, RACINE Pierre-François, *Les grands arrêts de la jurisprudence fiscale*, Dalloz, 2009 (5e édition), 1 135 pages

DE PALMA André et QUINET Émile (sous la direction de), *La tarification des transports : enjeux et défis*, Economica, 2005, 382 pages

DELALANDE Nicolas, *Les batailles de l'impôt : consentement et résistance de 1789 à nos jours*, Seuil, 2014, 445 pages

DELOYE Yves, *Sociologie historique du politique*, La Découverte, 1996, 2007 (3e édition), 121 pages

DESAGE Fabien et GUERANGER David, *La politique confisquée : sociologie des réformes et des institutions intercommunales*, Croquant, 2011, 247 pages

DOUAT Etienne et GUENGANT Alain, *Leçons de finances locales*, Economica, 2002, 261 pages

DOUAT Étienne et BADIN Xavier, *Finances publiques : finances communautaires, nationales, sociales et locales*, PUF, 2006 (3e édition), 485 pages

DUBERGE Jean, *La psychologie sociale de l'impôt*, PUF, 1961, 231 pages

DURIF Fabrice, *Les recettes annexes des communes*, Territorial, 2013, 132 pages

DUSSART Vincent, *Finances publiques*, Larcier, 2012 (13e édition), 344 pages

ELSTER Jon, *Psychologie politique*, Minuit, 1990, 186 pages

FAVOREU Louis, PHILIP Loïc, GAÏA Patrick, GHEVONTIAN Richard, MELIN-SOUCRAMANIEN Ferdinand, OLIVA Éric et ROUX André, *Les grandes décisions du Conseil constitutionnel*, Dalloz, 2013 (17e édition), 686 pages

GIOVANNANGELI Magali et SAGOT-DUVAUROUX Jean-Louis, *Voyageurs sans tickets : liberté, égalité, gratuité : une expérience sociale à Aubagne*, Au Diable Vauvert, 2012, 233 pages

KAST Robert, *La théorie de la décision*, La Découverte, 1993 (2e édition), 128 pages

KOUBI Geneviève et GUGLIELMI Gilles (sous la direction de), *La gratuité, une question de droit ?*, L'Harmattan, 2003, 238 pages

LACHAUME Jean-François, PAULIAT Hélène, BOITEAU Claudie et DEFFIGIER Clotilde, *Droit des services publics*, Lexis Nexis, 2012, 722 pages

LAMBERT Thierry et HAYAT Mirko (sous la direction de), *La décentralisation fiscale : jusqu'où ?*, L'Harmattan, 2005, 232 pages

LAMBERT Thierry et BIENVENU Jean-Jacques, *Droit fiscal*, PUF, 2010 (4e édition), 456 pages

LANDAIS Camille, PIKETTY Thomas et SAEZ Emmanuel, *Pour une révolution fiscale*, Seuil, 2011, 133 pages

LASCOUMES Pierre et LE GALES Patrick, *Gouverner par les instruments*, Presses de Sciences-Po, 2005, 369 pages

LATOUR Bruno, *La fabrique du droit : une ethnographie du Conseil d'Etat*, La Découverte, 2004, 320 pages

LAURE Maurice, *La science fiscale*, PUF, 1993, 424 pages

LE CACHEUX Jacques, *Les Français et l'impôt*, Odile Jacob, 2008, 169 pages

LEROY Marc, *L'impôt, l'État et la société*, Economica, 2010, 384 pages

LONG Marceau, WEIL Prosper, BRAIBANT Guy, DEVOLVE Pierre et GENEVOIS Bruno, *Les grands arrêts de la jurisprudence administrative*, Dalloz, 2013 (19e édition), 1 054 pages

LONG Martine (sous la direction de), *Le financement des services publics locaux*, LGDJ, 2010, 163 pages

LONG Martine, *La tarification des services publics locaux*, LGDJ, 2001, 180 pages

MUZELLEC Raymond et CONAN Matthieu, *Finances locales*, Dalloz, 2011 (6e édition), 254 pages

PAYRE Renaud, *Une science communale ? Réseaux réformateurs et municipalité providence*, CNRS, 2007, 309 pages

PHILIP Loïc, *Les fondements constitutionnels des finances publiques*, Economica, 1995, 112 pages

PICARD Jean-François, *Finances locales*, LexisNexis, 2013 (2e édition), 500 pages

ROBERT Fabrice, *Les finances locales*, La Documentation française, 2013 (2e édition), 240 pages

ROSANVALLON Pierre, *La crise de l'État-providence*, Seuil, 1992 (réédition), 192 pages

ROSANVALLON Pierre, *La légitimité démocratique : impartialité, réflexivité, proximité*, Seuil, 2008, 367 pages

ROUX André (sous la direction de), *Finances publiques*, La Documentation française, 2011 (3e édition), 382 pages

SERVERIN Evelyne, *Sociologie du droit*, La Découverte, 2000, 118 pages

SFEZ Lucien, *La décision*, PUF, 2004 (4e édition), 128 pages

SPIRE Alexis, *Faibles et puissants face à l'impôt*, Raisons d'agir, 2012, 134 pages

STEINER Philippe et VATIN François, *Traité de sociologie économique*, PUF, 2013 (2e édition), 816 pages

TOBELEM Jean-Michel (sous la direction de), *La culture mise à prix : la tarification des sites culturels*, L'Harmattan, 2005, 262 pages

THOUMELOU Marc, *Collectivités territoriales : quel avenir ?*, La Documentation française, 2011, 232 pages

VALLE Annie, *Les systèmes fiscaux*, Points, 2014, 242 pages

Thèses

ARNAUD Brice, *Politiques de tarification, stratégies de différenciation et gestion optimale des déchets ménagers*, Université MONTESQUIEU (Bordeaux IV), 2013

BOSSEBOEUF Claire, *Les collectivités territoriales et leurs musées : recherche sur le développement et les modalités de gestion et de gouvernance d'un service public local*, Université DESCARTES (Paris V), 2012

BOUCLIER Thierry, *L'impossible réforme de la fiscalité locale au XXe siècle*, Université Panthéon – Assas (Paris II), 1998

BRANQUART Christelle, *La réforme de la fiscalité locale en France*, Université de Strasbourg, 2009

DE CROUY-CHANEL Emmanuel, *Le contribuable-citoyen : histoire d'une représentation fiscale (1750-1999)*, Université Panthéon – Sorbonne (Paris I), 1999

DELALANDE Nicolas, *Consentement et résistances à l'impôt : l'État, les citoyens et le problème de la confiance sous la IIIe République*, Université Panthéon – Sorbonne (Paris I), 2009

DEFLINE Pascale, *Notion de rentabilité financière et logique de choix dans les services publics : le cas des choix d'investissement dans quatre services publics municipaux*, Conservatoire national des arts et métiers (Paris), 2011

FRERET Sandy, *Essais empiriques sur les interactions horizontales en termes de dépenses publiques*, Université Rennes I, 2008

HERTZOG Robert, *Recherches sur la gratuité et la non-gratuité des services publics*, Université de Strasbourg, 1972

LONG Martine, *Les problèmes juridiques liés à la tarification des services publics locaux*, Université de Pau, 1994

PAYRE Renaud, *A la recherche de la « science communale » : les « mondes » de la réforme municipale dans la France de la première moitié du vingtième siècle*, Université Pierre MENDES FRANCE (Grenoble II), 2002

ROSA Audrey, *Solidarité et impôt : recherche sur les fondements de l'impôt moderne*, Université Toulouse I, 2013

Articles

Droit public

BORGETTO Michel, *Services publics locaux et principe d'égalité : sur la nature juridique du service de distribution d'eau et le traitement jurisprudentiel du principe d'égalité*, RFDA, 1993, p.673

BOTTEGHI Damien et LALLET Alexandre, *Le principe d'égalité n'a rien perdu de son charme, ni de son éclat*, AJDA, 2011, p.150

BOUCHER Julien et BOURGEOIS-MACHUREAU Béatrice, *Redevances pour service rendu : l'assouplissement de la règle du plafonnement par le coût*, AJDA, 2007, p.1807

BOUVIER Michel, *Le Conseil constitutionnel et l'autonomie fiscale des collectivités territoriales : du quiproquo à la clarification*, NCCC n°33, 2011

BRACONNIER Stéphane, *La liberté de gestion des services publics à l'épreuve de la QPC*, AJDA, 2011, p.1809

CABANNES Xavier, *L'usager et la rémunération du service rendu*, RFDA, 2013, p.482

CAMBY Jean-Pierre, *Les impositions de toutes natures : une catégorie sans critère ?*, AJDA, 1991, p.339

CARBAJO Joël, *Remarques sur l'intérêt général et l'égalité des usagers devant le service public*, AJDA, 1981, p.176

DAMAREY Stéphanie, *Le prix symbolique en droit public*, AJDA, 2003, p.2298

DE CROUY-CHANEL Emmanuel, *Le Conseil constitutionnel mobilise-t-il d'autres principes constitutionnels que l'égalité en matière fiscale ?*, NCCC n°33, 2011

DI MANNO Thierry, *Les revirements de jurisprudence du Conseil constitutionnel français*, NCCC n°20, 2006

DREYFUS Jean-David, *La valorisation par l'État de son patrimoine immatériel*, AJDA, 2009, p.696

ECKERT Gabriel, *L'intervention des collectivités territoriales en matière d'infrastructures de télécommunications : difficultés nouvelles et solutions anciennes*, RFDA, 2000, p.139

FLÜCKIGER Alexandre, *Le principe de clarté de la loi ou l'ambiguïté d'un idéal*, NCCC n°21, 2007

FOUQUET Olivier, *Le Conseil constitutionnel et le principe d'égalité devant l'impôt*, NCCC n°33, 2011

FRAISSE Régis, *Les redevances pour service rendu : tentative de clarification*, Droit administratif n°6, 2005

GALLARDO Jean-Michel, *La garantie indirecte du droit à un traitement différent dans la jurisprudence du Conseil d'État*, AJDA, 2003, p.219

GAVAIL Yvan, *Services publics locaux : accès aux services et tarifs différenciés*, Cahiers juridiques n°135, février 2010

HAÏM Victor, *Le droit de timbre nouveau est arrivé*, AJDA, 2012, p.154

HERTZOG Robert, *Le prix du service public*, AJDA, 1997, p.55

JEGOUZO Yves, *Émergence et limites d'un droit à la discrimination positive*, AJDA, 2003 p.2281

LATOUR Xavier et MOREAU Pierre, *Délégation et activités de police : stop ou encore ?*, Semaine juridique – édition ACT, 2012, réf. 2117

LAVIALLE Christian, *Les métamorphoses du stationnement payant sur voirie et l'évolution de la domanialité publique*, RFDA, 2015, p.305

LEMOYNE DE FORGES Jean-Michel, *L'autisme du Conseil d'État*, AJDA, 2008, p.297

LOHEAC-DERBOULLE Philippine, *"Taxe-trottoir" : circulez, il n'y a rien à percevoir*, Semaine juridique – édition ACT, 2014, réf. 2236

MELLA Elisabeth, *Le prix du service public de la culture*, AJDA, 2010, p.2037

MICHEL Jérôme, *Les cas où les SDIS peuvent demander aux personnes secourues une participation aux frais*, AJDA, 2005, p.959

MONTAIN-DOMENACH Jacqueline, *Principe de libre administration et intercommunalité : transition et incertitudes*, NCCC n°12, 2002

DE MONTECLER Marie-Christine, *Les jeunes en situation irrégulière et les touristes peuvent être écartés de la gratuité des musées*, AJDA, 2013, p.143

PAULIAT Hélène, *Le caractère absolu ou relatif du droit de propriété ? : l'acceptation constitutionnelle des limitations justifiées et proportionnées*, Semaine juridique – édition ACT, 2011, réf. 2366

PHILIP Loïc, *L'autonomie financière des collectivités territoriales*, NCCC n°12, 2002

PONGERARD Hélène, *Égalité et différenciations tarifaires visant à privilégier les « gens du pays »*, RFDA, 2002, p.352

QUESSETTE Laurent, *Le chômage, ma cantine, le Maire et moi*, AJDA, 2012, p.2361

QUINART Emilien, *Quand le Conseil constitutionnel propose la loi ?*, AJDA, 2014, p.142

RAYNAUD Fabien et FOMBEUR Pascal, *Contours de la notion d'imposition de toute nature*, AJDA, 1998, p.787

RICHERT Laurent, *L'hédonisme du Conseil d'État*, AJDA, 2007, p.2057

ROLIN Frédéric, *Le contrat de partenariat « écotaxe », symptôme d'un Etat impotent*, AJDA, 2013, p.2225

SCHMERBER Cathy, *A qui les SDIS peuvent-ils demander une participation à leur frais d'intervention ?*, AJDA, 2011, p.850

SPITZ Pierre-Eric, *Les nouvelles méthodes de gestion des biens publics*, AJDA, 2007, p.949

TERNEYRE Philippe, *La réglementation des prix*, RFDA, 2014, p.861

TOURETTE Florence, *La tarification « famille nombreuse » de la SNCF est une prestation d'aide sociale*, AJDA, 2004, p.347

UNTERMAIER Élise, *Que reste-t-il de la distinction des redevances pour service rendu et des redevances pour occupation du domaine public ?*, AJDA, 2010, p.1062

UNTERMAIER Élise, *Redevances pour service rendu et redevances pour occupation du domaine public : les dernières évolutions*, Semaine juridique – édition ACT, 2013, réf. 2039

VAN LANG Agathe, *La privatisation de l'usager*, RFDA, 2013, p.494

VANDENDRIESSCHE Xavier, *Nationalité, citoyenneté, fiscalité*, AJDA, 2011, p.2033

VERPEAUX Michel, *L'égalité d'accès à la restauration scolaire : principe et limites*, AJDA, 2010, p.265

VERPEAUX Michel, *Quand le Conseil constitutionnel veille au respect de la libre administration des collectivités territoriales*, AJDA, 2011, p.2067

Économie, finances publiques et fiscalité

AGLAE Marie-Joseph, *De l'impôt et de ses limites*, RFFP n°120, 2012

ARRONDEL Luc et MASSON André, *L'efficacité économique peut-elle justifier l'augmentation des droits de succession ?*, La Vie des idées (http://www.laviedesidees.fr/), 17 juin 2008

BARILARI André et BRAND Thomas, *Le paradoxe de Montesquieu : de la corrélation entre l'importance des prélèvements obligatoires, le développement économique et social et le niveau de démocratie*, RFFP n°108, 2009

BARILARI André, *Peut-on réformer l'État avec les méthodes du secteur privé ?*, RCE n°2, 2007

BARILARI André, *Le consentement à l'impôt, fragile, mais indispensable aporie*, RCE n°1, 2007

BARILARI André, *Réflexions sur la problématique de la réforme fiscale*, RFFP n°60, 1997

BECAM Marc, *Autonomie communale et fiscalité locale : quelques observations*, RFFP n°13, 1986

BELANGER Gérard, *Une façon de privatiser : tarifer les services publics*, RFFP n°41, 1993

BLACHER Philippe, *Le contrôle par le juge administratif de la tarification des services publics*, RFFP n°72, 2000

BLANC Jacques, *L'exercice du pouvoir réglementaire en fiscalité locale*, RFFP n°75, 2001

BLANC Jacques, *Défense et illustration des « quatre vieilles »*, RFFP n°38, 1992

BLOCH-LAINE François, *L'évolution du rôle de l'État*, RFFP n°41, 1993

BOUINOT Jean, *La tarification des services municipaux*, RFFP n°6, 1984

BOUVIER Michel, *La notion de capacité contributive des contribuables dans la société post-moderne*, RFFP n°100, 2007

BOUVIER Michel, *L'autonomie financière locale à travers les crises*, RFFP n°119, 2012

CANNAC Yves, *Dépense privée, dépense publique*, RFFP n°77, 2002

CARBONNIER Clément, *A qui profiterait une baisse de la TVA dans la restauration ?*, RCE n°1, 2007

CARREZ Gilles, *L'autonomie fiscale des collectivités locales*, RFFP n°103, 2008

CHATRIOT Alain, *Les transformations des services publics français au XXe siècle : quelques repères*, RCE n°2, 2007

CHEVALLIER Jacques, *Les nouvelles frontières du service public*, RCE n°2, 2007

COLAS-BELCOUR François, *Les ressources des agences de l'eau, de la redevance à la taxe : une modernisation juridique anachronique ?*, RFFP n°118, 2012

COLLIARD Jean-Edouard, *La justification économique des services publics*, RCE n°2, 2007

COLLIARD Jean-Edouard et MONTIALOUX Claire, *Une brève histoire de l'impôt*, RCE n°1, 2007

COLLIARD Jean-Edouard, *Pourquoi les pauvres n'exproprient-ils pas les riches en démocratie ?*, RCE n°1, 2007

COULOMB Renaud, *Réduire la place du secteur public : l'expérience thatchérienne*, RCE n°2, 2007

COULOMB Renaud, *La flat tax, nouvel horizon des réformes fiscales ?*, RCE n°1, 2007

DARELLIS Patricia, *L'optimisation des ressources des collectivités territoriales*, RGFP, mars-avril 2011, p.232

DARRIGRAND André, *La tarification du service rendu*, RFFP n°35, 1991

DAUPHIN Gérard et DELECROIX Michel, *Le contentieux fiscal local*, RFFP n°50, 1995

DEBRE Michel, *L'inégalité des ménages face à l'impôt sur le revenu*, RFFP n°14, 1986

DUBERGE Jean, *Le processus de la dédramatisation des impôts*, RFFP n°41, 1993

DUBERGE Jean, *Les aspects psychosociologiques de la fiscalité locale*, RFFP n°13, 1986

ESCLASSAN Marie-Christine, *1982-2012 : quelles grandes évolutions de la fiscalité locale ?*, RFFP n°119, 2012

FAIVRE D'ARCIER Bruno, *Le financement des transports publics urbains : quel équilibre entre le contribuable, l'usager et le bénéficiaire ?*, RFFP n°118, 2012

FERNIQUE Louis, *Perspectives de la tarification routière pour les poids lourds*, RGFP, février 2009, p.154

FOMERAND Gérard, *L'influence des modèles étrangers*, RFFP n°38, 1992

FOURCADE Jean-Pierre, *Quelle réforme des finances locales ?*, RFFP n°81, 2003

GADREY Jean, *Impôts, fabrication du « ras-le-bol » et réalité de l'injustice*, Le Monde diplomatique, décembre 2013, p.12

GILBERT GUY, *La spécialisation fiscale verticale : un point de vue d'économiste*, RFFP n°38, 1992

GILMOUR John B., *Le financement des autoroutes aux États-Unis*, RFFP n°118, 2012

GIULY Eric, *Possibilités et limites de l'évolution de la fiscalité locale*, RFFP n°13, 1986

GUENGANT Alain, *L'avenir incertain de la fiscalité locale : entre dégradation et rénovation*, RFFP n°77, 2002

GUINARD Dorian, *Réflexions actuelles sur la notion de service public*, RCE n°2, 2007

HERTZOG Robert, *La juridiction administrative et la classification des recettes publiques*, RFFP n°70, 2000

HERTZOG Robert, *La fin de l'État protecteur !*, RFFP n°38, 1992

HOIN René, *Complexité de la fiscalité locale en dehors des quatre grands impôts directs locaux*, RFFP n°50, 1995

JEANNARD Sébastien, *Redevance pour service rendu et compétences juridictionnelles*, RFFP n°118, 2012

KLEIN Jacques-Sylvain, *Réussir la réforme des impôts locaux*, RFFP n°38, 1992

KOLM Serge-Christophe, *Qu'est-ce qu'un impôt juste ?*, RCE n°1, 2007

LAFAY Jean-Dominique, *Les renouvellements de l'analyse économique par champ : de l'économie publique à la théorie économique de l'État*, Cahiers français n°363, juillet-août 2011

LAMBERT Alain, *Un cadre général pour une réforme de la fiscalité locale*, RFFP n°103, 2008

LAMBERT DE LA CROIX Guy, *Le bien-fondé d'un impôt local sur l'entreprise*, RFFP n°13, 1986

LANDAIS Camille, *« Boîte noire ? Panier percé ? : comment fonctionne vraiment la grande machine à redistribuer ?*, RCE n°1, 2007

LAREAU André, *Le rôle bien imparfait des impôts et l'accroissement des redevances au Canada*, RFFP n°118, 2012

LAURENT Philippe, *Pour une réforme du système fiscal local : ce que veulent les élus*, RFFP n°103, 2008

LAVIGNE Pierre, *Le centenaire de l'enseignement des finances publiques dans les facultés de droit françaises (décret du 24 juillet 1889)*, RFFP n°28, 1989

LECERF Michel et BLANC Guillaume, *Le financement des services publics : impôts ou redevances ?*, Droit fiscal, 1998, p.1159

LEMERCIER Claire, *La construction d'un modèle français de service public avant 1914*, RCE n°2, 2007

LEROY Marc, *Découvrir la sociologie fiscale*, RCE n°1, 2007

LIPRINO Vicenzo, *Le financement des services publics en Italie entre impôt, taxe et redevance*, RFFP n°118, 2012

MADIES, *La concurrence fiscale entre collectivités territoriales*, RCE n°1, 2007

MARTY Frédéric, *La privatisation des services publics : fondements et enjeux*, RCE n°2, 2007

MBOUHOU Max, *Taxes parafiscales : quelles solutions après le 31 décembre 2013*, Revue du Trésor, octobre 2003, p.587

MICHEL Jérôme, *Le juge et les redevances pour service rendu, quoi de neuf ?*, RFFP n°118, 2012

MOUGEOT Michel, *Économie publique locale et théorie économique*, Revue économique, volume 41, n°1, 1990

MONJOU Christian, *Question fiscale et révolution : l'exemple américain*, RCE n°1, 2007

MONTAGNIER Gabriel, *Budget et fiscalité : quelles réformes ?*, RFFP n°60, 1997

MONTIALOUX Claire, *Service public et intérêt général*, RCE n°2, 2007

MORAUD Jean-Christophe, *Le contrôle de la fiscalité locale par le préfet*, RFFP n°50, 1995

MOYSAN Emilie, *Redevance pour service rendu et droit de l'Union européenne*, RFFP n°118, 2012

OLIVA Éric, *Les principes de libre administration et d'autonomie financière*, RFFP n°119, 2012

ORSONI Gilbert, *L'évolution des ressources fiscales locales*, RFFP n°81, 2003

ORSONI Gilbert, *Brèves remarques, notamment méthodologiques, sur la réforme fiscale locale*, RFFP n°100, 2007

PAGANO Giuseppe et VANDERNOOT Julien, *Les recettes non fiscales dans l'assainissement des finances publiques belges : 1970-2010*, RFFP n°118, 2012

PERRIN Bernard, *Plaidoyer pour la fiscalité locale*, RFFP n°21, 1988

PERROT Anne, *La sous-traitance du service public au secteur privé : entretien sur la délégation de service public*, RCE n°2, 2007

PHILIP Loïc, *Le droit constitutionnel des finances publiques*, RFFP n°7, 1984

PRETOT Xavier, *La notion d'imposition de toute nature*, RFFP n°100, 2007

RICHARD Pierre, *Les stratégies de gestion : doit-on gérer une commune comme une entreprise*, RFFP n°13, 1986

RICHARD Pierre, *Fiscalité locale et solidarité*, RFFP n°41, 1993

ROSANVALLON Pierre, *« Relégitimer l'impôt ! »*, RCE n°1, 2007

SEGUIN Philippe, *De la politique budgétaire*, RFFP n°46, 1994

STERDYNIAK Henri, *La fiscalité française : chef-d'œuvre en péril ?*, RCE n°1, 2007

SUDREAU Pierre, *Adapter la France au XXIe siècle*, RFFP n°41, 1993

UNTERMAIER Élise, *Redevances et rentabilité des activités et des biens publics*, RFFP n°120, 2012, p.119

VALLETOUX Philippe, *Décentralisation : la fiscalité locale, enfin ?*, RFFP n°100, 2007

VALLETOUX Philippe, *Fiscalité locale : une réforme politique*, RFFP n°103, 2008

VEDEL Georges, *Où en est l'impôt ?*, RFFP n°1, 1983

VOISIN Arnaud, *La gestion mixte des services publics : délégation de service public, externalisation et partenariat public-privé*, RCE n°2, 2007

ZUCMAN Gabriel, *Taux marginaux et taux moyens*, RCE n°1, 2007

WINCKLER Cosimo, *Le système fiscal est-il réformable ?*, RCE n°1, 2007

Sciences politiques et administratives

BOUVIER Michel, *La réforme de la taxe professionnelle : une refondation de la gouvernance fiscale locale ?*, Regards sur l'actualité n°359, 2010

BREVILLE Benoît, *La charité contre l'État*, Le Monde diplomatique n°729, 2014, p.1 et 10

CENSI Marc, *Principes pour une réforme sous contrainte*, Pouvoirs locaux n°64, 2005

CHABERT Jean-Baptiste, *Les régions face à leur avenir*, Pouvoirs locaux n°91, 2011

CHALTIEL Florence, *Souveraineté et fiscalité locale*, Pouvoirs locaux n°87, 2010

CHAMOUARD Aude, *La Mairie socialiste, matrice du réformisme*, Vingtième Siècle, 2007/4, p.23

CHATRIE Isabelle, *La fiscalité locale dans l'Union européenne*, Regards sur l'actualité n°359, 2010

CHEVALLIER JACQUES et LOSCHAK Danièle, *Rationalité juridique et rationalité managériale dans l'administration française*, RFAP n°24, 1982

DELALANDE Nicolas, *Petits arrangements avec l'impôt : entretien avec Katia WEIDENFELD et Alexis SPIRE*, La Vie des idées (http://www.laviedesidees.fr/), 14 octobre 2011

FAURE Alain et MATHIEU Philippe, *Le service public, les leaders politiques locaux et les clients-citoyens : le cas d'école des musées gratuits et des musées entreprises*, Politiques et Management publics, 2006, volume 24, n°4, p.37

FREVILLE Yves, *Réforme des impôts ménages : entre le nécessaire et le possible*, Pouvoirs locaux n°64, 2005

GILBERT Guy, *La suppression de la taxe professionnelle : antécédents, enjeux et débats*, Regards sur l'actualité n°359, mars 2010

GILLES William, *Réflexions sur l'autonomie financière des collectivités territoriales au regard des réformes de la fiscalité locale*, Pouvoirs locaux n°87, 2010

GUENE Charles, *De l'autonomie de gestion des collectivités locales en France ou une révolution tranquille en marche*, Pouvoirs locaux n°87, 2010

GUENGANT Alain, *Quel avenir pour la fiscalité locale ?*, Pouvoirs locaux n°64, 2005

HAYAT Mirko, *Contribution économique territoriale : quels pouvoirs pour les élus locaux ?*, Pouvoirs locaux n°87, 2010

HOORENS Dominique, *Que peut-on (encore !) dire de la "spécialisation" ?*, Pouvoirs locaux n°64, 2005

JOSSELIN Jean-Michel et ROCABOY Yvon, *Le difficile ancrage de la fiscalité aux territoires*, Pouvoirs locaux n°64, 2005

KLOPFER Michel, *La nouvelle donne fiscale et ses impacts sur la gouvernance*, Pouvoirs locaux n°87, 2010

LAMBERT Thierry, *Réformer la fiscalité locale : une exigence contrariée*, Pouvoirs locaux n°87, 2010

LAURENT Philippe, *Les libertés réduites par les deux bouts !*, Pouvoirs locaux n°87, 2010

LONG Martine, *Quel avenir pour le prix des services publics dans un contexte financier contraint ?*, RFAP n°144, 2012

MASLARSKI David, *La conception de l'État de Gaston JEZE*, Jus Politicum n°3, 2009

ORSONI Gilbert, *Réforme de l'État et réforme fiscale locale*, Pouvoirs locaux n°87, 2010

PASQUINO Pasquale, *Le principe de majorité : nature et limites*, La Vie des idées (http://www.laviedesidees.fr/), 14 décembre 2010

POINT Christophe, RENOU Olivier et DOYEN Yann, *Foncier non bâti : radioscopie d'une taxe en sursis*, Pouvoirs locaux n°64, 2005

PONTIER Jean-Marie, *Les modulations tarifaires des services publics locaux et le principe d'égalité : à propos des décisions* Commune de Gennevilliers *et* Commune de Nanterre, Revue administrative, 1990, n°303, p.411

PORTAL Éric, *Quelles conséquences de l'amoindrissement de l'autonomie financière et de l'autonomie fiscale locale ?*, Pouvoirs locaux n°87, 2010

SOYER Dominique, *Sortir de l'impasse*, Pouvoirs locaux n°64, 2005

SPITZ Jean-Fabien, *La valeur égalité*, La Vie des idées (http://www.laviedesidees.fr/), 14 juin 2011

VIVIANO Michel, *Les « quatre vieilles » dans l'attente d'une nouvelle révolution*, Pouvoirs locaux n°87, 2010

Presse spécialisée

AUREJAC Pierre, *Taxation foncière : l'impôt déclaratif n'est-il pas une solution ?*, Études foncières n°120, 2006

BAUDRY Marc, GUENGANT Alain, LARRIBEAU Sophie et LEPRINCE Matthieu, *Taxe foncière et valeur vénale des propriétés bâties : le cas des maisons vendues à Rennes entre 1994 et 2001*, Études foncières n°117, 2005

BENARD François, *Gestion des déchets et développement de la redevance incitative : exemple de transformation du modèle économique d'un service public*, Flux n°74, 2008

CHABANOL Daniel, *La décentralisation, un « temple » à ébranler*, Gazette des communes, 22 octobre 2012, p.56

DUPREZ Fabien, *La* property tax *aux États-Unis*, Études foncières n°120, 2006

GOUTAL Yvon, *Service public local : une légitimité renouvelée, mais contraignante*, Gazette des communes, 12 novembre 2012

MATHIEU Philippe, *Collectivités locales : vers une différenciation aléatoire des politiques tarifaires*, La Lettre de l'OCIM n°111, 2007

SEVINO Aldo, *Restauration scolaire : modes de gestion et gratuité du service public*, Gazette des communes, 7 novembre 2011

Rapports et études

Rapports et études du Conseil d'État

Conseil d'État, *Redevances pour service rendu et redevances pour occupation du domaine public*, La Documentation française, 2002

Les Entretiens du Conseil d'État, *La tarification des services liés à l'usage d'infrastructures*, 2009

Rapports des juridictions financières et institutions associées

Conseil des prélèvements obligatoires, *La fiscalité affectée : constats, enjeux et réformes*, 2013

Conseil des prélèvements obligatoires, *Prélèvements obligatoires sur les ménages : progressivité, effets redistributifs*, 2011

Conseil des prélèvements obligatoires, *La fiscalité locale*, 2010

Conseil des prélèvements obligatoires, *Comparaison du taux de prélèvements obligatoires entre pays développés*, 2008

Conseil des prélèvements obligatoires, *La fiscalité dérogatoire*, 2003

Conseil des impôts, *La fiscalité locale*, 1989

Cour des comptes, *Les finances publiques locales*, 2013 et 2014

Cour des comptes, *Les relations de l'administration fiscale avec les particuliers et les entreprises*, 2012

Cour des comptes, *La conduite par l'État de la décentralisation*, 2009

Cour des comptes, *Les transports publics urbains*, 2005

Études et statistiques

Assemblée des Communautés de France, *Les politiques intercommunales de tarification des services publics de l'environnement et de l'énergie*, 2015

Dexia, *Dix ans de finances locales : 1986-1996*, 1998

Dexia, *25 ans de finances locales*, 2007

Dexia, *Les finances locales des vingt-cinq pays de l'Union européenne*, 2004

Dexia, *Finances publiques territoriales dans l'Union européenne*, 2011

Direction générale des collectivités locales, *Guide statistique de la fiscalité locale*, éditions 1987 à 2013

Fitch Ratings, *Suppression de la taxe professionnelle : un risque pour la solvabilité des collectivités locales*, 2009

Groupement des autorités responsables de transport, *Le financement des transports collectifs urbains en Europe*, 2009

Groupement des autorités responsables de transport, *Annuaire de la tarification du transport public urbain*, 2009 (6e version)

Observatoire des finances locales, *Les finances des collectivités locales*, éditions 2007 à 2013

Organisation de coopération et de développement économiques, *Toujours plus d'inégalités : pourquoi les écarts de revenus de creusent*, 2011

Terra Nova, *Pour une République des services publics*, 2011

Rapports parlementaires ou ministériels

Rapport d'information d'ARTHUIS Jean au Sénat, *La "suppression" de la taxe professionnelle : nécessité de compétitivité pour les entreprises et espoir de réforme pour les finances locales*, 2009

Rapport d'information de DALLIER Philippe, GUENE Charles et MEZARD Jacques au Sénat, *Évolution des finances locales à l'horizon 2017*, 2014

Rapport d'information de DAUDIGNY Yves et de DEROCHE Catherine au Sénat, *Fiscalité et santé publique : état des lieux des taxes comportementales*, 2014

Rapport d'information de DIEFENBACHER et LAUNAY Jean à l'Assemblée nationale, *Fiscalité écologique : une grille d'analyse*, 2009

Rapport d'information d'EMMANUELLI Henri à l'Assemblée nationale, *La taxe sur les billets d'avion et l'utilisation de ses recettes*, 2011

Rapport de FOUQUET Olivier au Premier Ministre, *Commission de la réforme de la taxe professionnelle*, 2004

Rapport d'information de FREVILLE Yves au Sénat, *Les dégrèvements d'impôts locaux*, 2003

Rapport d'information d'HERVE Edmond à l'Assemblée nationale, *La fiscalité locale*, 1998

Rapport d'information de LEONARD Jean-Louis et GOT Pascale à l'Assemblée nationale, *La mise en application de la loi n°2009-888 du 22 juillet 2009 de développement et de modernisation des services touristiques*, 2009

Rapport d'information de MARINI Philippe au Sénat, *Les prélèvements obligatoires entre volonté et réalités : préparer la refondation du modèle fiscal français*, 2005

Rapport d'information de MARITON Hervé à l'Assemblée nationale, *L'évolution de la fiscalité locale, de ses conséquences sur le pouvoir d'achat des ménages et sur la vie des entreprises, ainsi que sur les conditions d'une responsabilité mieux assumée des décideurs*, 2005

Rapport d'information de MERCIER Michel au Sénat, *Le compte d'avance aux collectivités territoriales*, 2007

Rapport d'information de MONTGOLFIER Alberic et DALLIER Philippe au Sénat, *La fusion de la Direction Générale des Impôts et de la Direction Générale de la Comptabilité Publique : une réforme payée à son juste prix ?*, 2011

Rapport de PEBEREAU Michel au Ministre des Finances, *Des finances publiques au service de notre avenir : rompre avec la facilité de la dette publique pour renforcer notre croissance économique et notre cohésion sociale*, 2005

Sitographie

Portail de l'État au service des collectivités : http://www.collectivites-locales.gouv.fr/

Site de l'Association des Maires des grandes villes de France : www.grandesvilles.org/

Site de Dexia – partie relative aux collectivités locales : http://www.dexia-creditlocal.fr/collectivites-locales/Pages/accueil.aspx

Site de l'Organisation de coopération et de développement économique – base de données sur les prélèvements obligatoires : www.oecd.org/ctp/taxdatabase

Site de l'Observatoire des inégalités : www.inegalites.fr

Site de l'Institut national de la statistique et des études économiques : www.insee.fr/fr/

Site de la Société française des finances publiques : http://www.sffp.asso.fr/

Site du Conseil constitutionnel – accès aux décisions : http://www.conseil-constitutionnel.fr/conseil-constitutionnel/francais/les-decisions/les-decisions.95486.html

Site du Conseil d'État – base de jurisprudence : http://www.conseil-etat.fr/fr/base-de-jurisprudence/

Base de données juridiques des éditions Dalloz : http://www.dalloz.fr/

TABLE DES MATIÈRES

PREFACE 9
SOMMAIRE 11
TABLE DES ABREVIATIONS 13

INTRODUCTION
À LA REDÉCOUVERTE DU LEVIER TARIFAIRE 15
De quoi redevance est-il le nom ? 19
La redevance, entre désintérêt ancien et intérêt renouvelé 22
Où en est la redevance ? 26

PREMIERE PARTIE
LA DYNAMIQUE ENDOGENE DE LA REDEVANCE 29

Titre 1 : L'élargissement du périmètre théorique de la redevance 31

Chapitre 1 : L'évolution des conditions extra-juridiques de la tarification 33
Section 1 : Le questionnement économique : que faire s'il n'y a pas d'usager ? 33
Section 2 : Le questionnement politique : que faire s'il n'y a que des bénéficiaires ? 35
A-Fondements de cette gratuité 36
B-Limites de cette gratuité 38
C-Le secteur culturel, archétype des tensions inhérentes à la gratuité politique 40

Chapitre 2 : L'évolution des conditions juridiques de la tarification 45
Section 1 : Une interprétation extensive de la jurisprudence Syndicat national des transporteurs aériens 45
A-Une redevance « demandée à des usagers » 46
B-Une redevance demandée « en vue de couvrir les charges d'un service public déterminé » 50
C-Une redevance devant « trouver sa contrepartie directe dans les prestations fournies par le service » 53
Section 2 : Un questionnement résiduel persistant quant à la nature juridique de certaines contributions 55

Titre 2 : La levée progressive des obstacles à la mobilisation de la redevance 61

Chapitre 1 : La redevance face à l'histoire et à l'idéologie 63
Section 1 : Les ressorts historiques de la sous-mobilisation du levier tarifaire..63
A-L'histoire nationale 64
B-L'histoire locale..70
Section 2 : Les ressorts idéologiques de la sous-mobilisation
du levier tarifaire 76
A-Ce que représente la translation d'un financement fiscal vers un financement tarifaire 76
B-La tarification comme cheval de Troie de la privatisation 82
C-La mauvaise réputation de la redevance..84

Chapitre 2 : Les handicaps prêtés à la redevance par les décideurs publics locaux 89
Section 1 : Les tares de la redevance..89
A-Quelle prévisibilité ? 89
B-Quels coûts de gestion ? 92
Section 2 : Les vices de la redevance 95
A-La redevance ne permet pas de partage ou de transfert de blâme 95
B-La redevance fait gérer par la collectivité les demandes de remise gracieuse..103

SECONDE PARTIE
LA DYNAMIQUE EXOGENE DE LA REDEVANCE 113

Titre 1 : La redevance contre l'« impôt général » 115

Chapitre 1 : Des modalités de modulation plus larges pour la redevance 117
Section 1 : Les modalités de modulation de la taxe d'habitation 117
A-La modulation de la taxe d'habitation...118
B-Le plafonnement de la taxe d'habitation 124
Section 2 : Les modalités de modulation de la redevance................................126
A-La modulation de la redevance pour service rendu.......................................126
B-Le plafonnement de la redevance...144

Chapitre 2 : Une meilleure prise en compte de la capacité contributive par la redevance 157
Section 1 : L'insuffisante prise en compte de la capacité contributive dans la liquidation de la taxe d'habitation...157
A-La structure de la taxe d'habitation...158
B-La politique fiscale menée par les collectivités...160
Section 2 : La possible prise en compte de la capacité contributive dans le calcul de la redevance 163

A-La structure des redevances pour service rendu....163
B-La politique tarifaire menée par les collectivités....164

Titre 2 : La redevance avec l'« impôt spécial »....171

Chapitre 1 : La critique de l'impôt et la réponse apportée par les pouvoirs publics....173
Section 1 : La critique de l'emploi de l'impôt....174
A-La critique économique de l'intervention de l'Etat....175
B-La critique politique de l'action de la représentation nationale....177
C-La critique sociologique de l'administration....181
Section 2 : La réponse à cette critique pour le secteur public local : la régression des impôts généraux directs....184
A-L'historique préférence française pour les prélèvements indirects....186
B-La nouvelle passion française pour les taxes....187
C-De l'ascendant pris par l'article 14 de la Déclaration des droits de l'homme et du citoyen sur l'article 13....194

Chapitre 2 : L'impact nuancé de l'essor de l'impôt spécial local sur la redevance....197
Section 1 : Une redevance aujourd'hui confortée : l'exemple de deux services public locaux....197
A-Le service public de transport urbain....197
B-Le service public d'enlèvement et de traitement des ordures ménagères....201
Section 2 : Une redevance demain peut-être confondue avec la taxe....203
A-Quel contributeur ?....204
B-Quelle contribution ?....206

CONCLUSION
VERS UN RECOURS RAISONNE ET RAISONNABLE AU LEVIER TARIFAIRE LOCAL ?....213

BIBLIOGRAPHIE....217
TABLE DES MATIERES....229
NOTES....233
INDEX....301

NOTES

[1] La CJCE est devenue CJUE à l'entrée en vigueur du traité de Lisbonne en 2009.
[2] JEZE Gaston, *Cours de science des finances et de législation financière française*, Giard, 1922, t.I, p.2
[3] HERTZOG Robert, *Le prix du service public*, Actualité de la jurisprudence administrative (AJDA), 1997, p.55 : par usager, nous entendrons « une personne qui est dans un rapport direct avec le service, formalisé par un contrat ou un acte spécifique ("inscription", demande) destiné à lui donner accès aux prestations »
[4] Pour reprendre la formulation de l'alinéa 3 de l'article 72 de la Constitution :

> « Dans les conditions prévues par la loi, ces collectivités s'administrent librement par des conseils élus et disposent d'un pouvoir réglementaire pour l'exercice de leurs compétences. »

[5] S'il n'est juridiquement pas envisageable de financer des dépenses de fonctionnement avec une recette d'investissement au regard des contraintes d'équilibre posées par l'article L.1612-4 du Code général des collectivités territoriales (CGCT), rien n'interdit dans la pratique d'organiser une dégradation de son épargne brute, due à des recettes tarifaires ou fiscales volontairement insuffisantes, et de combler le besoin de financement que cette dégradation génèrera en section d'investissement, toute chose égale par ailleurs, par un emprunt complémentaire.
Si une telle stratégie n'est pas soutenable à long terme, au regard de l'augmentation de l'encours de dette et du risque de déséquilibre de la section de fonctionnement qu'elle porte, il n'est pas rare de la voir mise en œuvre, plus ou moins consciemment, par certains édiles à l'approche du renouvellement des assemblées locales.
[6] Le mécénat moderne, fondé par la loi n° 2003-709 du 1er août 2003 relative au mécénat, aux associations et aux fondations, s'articule en France sur une forte logique de défiscalisation, selon ses détracteurs, ou d'incitation, pour ses partisans : on peut estimer que toute somme perçue par une collectivité dans ce cadre correspond à un manque à gagner pour les finances publiques de l'État et à une mise à contribution *in fine* du contribuable national.
[7] L'emprunt est acquitté par le contribuable futur.
[8] La subvention ou le fonds dédié est acquitté par le contribuable national ou de l'Union européenne.
[9] CHEVALLIER Jacques, *Le service public*, Presses universitaires de France (PUF), Que sais-je ?, 2010 (8e édition), p.3 : l'auteur y définit les services publics comme des « activités considérées comme étant d'intérêt commun et devant être à ce titre prises en charge par la collectivité ».
[10] BERGER Mark et KOSTAL Thomas, *Financial resources, regulation and enrollment in US public higher education*, *Economics of Education Review* vol. 21 n° 2, 2002, cité par LEROY Marc, *Sociologie des finances publiques*, La Découverte, Repères, 2007, p.82 : en l'espèce, l'objectif d'amélioration de l'accès aux études supérieures aux Etats-Unis, soutenu par une augmentation des dépenses de l'enseignement supérieur dans les années 1990, a été contrecarré par l'évolution de sa structure de financement, qui a vu la part de l'impôt diminuer et la part des redevances augmenter.
[11] Le rapport GUERRIER de 1980 sur les perspectives des finances locales à la veille du VIIIe plan, cité par LONG Martine, *La tarification des services publics locaux*, Librairie générale de droit et de jurisprudence (LGDJ), collection Systèmes, 2001, p.12, parlait alors de « modestie persistante des ressources tarifaires ».
[12] GALBRAITH John Kenneth, *Voyage dans le temps économique : témoignage de première main*, Seuil, Économie et société, 1998, p.102 : l'auteur y décrit cette stratégie de refinancement, après la Première Guerre mondiale, des États vainqueurs par les États vaincus comme relevant d'une « vision d'une simplicité frisant le grotesque »

[13] Rapport de l'Observatoire des finances locales, *Les collectivités locales en 2013*, 2013, p.173 : 4.26 Md€ de redevances en 2010
Rapport de l'Observatoire des finances locales, *Les collectivités locales en 2011*, 2011, p.18 : 178.80 Md€ de recettes de fonctionnement en 2010
[14] Dexia, *Finances publiques territoriales dans l'Union européenne*, 2011, p.8 (*Le regain des recettes tarifaires et des redevances*)
[15] Il est étonnant de constater que ce recours important à l'usager pour financer les services publics locaux se retrouve dans les social-démocraties les plus avancées (Finlande, Pays-Bas...) et dans les pays les plus "latins" de l'Union (Grèce, Chypre...).
[16] *US Census Bureau, States and Local Government – Finances Summary : 2008*, avril 2011, annexe A-1 (*State and Local Government Finances by Level of Government*, p.6)
[17] Pour les redevances, les données sont issues des différentes éditions du rapport annuel de l'Observatoire des finances locales (*Les finances des collectivités locales*, annexe 8-H-3 : Montants des différentes redevances perçues par les collectivités).
Pour les recettes fiscales et recettes totales, les données sont issues des différentes éditions du rapport annuel de la Direction générale des collectivités locales (*Les collectivités locales en chiffres*, chapitre 4-1 : Les comptes des collectivités territoriales et de leurs groupements à fiscalité propre).
La période d'analyse retenue, 2005-2010, nous est d'une certaine façon imposée. Avant l'exercice 2005, l'Observatoire des finances locales ne fournissait aucune information sur les redevances dans son rapport annuel. Après 2010, la comparaison de la progression respective des indicateurs retenus est perturbée par la réforme fiscale mise en œuvre dans le cadre de la loi n° 2009-1673 du 30 décembre 2009 portant loi de finances pour 2010. Impossible à ce jour d'analyser des trajectoires comparées sur la première moitié des années 2010.
[18] Dexia, *Dix ans de finances locales : 1986-1996*, 1998, p.120 :

> « Entre 1986 et 1996, ces recettes ont crû moins rapidement que l'ensemble des recettes courantes et leur part au sein de ces dernières a eu tendance à se réduire. »

La part des recettes issues de la vente de biens et de services dans l'ensemble des recettes réelles de fonctionnement était en effet passée de 12,3 % en 1986 à 10,3 % en 1996, malgré une augmentation du volume financier de 44 Md€ à 65 Md€ (p.121).
[19] Note de conjoncture de la Banque Postale sur les finances locales en date d'octobre 2014 : pour l'ensemble des collectivités, les recettes de fonctionnement qui ne sont ni des dotations ni des recettes fiscales ont progressé de 6,6 % entre 2011 et 2014, contre 4,9 % d'évolution pour l'ensemble des recettes courantes
[20] Graphique produit à partir des sources suivantes :
Pour les redevances, voir le rapport de l'Observatoire des finances locales, *Les collectivités locales en 2013*, 2013, Direction générale des collectivités locales, 2013, p.134
Pour l'inflation, voir http://www.insee.fr/fr/themes/tableau.asp?ref_id=NATTEF08108&reg_id=0
Pour l'indice de prix des dépenses communales, voir le Panier du Maire établi chaque trimestre par Dexia Crédit Local en collaboration avec l'AMF : http://www.dexia-creditlocal.fr/collectivites-locales/expertise/communes/Pages/indice-prix-depenses-communales.aspx
Pour l'indexation des valeurs locatives, voir l'article 1518 bis du Code général des impôts (CGI)
[21] Les termes d'approfondissement et d'élargissement sont ici empruntés, à dessein, à la sémantique de l'Union européenne.
[22] Délibération n° 12 du conseil municipal du 8 octobre 2010, procès-verbal disponible à l'adresse http://www.nantes.fr/files/PDF/Publications/02-VDN/Administration/PV08102010.pdf)
[23] *Une tarification progressive à Libourne*, Gazette des communes, 10 janvier 2011, p.27
[24] *Les tarifs des équipements sportifs parisiens multipliés par quatre*, 10 juillet 2012, http://www.lagazettedescommunes.com/122064/les-tarifs-des-equipements-sportifs-parisiens-multiplies-par-quatre/

[25] *Aube – carte de transports : boycott des paiements*, Gazette des communes, 27 septembre 2010, p.16 : dans l'Aube, la fédération des conseils des parents d'élèves a appelé au boycott du paiement de la carte d'accès aux transports scolaires mis en place par le conseil général pour la rentrée 2010-2011, mesure adoptée « sans concertation ni étude » si l'on en croit la lettre ouverte adressée au président de la collectivité à cette occasion.

[26] *Forte augmentation de la tarification des Velo'V à Lyon*, 27 mars 2012, http://www.lagazettedescommunes.com/107061/forte-augmentation-de-la-tarification-des-velo%e2%80%99v-a-lyon/ : lors de l'augmentation importante des tarifs du Velo'V lyonnais votée au printemps 2012, les élus Europe Ecologie – Les Verts ont publiquement condamné une « augmentation aussi brutale, déconcertante et non concertée »

[27] Par gratuité, on entendra dans la suite de ce travail la structure de financement d'un ou de plusieurs services publics excluant scrupuleusement une contribution directe de leurs usagers

[28] *Le Conseil général des Ardennes met fin à la gratuité des transports scolaires pour les lycéens*, 11 juin 2010, http://www.lagazettedescommunes.com/40237/le-conseil-general-des-ardennes-met-fin-a-la-gratuite-des-transports-scolaires-pour-les-lyceens/

Les prestations de transport scolaire étaient gratuites, dans ce département, depuis 1963.

[29] *Loiret : la gratuité des transports scolaires supprimée*, 20 mars 2012, http://www.lagazettedescommunes.com/105848/loiret-la-gratuite-des-transports-scolaires-supprimee%e2%80%a6-sous-conditions/

[30] *La gratuité dans les transports scolaires perd du terrain*, Les Echos, 28 août 2012 p.6

[31] *Caen : fin des musées gratuits*, 10 juin 2010, http://www.lettreducadre.fr/PAR_TPL_IDENTIFIANT/1778/TPL_CODE/TPL_HYPERACTU_FICHE/2072-actualite.htm

Parmi les arguments développés dans la délibération du conseil municipal en date du 31 mai 2010 actant la fin de la gratuité, on en relèvera deux :

- « [la gratuité] a constitué un frein au développement des expositions temporaires » ;
- « la gratuité favorisait surtout la fréquentation des touristes, mais n'a pas permis d'élargir sociologiquement le public des visiteurs caennais ».

[32] *Dès demain, prenez le bus à Aubagne : cela ne coût plus rien !*, 14 mai 2009, http://www.laprovence.com/article/region/des-demain-prenez-le-bus-a-aubagne-cela-ne-coute-plus-rien

[33] *Zou ! : la carte qui va faire aimer le TER*, 20 mai 2011, http://www.laprovence.com/article/economie-a-la-une/zou-la-carte-qui-va-faire-aimer-le-ter

[34] Voir aussi *La CPA baisse les tarifs des bus pour faire monter les usagers*, 2 mars 2010, http://www.laprovence.com/article/aix-en-provence-1616

[35] D'abord adoubée par le juge administratif (TA Nîmes 3 mars 2011 *Mme Lagrange et autres*, req. n°1002678, AJDA, 2011, p.1022), la délibération instaurant une redevance d'occupation du domaine public pour les distributeurs situés en façades et les commerçants pratiquant la vente au travers de comptoirs ouvrant sur le domaine public a été annulée en appel (CAA Marseille 26 juin 2012, req. n°11MA01675, JCP, 2012 act.465) au motif qu'une occupation ou une utilisation privative du domaine était nécessaire à l'institution d'une redevance d'occupation du domaine public. Le Conseil d'État a récemment confirmé la position prise par la Cour administrative d'appel de Marseille (CE 31 mars 2014 *Commune d'Avignon*, AJDA, 2014, p.709) :

> « L'occupation ou l'utilisation du domaine public dans les limites ne dépassant pas le droit d'usage appartenant à tous, qui n'est soumise à la délivrance d'aucune autorisation, ne peut, par suite, être assujettie au paiement d'une redevance. [...] La présence momentanée des clients établissements en cause sur le domaine public, le temps d'effectuer une transaction, qui n'est ni exclusive de la présence d'autres usagers du domaine public ni incompatible avec l'affectation de celui-ci, n'est pas constitutive, pour ces établissements, quand bien même elle est nécessaire au mode d'exercice de leur commerce, d'une occupation du domaine public excédant le droit d'usage qui appartient à tous. »

Notons que cette redevance, improprement appelée taxe trottoir dans la presse généraliste comme spécialisée, n'a aucun lien avec la taxe de trottoirs (article L.2333-58 CGCT) supprimée par l'article 20 de la loi n°2014-1654 du 29 décembre 2014 portant loi de finances pour 2015.

[36] *Grenelle 2 : réduire les déplacements motorisés*, Gazette des communes, 27 juin 2011, p.52 Cette possibilité d'expérimentation est réservée aux agglomérations de plus de 300 000 habitants, dotées d'un plan de déplacements urbains approuvé prévoyant la réalisation d'un transport collectif en site propre (article 1609 quater A CGI).

Voir aussi *Péages urbains : le Comité des finances locales souhaite que les collectivités locales aient carte blanche*, AJDA, 2012, p.240

[37] Assemblée nationale, Question n°78722 de M. Germinal PEIRO publiée le 18 mai 2010, réponse du Ministre de la Culture et de la Communication publiée le 22 juin 2010

[38] PETIT Jacques, *La dépénalisation du stationnement payant*, AJDA, 2014, p.1134

À noter que, contrairement à ce que le projet de loi prévoyait initialement, la redevance de stationnement n'est pas une redevance pour service rendu, mais une redevance d'occupation du domaine public. Ce choix du législateur peut étonner, quand on sait que d'autres prélèvements dus à raison d'un usage collectif de la voie publique se sont vus reconnaître la qualité de redevance pour service rendu, comme les péages autoroutiers par exemple.

[39] La collectivité pourra ainsi fixer non seulement le niveau et la structure de la redevance de stationnement, ce qui était déjà le cas, mais aussi les caractéristiques d'une redevance de post-stationnement ayant vocation à remplacer les anciennes amendes.

[40] HERTZOG Robert, *Prix et gestion du service public local : stratégies pour de libres choix des autorités locales*, dans LONG Martine (sous la direction de), *Le financement des services publics locaux*, LGDJ, 2010, p.24 : il s'agit là d'une distinction doctrinale, particulièrement opérationnelle pour notre analyse, entre l'impôt affecté au financement des services publics, dit « impôt général », et l'impôt affecté budgétairement ou même sémantiquement au financement d'un service public en dérogation à l'historique principe d'universalité budgétaire, dit « impôt spécial » ou plus communément taxe.

[41] Conseil d'État, *Redevances pour service rendu et redevances pour occupation du domaine public*, La Documentation française, 2002, p.10

[42] CE 21 novembre 1958 *Syndicat national des transporteurs aériens*, Lebon p.572

[43] CE 20 mars 2000 *GISTI*, Lebon p.122

[44] CE 16 mai 1941 *Toublanc*, Lebon p.91

[45] CE 13 novembre 1987 *Syndicat national des transporteurs aériens*, Lebon p.355

[4646] Décision n°60-8 DC du 11 août 1960, Recueil p.25, considérant 2 :

> « Considérant qu'aux termes de l'article 1er de l'ordonnance n° 59-273 du 4 février 1959, la radio-télévision française "constitue un établissement public de l'État, à caractère industriel et commercial, doté d'un budget autonome" ; qu'en application des articles 3 et 9 de la même ordonnance elle reçoit une " redevance pour droit d'usage " dont le produit constitue l'essentiel des ressources lui permettant de faire face à l'ensemble de ses charges d'exploitation et d'équipement ; que cette redevance qui, en raison tant de l'affectation qui lui est donnée que du statut même de l'établissement en cause, ne saurait être assimilée à un impôt, et qui, eu égard aux conditions selon lesquelles elle est établie et aux modalités prévues pour son contrôle et son recouvrement, ne peut davantage être définie comme une rémunération pour services rendus, a le caractère d'une taxe parafiscale de la nature de celles visées à l'article 4 de l'ordonnance organique précitée du 2 janvier 1959 »

Décision n° 69-57 L du 24 octobre 1969, Recueil p.32, considérant 3 :

> « Considérant que le remboursement des frais de scolarité dont, en vertu de l'article 96 de la loi de finances du 26 décembre 1959 susvisée, sont dispensés les anciens élèves de l'École polytechnique qui remplissent les conditions prévues audit article, trouve sa contrepartie directe dans des prestations fournies par le

service et possède ainsi le caractère d'une rémunération pour service rendu et non celui d'une imposition ou d'une taxe ; dès lors, les dispositions dont il s'agit ne mettent pas en cause les règles susénoncées de l'article 34 de la Constitution »

[47] Décision n°77-100 L du 16 novembre 1977, Recueil p.65 : une contribution mise en œuvre dans le cadre de contrôles, inspections ou vérifications auxquels l'administration procède n'est pas une redevance pour service rendu, la personne concernée n'ayant pas le caractère d'usager du service public rendu

[48] Décision n°82-124 L du 23 juin 1982, Recueil p.99 : une contribution visant à assurer le financement des dépenses de toutes natures d'un organisme et non d'un service précis rendu à l'usager ne constitue pas une redevance pour service rendu

[49] Décision n°69-57 L du 24 octobre 1969, Recueil p.32 : des frais trouvant leur « contrepartie directe dans des prestations fournies par le service » présentent le caractère de redevance pour service rendu et non d'imposition de toute nature

[50] Décision n°83-166 DC du 29 décembre 1983, Recueil p.77, considérant 7 :

> « Considérant que si les sommes réclamées au titre de l'article 75-II de la loi du 29 novembre 1965 ont le caractère d'une taxe fiscale et si, de ce fait, les sommes recouvrées concurremment au titre des dispositions II et III de l'article 75 de la loi du 29 novembre 1965 ont également le caractère de taxe fiscale, il n'en va pas de même pour les sommes uniquement perçues au titre de l'article 75-III dès lors que leur assiette est directement liée au volume d'eau prélevé par l'usager du service d'assainissement et que leur produit est exclusivement affecté aux charges de fonctionnement et d'investissement du service ; que ces particularités confèrent à l'élément de la redevance d'assainissement visé à l'article 75-III précité le caractère d'un prix versé en contrepartie d'un service rendu ; que cet élément ne saurait par suite être classé parmi les impositions de toutes natures dont l'article 34 de la Constitution prévoit que le taux est fixé par le législateur ; que, dès lors, contrairement à ce que soutiennent les députés auteurs de la saisine, les modalités de la fixation du taux de la redevance d'assainissement limitée à sa partie visée à l'article 75-III de la loi du 29 novembre 1965 ne sont pas contraires à l'article 34 de la Constitution »

[51] Cour de justice des Communautés européennes (CJCE) 14 décembre 1972 *Marimex*, aff. 29/72, et CJCE 16 mars 1983 SIOT, aff. 266/281, cités par CABANNES Xavier, *L'usager et la rémunération du service rendu*, RFDA, 2013, p.482

[52] Pour mémoire, le régime des taxes parafiscales permettait au pouvoir réglementaire de créer des taxes, perçues par des personnes morales de droit public ou privé « dans un intérêt économique et social », en s'exonérant du pouvoir initial du Parlement. Étant source d'un contentieux nourri et régulier, il a été supprimé par la loi organique relative aux lois de finances (LOLF).

[53] FAVOREU Louis et PHILIP Loïc, *Les grandes décisions du Conseil constitutionnel*, Dalloz, 2001 (11e édition), p.92

Pour un exemple, voir Décision n° 82-124 L du 23 juin 1982, Recueil p.99 : pour le Conseil constitutionnelle, une contribution, en l'espèce les redevances des agences de bassin, qui n'est ni une taxe parafiscale au sens de l'article 4 de l'ordonnance n°59-2 du 2 janvier 1959, ni une rémunération pour service rendu, car n'étant pas destinée à assurer le financement des dépenses incombant aux agences, doit nécessairement être classifiée au sein des impositions de toutes natures.

[54] Décision n° 76-92 L du 6 octobre 1976, Recueil p.59, considérant 1 :

> « Considérant que, si la fixation des règles concernant l'assiette, le taux et les modalités de recouvrement des impositions de toutes natures est attribuée à la compétence du législateur par l'article 34 de la Constitution, en revanche l'institution ou l'aménagement de redevances demandées à des usagers en vue de couvrir les charges d'un service public déterminé ou les frais d'établissement ou d'entretien d'un ouvrage public qui trouvent leur contrepartie directe dans des

prestations fournies par le service ou dans l'utilisation de l'ouvrage, ne sauraient être regardées comme réservés à la loi »

[55] Comme l'a confirmé la loi organique n°2004-758 du 29 juillet 2004 relative à l'autonomie financière des collectivités territoriales. On retiendra que les redevances pour service rendu sont la première ressource non fiscale listée, dans l'article 3 de la loi organique, comme une ressource propre.

[56] Définition certes critiquable et critiquée (voir par exemple OLIVA Eric, *Les principes de libre administration et d'autonomie financière*, RFFP n°119, 2012), mais qui a le mérite d'être inscrite dans notre loi fondamentale

[57] Conseil des prélèvements obligatoires, *La fiscalité affectée : constats, enjeux et réformes*, 2013, p.24

[58] Décision n°2000-439 DC du 16 janvier 2001, Recueil p.42

[59] Article 37 de la loi n°2003-1311 du 30 décembre 2003 portant loi de finances pour 2004 et Décision n°2003-489 DC du 29 décembre 2003, Recueil p.487

Avant leur proscription par la LOLF, la redevance télévision était une taxe parafiscale (Décision n°60-8 DC du 11 août 1960, Recueil p.25).

[60] L'article L.2331-3 CGCT liste bien « le produit des droits de place perçus dans les halles, foires et marchés d'après les tarifs dûment établis » dans les recettes fiscales de la section de fonctionnement des communes.

CE 26 mars 1990 *SA Comptoir lyonnais des viandes*, Lebon p.634

CE 24 juin 2013 *SARL Eldorado*, Semaine juridique – édition Actualité des collectivités territoriales (ACT), 2013, réf. 2295

[61] CE 20 mars 1968 *Ville de Saint-Lô c/Barbot*, Lebon p.852

La taxe a été supprimée par la loi n°2009-526 du 12 mai 2009 de simplification et de clarification du droit et d'allègement des procédures.

Voir CE 15 mars 1961 *Vannini*, Lebon p.184, pour la surtaxe d'abattage

[62] CE 31 mai 1989 *Ville de Paris,* Lebon p.136

[63] CE 28 janvier 1993 *Bernardet*, Lebon p.232

[64] Décision n°83-166 DC du 29 décembre 1983, Recueil p.77

[65] CE 19 juin 2013 *Société Bouygues Télécom*, req. n°358240, AJDA, 2013, p.1309

[66] CE 23 juin 2000 *Chambre syndicale du transport aérien*, Lebon p.240

[67] CE 20 mars 2000 *GISTI*, Lebon p.122

[68] Décision n°77-100 L du 16 novembre 1977, Recueil p.65

[69] Décision n°82-124 L du 23 juin 1982, Recueil p.99

[70] N'ont pas été évoqués ici les termes de versement, de cotisation ou encore de contribution qui sont également utilisés par le législateur et qui participent à la confusion du citoyen dans la distinction entre impôts généraux, taxes et redevances.

[71] Un exemple parmi d'autres : dans son ouvrage consacré à *La science fiscale* (PUF, 1993, p.322), Maurice LAURE énonce que « bon nombre de petits impôts sont capables de participer au financement des dépenses domestiques des collectivités locales dès lors qu'ils sont la contrepartie de services rendus ».

Le terme de « contrepartie » ici employé, écho peut-être involontaire à la jurisprudence *Syndicat national des transporteurs aériens* qui fonde la distinction entre une redevance et une taxe, alimente une certaine confusion.

[72] *île de Ré : le péage maintenu par le Conseil général de Charente-Maritime*, Les Échos, 27 décembre 2011, p.6

[73] SEURET Franck, *Tribunaux – une taxe injuste*, Alternatives économiques, novembre 2011, p.30

[74] Décision n°2013-670 DC du 23 mai 2013, Journal officiel du 29 mai 2013 p.8807, considérant 11 :

> « Considérant que, d'une part, la majoration forfaitaire du prix de la prestation de transport de marchandises prévue par l'article L. 3222-3 est perçue en totalité par

l'entreprise de transport ; qu'elle ne constitue ni un impôt de l'État ni une recette publique ; que, par suite, les griefs tirés de la méconnaissance de l'égalité devant la loi fiscale et des principes d'unité et de spécialité budgétaires, ainsi que de non-affectation des recettes de l'État, sont en tout état de cause inopérants »

[75] GRUSON Claude et COHEN José, *Tarification des services publics locaux*, La Documentation française, 1983, p.21

[76] http://www.dgcl.interieur.gouv.fr/
http://www.colloc.bercy.gouv.fr/

[77]http://www.dgcl.interieur.gouv.fr/sections/les_collectivites_te/finances_locales/recettes_des_collect/fiscalite_locale/

[78] Annexe 8 : La fiscalité locale →G. Fiscalité directe et indirecte →3. Montants des différentes redevances perçues par les collectivités locales en 2009

[79] Par exemple, la redevance d'archéologie préventive, dont la nature d'imposition a été pourtant reconnue par le Conseil constitutionnel : Décision n°2000-439 DC du 16 janvier 2001, Recueil p.42

[80] Conseil d'État, *Redevances pour service rendu et redevances pour occupation du domaine public*, La Documentation française, 2002, p.11

[81] Dexia Crédit Local, *Ressources des collectivités locales*, 26e édition (2005-2006), p.452

[82] MUZELLEC Raymond et CONAN Matthieu, *Finances locales*, Dalloz, Mémentos, 2011 (6e édition) : p.143 à 147 sur 243 pages
BOUVIER Michel, *Les finances locales*, LGDJ, Lextenso, 2008 (12e édition) : p.178 et 179 sur 239 pages
ROBERT Fabrice, *Les finances locales*, La Documentation française, 2009 : les ressources des collectivités se limitent au chapitre 3 dédié à la seule fiscalité locale

[83] BROLLES Roland et STRAUB Bernadette, *Budget des communes : gestion et comptabilité*, Berger-Levrault, 2010 : p.771 à 785 sur 1 066 pages

[84] KLOPFER Michel, *Gestion financière des collectivités locales*, Le Moniteur, 2005 (4e édition) : p.332 sur 824 pages
THOUMELOU Marc, *Collectivités territoriales : quel avenir ?*, La Documentation française, 2011 : une ligne sur les 14 pages dédiées aux ressources financières des collectivités p.147 et suivantes

[85] ROUX André (sous la direction de), *Finances publiques*, La Documentation française, Notices, 2011 : notice 15 – les relations financières entre l'État et les collectivités territoriales, notice 16 – la fiscalité locale, notice 18 – l'emprunt local

[86] BEZES Philippe et SINE Alexandre (sous la direction de), *Gouverner (par) les finances publiques*, Les Presses Sciences-Po, 2011, p.17

[87] LONG Marceau, WEIL Prosper, BRAIBANT Guy, DEVOLVE Pierre et GENEVOIS Bruno, *Les grands arrêts de la jurisprudence administrative*, Dalloz, 2003 (14e édition)

[88] CE 21 novembre 1958 *Syndicat national des transporteurs aériens*, Lebon p.572

[89] BRAIBANT Guy, *Qu'est-ce qu'un grand arrêt ?*, AJDA, 2006, p.1428 : « il n'y a pas de définition certaine et juridique du "grand arrêt" »
Voir aussi GIACUZZO Jean-François, *L'arrêt* Société des Granits porphyroïdes des Vosges *: légende, réalité… et grandeur*, AJDA, 2013 p.2474

[90] HERTZOG Robert, *Prix et gestion du service public local : stratégies pour de libres choix des autorités locales*, dans LONG Martine (sous la direction de), *Le financement des services publics locaux*, LGDJ, 2010, p.9

[91] *Les redevances : quelle actualité ?*, RFFP n°118, 2012, p.3 et suivantes

[92] http://www.cdg69.fr/documents/sujets/3-Concours%20interne%20Rapport_AG%20ppal.pdf, p.2

[93] Données issues du moteur de recherche de http://archives.lagazettedescommunes.com/ : articles comprenant les termes « redevance* » et « tarif* » dans leurs titres ou le corps de leur développement

[94] *Mots pour mot : taux de couverture*, Gazette des communes, 8 avril 2013, p.37

[95] Graphique bâti à partir des données référencées à la note de bas de page n°90

[96] *Face à la dégradation de leurs finances, les départements à la recherche d'économies*, Les Échos, 4 avril 2012, p.6

[97] *Les départements économisent sur les investissements routiers*, Les Echos, 18 janvier 2012, p.7 :

> « Après s'être attaqués à leurs frais de fonctionnement, puis avoir réduit les dépenses liées à leurs compétences optionnelles, les conseillers généraux n'ont plus guère d'autre cible que les routes [...]. La réfection des 380 000 kilomètres de rubans de bitume gérés par les Conseils généraux est donc appelée à être étalée dans le temps. »

[98] *Transports publics : à la recherche de nouveaux financements*, 11 février 2013, http://www.lagazettedescommunes.com/153891/transports-publics-a-la-recherche-de-nouveaux-financements/

[99] Concernant les conseils généraux, voir Cour des comptes, Rapport public annuel, 2013, p.102 :

> « La contrainte pesant sur les départements doit être desserrée en leur redonnant des marges de manœuvre fiscales, en accroissant sensiblement la péréquation horizontale et en lissant davantage les ressources sensibles aux aléas de la conjoncture. »

[100] Rapport de PEBEREAU Michel au Ministre des Finances, *Des finances publiques au service de notre avenir : rompre avec la facilité de la dette publique pour renforcer notre croissance économique et notre cohésion sociale*, 2005, p.5

Sur cette préférence toute française pour l'augmentation des recettes en cas de déséquilibre des finances publiques, on peut y voir une excellente illustration dans le "paquet fiscal" de fin 2011 (loi n°2011-1978 du 28 décembre 2011 portant loi de finances rectificative pour 2011 et loi n°2011-1977 du 28 décembre 2011 portant loi de finances pour 2012), analysé dans le détail dans l'article *La préférence française pour les hausses d'impôts*, Le Monde, 24 décembre 2011, p.1.

[101] PECRESSE Jean-François, *Désarmement fiscal*, Les Échos, 28 octobre 2013, p.2. L'éditorialiste évoque une proximité inédite dans notre histoire récente de « soulèvements populaires lancés contre un niveau d'imposition illégitime », recourant à cette occasion à un champ lexical très marqué : « embrasement », « oppression », « exaspération », « légale, mais immorale ».

Voir aussi JULLA Eric, *Finances locales : avenir des dotations et de la péréquation*, Gazette des communes, 6 janvier 2014, p.36 : pour compenser la baisse des concours de l'Etat aux collectivités, « le coût "politique" d'un rattrapage fiscal pourra apparaître trop important ».

[102] PAGANO Giuseppe et VANDERNOOT Julien, *Les recettes non fiscales dans l'assainissement des finances publiques belges : 1970-2010*, RFFP n°118, 2012, p.58

[103] GRUSON Claude et COHEN José, *Tarification des services publics locaux*, La Documentation française, 1983, p.107

[104] DARELLIS Patricia, *L'optimisation des ressources des collectivités territoriales*, Gestion & finances publiques (GFP), mars-avril 2011, p.232

[105] Dans le cadre du « pacte de confiance et de responsabilité entre l'État et les collectivités locales » annoncé le 16 juillet 2013, une réforme de la fiscalité directe locale pesant sur les ménages doit survenir dans les prochaines années. Une annonce de plus dirons certains, une loi de plus dirons d'autres.

[106] CABANNES Michel, *Les finances locales sur la paille ?*, Le bord de l'eau, 2011, p.12

[107] *Refonte des tarifs : un levier d'action à ne pas négliger*, Gazette des communes, 24 septembre 2012, p.48

[108] Sous la direction de LOMBARD Martine et Jean-Philippe THIELLAY, *Contribution n°17 – Pour une République des services publics*, http://www.tnova.fr

[109] Proposition n° 5 : piloter la tarification de manière plus fine, plus progressive, et conformément aux objectifs sociaux et environnementaux des services publics

Proposition n°6 : généraliser la tarification sociale des services publics, en privilégiant l'attribution automatique de tarifs sociaux, et envisager la gratuité sociale de certains services publics

[110] Pour reprendre la formulation employée il y a trois décennies par Georges VEDEL à propos de l'impôt, dans son célèbre article ouvrant le premier numéro de la RFFP (*Où en est l'impôt*, RFFP n°1, 1983, p.1). Comme il le précise plus loin dans son raisonnement, la véritable question, mais qui ne peut malheureusement pas avoir l'honneur du titre de l'article au regard de son phrasé peu élégant, devrait être : « où en sommes-nous avec l'impôt ? »

[111] Typologie développée par HERTZOG Robert, *Prix et gestion du service public local : stratégies pour de libres choix des autorités locales*, dans LONG Martine (sous la direction de), *Le financement des services publics locaux*, LGDJ, 2010, p.24

[112] Conseil des prélèvements obligatoires, *La fiscalité affectée : constats, enjeux et réformes*, 2013, p.12 : « reconnu implicitement par les deux premiers règlements généraux sur la comptabilité publique (ordonnance royale du 31 mai 1838 et décret impérial du 31 mai 1862) puis reconnu explicitement par le décret du 10 juin 1856 déterminant le mode de présentation de l'État (« le budget englobe la globalité des charges et des ressources de l'État ») »

[113] En référence à l'article 13 de la Déclaration des droits de l'homme et du citoyen

[114] Le terme doit s'entendre dans le sens posé par Luc BOLTANSKI et Laurent THEVENOT dans leur ouvrage *De la justification : les économies de la grandeur* (Gallimard, 1991), à savoir des différents systèmes de référence sur lesquels se fondent la légitimité et le bien-fondé des décisions prises, un sens de ce qui est juste.

[115] Conseil des prélèvements obligatoires, *La fiscalité locale*, 2010, p.574

[116] HERTZOG Robert, *Le prix du service public*, AJDA, 1997, p.55

[117] UNTERMAIER Elise, *Redevances pour service rendu et redevances pour occupation du domaine public : les dernières évolutions*, Semaine juridique – édition ACT, 2013, réf. 2039

[118] BEGG David, FISCHER Stanley et DORNBUSCH Rudiger, *Microéconomie*, Ediscience Internationale, 1996 (2e édition), p.353 : tels que définis par Paul SAMUELSON, les biens publics purs sont des équipements publics qui présentent une double propriété de non-rivalité, c'est-à-dire qu'« il est techniquement possible qu'une personne consomme un bien public sans réduire la quantité disponible pour une autre personne », et de non-exclusion, c'est-à-dire qu'« il est impossible d'exclure quiconque de sa consommation, sauf à un coût prohibitif ».

L'éclairage public ou la voirie sont deux exemples régulièrement mobilisés pour illustrer le périmètre des biens publics purs.

La production de ces biens par le secteur privé est par nature non rentable : les individus, compte tenu des caractéristiques inhérentes à ces biens, sont en mesure d'en profiter dans contribuer à leur financement, adoptant un comportement de passager clandestin tel que défini par Mancur OLSON (*Logique de l'action collective*, PUF, 1987). Il revient dès lors aux autorités publiques de les produire et de les financer par l'impôt.

[119] Allons plus loin. Pour ces services publics locaux, si un individu supplémentaire bénéficie de la prestation, le coût total de la prestation reste inchangé, et le coût marginal est nul : le prix, selon la théorie économique classique, doit également l'être.

[120] SMITH Adam, *Recherches sur la nature et les causes de la richesse des nations*, Gallimard, 1976, p.370 :

> « Le troisième et dernier des devoirs du souverain ou de la république est celui d'élever et d'entretenir ces ouvrages et ces établissements publics dont une grande société retire d'immenses avantages, mais qui sont néanmoins de nature à ne pouvoir être entrepris ou entretenus par un ou par quelques particuliers. »

[121] La sélection du référentiel de coût, qu'il soit moyen ou marginal par exemple, est tout aussi déterminante dans la tarification de la redevance que la détermination des éléments constitutifs de ce coût.

[122] Au même titre qu'il ne semble pas particulièrement juste de faire financer par l'ensemble des contribuables un service qui ne bénéficie qu'à certains d'entre eux, il n'est pas plus juste de faire

financer uniquement par quelques usagers, bénéficiaires de premier rang, un service qui impacte positivement, par un phénomène d'incidence, l'ensemble de la collectivité. C'est pour cela, par exemple, qu'un service de transport public, dans la mesure où il fluidifie le trafic pour les utilisateurs de véhicules personnels, n'a pas à être intégralement financé par ses usagers.

[123] TA Paris 4 novembre 2010, req. n°0919420/7-3 et CAA Paris 12 janvier 2012, req. n°10PA006066

Pas de redevance pour les caméras de vidéoprotection, Gazette des communes, 27 février 2012, p.41

[124] L.2125-1 du Code général de la propriété des personnes publiques, modifié par la loi n°2010-1658 du 29 décembre 2010 portant loi de finances rectificative pour 2010

[125] KOUBI Geneviève, *Gratuité ? Sans prix certes, mais pas sans valeur !*, dans KOUBI Geneviève et GUGLIELMI Gilles J. (sous la direction de), *La gratuité, une question de droit ?*, L'Harmattan, 2003, p.10

[126] RIHAL Hervé, *Synthèse générale,* dans LONG Martine (sous la direction de), *Le financement des services publics locaux*, LGDJ, 2010, p.157

[127] GIOVANNANGELI Magali et SAGOT-DUVAUROUX Jean-Louis, *Voyageurs sans tickets : liberté, égalité, gratuité : une expérience sociale à Aubagne*, Au Diable Vauvert, 2012

[128] *« La gratuité est un levier de vivre-ensemble »*, Lettre du cadre territorial, 1er novembre 2012, p.24

[129] Centre d'analyse stratégique (CAS), *Le panorama des transports : panorama inédit n°62*, 11 décembre 2012 : gratuité des transports en commun mise en œuvre dans la ville de Tallinn, capitale de l'Estonie

[130] Rappelons ici une définition des externalités ou effets externes : « des effets économiques produits par l'activité d'une personne sur la situation d'une autre personne sans qu'il y ait entre les deux de relations marchande, voire de relation organisée quelconque » (HERTZOG Robert, *Prix et gestion du service public local : stratégies pour de libres choix des autorités locales*, dans LONG Martine (sous la direction de), *Le financement des services publics locaux*, LGDJ, 2010, p.13).

[131] « Si vous trouvez que l'éducation coûte cher, essayez l'ignorance ! »

Au-delà de la notion de cohésion minimale d'une Nation mise en avant par J.-L. SAGOT-DUVAUROUX, vision que nous qualifierons de solidariste, la gratuité de la scolarité serait motivée par le niveau des externalités positives, dans une vision plus individualiste.

Sur les logiques sous-jacentes à la gratuité de l'école publique, voir TOULEMONDE Bernard, *L'accès à l'instruction et la gratuité de l'école publique*, dans KOUBI Geneviève et GUGLIELMI Gilles (sous la direction de), *La gratuité, une question de droit ?*, L'Harmattan, Logiques juridiques, 2003, p.67

[132] GOMBAULT Anne, *Les faux enjeux de la gratuité des* musées, dans LONG Martine (sous la direction de), *Le financement des services publics locaux*, LGDJ, 2010, p.92

Par exemple, à l'origine, le *British Museum* et la *National Gallery* avaient été fondés par le Parlement britannique, respectivement en 1753 et 1824, « pour l'éducation du peuple par le libre accès aux œuvres » (p.102).

[133] CE 18 janvier 2013 *Association SOS Racisme*, AJDA, 2013, p.1010

[134] DAMAREY Stéphanie, *Le prix symbolique en droit public*, AJDA, 2003, p.2298

[135] LICHTENBERGER Yves et AÏDARA Alexandre, *Faire réussir nos étudiants, faire progresser la France : pour un sursaut vers la société de la connaissance*, Terra Nova, août 2011

CHIAPPORI Pierre-André, *Financement de l'enseignement supérieur : quel rôle pour les entreprises ?*, Institut de l'Entreprise, septembre 2011

[136] Sur les contraintes juridiques que les élus locaux s'imposent dans le cadre de leur mandat parlementaire, voir l'excellente analyse de Jon ELSTER (*Le laboureur et ses enfants : deux essais sur les limites de la rationalité*, Minuit, Propositions, 1987) sur les mécanismes de lutte contre les faiblesses de la volonté

[137] On citera, comme exemple de service dont la gratuité est prévue par la loi, les autoroutes, au regard de l'article L.122-4 du Code de la voirie routière : « l'usage des autoroutes est en principe gratuit ».
[138] HERTZOG Robert, *Le prix du service public*, AJDA, 1997, p.55
[139] CHAPUS René, *Droit administratif général*, Montchrestien, 1998 (14e édition), tome I, p.570
[140] Grands services publics industriels et commerciaux au niveau national et socialisme municipal au niveau local
[141] Décision n°79-107 DC du 12 juillet 1979, Recueil p.31, dans laquelle le Conseil constitutionnel refuse au principe de gratuité des services publics le rang de principe fondamental reconnu par les lois de la République.
Notons que cette décision concerne une loi qui avait vocation à fournir un fondement légal à un péage institué par un conseil général et qui avait été censuré par le Conseil d'État comme étant contraire à une loi de 1880. Un bien bel exemple de solidarité entre juges.
[142] CE 21 octobre 1988 *Syndicat national des transporteurs aériens*, Lebon p.374 :

> « Les principes généraux [...] ne font pas obstacle à ce qu'en application de l'article 5 de l'ordonnance n°59-2 du 2 janvier 1959, les charges d'un service public déterminé soient financées par ses usagers au moyen d'une redevance qui trouve sa contrepartie directe et proportionnelle dans les prestations fournies par ce service. »

Il résulte d'un texte à valeur de loi organique que la personne publique peut exiger une contribution des usagers d'un service public qui leur est rendu.
CE 10 juillet 1996 *Société Direct Mail Promotion et autres*, Recueil p.277 :

> « Aucun principe général du droit ni aucune disposition législative ne font obstacle à ce que les services rendus par l'INSEE à l'article 1er du décret fassent l'objet d'une rémunération. »

[143] Décision n°79-107 DC du 12 juillet 1979, Recueil p.31, et CE 9 mars 1951 *Société des concerts du conservatoire*, Recueil p.151
[144] Par exemple, l'article 1er de la loi du 16 juin 1881 établit la gratuité de l'enseignement primaire : « il ne sera plus perçu de rétribution scolaire dans les écoles primaires publiques ». Ce principe a été étendu aux écoles maternelles par la jurisprudence (CE 10 janvier 1986 *Commune de Quingey*, Lebon p.3).
[145] CE 17 décembre 1982 *Préfet de la Charente-Maritime*, Lebon p.427
[146] CE 27 février 1998 *Commune de Sassenay c/Loup*, Lebon p.777
[147] CE 25 juin 2003 *Communauté de communes Chartreuse Guiers*, Lebon p.288 : illégalité d'une exonération prévue pour les artisans du bâtiment, les commerces ambulants, les métiers du bois et de l'art, les taxis et ambulances, les activités à domicile et les agriculteurs disposant de moins de dix unités de gros bétail
[148] LONG Martine, *La tarification des services publics locaux*, LGDJ, Systèmes, 2001, p.17
[149] Au niveau local, on pourra citer en France la mise en œuvre de la gratuité des transports urbains par la communauté d'agglomération d'Aubagne et du Pays de l'Étoile, aujourd'hui encore principal argument avancé par les élus et les citoyens pour refuser toute intégration dans la métropole marseillaise.
[150] CE 10 mai 1974 *Denoyez et Chorques*, Lebon p.274
[151] KOUBI Geneviève, *Gratuité ? Sans prix certes, mais pas sans valeur !*, dans KOUBI Geneviève et GUGLIELMI Gilles J. (sous la direction de), *La gratuité, une question de droit ?*, L'Harmattan, 2003, p.18
[152] Sur ce point, voir la tribune de SIVARDIERE Jean, président de la Fédération nationale des associations d'usagers des transports, *Transports urbains : gratuité ou tarification sociale ?*, 3 mars 2014, http://www.liberation.fr/societe/2014/03/03/transports-urbains-gratuite-ou-tarification-solidaire_984142?utm_source=dlvr.it&utm_medium=twitter :

> « L'équité sociale implique-t-elle la gratuité pour tous ? Non, la tarification solidaire en vigueur à Strasbourg suffit à garantir le droit au transport des usagers

à faibles revenus, la gratuité étant réservée aux personnes sans ressources, dans le cadre d'une démarche de réinsertion sociale. Le transport public a un coût économique élevé, pourquoi subventionner intégralement ceux qui peuvent payer ? »

[153] Concernant l'enlèvement des ordures ménagères, voir ARNAUD Brice, *Politiques de tarification, stratégies de différenciation et gestion optimale des déchets ménagers*, Université MONTESQUIEU (Bordeaux IV), 2013, p.21 :

> « La diffusion de la tarification incitative participe au recul du taux de stockage des déchets municipaux [...] en stimulant l'effort de tri des ménages »

[154] *« La gratuité des services publics locaux incite au gaspillage »*, une interview de Claude MARTINAUD, président de l'Institut de la gestion déléguée, Gazette des communes, 23 mai 2011, p.16

[155] LE LIDEC Patrick, *La décentralisation, la structure du financement et les jeux de transfert de l'impopularité en France*, dans BEZES Philippe et SINE Alexandre (sous la direction de), *Gouverner (par) les finances publiques*, Presses de Sciences-Po, 2011, p.170 : « situations dans lesquelles le coût réel du service public n'est pas perçu par les contribuables – électeurs : [...] la demande pour les biens publics tend à s'accroître (potentiellement démesurément), car les bénéficiaires ne sont pas les payeurs ou paient sans en avoir conscience »

[156] GUENGUANT Alain, cité par MUZELLEC Raymond et CONAN Matthieu, *Finances locales*, Dalloz, Mémentos, 2011 (6e édition), p.144

[157] GRUSON Claude et COHEN José, *Tarification des services publics locaux*, La Documentation française, 1983, p.47

[158] RIHAL Hervé, *Synthèse générale,* dans LONG Martine (sous la direction de), *Le financement des services publics locaux*, LGDJ, 2010, p.157
On trouve une formulation tout aussi pertinente de ce questionnement dans ce même ouvrage par Robert HERTZOG : « les impôts sur les ménages collectés pour payer les déficits de services [...] sont-ils bien équitables ? » (*Prix et gestion du service public local : stratégies pour de libres choix des autorités locales*, dans LONG Martine (sous la direction de), *Le financement des services publics locaux*, LGDJ, 2010, p.21).

[159] DUVIGNAUD Jean, *Le prix des choses sans prix*, Actes sud, 2001

[160] HERTZOG Robert, *Le prix du service public*, AJDA, 1997, p.55

[161] Pour une synthèse sur cet enjeu, voir *Transports : ces collectivités tentées par la gratuité totale*, Gazette des communes, 28 octobre 2013, p.32 :

> « Il peut arriver que certains réseaux, qui sont généralement petits et moyens, aient un intérêt à passer à la gratuité, afin de relancer la fréquentation et le report modal vers les transports publics et de supprimer les coûts de billetterie. »

[162] TOBELEM Jean-Michel, *La culture mise à prix : la tarification des sites culturels*, L'Harmattan, 2005, p.22

[163] Le 13e alinéa du préambule de la Constitution de 1946, qui prévoit que « la nation garantit l'égal accès de l'enfant et de l'adulte à la culture », est la référence supra-législative la plus souvent mobilisée dans les argumentaires rencontrés.

[164] Inspection générale de la ville de Paris, *Rapport sur la politique tarifaire de la ville de Paris*, rapport n°03.06, 2003, p.150 : « la gratuité de l'accès aux collections permanentes des musées parisiens en a doublé la fréquentation par an »

[165] Jean-Michel TOBELEM fait référence à une étude de Volker KIRCHBERG, au milieu des années 1990 en Allemagne, réalisée auprès d'un millier d'usagers : sur une liste de 23 motifs ou freins à la visite d'un musée, le prix d'entrée s'avère être dans la plupart des cas la variable la plus significative.

[166] GREFFE Xavier, *La valorisation économique du patrimoine*, La Documentation française, 2003

[167] Des réductions ou des gratuités sont souvent accordées aux personnes âgées et aux enseignants et à d'autres catégories, alors que rien n'indique que leurs disponibilités à payer soient

particulièrement faibles, ce qui représenterait pour eux un effet d'aubaine : pourquoi paieraient-ils moins cher que les ouvriers ou les titulaires de minima sociaux par exemple ?

[168] LE GOFF Daniel, cité dans *Services publics : la gratuité... à quel prix ?*, Gazette des communes, 21 octobre 2013, p.44

[169] Ce que l'on pourrait qualifier d'argumentaire utilitariste, au sens millien du terme

[170] On pensera ici, de façon plus générale, à la théorie bourdieusienne qui fait de l'éducation et de l'*habitus* les variables déterminantes de la consommation de biens culturels.

[171] BOSSEBOEUF Claire, *Les collectivités territoriales et leurs musées : recherche sur le développement et les modalités de gestion et de gouvernance d'un service public local*, Université Descartes (Paris V), 2012, p.159, p.159

[172] MATHIEU Philippe, *Collectivités locales : vers une différenciation aléatoire des politiques tarifaires*, La Lettre de l'Office de coopération et d'information muséales (OCIM) n°111, 2007, p.13

L'auteur évoque notamment un effet « lune de miel » : c'est l'évènement que constitue le passage à la gratuité, et non la gratuité en elle-même, qui provoque une augmentation de la fréquentation.

[173] CANNAC Yves, *Dépense privée, dépense publique*, RFFP n°77, 2002, p.9

[174] DUGUIT Léon, *Traité de droit constitutionnel*, tome 2, Sirey, 1923, p.55

[175] CE 21 novembre 1958 *Syndicat national des transporteurs aériens*, Lebon p.572

[176] Pour mémoire, le Conseil constitutionnel s'est rallié à cette formulation arrêtée par le Conseil d'État dans plusieurs décisions ultérieures : décision n°69-57 L du 24 octobre 1969, Recueil p.32 ; décision n°76-92 L du 6 octobre 1976, Recueil p.59 ; décision n°92-171 L du 17 décembre 1992, Recueil p.123.

[177] HERTZOG Robert, *Le prix du service public*, AJDA, 1997, p.55

[178] CE 19 février 1988 *Société Pore Gestion*, Lebon p.77

[179] CE 22 décembre 1978 *Syndicat viticole des Hautes Graves de Bordeaux*, Lebon p.526

[180] CE 28 décembre 1949 *Société Ciné Lorrain*, Lebon p.584

[181] CE 10 février 1995 *Chambre syndicale du transport aérien*, Lebon p.69

[182] CE 22 octobre 1976 *Société Thomson-Hotchkiss-Brandt*, Lebon p.437

[183] CE 18 janvier 1985 *Mme Marie d'Antin de Vaillac et Syndicat des sylviculteurs du Sud-Ouest*, RFDA, 1985, p.519 : la mission est « exercée non dans le seul intérêt des propriétaires sylviculteurs de ces trois départements, mais dans l'intérêt général de la population »

CE 10 décembre 1982 *Chambre syndicale des centres agréés d'abattage et de conditionnement des produits de basse-cour*, Lebon p.414 : la mission est « instituée non dans le seul intérêt des professionnels qui y sont soumis, mais essentiellement dans un intérêt général de protection de la santé publique »

[184] CE 20 mars 2000 *GISTI*, Lebon p.122

[185] CE 22 décembre 1978 *Syndicat viticole des Hautes Graves de Bordeaux*, Lebon p.526 et CE 26 mars 1997 *Société Elf Antargaz*, Lebon p.111

[186] CE 10 avril 2002 *GISTI*, req. n°227746

[187] Article L.514-8 du Code de l'environnement, sur les contrôles opérés en matière d'installations classées

[188] Article L.2321-2 CGCT

Pour une interprétation faite par le juge administratif de cette disposition, voir CE 5 décembre 1984 *Ville de Versailles c/Lopez de Arias*, Lebon p.391

[189] Décret n°2002-1064 du 7 août 2002 relatif au service public de la diffusion du droit par l'Internet

[190] L.122-4 du Code de la voirie routière

Dans la pratique cependant, la gratuité n'est plus de mise en cas de concession du réseau, ce qui est très souvent le cas.

[191] Police, lutte contre les incendies, salubrité, ou encore circulation

[192] CE 10 août 1918 *Société Ciné National*, Lebon p.853 : police et sécurité incendie des cinémas

[193] CE 19 février 1988 *Société Pore Gestion*, Lebon p.77 : organisation d'une brocante

[194] Ou bien d'une logique d'assurance : même si le service rendu ne sert véritablement qu'exceptionnellement comme pour les services d'incendie, voire n'a vocation à ne pas servir comme pour la dimension dissuasive de la force militaire, il doit être disponible pour tous à tout moment ; personne ne pouvant savoir à l'avance qui aura besoin de secours, on préfère "cotiser" à travers l'impôt, pour ne pas avoir à supporter, en cas de réalisation du risque, le coût éventuellement élevé de l'intervention de la puissance publique en notre faveur.
[195] Pour reprendre la sémantique de la théorie économique
[196] Sur cette évolution, voir MAILLARD DESGREES DU LOU Dominique, *Police et gratuité*, dans KOUBI Geneviève et GUGLIELMI Gilles (sous la direction de), *La gratuité, une question de droit ?*, L'Harmattan, Logiques juridiques, 2003, p.217
[197] CE 23 juin 2000 *Chambre syndicale du transport aérien*, Lebon p.240
[198] Décret n°97-199 du 5 mars 1997 relatif au remboursement de certaines dépenses supportées par les forces de l'ordre
Ce décret fait suite à la loi n°95-73 du 21 janvier 1995 d'orientation et de programmation relative à la sécurité.
[199] CE 22 janvier 1904 *Delepoulle*, cité par HERTZOG Robert, *Le prix du service public*, AJDA, 1997, p.55
[200] CE 5 décembre 1984 *Ville de Versailles c/Lopez de Arias*, Lebon p.391 : la commune n'est fondée à poursuivre que le remboursement « des frais exposés pour des prestations particulières qui ne relèvent pas de la nécessité publique ». En l'espèce, le juge administratif a précisé que la mise à la charge de la victime d'un accident sur la voie publique des frais de transport à l'hôpital par les sapeurs-pompiers était illégale, au motif que ce transport était le « prolongement normal des missions de secours d'urgence ».
[201] « Les services d'incendie et de secours sont chargés de la prévention, de la protection et de la lutte contre les incendies.

> Ils concourent, avec les autres services et professionnels concernés, à la protection et à la lutte contre les autres accidents, sinistres et catastrophes, à l'évaluation et à la prévention des risques technologiques ou naturels ainsi qu'au secours d'urgence.
>
> Dans le cadre de leurs compétences, ils exercent les missions suivantes : la prévention et l'évaluation des risques de sécurité civile ; la préparation des mesures de sauvegarde et l'organisation des moyens de secours ; la protection des personnes, des biens et de l'environnement ; les secours d'urgence aux personnes victimes d'accidents, de sinistres ou de catastrophes ainsi que leur évacuation. »

[202] GAVAIL Yvan, *Services publics locaux : accès aux services et tarifs différenciés*, Cahiers juridiques n°135, février 2010, p.12
[203] Articles 124 et 125 codifiés à l'article L.1424-42 CGCT
[204] Pour un exemple, voir TA Montpellier 14 juin 2011 *Commune de Mèze*, req. n°0904562, AJDA, 2011, p.1745 : la mission de surveillance des plages exercée par les agents du SDIS peut légalement donner lieu à une contribution spécifique, fixée par convention, mise à la charge des communes littorales ; s'agissant d'une mission facultative, les frais afférents à l'exercice de cette mission ne sont pas couverts par la contribution communale annuelle.
[205] Article R.2321-6 CGCT, décret n°87-141 du 3 mars 1987 pris pour l'application du 7° de l'article L.221-2 du Code des communes
[206] Même si ce dernier a dégagé depuis près d'un siècle, dans sa jurisprudence, une notion de prestations « fournies par la collectivité publique au-delà des besoins auxquels elle est tenue de pourvoir gratuitement », notion qui a permis la rémunération des services de secours pour la présence des pompiers dans les salles de spectacle à titre préventif (CE 17 décembre 1937 *Garnier et Legris*, Lebon p.1053).
Le premier avatar de cette acceptation de la mise en place d'une redevance, en dehors d'une loi, lorsque le service excède les aléas normaux peut être identifié dans la décision CE 10 août 1918 *Société Ciné National*, Lebon p.853 : le Conseil d'État y juge que certaines entreprises

« constituent des industries qui nécessitent, en ce qui concerne la police et le danger d'incendie, une surveillance toute spéciale excédant les besoins normaux auxquels sont tenus de pourvoir, aux frais de la commune, les services organisés pour la protection des lieux publics ou privés ; que ces frais supplémentaires sont exposés, non seulement dans un but d'utilité publique, mais aussi dans l'intérêt même de ces entreprises ; qu'à ces divers points de vue, la charge ne saurait incomber au budget communal, mais doit être supportée par les intéressés eux-mêmes ».

[207] CJCE, 15 mars 1983 *SIOT*, Recueil p.791

[208] CE 16 mai 1941 *Toublanc*, Lebon p.91 : le prélèvement « dont le produit excède très largement les dépenses du service ne peut être regardé que comme une taxe »

[209] CE 25 juin 1986 *Caisse des écoles de Saint-Gratien*, Lebon p.412, conclusions du Commissaire du Gouvernement LASSERRE :

> « S'il est vrai que les participations des familles ne couvrent que 20 à 25 % des dépenses des services de garderies maternelles ou de centres de loisirs, il est difficile de nier qu'il existe un rapport entre la somme réclamée et le service rendu, ces participations même si elles sont peu élevées ne pouvant être regardées comme des contributions symboliques destinées seulement à jour le rôle d'un ticket modérateur. »

[210] CE 16 novembre 1962 *Syndicat intercommunal d'électricité de la Nièvre et autres*, Lebon p.612, quatre ans après la décision *Syndicat national des transporteurs aériens*

[211] Pour un exemple de contrôle maximum ou de proportionnalité exercé par le juge administratif, voir CE 19 mai 1933 *Benjamin*, Lebon p.542, sur les mesures de police administrative générale

[212] CE 30 septembre 1996 *Société stéphanoise des eaux et Ville de Saint-Etienne*, Lebon p.355 : en l'espèce, est illégale la délibération du conseil municipal adoptant les tarifs de l'eau dès lors que les augmentations décidées étaient motivées par le souhait qu'une partie des redevances puisse être reversée au budget général de la ville afin de couvrir des charges étrangères à la mission du service des eaux.

[213] Sur cette question générale, voire BLACHER Philippe, *Le contrôle par le juge administratif de la tarification des services publics*, RFFP n°72, 2000

[214] CE 11 mai 1998 *SIVOM de l'Île d'Oléron*, RJF, 1998, p.887

CAA Marseille 6 novembre 2012 *M. B.*, req. n°10MA03152, AJDA, 2013, p.691 : jurisprudence atypique en ce sens que le montant de la redevance n'est ici pas contesté par celui qui doit l'acquitter, mais par un contribuable local qui la trouve trop faible

CE 19 mars 2010 *SCARA et FNAM*, Lebon p.927

CE 29 décembre 2014 *Société Bouygues Télécom*, req. n°368773 : montant d'une redevance d'occupation du domaine public fixé à un niveau « manifestement disproportionné par rapport à l'avantage » que l'usager en retire

[215] CE 10 février 1995 *Chambre syndicale du transport aérien*, Lebon p.69

[216] CE 30 octobre 1996 *Mme Wajs*, AJDA, 1996, p.973

[217] CE 8 juillet 1996 *Mérie*, RFDA, 1996, p.1040 : est légale une majoration des redevances portuaires par le conseil municipal ayant porté le niveau de cette dernière à un montant qui a permis, ultérieurement, la réalisation de travaux accroissant la solidité des berges, facilitant l'accès des bateaux et augmentant le nombre de postes d'amarrage.

Pour un exemple de la jurisprudence antérieure contraire, voir CE 20 mars 1968 *Ville de Saint-Lô c/Barbot*, Lebon p.852 : est illégale une surtaxe d'abattage, qui est juridiquement une redevance en dépit de son appellation, instituée pour contribuer au financement d'un nouvel abattoir, quand bien même certaines dépenses auraient déjà été engagées

[218] Décision n°2005-513 DC du 14 avril 2005, Recueil p.67, considérant 15 :

> « Considérant, en premier lieu, qu'il appartient au gestionnaire d'un service public de procéder, au moyen des recettes du service, à l'entretien, à l'extension et à l'amélioration des équipements rendus nécessaires par l'évolution des circonstances de droit et de fait, et notamment par l'accroissement du nombre de ses usagers ; que, par suite, la prise en compte, dans la détermination du montant

des redevances, de la rémunération des capitaux investis, ainsi que des dépenses, y compris futures, liées à la construction d'infrastructures ou d'installations nouvelles avant leur mise en service, ne retire pas à ces contributions leur caractère de redevance pour service rendu. »

[219] CE 6 mars 1970 *Sieur Augé et autres*, Lebon p.163

[220] CE 20 mai 1998 *Syndicat des compagnies aériennes autonomes*, Lebon p.891

Pour un exemple tout récent, voir CAA Lyon 4 juillet 2013 *Institut d'études politiques de Grenoble*, req. n°13LY00633, AJDA, 2013, p.2160 : en l'espèce, le conseil d'administration de l'Institut d'études politiques a institué des droits d'inscription au concours d'entré à 100 € sans s'assurer que ce montant n'excédait pas le coût réel des dépenses qui étaient susceptibles d'être induites par son organisation

[221] HERTZOG Robert, *Le prix du service public*, AJDA, 1997, p.55

[222] CE 17 novembre 1978 *Société Etablissements Geismann frères*, Lebon p.447, et CE 17 novembre 1987 *Mansier*, Recueil p.341

[223] CE 3 juillet 1991 *Syndicat des psychiatres des hôpitaux*, Lebon p.1151

[224] FOUQUET Olivier, *Le Conseil constitutionnel et le principe d'égalité devant l'impôt*, Nouveaux cahiers du Conseil constitutionnel (NCCC) n°33, 2011, p.2/5

Voir Décision n°74-54 DC du 15 janvier 1975, Recueil p.19 :

> « L'article 61 de la Constitution ne confère pas au Conseil constitutionnel un pouvoir général d'appréciation et de décision identique à celui du Parlement, mais lui donne seulement compétence pour se prononcer sur la conformité à la Constitution des lois déférées à son examen. »

[225] *La tarification des services liés à l'usage d'infrastructures*, Les Entretiens du Conseil d'État, 2009, p.5 :

> « Le Conseil d'État est un acteur à part entière des évolutions de l'économie nationale [...]. Au titre de sa fonction consultative, ses avis contribuent à faire évoluer le cadre juridique de la concurrence, le statut des entreprises publiques, le code des marchés publics, la fiscalité... »

[226] CJCE, 14 décembre 1972 *Marimex*, affaire 29/72, Recueil p.1309

[227] CJCE, 31 mai 1979 *Denkavit*, Recueil p.1923 et CJCE 20 avril 1993 *Ponente Carni*, Recueil p.1915

[228] CJCE, 13 juin 2002 *Sea Land Service*, Recueil p.5235

[229] Cité par PICARD Jean-François, *Finances locales*, LexisNexis, 2009, p.16

[230] Pour un exemple récent de tarification forfaitaire pour un service rendu distinct et incidemment un coût de service rendu distinct, voir CE 5 mars 2014 *Département du Bas-Rhin*, AJCT, 2014, p.179, sur l'application d'un tarif forfaitaire sur une portion d'autoroute sous certaines conditions

[231] FAVOREU Louis et PHILIP Loïc, *Les grandes décisions du Conseil constitutionnel*, Dalloz, 2001 (11e édition), p.91

[232] Ce lien nécessaire n'interdit cependant pas que la redevance soit constituée d'une part fixe indépendante de l'utilisation effective que fait le redevable du service mis à sa disposition, que cette part fixe représente une partie, dans le cadre d'un abonnement, ou même la totalité, dans le cadre d'un forfait, du prix demandé. Dans ce cas seulement, l'acquittement d'une redevance est bien indépendant de toute utilisation effective par l'usager sans que cela n'entraîne une requalification de la contribution en taxe.

[233] En théorie, la simple disponibilité du service et non son utilisation effective permet de déclencher l'exigibilité d'une taxe, contrairement aux redevances. Mais nous verrons que, pour certaines d'entre elles comme le versement transport et taxe d'enlèvement des ordures ménagères, le législateur a prévu la possibilité de déroger à ce principe. Sachant que, dans le même temps, certaines redevances peuvent, elles, être exigibles sans jouissance effective du service visé.

[234] CE 10 décembre 1969 *Commune de Neuville La Forêt*, Lebon p.564

[235] CE 10 mars 2006 *Commune de Montclar*, AJDA, 2006, p.894 : illégalité d'une participation demandée aux habitants pour l'entretien d'espaces qui ne leur appartiennent pas, en l'espèce des espaces verts et des parkings

[236] CE 14 mai 2008 *Commune de Villiers-au-Boin*, n°291230 : illégalité d'une redevance de traitement des matières de vidange demandée pour une habitation n'étant pas reliée au réseau d'assainissement collectif

Voir aussi sur ce point la réponse du Ministère de l'écologie la QE n°104677 publiée au JO le 12 avril 2012 :

> « Comme toute redevance, la redevance perçue au titre de l'assainissement collectif implique de rendre un service à l'usager. La redevance pour assainissement collectif est exigible dès lors qu'elle permet à l'usager de réaliser une économie, en lui évitant la réalisation d'une installation d'assainissement non collectif. Dans le cas que vous décrivez, la station de traitement des eaux usées est certes réalisée, mais les habitants ne sont pas raccordés à un réseau de collecte. Ils sont donc tenus de posséder une installation d'assainissement non collectif pour traiter individuellement leurs eaux usées. L'usager ne réalisant pas l'économie du traitement de ses eaux, la communauté de communes ne peut prélever la redevance d'assainissement collectif prévue à l'article L.2224-12-2 CGCT. »

[237] CE 6 mai 1985 *Commune de Pointe-à-Pitre c/Martin*, Lebon p.557

[238] CE 25 juin 2003 *Communauté de communes Chartreuse Guiers*, Lebon p.288

Le principe général ici énoncé s'articule cependant difficilement avec les remises gracieuses personnelles accordées par des délibérations des assemblées locales.

[239] CE 14 février 1975 *Epoux Merlin*, Lebon p.110

[240] CE 13 novembre 1987 *Syndicat national des transporteurs aériens*, Lebon p.355

[241] CE 8 juillet 1998 *Commune de Bressey-sur-Tille*, Lebon p.780

[242] CE 9 juillet 2003 *M. Luc X.*, Revue du Trésor, 2004, p.219 :

> « La seule circonstance que la redevance [...] comporte une partie fixe, qui a pour but de tenir compte des conditions d'exploitation des services et de l'importance des investissements à amortir, n'est pas de nature à la faire regarder comme relevant de la catégorie des prélèvements qui, en vertu de l'article 34 de la Constitution, ne peuvent être institués que par la loi »

[243] CE 25 juin 2003 *Mme Martinet*, Revue du Trésor, 2003, p.793 : légalité de la tarification de la redevance d'enlèvement des ordures ménagères en fonction de la capacité d'accueil d'un établissement de restauration

[244] CE 8 juillet 1996 *Mérie*, RFDA, 1996, p.1040 : est légale une majoration des redevances portuaires par le conseil municipal ayant porté le niveau de cette dernière à un montant qui a permis, ultérieurement, la réalisation de travaux accroissant la solidité des berges, facilitant l'accès des bateaux et augmentant le nombre de postes d'amarrage.

[245] Conclusions DEVYS sur CE 16 juillet 2007 *Syndicat national de défense de l'exercice libéral de la médecine à l'hôpital*, Lebon p.349

[246] « Les matières autres que celles qui sont du domaine de la loi ont un caractère réglementaire. »

[247] Décision n°69-57 L du 24 octobre 1969, Recueil p.32

[248] Décision n°77-100 L du 16 novembre 1977, Recueil p.65 : en l'espèce, la redevance de contrôle des organismes d'habitations à loyer modéré

[249] Comme l'a confirmé notamment la décision n°83-166 DC du 29 décembre 1983, Recueil p.77, relative à la loi relative au prix de l'eau

[250] Conclusions du Commissaire du Gouvernement BONICHOT sur la décision CE 26 mars 1999 *M. Vincent*, Lebon p.119, relatif à la qualification des participations pour non-réalisation d'aires de stationnement

[251] TC 28 juin 1965 *Demoiselle Ruban c/Société de l'autoroute Estérel – Côte d'Azur*, Lebon p.816

[252] CE 14 février 1975 *Epoux Merlin*, Lebon p.110

[253] CE 30 juillet 1997 *Commune de Dunkerque*, Lebon p.972
[254] CE 12 juillet 1995 *Commune de Maintenon*, Lebon p.305
[255] CE 1er avril 1994 *Commune de Menton*, Lebon p.175
[256] CE 27 juin 1973 *Ville de Marseille*, Lebon p.444
CE 17 décembre 1976 *SCI Le Clairval*, AJDA, 1977, p.384
[257] TC 4 juillet 2011 *Vaché c/Commune d'Etrochey*, n°C3811, inédit au Lebon, http://www.tribunal-conflits.fr/documents/conclusions/conclusions_tc_3811.pdf
[258] CE 21 novembre 1975 *Société La grande Brasserie moderne*, RJF, 1976, p.157
[259] Franck MODERNE y voyait notamment une « atteinte à l'unité de la catégorie juridique des redevances pour service rendu dont la définition semblait à peu près stabilisée », dans son commentaire de la décision CE 18 juin 1976 *Commune de Vaulx-en-Velin*, AJDA, 1976, p.571.
[260] CE 20 novembre 1988 *SCI La Colline c/Commune de La Bénisson-Dieu*, AJDA, 1988, p.407
[261] TC 12 janvier 1987 *Compagnie des eaux et de l'ozone*, RFDA, 1987, p.284
[262] AMSELEK Paul, *Une curiosité du droit public financier : les impositions autres que fiscales ou parafiscales*, dans *Mélanges offerts à Marcel WALINE : Le juge et le droit public*, LGDJ, 1974, p.89
[263] CE 24 juin 1960 *Sieur Dubonnet*, Lebon p.417 : « un prélèvement d'un caractère spécial qui ne permet pas de les ranger parmi les contributions indirectes, non plus d'ailleurs que parmi les impôts directs »
[264] CE 21 novembre 1973 *Société des papèteries de Gascogne*, AJDA, 1974, p.489 : « des ressources de nature spécifique »
[265] CE 26 mars 1999 *M. Vincent*, Lebon p.119 : « la participation pour non-réalisation d'aires de stationnement doit être regardée, non comme une imposition, mais comme une participation que la loi, dans les limites qu'elle définit, autorise la commune à percevoir [...], sans que l'on puisse la rattacher à la notion de redevance pour service rendu »
[266] LIPRINO Vicenzo, *Le financement des services publics en Italie entre impôt, taxe et redevance*, RFFP n°118, 2012, p.97 (référence des trois notes suivantes)
[267] « S'il s'agit d'un contrat, le paiement relèvera de la redevance. En revanche, si la source est légale et le régime réglé par des actes administratifs, il s'agira d'une taxe. »
[268] « Lorsque la prestation est une activité publique, réservée à l'État ou aux autres établissements publics, le paiement aura la nature de taxe. [...] En revanche, lorsque le service rendu par l'État ou par les autres établissements publics ne se caractérise pas par la manifestation de prérogatives de puissance publique, on serait hors du champ de la taxe. »
[269] « Si [le montant du prélèvement] est inférieur ou équivalent au service, il s'agira d'une taxe. En revanche, si la mesure du prélèvement est libre, on se trouvera alors hors du domaine fiscal. Pour une autre partie de la doctrine, si le prélèvement dépasse le coût réel, alors il pourra s'agir d'un impôt devant tenir compte, pour la partie excédentaire, de la capacité contributive. »
[270] Article 14 de la loi n°2010-122 du 30 juillet 2010 portant engagement national pour l'environnement
[271] Conseil des prélèvements obligatoires, *La fiscalité locale*, 2010, p.575
[272] CE 31 mars 2014 *Commune d'Avignon*, AJDA, 2014, p.709 :

> « L'occupation ou l'utilisation du domaine public dans les limites ne dépassant pas le droit d'usage appartenant à tous, qui n'est soumis à la délivrance d'aucune autorisation, ne peut, par suite, être assujettie au paiement d'une redevance. [...] La présence momentanée des clients établissements en cause sur le domaine public, le temps d'effectuer une transaction, qui n'est ni exclusive de la présence d'autres usagers du domaine public ni incompatible avec l'affectation de celui-ci, n'est pas constitutive, pour ces établissements, quand bien même elle est nécessaire au mode d'exercice de leur commerce, d'une occupation du domaine public excédant le droit d'usage qui appartient à tous. »

[273] HERTZOG Robert, *Prix et gestion du service public local : stratégies pour de libres choix des autorités locales*, dans LONG Martine (sous la direction de), *Le financement des services publics locaux*, LGDJ, 2010, p.10

[274] VEDEL Georges, *Où en est l'impôt ?*, RFFP n°1, 1983, p.1

[275] GRUSON Claude et COHEN José, *Tarification des services publics locaux*, La Documentation française, 1983, p.8

[276] MATHIEU Philippe, *Collectivités locales : vers une différenciation aléatoire des politiques tarifaires*, La Lettre de l'OCIM n°111, 2007, p.8

Sur cette question de l'évolution des pratiques tarifaires en matière de services publics culturels et plus spécifiquement des musées locaux, voir BOSSEBOEUF Claire, *Les collectivités territoriales et leurs musées : recherche sur le développement et les modalités de gestion et de gouvernance d'un service public local*, Université DESCARTES (Paris V), 2012

[277] LEROY-BEAULIEU Paul, *Traité de la science des finances*, Tome I, Guillaumin et Cie, 1879, p.17

[278] MBOUHOU Max, *Taxes parafiscales : quelles solutions après le 31 décembre 2013*, Revue du Trésor, octobre 2003, p.587

[279] Décision n°70-61 L du 23 février 1970, Recueil p.37

[280] DELALANDE Nicolas, *Les batailles de l'impôt*, Seuil, 2011, p.395

[281] LONG Martine, *La tarification des services publics locaux*, LGDJ, collection Systèmes, 2001, p.1

[282] CE 2 décembre 1987 *Commune de Romainville*, Lebon p.556

[283] CE 29 décembre 1997 *Commune de Gennevilliers* et *Commune de Nanterre*, Lebon p.499

[284] CE 16 juillet 2007 *Syndicat national de défense de l'exercice libéral de la médecine à l'hôpital*, Lebon p.349

[285] Certes, le Conseil d'État continue de refuser d'imposer aux administrations de prendre en compte toutes les différences de situation (CE 28 mars 1997 *Société Baxter*, Lebon p.114) : le traitement identique de situation différente ne saurait constituer par principe une rupture d'égalité. Néanmoins, pour une partie de la doctrine, le juge administratif veille dans un même temps, et en marge de cette position de principe, à une garantie effective du droit à un traitement différent à travers le contrôle qu'elle exerce sur les grilles tarifaires et l'éventuelle sanction pour erreur manifeste d'appréciation, véritable « palliatif universel au refus du Conseil d'État de reconnaître, à ce jour, le droit à un traitement différent » (GALLARDO Jean-Michel, *La garantie indirecte du droit à un traitement différent dans la jurisprudence du Conseil d'État*, AJDA, 2003, p.219).

[286] CJCE, 16 janvier 2003 *Commission c/Italie*, aff. C-388/01, AJDA, 2003, p.377 : est contraire au principe de non-discrimination une tarification variable d'un service public facultatif se fondant sur l'origine de l'usager

[287] CJCE 17 juillet 1963 *Italie c/Commission*, aff. 13-63, Recueil p.360 et CJCE 30 juin 1998 *Mme Brown c/Société Rentokil*, cité par QUESSETTE Laurent, *Le chômage, ma cantine, le Maire et moi*, AJDA, 2012, p.2361

[288] CEDH, 6 avril 2000 *Thlimennos c/Grèce*, req. n°34369/97, AJDA, 2001, 1060

[289] CE 31 janvier 2014 *MM. Retterer*, AJDA, 2014, p.444 : passage à un contrôle normal sur les décisions de refus de changement de nom

CE 13 novembre 2013 *M. D.*, req. n°347704 : passage à un contrôle normal sur les sanctions disciplinaires appliquées aux agents publics

CE 11 juillet 2014 *Ministre de l'Agriculture*, Semaine juridique – édition ACT, 2014, réf.605 : passage à un contrôle normal de la décision du Préfet d'ordonner l'abattage d'un animal suspecté de rage

[290] L'assemblée délibérante de la collectivité territoriale détermine le type des actions et le montant des dépenses qu'elle entend engager pour son action sociale. Cela inclut les avantages tarifaires accordés aux agents sur les équipements et services publics de ladite collectivité.

[291] Inspection générale de la ville de Paris, *Rapport sur la politique tarifaire de la ville de Paris*, rapport n°03.06, 2003, p.150

[292] CE 26 avril 1985 *Ville de Tarbes*, Lebon p.119 : le principe posé était qu'une différence de revenus ne constituait pas une différence objective de situation en rapport avec le service, culturel, rendu

[293] CE 20 janvier 1989 *CCAS de La Rochelle*, AJDA, 1989, p.398 (pour une crèche collective communale)

[294] CE 18 mars 1994 *Mme Dejonckeere*, Lebon p.762

[295] PONTIER Jean-Marie, *Les modulations tarifaires des services publics locaux et le principe d'égalité : à propos des décisions* Commune de Gennevilliers *et* Commune de Nanterre, Revue administrative, 1990, n°303, p.411

[296] CE 29 décembre 1997 *Commune de Gennevilliers* et *Commune de Nanterre*, Lebon p.499

[297] Voir, à titre d'exemple, QE n°01439 de M. Pierre SALVI, publiée dans le JO Sénat du 12 juin 1986 p.797, suite à la jurisprudence CE 26 avril 1985 *Ville de Tarbes*, Lebon p.119 évoquée plus haut :

> « M. Pierre SALVI appelle l'attention de M. le Ministre de l'Intérieur sur la perplexité des Maires devant les décisions et les textes publiés récemment en matière de fixation des tarifs des services gérés par les communes. Cela le conduit à lui demander de bien vouloir lui indiquer les initiatives qu'il entend prendre pour lever toutes les ambiguïtés qui demeurent et donner aux Maires des informations précises sur leurs pouvoirs et ceux des Conseils municipaux désireux de pratiquer des tarifs différents pour un même service [...]. Les Maires sont souvent déroutés et l'on peut craindre la multiplication de contentieux et de recours, d'où la présente question. »

[298] Voir, à titre d'exemple, la circulaire n°86-015 du 16 janvier 1986 concernant les discriminations tarifaires dans la gestion des services publics locaux

[299] BORGETTO Michel, *Services publics locaux et principe d'égalité : sur la nature juridique du service de distribution d'eau et le traitement jurisprudentiel du principe d'égalité*, RFDA, 1993, p.673

[300] CE 28 avril 2014 *Mme Anchling et autres*, req. n°357090, AJDA, 2014, p.886 :

> « Eu égard à la nature et à l'objet des redevances pour service rendu [...] le syndicat intercommunal a pu légalement, pour régulariser les situations nées de ces litiges, adopter une délibération fixant de manière rétroactive, dans le respect des motifs constituant le support nécessaire du jugement du tribunal administratif de Strasbourg du 10 novembre 2005, le tarif de l'eau devant être appliqué, pour les périodes de consommation litigieuses, aux usagers ayant bénéficié du service et contesté, par la voie contentieuse, les montants de redevance mis à leur charge en raison de l'illégalité des délibérations fixant le tarif. »

[301] Par impôt de stock et par opposition à impôt de flux, nous entendons un impôt dont l'assiette n'est que très peu soumises à fluctuation d'une année sur l'autre, assurant ainsi à la personne publique un degré certain de prévisibilité des recettes à engranger : la taxe d'habitation est un impôt de stock, l'impôt sur le revenu est un impôt de flux.

[302] La loi n°2005-1719 du 30 décembre 2005 portant loi de finances pour 2006 a mis en œuvre un plafonnement effectif de la taxe professionnelle à hauteur de 3,5 % de la valeur ajoutée de l'entreprise.

[303] La loi n°85-695 du 11 juillet 1985 portant diverses dispositions d'ordre économique et financier a mis en œuvre un dégrèvement partiel de la taxe d'habitation en fonction des revenus.
Notons que le lien entre les revenus du ménage et la modulation de la taxe d'habitation avait été établi pour la première fois par le législateur dans le cadre de la loi n°82-540 du 28 juin 1982 portant loi de finances rectificative pour 1982 : dégrèvement total de la taxe d'habitation pour les personnes de plus de 60 ans non imposables à l'impôt sur le revenu.

[304] La loi n°2011-900 du 29 juillet 2011 portant loi de finances rectificative pour 2011, dans le cadre de la suppression du bouclier fiscal, a mis en œuvre un plafonnement de la taxe foncière sur les propriétés bâties, afférente à l'habitation principale uniquement, à hauteur de 50 % des

revenus, pour les seuls contribuables dont les revenus sont inférieurs au revenu fiscal de référence, soit en 2011 environ 23,2 K€ par an pour une personne seule.

[305] BRANQUART Christelle, *La réforme de la fiscalité locale en France*, Université Robert Schuman (Strasbourg), 2006, p.4 :

> « Pour le législateur comme pour le contribuable, la conservation d'un impôt ancien même imparfait est toujours préférable à toute tentative de modification, qui court le risque de se révéler hasardeuse. »

[306] Pour les ouvrages publics, la question est plus complexe, puisque la construction de l'ouvrage en question permettant la mise en œuvre d'une contribution ultérieure nécessite par essence des moyens antérieurs pour la construction desdits ouvrages. La poule et l'œuf, comme nous le disions.

[307] Article 1518 bis CGI

[308] + 1,5 % en 2003 et 2004, +1,8 % en 2005, 2006 et 2007, + 1,6 % en 2008, + 2,5 % en 2009

[309] http://www.insee.fr/fr/themes/conjoncture/indice_loyer.asp

[310] Non seulement la disparition du contrat de croissance et de solidarité a réduit à néant l'évolution annuelle des dotations, gelées en valeur sur la période 2012-2014, mais les dépenses liées aux compétences financées par ces dotations ont, elles, continué à augmenter, générant un effet de ciseau parfois important pour les collectivités.

Rassurés peut-être trop rapidement par la réforme constitutionnelle de 2003, les élus ont, à cette occasion, découvert un concept au cœur des analyses anglo-saxonnes en matière de gestion locale : les *unfunded mandates*, transferts aux gouvernements locaux d'attributions sans transfert de ressources financières ou fiscales équivalentes.

[311] L'exercice 2010 marque en la matière un tournant : une indexation législative des valeurs locatives limitée à 1,2 %, son plus faible niveau depuis 2002, et la réforme de la fiscalité locale privant notamment les collectivités d'une partie importante du pouvoir fiscal qui leur était jusqu'alors consenti

[312] FOUCAULT Martial et FRANÇOIS Abel, *La politique influence-t-elle les décisions publiques locales ? : analyse empirique des budgets communaux de 1977 à 2001*, Politiques et management public, 2005/3, p.79

BEGADON Stephen et AGOCS Carol, *Limits to power : a study of the influence of mayors and CAOS on municipal budgets in Ontario, 1977-1990, Canadian Public Administration*, 1995/1, p.29 : le maire ou du directeur général d'une collectivité auraient, dans l'élaboration budgétaire, une influence moindre que l'environnement économique et institutionnel.

[313] Sur la capacité limitée des élus locaux à modifier en profondeur la nature et le contenu des services publics existants, voir FAURE Alain et MATHIEU Philippe, *Le service public, les leaders politiques locaux et les clients-citoyens : le cas d'école des musées gratuits et des musées entreprises*, Politiques et Management publics, 2006, volume 24, n°4, p.37

[314] Rappelons qu'en matière de services publics, ce sont bien l'ensemble des élus locaux réunis en conseil et non le seul chef de l'exécutif local qui est décideur.

Voir CE 6 janvier 1995 *Ville de Paris*, Lebon p.3 :

> « Si le maire en sa qualité de chef des services municipaux est compétent pour prendre les mesures relatives à l'organisation interne des services de la commune et à la gestion de leurs agents, il appartient au seul conseil municipal […] de décider de créer ou de supprimer des services publics, d'en fixer les règles générales d'organisation et, de façon générale, de prendre toutes les mesures portant sur la définition des missions remplies par les services de la commune »

[315] Rapport GUERRIER de 1980 sur les perspectives des finances locales à la veille du VIIIe plan, cité par GRUSON Claude et COHEN José, *Tarification des services publics locaux*, La Documentation française, 1983, p.32

[316] DARELLIS Patricia, *L'optimisation des ressources des collectivités territoriales*, RGFP, mars-avril 2011, p.232

[317] FAIVRE D'ARCIER Bruno, *Les nouveaux enjeux de la tarification des transports publics* urbains, dans LONG Martine (sous la direction de), *Le financement des services publics locaux*, LGDJ, 2010, p.127

[318] *Refonte des tarifs : un levier d'action à ne pas négliger*, Gazette des communes, 24 septembre 2012, p.48

[319] *Mots pour mot : taux de couverture*, Gazette des communes, 8 avril 2013, p.37

[320] Pour un exemple récent, SCHWENGLER Bernard, *Déficits publics : l'inertie française*, L'Harmattan, 2012

[321] BEZES Philippe et SINE Alexandre (sous la direction de), *Gouverner (par) les finances publiques*, Presses de Sciences-Po, 2011, p.451

[322] LINDBLOM Charles-Edouard, *The science of muddling* thought, *Public Administration* Review, vol.19, 1959, p.79
L'incrémentalisme en matière budgétaire se caractérise par une inertie dans les résultats, avec la faiblesse statistique des variations annuelles du volume des budgets, mais aussi dans le processus de décision, avec une négociation budgétaire se basant d'office sur une reconduction mécanique du budget de l'année passée.
Voir aussi BAUMGARTNER Frank, FOUCAULT Martial et FRANCOIS Abel, *L'incrémentalisme et les ponctuations budgétaires en France*, dans BEZES Philippe et SINE Alexandre (sous la direction de), *Gouverner (par) les finances publiques*, Presses de Sciences-Po, 2011p.299

[323] LEROY Marc, *Le cadre financier de l'action publique régionale*, dans JOUVE Bernard, SPENLEHAUER Vincent et WARIN Philippe (sous la direction de), *La région laboratoire politique*, La Découverte, 2001

[324] Deux exemples récents, sans exploiter par ailleurs les articles dédiés à l'évolution de la grille tarifaire d'une seule collectivité :

- *Refonte des tarifs : un levier d'action à ne pas négliger*, Gazette des communes, 24 septembre 2012, p.48
- *Les tarifs publics en quête d'équilibre*, Lettre du cadre territorial, 15 avril 2010, p.22

[325] Interdiction de présenter un budget en déséquilibre prévisionnel, sincérité des prévisions contrôlée par les services préfectoraux, obligation d'inscrire certaines dépenses

[326] À titre d'illustration, en 2010, les dépenses de personnel du bloc communal représentaient 38 Md€ sur 77 Md€ de dépenses réelles de fonctionnement hors intérêts de la dette, soit près de la moitié de ces dépenses (Direction générale des collectivités locales, *Les collectivités locales en chiffres 2012*, 2012, p.45).

[327] MATHIEU Philippe, *Collectivités locales : vers une différenciation aléatoire des politiques tarifaires*, La Lettre de l'OCIM n°111, 2007, p.11

[328] Inspection générale de la ville de Paris, *Rapport sur la politique tarifaire de la ville de Paris*, rapport n°03.06, 2003, p.149

[329] Un article virulent dans la presse locale, une prise à bras le corps de cette question par le premier édile ou un de ses adjoints au regard d'un intérêt personnel pour cette question

[330] Pour un exemple de révolution tarifaire faisant suite à des décennies d'immobilisme, voir *Les tarifs des équipements sportifs parisiens multipliés par quatre*, 10 juillet 2012, http://www.lagazettedescommunes.com/122064/les-tarifs-des-equipements-sportifs-parisiens-multiplies-par-quatre/ : à noter que les sommes dégagées par la hausse des tarifs infligée aux associations et établissements scolaires seront reversées, par le biais de subventions, à des associations promouvant l'accès au sport pour des publics spécifiques que sont femmes, jeunes des quartiers en difficultés, personnes handicapées et seniors.

[331] Actes des assises 2012 de l'AFIGESE, p. 187

[332] FRERET Sandy, *Comportement mimétique des départements français sur les dépenses publiques d'aides sociales*, Revue d'économie régionale et urbaine, 2007/5, p.881

[333] GRUSON Claude et COHEN José, *Tarification des services publics locaux*, La Documentation française, 1983, p.77

[334] FAURE Alain et MATHIEU Philippe, *Le service public, les leaders politiques locaux et les clients-citoyens : le cas d'école des musées gratuits et des musées entreprises*, Politiques et Management publics, 2006, volume 24, n°4, p.37
[335] MADIES, *La concurrence fiscale entre collectivités territoriales*, Regards croisés sur l'économie (RCE) n°1, 2007, p.218
[336] FRERET Sandy, *Essais empiriques sur les interactions horizontales en termes de dépenses publiques*, Université Rennes I, 2008
FRERET Sandy, *Comportement mimétique des départements français sur les dépenses publiques d'aides sociales*, Revue d'économie régionale et urbaine, 2007/5, p.881 :

> « Les départements adoptent des comportements mimétiques en matière d'aide sociale. Lorsque les départements voisins augmentent leurs dépenses d'aide sociale de 1 %, le département *i* réagit en augmentant ses propres dépenses de 0,28 %. »

[337] FIELD Lars, JOSSELIN Jean-Michel et ROCABOY Yvon, *Le mimétisme fiscal : une application aux régions françaises*, Économie et prévision, 2002, n°156, p.43 : une hausse du taux de taxe professionnelle de la région α de 10 % induirait une hausse du taux de taxe professionnelle de la région β limitrophe de l'ordre de 2 % à court terme et de 6 % à long terme.
[338] GRUSON Claude et COHEN José, *Tarification des services publics locaux*, La Documentation française, 1983, p.81
[339] BOSSEBOEUF Claire, *Les collectivités territoriales et leurs musées : recherche sur le développement et les modalités de gestion et de gouvernance d'un service public local*, Université Descartes (Paris V), 2012, p.160
[340] Pour mémoire, on parle d'interaction verticale pour définir l'impact de la politique d'une collectivité sur une autre collectivité non pas relevant du même échelon, mais incluse dans le territoire de la première collectivité.
Cette forme d'interaction a longtemps été préférentiellement étudiée, car elle se fondait non pas sur un mécanisme de comparaison, nécessairement imparfait et fortement subjectif, mais sur des prestations ou contributions touchant directement le citoyen.
Néanmoins, en matière de contributions locales, que ce soient les impôts ou les redevances, le mouvement de spécialisation fiscale renforcé par la loi n°2009-1673 du 30 décembre 2009 portant loi de finances pour 2010 d'une part et la spécificité des compétences pouvant donner lieu à tarification d'autre part rendent cette grille d'analyse peu pertinente. Tout juste pourrait-on aujourd'hui imaginer une étude sur l'évolution de la tarification des cantines scolaires dans les lycées pour les régions, les collèges pour les départements et les écoles primaires dans les communes.
[341] JAY Paul, *Wrestling with shadows*, Manfred Becker, 1998
[342] VON HAYEK Friedrich, *La route de la servitude*, PUF, 1985, pour ce qui reste une des meilleures analyses développées sur cette question au XXe siècle. Le titre de l'ouvrage est semble-t-il une référence à la « servitude, réglée, douce et paisible » que craignait TOCQUEVILLE pour les démocraties modernes.
Nous développerons ultérieurement cette critique multidimensionnelle de l'impôt.
[343] CRUCIS Henry-Michel, *Liberté et politique tarifaires des collectivités locales*, dans BOUVIER Michel (sous la direction de), *Réforme des finances publiques, démocratie et bonne gouvernance*, LGDJ, 2004, p.205
[344] KOUBI Geneviève, *Gratuité ? Sans prix certes, mais pas sans valeur !*, dans KOUBI Geneviève et GUGLIELMI Gilles J. (sous la direction de), *La gratuité, une question de droit ?*, L'Harmattan, 2003, p.9
En l'espèce, cette expression est employée pour parler de la gratuité, mais l'antagonisme qu'entretient cette dernière avec la tarification nous autorise à l'exploiter ici.
[345] La formule de calcul, si l'on devait en donner une, serait (BηC-CηU)/C-CηU.
[346] Cité par GRUSON Claude et COHEN José, *Tarification des services publics locaux*, La Documentation française, 1983, p.30

On notera que, dans la liste dressée par GRUSON et COHEN pour les services ne devant en aucun cas être financés par l'impôt, on trouve étonnamment les pompes funèbres, les ordures ménagères ou encore les transports urbains, soit autant de services dont les externalités positives sont aujourd'hui incontestées et l'appel au contribuable admis. *The times they are a-changin'*. Le rapport CAGNON (Québec, 1980, cité par GRUSON Claude et COHEN José, *Tarification des services publics locaux*, La Documentation française, 1983, p.33) distinguait lui les « services essentiels », à financer par l'impôt uniquement, et les « services non essentiels » à financer en partie au moins par la redevance, tout en admettant d'emblée la relativité d'une telle notion en prenant l'exemple de la patinoire intérieure, jugée comme essentielle au Québec, mais pas en Ontario : un bon exemple de la relativité temporelle et spatiale des concepts en l'espèce.

[347] Ce qui n'est pas toujours évident. Par exemple, le développement de services publics à forte vocation touristique n'est pas sans exercer des externalités négatives sur la population locale : pénalisation d'autres secteurs d'activité, renchérissement des prix de certains biens ou services comme la restauration ou les loyers, congestion (rapport BENHAMOU – THESMAR, *Valoriser le patrimoine culturel français*, 2011, p.50 et suivantes).

[348] Ce qui n'est pas toujours le cas pour certains services publics obligatoires afférents à des compétences régaliennes, comme le service public de vaccination par exemple, mais est toujours vrai pour les services publics locaux facultatifs ici étudiés.

[349] La formule de calcul, si l'on devait en donner une, serait CηU/U.

[350] La formule de calcul, si l'on devait en donner une, serait CηU/C.

[351] Sur l'historique possibilité des collectivités d'intervenir dans ce secteur économique en fonction de circonstances de temps et de lieu, voir CE 4 juin 1954 *Dame Berthod*, Lebon p.335

[352] 10 M€ pour les Communes et 1,4 M€ pour leurs établissements publics de coopération intercommunale

Observatoire des finances locales, *Les finances des collectivités locales en 2012 : état des* lieux, 2012, p.145

[353] Loi du 28 décembre 1904

[354] Comme le veut l'expression américaine, "*nothing is certain but death and taxes*".

[355] CE 30 30 juin 1939 *Ville de Granville*, Lebon p.331, et CE 10 novembre 1993 *Commune de Mirebeau-sur-Bèze c/Roux*, Lebon p.314

[356] CE 5 décembre 1984 *Ville de Versailles c/Lopez de Arias*, Lebon p.391, et CE 18 janvier 1985 *Mme Marie d'Antin de Vaillac et Syndicat des sylviculteurs du Sud-Ouest*, Lebon p.12

[357] UNTERMAIER Elise, *Redevances et rentabilité des activités et des biens publics*, RFFP n°120, 2012, p.122

[358] BRACONNIER Stéphane, *Droit des services publics*, PUF, 2003, p.315

[359] Prenons un exemple local. Par une délibération en date du 16 février 2015, la ville de Marseille avait annoncé l'instauration, à compter de la rentrée scolaire 2015-2016, d'une participation des familles au financement des temps d'activité périscolaires (après-midi de trois heures). Par une autre délibération prise lors du conseil municipal suivant, le 13 avril, la mise en place de cette tarification a été repoussée d'une année.

[360] CE 28 janvier 1972 *Conseil transitoire de la faculté des lettres et sciences humaines de Paris*, AJDA, 1972, p.109

À noter que la loi n°51-598 du 24 mai 1951 portant loi de finances pour 1951 mettant en œuvre ces droits n'a à notre connaissance pas été confrontée à un contrôle de constitutionnalité, impossible avant la mise en œuvre des questions prioritaires de constitutionnalité. On pourrait pourtant s'interroger sur sa conformité au préambule de la Constitution du 27 octobre 1946 faisant de « l'organisation de l'enseignement public et laïque à tous les degrés » un « devoir de l'État ». Le Conseil d'État, en se fondant sur une interprétation stricte de l'enseignement par « degrés », s'est de son côté toujours opposé à l'extension du principe de gratuité à l'enseignement supérieur.

[361] CE 10 janvier 1986 *Commune de Quingey*, Lebon p.3

On utilisera le terme « quasi exclusivement » puisque les cantines scolaires, pour ne prendre qu'un exemple, restent à la charge des familles malgré le principe de gratuité rattaché à ce service public.

[362] Voir la citation d'Abraham LINCOLN déjà évoquée ou, pour une traduction juridique, la loi n°98-657 du 29 juillet 1998 d'orientation relative à la lutte contre les exclusions : dans son article 140, elle affirme qu'un accès de tous à ce qui relève d'une vision élargie de l'éducation, à savoir la culture, la pratique sportive, les loisirs ou même les vacances, « permet de garantir l'exercice effectif de la citoyenneté », exercice dont l'ensemble de la société bénéficie *in fine*.

[363] *Sciences-Po Paris et Dauphine jouent sur les prix pour favoriser la mixité*, 11 mars 2014, http://www.challenges.fr/emploi/20140310.CHA1356/sciences-po-paris-et-dauphine-jouent-sur-les-prix-pour-favoriser-la-mixite.html : à la rentrée 2014, les frais d'inscription les plus élevés atteindront près de 6 K€ à Dauphine et près de 14 K€ à l'Institut d'études politiques Paris

[364] LICHTENBERGER Yves et AÏDARA Alexandre, *Faire réussir nos étudiants, faire progresser la France : pour un sursaut vers la société de la connaissance*, Terra Nova, août 2011
CHIAPPORI Pierre-André, *Financement de l'enseignement supérieur : quel rôle pour les entreprises ?*, Institut de l'Entreprise, septembre 2011

[365] FABRE Jérôme et TOMASINI Magda, *Les étudiants étrangers en France et français à l'étranger*, dans INSEE, *Données sociales : la société française*, édition 2006, p.111 : 9,4 % en 1990-1991, 10,9 % en 2003-2004

[366] http://www.insee.fr/fr/themes/tableau.asp?reg_id=98&ref_id=CMPTEF07251

[367] Sur cette question du public des universités en licence, master et doctorat, voir BATSCH Laurent et JEAMBAR Denis, *Quand l'université fait école*, PUF, 2014

[368] Part des classes populaires bénéficiant du service rendu et part des classes populaires au sein des usagers, mais la question de la définition même des classes populaires se pose dans cette configuration.

[369] BELANGER Gérard, *Une façon de privatiser : tarifer les services publics*, RFFP n°41, 1993

[370] RICHARD Pierre, *Les stratégies de gestion : doit-on gérer une commune comme une entreprise*, RFFP, n°13, 1986, p.169

[371] CHAMOUARD Aude, *La Mairie socialiste, matrice du réformisme*, Vingtième Siècle, 2007/4, p.23

[372] *Délégation de service public : à l'heure du choix, se libérer des clichés*, Gazette des communes, 28 janvier 2013, p.21

[373] En matière fiscale, voir DELALANDE Nicolas, *Les batailles de l'impôt : consentement et résistance de 1789 à nos jours*, Seuil, L'univers historique, 2011, p.421 :

> « Les discours, les stéréotypes et les images mobilisées des années 1890 à l'entre-deux-guerres pour dénoncer les dangers des prélèvements ont continué d'alimenter les représentations de l'institution fiscale, jusqu'à devenir pour certains d'entre eux des éléments constitutifs de la culture populaire de l'impôt. »

[374] SPANOU Calliope, *Citoyens et administration : les enjeux de l'autonomie et du pluralisme*, L'Harmattan, Logiques politiques, 2003

[375] LATOUR Xavier et MOREAU Pierre, *Délégation et activités de police : stop ou encore ?*, Semaine juridique – édition ACT, n°15, 16 avril 2012, p.45

[376] VAN LANG Agathe, *La privatisation de l'usager*, RFDA, 2013, p.494

[377] LONG Martine, *La redevance pour service rendu : élément modulable de tarification du service public*, dans LONG Martine (sous la direction de), *Le financement des services publics locaux*, LGDJ, 2010, p.71

[378] BOUVIER Michel, ESCLASSAN Marie-Christine et LASSALLE Jean-Pierre, *Finances publiques*, LGDJ, 2002 (6e édition), p.775

[379] GOMBAULT Anne, *Les faux enjeux de la gratuité des* musées, dans LONG Martine (sous la direction de), *Le financement des services publics locaux*, LGDJ, 2010, p.98

[380] GOMBAULT Anne, *Les faux enjeux de la gratuité des* musées, dans LONG Martine (sous la direction de), *Le financement des services publics locaux*, LGDJ, 2010, p.99

[381] CE 18 janvier 2013 *Association SOS Racisme*, req. n°328230, AJDA, 2013, p.143 :

> « L'objectif poursuivi par la mesure de gratuité mise en œuvre, consistant à favoriser l'accès à la culture, au travers de musées et monuments concernés, des usagers qui, en raison de leur âge, ne disposent pas en général des ressources le leur permettant facilement, et afin d'ancrer des habitudes de fréquentation régulière des monuments et des musées. »

[382] DELALANDE Nicolas, *Les batailles de l'impôt : consentement et résistance de 1789 à nos jours*, Seuil, L'univers historique, 2011, p.11

[383] MUZELLEC Raymond et CONAN Matthieu, *Finances locales*, Dalloz, Mémentos, 2011 (6e édition), p.144

[384] Pour reprendre l'expression utilisée dans l'article 13 de la Déclaration des droits de l'homme et du citoyen

[385] Cette confusion entre technique d'une part et valeur d'autre part a été popularisée comme grille de lecture par Pierre ROSANVALLON dans le cadre d'une analyse de la perception populaire du levier assuranciel dans le financement de la santé.

ROSANVALLON Pierre, *La nouvelle question sociale*, Seuil, 1995, p.107 :

> « Si l'assurance est plus une technique et la solidarité plus une valeur, elles ne sont nullement antithétiques : l'assurance peut aussi être un mode de production de la solidarité. »

[386] LONG Martine, *Quel avenir pour le prix des services publics dans un contexte financier contraint ?*, Revue française d'administration publique (RFAP) n°144, 2012, p.953 :

> « Certains gouvernements analysent le tarif comme une véritable alternative à l'impôt et comme un élément de justice sociale alors même qu'en France l'idée dominante réside dans le fait que seul l'impôt a un caractère redistributif. »

[387] CRUCIS Henry-Michel, *Liberté et politique tarifaires des collectivités locales*, dans BOUVIER Michel (sous la direction de), *Réforme des finances publiques, démocratie et bonne gouvernance*, LGDJ, 2004, p.205

[388] KOUBI Geneviève, *Gratuité ? Sans prix certes, mais pas sans valeur !*, dans KOUBI Geneviève et GUGLIELMI Gilles J. (sous la direction de), *La gratuité, une question de droit ?*, L'Harmattan, 2003, p.10

L'auteur utilise cette expression pour caractériser la relation des citoyens français au principe de gratuité publique.

[389] L'expression est ici empruntée à Alfred SAUVY, qui l'utilise dans son *Histoire économique de la France entre les deux guerres* (Economica, 1984, p.85) à propos de la relation entre la France et le franc germinal.

[390] HERTZOG Robert, *Prix et gestion du service public local : stratégies pour de libres choix des autorités locales*, dans LONG Martine (sous la direction de), *Le financement des services publics locaux*, LGDJ, 2010, p.10

[391] GRUSON Claude et COHEN José, *Tarification des services publics locaux*, La Documentation française, 1983, p.52 :

> « Une même "représentation "d'un service peut être reconduite de mandat en mandat sous l'empire de groupes de pression ou même spontanément par les élus véhiculant inconsciemment "l'idéologie ambiante ". Le régime tarifaire en particulier est alors définitivement figé. »

[392] Il s'agit là de la typologie d'actions sociales et de leurs légitimités sous-jacentes de Max WEBER (*Économie et société*, Pocket, Évolution, 2003, première édition française en 1921).

[393] MAUDET Sylvain, *Les enjeux de la tarification de la gestion des ordures* ménagères, dans LONG Martine (sous la direction de), *Le financement des services publics locaux*, LGDJ, 2010, p.144

Pour un autre inventaire des « problématiques pratiques » propres à la matière tarifaire, voir Conseil des prélèvements obligatoires, *La fiscalité locale*, 2010, p.579 : « détermination du tarif, communication, gestion des réclamations, résolutions des comportements inciviques et des impayés ».

394 MATHIEU Philippe, *Collectivités locales : vers une différenciation aléatoire des politiques tarifaires*, La Lettre de l'OCIM n°111, 2007, p.10 : « dans une entreprise, prix commercialement acceptable par le plus grand nombre de clients potentiels »

395 Pour les départements, cette appellation recouvre le droit départemental d'enregistrement, la taxe départementale de publicité foncière, ainsi que la taxe départementale additionnelle aux droits de mutation.

Pour les communes, elle recouvre la taxe communale additionnelle aux droits de mutation transférée aux communes et aux fonds de péréquation.

Ces regroupements se fondent sur la simplification opérée par la Direction générale des collectivités locales dans son suivi statistique de ces différents prélèvements sous une appellation générique « droits de mutation ».

396 État 1259 de l'année 2007 pour les bases prévisionnelles, états 1386 de l'année 2007 pour la taxe d'habitation et 1387 de l'année 2007 pour les taxes foncières

397 CAA Nantes, 2 décembre 2005 *Département de Vendée*, AJDA, 2006, p.725

398 CE 5 juin 2009 *Société Avenance Enseignement et Santé*, AJDA, 2009, p.1129

399 BOUJOU Serge, *La notion de risque dans le contrat de délégation de service public*, dans LONG Martine (sous la direction de), *Le financement des services publics locaux*, LGDJ, 2010, p.61

400 Masse salariale, locaux, moyens généraux divers mis à leur disposition

401 Constitution d'un listing des usagers en conformité avec les impératifs posés par la CNIL, liquidation de la redevance de chaque usager, émission des titres de recettes, suivi administratif

402 HERTZOG Robert, *Prix et gestion du service public local : stratégies pour de libres choix des autorités locales*, dans LONG Martine (sous la direction de), *Le financement des services publics locaux*, LGDJ, 2010, p.13 : « fichier des usagers, relevé et mesure de leur consommation du service, établissement des factures, règlement des contestations »

403 HERTZOG Robert, *Prix et gestion du service public local : stratégies pour de libres choix des autorités locales*, dans LONG Martine (sous la direction de), *Le financement des services publics locaux*, LGDJ, 2010, p.17 : « les prix des services locaux génèrent un contentieux régulier où sont contestées les modalités contenues dans le règlement qui les établit »

404 *L'assainissement non collectif : un vrai casse-tête*, Gazette des communes, 24 juin 2013, p.42 :

> « Avec le développement des pénalités et/ou de la périodicité modulée des contrôles, la gestion budgétaire et comptable des services publics de l'assainissement non collectif va se complexifier. »

405 Notons cependant qu'il n'y a pas d'impératif juridique général en la matière : le législateur peut parfaitement confier aux collectivités locales le recouvrement d'une imposition de toute nature qui leur revient, dans un cadre clairement défini naturellement au risque de voir son incompétence négative censurée par le Conseil constitutionnel.

Décision n°98-405 DC du 29 décembre 1998, Recueil p.326 :

> « Considérant qu'il appartient au législateur, sur le fondement de l'article 34 de la Constitution, de fixer les règles concernant les modalités de recouvrement des impositions de toutes natures ; que s'il peut, lorsqu'il s'agit d'une imposition perçue au profit d'une collectivité locale, confier à cette dernière la tâche d'assurer le recouvrement, il doit en déterminer les règles avec une précision suffisante. »

Mais, au-delà de la théorie, la pratique historique confie quasi exclusivement cette charge à l'administration de l'ex-Trésor.

406 Circulaire NOR : ECOR9806010C, JO du 1er septembre 1998

407 CE 27 juillet 1984 *Commune de la Teste-de-Buch*, Lebon p.282

408 Conseil des prélèvements obligatoires, *La fiscalité locale*, 2010, p.579

[409] Dans le cadre de la réforme de la fiscalité locale instituée par la loi n°2009-1673 du 30 décembre 2009 portant loi de finances pour 2010, les frais perçus par l'Etat jusqu'alors ont été partiellement transférés aux collectivités, au titre des recettes annexes misant à compenser la suppression de la taxe professionnelle. Mais l'écart entre le produit de l'impôt prélevé sur le contribuable et celui effectivement mis à la disposition des collectivités pour ce même impôt est resté le même.
[410] Pour 1 044 € effectivement acquittés par le contribuable, soit 1 000 € d'impôt liquidé et 44 € de frais de gestion perçus par l'État, la collectivité ne percevra que 964 €, soit 1 000 € minorés de 36 € de frais de dégrèvements et de non-valeurs.
Soit un prélèvement total représentant, selon le choix du référentiel :

- 80 /1 044 = 7,66 % de l'impôt acquitté par le contribuable,
- 80 /964 = 8,30 % de l'impôt perçu par la collectivité.

[411] Rapport de MERCIER Michel au Sénat, *Le compte d'avance aux collectivités territoriales*, 2007, p.55 :

> « Il a néanmoins estimé qu'en sens inverse, les prélèvements de l'État pour frais d'assiette et de recouvrement et pour dégrèvement et non-valeur, soit respectivement 2,5 milliards d'euros et 2 milliards d'euros en moyenne, permettaient à l'État, alors que le coût réel de ces opérations était de seulement 1 milliard d'euros en moyenne, de faire à ce sujet un bénéfice net de l'ordre de 3,5 milliards d'euros. »

[412] Rapport d'information de DE MONTGOLFIER Alberic et DALLIER Philippe au Sénat, *La fusion de la Direction Générale des Impôts et de la Direction Générale de la Comptabilité Publique : une réforme payée à son juste prix ?*, 2011, p.19
[413] *Territoires ruraux : cap sur la redevance incitative*, Gazette des communes, 13 septembre 2010, p.24
[414] *Déchets : la tarification incitative fait-elle grimper la facture ?*, Gazette des communes, 3 septembre 2012, p.40
[415] MAZUIR Françoise, *Le processus de rationalisation chez Max Weber*, Sociétés, 2004/4, n° 86, p.119
[416] LONG Martine, *La tarification des services publics locaux*, LGDJ, Systèmes, 2001, p.172
Voir aussi UNTERMAIER Elise, *Redevances pour service rendu et redevances pour occupation du domaine public : les dernières évolutions*, La Semaine juridique – édition ACT, 2013, réf. 2039 :

> « Conformément au principe de libre administration des collectivités territoriales, la détermination du montant de la redevance qu'elles perçoivent est laissée à leur libre appréciation. »

[417] LE LIDEC Patrick, *La décentralisation, la structure du financement et les jeux de transfert de l'impopularité en France*, dans BEZES Philippe et SINE Alexandre (sous la direction de), *Gouverner (par) les finances publiques*, Presses de Sciences-Po, 2011, p.150
[418] WEAVER Kent, *The Politics of Blame Avoidance*, Journal of Public Policy, 1986, p.371
[419] SCHMIDT Vivien, *Blame avoidance (évitement du blâme)*, dans BOUSSAGUET Laurie, JACQUOT Sophie et RAVINET Pauline (sous la direction de), *Dictionnaire des politiques publiques*, Presses de Sciences-Po, 2010, p.114
[420] CHABANOL Daniel, *La décentralisation, un « temple » à ébranler*, Gazette des communes, 22 octobre 2012, p.56 :

> « Que l'on se préoccupe donc d'une répartition des compétences calquée sur le dessin des responsabilités politiques ! […] À chaque compétence devrait correspondre un responsable politique nécessairement unique. »

[421] CE 24 avril 2012 *VNF c/Ministère du Budget*, AJDA, 2012, p.858 : la délibération prise par Voies Navigables de France fixant les tarifs des redevances et péages « n'est opposable aux usagers que si elle a fait l'objet d'une mesure de publicité suffisante ».

[422] *La redevance incitative vite abandonnée face aux protestations des habitants*, Gazette des communes, 27 mai 2013, p.35 : la grille tarifaire, « brutale et sans souplesse », a été par ailleurs « communiquée trop tardivement, six semaines avant son application », selon le président du syndicat intercommunal de collecte et de traitement des ordures ménagères de Châteauneuf-sur-Loire.

[423] Notons que cela est d'autant plus aisé quand l'élu local n'appartient pas à la majorité parlementaire qui a voté l'institution ou l'évolution de l'impôt visé

[424] Cité par CHEVALLIER Jacques, *Le service public*, PUF, Que sais-je, 2010 (8e édition), p.14

[425] LONG Martine, *La tarification des services publics locaux*, LGDJ, Systèmes, 2001, p.39

[426] Dans le cadre constitutionnel de la IIIe République, CE 10 août 1918 *Société Ciné National*, Lebon p.853 ou encore CE 20 octobre 1950 *Fédération parisienne du bâtiment*, Lebon p.507 :

> « La perception d'un droit de gardiennage qui constitue la rémunération d'un service rendu peut être exigée en l'absence d'un texte le prévoyant. »

Dans le cadre constitutionnel de la Ve République, CE 27 juillet 1984 *Commune de la Teste-de-Buch*, Lebon p.282, ou encore CE 10 novembre 1993 *Commune de Mirebeau-sur-Bèze c/Roux*, req. n°103852 : le pouvoir réglementaire local peut intervenir de façon initiale en matière de redevance sur le fondement de la seule clause de compétence générale.

[427] Décision n° 76-92 L du 6 octobre 1976, Recueil p.59, relative aux droits de porte et de navigation relative aux droits de porte et de navigation, premier considérant :

> « Considérant que, si la fixation des règles concernant l'assiette, le taux et les modalités de recouvrement des impositions de toutes natures sont attribués à la compétence du législateur par l'article 34 de la Constitution, en revanche l'institution et l'aménagement de redevances ne sauraient être regardées comme réservées à la loi. »

[428] Comme l'a rappelé un considérant de la décision CE 21 novembre 1958 *Syndicat national des transporteurs aériens*, Lebon p.572 :

> « Si la création d'impositions figure au nombre des matières réservées à la loi par la tradition républicaine [...], au contraire, ne sauraient être regardées comme réservées à la loi l'institution ou l'aménagement des redevances. »

[429] « La loi détermine les principes fondamentaux [...] de la libre administration des collectivités territoriales, de leurs compétences et de leurs ressources ».

[430] « Dans les conditions prévues par la loi, ces collectivités s'administrent librement par des conseils élus et disposent d'un pouvoir réglementaire pour l'exercice de leurs compétences. »

[431] « La loi fixe les règles concernant [...] l'assiette, le taux et les modalités de recouvrement des impositions de toutes natures ».

[432] Décision n°2000-436 DC du 7 décembre 2000, Recueil p.176, relative à la loi SRU, dans son douzième considérant :

> « Considérant que, si le législateur peut, sur le fondement des dispositions des articles 34 et 72 de la Constitution, assujettir les collectivités territoriales ou leurs groupements à des obligations et à des charges, c'est à la condition que celles-ci répondent à des exigences constitutionnelles ou concourent à des fins d'intérêt général, qu'elles ne méconnaissent pas la compétence propre des collectivités concernées, qu'elles n'entravent pas leur libre administration et qu'elles soient définies de façon suffisamment précise quant à leur objet et à leur portée. »

Décision n°98-407 DC du 14 janvier 1999, Recueil p.21, relative à la loi sur le mode d'élection des conseillers régionaux et le fonctionnement des conseils régionaux :

> « Considérant qu'en imposant aux débats de la commission permanente le principe de publicité, plutôt que de laisser au règlement intérieur du Conseil régional le soin de déterminer cette règle de fonctionnement, le législateur a restreint la libre administration d'une collectivité territoriale au point de méconnaître les dispositions de l'article 72 de la Constitution. »

[433] Respectivement par le décret n°2000-672 du 19 juillet 2000 relatif aux prix de la restauration scolaire pour les élèves de l'enseignement public puis le décret n°2006-753 du 29 juin 2006 relatif aux prix de la restauration scolaire pour les élèves de l'enseignement public pour la restauration scolaire, et par le décret n°2005-917 du 29 juillet 2005 abrogeant le décret n°87-538 du 16 juillet 1987 relatif aux tarifs des transports publics urbains de voyageurs hors de la région Île-de-France pour les transports publics urbains de voyageurs

[434] Cour des comptes, rapport thématique sur les transports publics urbains, 2005, p.190

[435] Pour la redevance d'utilisation du réseau ferré national, voir le décret n°97-446 du 5 mai 1997 relatif aux redevances d'utilisation du réseau ferré national

Pour les redevances de réutilisation des informations publiques, voir la loi n°78-753 du 17 juillet 1978 portant diverses mesures d'amélioration des relations entre l'administration et les usagers (article 15 : l'administration à la faculté de subordonner la réutilisation au paiement d'une redevance) et le décret n°2005-1755 du 30 décembre 2005 relatif à la liberté d'accès aux documents administratifs et à la réutilisation des informations publiques ; pour une analyse récente des controverses juridiques relatives à l'adaptation de la loi n°78-753 à l'ère du numérique, voir LAMBOT Guy, *Quand le juge administratif fait échec au droit de réutilisation des informations publiques*, La Semaine juridique – édition ACT, 27 juillet 2015, p.29

Pour les redevances aéroportuaires, voir l'article R.224-3 du Code de l'aviation civile

[436] Le pouvoir réglementaire national ne doit pas, à cette occasion, apporter des restrictions à la libre administration des collectivités qui ne résulteraient pas d'une loi.

[437] Principe posé rappelons-le dès les années 1930 par la décision CE 30 juin 1939 *Commune de Granville*, Lebon p.441

[438] Même si, en vertu de l'article L.2122-22 CGCT, le conseil municipal peut déléguer au maire le pouvoir de tarification

[439] NICOULAUD Guillaume, *Détroit, ville auto-détruite*, Causeur, septembre 2013, p.36

[440] LE LIDEC Patrick, *La décentralisation, la structure du financement et les jeux de transfert de l'impopularité en France*, dans BEZES Philippe et SINE Alexandre (sous la direction de), *Gouverner (par) les finances publiques*, Presses de Sciences-Po, 2011, p.149

[441] Rapport de FOUQUET Olivier au Premier Ministre, *Commission de la réforme de la taxe professionnelle*, 2004, p.25

[442] Rappelons que, il y a quelques années, les différentes parts de la fiscalité locale étaient encore difficilement distinguables dans les avis d'imposition pour les non-initiés.

[443] LE LIDEC Patrick, *La décentralisation, la structure du financement et les jeux de transfert de l'impopularité en France*, dans BEZES Philippe et SINE Alexandre (sous la direction de), *Gouverner (par) les finances publiques*, Presses de Sciences-Po, 2011, p.160

[444] Mais pas toujours : évoquons ici les exceptions notables de la communauté urbaine de Bordeaux et de la communauté urbaine Marseille Provence sur la mandature 2008-2014

[445] LE LIDEC Patrick, *La décentralisation, la structure du financement et les jeux de transfert de l'impopularité en France*, dans BEZES Philippe et SINE Alexandre (sous la direction de), *Gouverner (par) les finances publiques*, Presses de Sciences-Po, 2011, p.154 : impôts dont l'assiette fiscale et le taux d'imposition sont intégralement sous contrôle local, par opposition aux « impôts conjoints », pour lesquels il y a un partage de la responsabilité entre le national et le local, et aux « impôts partagés », prélèvements nationaux dont une proportion fixe bénéficie aux gouvernements locaux

[446] En matière de pression fiscale globale de la TH, pour simplifier, à l'État la responsabilité de l'indexation législative des valeurs locatives cadastrales et à la collectivité la responsabilité du vote du taux. En matière de pression fiscale par famille de contribuable ou par ménage, à l'État la responsabilité de la gestion des demandes de remise gracieuse et à la collectivité la responsabilité des abattements facultatifs.

[447] Le terme de stratégie renvoie ici volontairement à la sémantique développée par Michel CROZIER et Erhard FRIEDBERG dans leur ouvrage *L'acteur et le système : les contraintes de l'action collective* (Seuil, 1992). Les élus, en matière de politique fiscale, exploiteraient dans cette

perspective leur maîtrise d'une « zone d'incertitude », ou plus exactement d'expertise en l'espèce, pour mettre en œuvre une stratégie maximisatrice pour eux, mais pas nécessairement pour le système, au regard de la structure de la fiscalité locale mobilisée comparée à celle d'une tarification moins sollicitée.

[448] Article 12 de la Magna Carta : *"Neither scutage nor aid shall be imposed on our kingdom, unless by common counsel of our kingdom"*

[449] *L'art et la manière d'augmenter les impôts*, Gazette des communes, 3 décembre 2012, p.46

[450] Voir le toujours d'actualité rapport d'information de FREVILLE Yves au Sénat, *Les dégrèvements d'impôts locaux*, 2003 : il est possible, via la mise à contribution de l'État, d'augmenter le produit de taxe d'habitation perçue sans solliciter les contribuables locaux les moins fortunés

[451] http://www.lagazettedescommunes.com/232997/le-cfl-adopte-8-principes-pour-reformer-la-fiscalite-locale/
?utm_source=gm-club-finances&utm_medium=Email&utm_campaign=05-05-2014-alerte-email-club-finances

[452] 4.2.2.4 : Accompagner les principales collectivités territoriales dans une logique contractuelle volontaire, p.51

Cette proposition n°51 est incluse dans le 4.2.2 du rapport au titre éloquent : « Responsabiliser tous les acteurs »

[453] http://www.elysee.fr/assets/Uploads/Rapport-Lambert-Malvy.pdf

3.2.2 : Renforcer l'information des citoyens sur l'évolution de la fiscalité locale, p.43 :

> « Il est donc difficile pour le contribuable local, particulier ou entreprise, de mettre en regard sa contribution fiscale et les services publics mis en œuvre par la commune, le département et la région. Il lui est également difficile d'analyser la politique fiscale de chacune des collectivités. »

[454] Pour une analyse récente de la responsabilité du comptable public dans l'exercice de ce pouvoir de remettre, voir MICHAUT Christian et SITBON Patrick, *Chronique de jurisprudence de la Cour des comptes et de la Cour de discipline budgétaire et financière*, AJDA, 2012, p.478. Il y est notamment rappelé que si « les décisions de refus ou de remise prises par les comptables constituent des décisions administratives susceptibles d'être contestées, sur recours gracieux devant l'autorité hiérarchique et au contentieux, par application des principes généraux du contentieux administratif, devant le juge de l'excès de pouvoir », le contrôle exercé sur ces décisions n'est qu'un contrôle restreint : seules une erreur de fait, une erreur de droit ou une appréciation manifestement erronée des circonstances de l'affaire peuvent aboutir à une remise en cause de la décision prise.

[455] Pour une présentation synthétique et didactique des modalités d'examen des demandes, voir http://www.impots.gouv.fr/portal/dgi/public/popup?espId=1&typePage=cpr02&docOid=documentstandard_495

Pour une présentation à l'attention des agents en charge de l'examen des demandes, voir l'extrait du Bulletin officiel des finances publiques – impôts BOI-CTX-GCX-10-30-30-60-20140303 en date du 3 mars 2014

[456] Perte imprévisible de revenus, circonstances personnelles exceptionnelles ou ayant conditionné des dépenses anormalement élevées, disproportion entre l'importance de la dette fiscale et la capacité contributive actuelle du contribuable

[457] Comportement habituel du contribuable en matière de déclaration et de paiement, respect des engagements pris, efforts déjà fournis

[458] Dans une commune comme Boulogne-Billancourt, abritant certes une population relativement favorisée, les demandes de remise gracieuse sur les cantines et centres aérés ne dépassaient pas au milieu des années 2000 la trentaine par exercice budgétaire.

[459] SPIRE Alexis, *Faibles et puissants face à l'impôt*, Raisons d'agir, 2012, p.118

Article 37 de la loi n°2003-1311 du 30 décembre 2003 portant loi de finances pour 2004 : la « redevance » ici évoquée est la redevance audiovisuelle, anciennement taxe parafiscale et désormais impôt suite à la suppression de cette dernière catégorie par la LOLF.

460 QUESSETTE Laurent, *Le chômage, ma cantine, le Maire et moi*, AJDA, 2012, p.2361 :

> « Si la jurisprudence admet sous certaines conditions un traitement inégal des usagers du service public, sont censurées en revanche les délibérations restreignant l'accès aux cantines scolaires sur un motif tiré de la profession des parents. La récurrence de cette problématique nécessite un état du droit plus solide, à défaut d'une reconnaissance législative du rôle des cantines scolaires. »

461 *Impayés de cantine : prévenir plutôt qu'exclure*, Gazette des communes, 21 janvier 2013, p.15 :

> « Mardi 8 janvier, à Ustaritz (Pyrénées-Atlantiques), une fillette de 5 ans a été sortie du réfectoire par une policière municipale, parce que ses parents n'avaient pas réglé une facture de cantine de 170 euros. Du jamais vu ! Cela n'a pas manqué de susciter l'indignation, jusqu'aux plus hautes sphères de l'État. »

462 SPIRE Alexis, *Faibles et puissants devant l'impôt*, Raisons d'agir, 2012, p.44

463 L'adossement de la redevance audiovisuelle à la TH, institué par la loi n°2004-1484 du 30 décembre 2004 portant loi de finances pour 2005 sous couvert de simplification du mode de perception, n'est naturellement pas étranger à cette volumétrie conséquente.

464 Cour des comptes, *Relations de l'administration fiscale avec les particuliers et les entreprises*, 2012, p.145

465 SPIRE Alexis, *Faibles et puissants devant l'impôt*, Raisons d'agir, 2012, p.49

466 SPIRE Alexis, *Faibles et puissants devant l'impôt*, Raisons d'agir, 2012, p.47

467 Extrait BOI -CTX-GCX-10-30-30-60-20140303 en date du 3 mars 2014

468 Paragraphe 70

469 Paragraphe 110 consacré aux demandes formulées par les personnes âgées et disposant de faibles ressources : on y évoque un examen « dans un esprit libéral » ou avec « une bienveillance particulière »
Dans façon générale, les termes « néanmoins » ou « cependant » reviennent dans cet extrait une demi-douzaine de fois, marquant la nuance à apporter aux axes d'analyse qui y sont évoqués.

470 SPIRE Alexis, *Faibles et puissants devant l'impôt*, Raisons d'agir, 2012, p.113 :

> « Les conditions d'attributions de telles faveurs sont très variables, d'un département à l'autre, d'un centre à l'autre et, à l'intérieur d'un centre, d'un agent à l'autre. […] Il arrive que le choix d'accorder ou de refuser une mesure gracieuse dépende également de la forme prise par l'interaction. »

471 BŒUF Jean-Luc, *Le quarteron de la décentralisation : contribuable, usager, électeur, citoyen*, Secteur public, 2012

472 LOUPPE Albert, *Le prix du service public : l'effort de rationalisation tarifaire des collectivités territoriales*, CNFPT, 1988, p.135

473 SFEZ Lucien, *La décision*, PUF, Que sais-je, 1994 (3e édition), p.32 :

> « La décision est ambiguë puisqu'elle est un processus aussi bien négateur que créateur, médiation entre désirs et agissements, préparation de déterminismes toujours insuffisamment formalisés et arbitrairement consacrés. »

474 HERTZOG Robert, *Prix et gestion du service public local : stratégies pour de libres choix des autorités locales*, p.24 du recueil publié sous la direction de LONG Martine, *Le financement des services publics locaux*, LGDJ, 2010

475 On constatera que, en matière fiscale, « le plus grand désordre, si ce n'est la plus grande fantaisie, règne au niveau de la terminologie : […] le mot « taxe » est souvent employé au sens d'impôt *stricto sensu* » (PICARD Jean-François, *Finances locales*, LexisNexis, 2009, p.12). C'est le cas notamment de la taxe sur la valeur ajoutée ou de la taxe d'habitation et des autres impôts généraux directs locaux. Malheureusement donc, *nomina non sunt consequentia rerum*. Cette confusion sémantique, conséquence de dénominations historiques ou bien d'une certaine légèreté

du législateur, a pu jouer un rôle non négligeable dans le climat actuel de contestation de l'impôt et de fragilisation du pacte fiscal. Si, comme le disait CAMUS « mal nommer les choses, c'est participer au malheur du monde », alors le législateur aura bien eu en matière de financement des services publics une responsabilité certaine sur les maux qui seront évoqués dans la présente partie.

[476] CE 16 juillet 2007 *Syndicat national de défense de l'exercice libéral de la médecine à l'hôpital*, Lebon p.349

[477] CE 10 mai 1974 *Denoyez et Chorques*, Lebon p.274

[478] CE 29 décembre 1997 *Commune de Gennevilliers* et *Commune de Nanterre*, Lebon p.499

[479] FOUQUET Olivier, *Le Conseil constitutionnel et le principe d'égalité devant l'impôt*, NCCC n°33, 2011, p.2/5

[480] Rappelons ici que l'égalité devant les charges publiques n'est qu'une des composantes du principe plus large d'égalité devant l'impôt, avec l'égalité devant la loi fiscale fondée sur l'article 6 de la Déclaration des droits de l'homme et du citoyen : « [la loi] doit être la même pour tous, soit qu'elle protège, soit qu'elle punisse ».

[481] Décision n°2010-28 QPC du 17 septembre 2010, Recueil p.233

[482] Suite à la loi n°2000-656 du 13 juillet 2000 portant loi de finances rectificative pour 2000, qui a supprimé la part régionale, remplacée par une dotation, et à la loi n°2009-1673 du 30 décembre 2009 portant loi de finances pour 2010 qui a transféré la part départementale au bloc communal, seuls les établissements publics de coopération intercommunale et les communes perçoivent désormais la taxe d'habitation.
Cette concordance, au niveau du bloc communal, entre l'importance des redevances et ce qui est désormais le monopole de la perception de la taxe d'habitation explique notre choix de présenter ces deux types de ressources comme une alternative offerte aux décideurs locaux.

[483] Article 2 de ladite loi

[484] Vignette départementale, parts régionales de la taxe d'habitation et des droits de mutation, ou encore part salaire de la taxe professionnelle

[485] Indexation souvent sur la base de la Dotation globale de fonctionnement, soit au niveau de l'inflation et de la moitié de la croissance dans le cadre du Contrat de croissance et de solidarité initié en 1997

[486] L'expression et les chiffres cités sont issus de FOURCADE Jean-Pierre, *Quelle réforme pour les collectivités ?*, RFFP n°81, 2003, p.115.

[487] Décision n°2000-422 DC du 28 décembre 2000, Recueil p.211

[488] Conseil des prélèvements obligatoires, *La fiscalité locale*, 2010, p.302

[489] Conseil des prélèvements obligatoires, *La fiscalité locale*, 2010, p.304
Pour une définition alternative, voir CABANNES Michel, *Les finances locales sur la paille ?*, Le bord de l'eau, 2011, p.89 :

> « Le ratio d'autonomie fiscale est plus une résultante de l'utilisation d'une marge de manœuvre qu'une mesure de celle-ci et ne distingue pas ce qui relève de l'assiette et ce qui relève du taux. »

[490] Décision n°2009-599 DC du 29 décembre 2009, Recueil p.238

[491] 31,37 Md€ sur 109,97 Md€ d'impôts locaux hors taxes liés à l'urbanisme, contre 22,37 Md€ pour la taxe foncière sur les propriétés bâties et 16,54 Md€ pour la taxe d'habitation
Direction générale des collectivités locales, *Les collectivités locales en chiffres 2011*, 2011, p.75

[492] En 2011, la cotisation sur la valeur ajoutée des entreprises représentait 14,74 Md€, contre seulement 6,33 Md€ pour la cotisation foncière des entreprises
2011 : nouvelle répartition de la fiscalité locale dans les collectivités locales, Bulletin d'informations statistiques de la Direction générale des collectivités locales, n°85, janvier 2012, p.2

[493] Conseil des prélèvements obligatoires, *La fiscalité locale*, 2010, p.32

[494] Un article récent sur *La contre-réforme fiscale de Pont-de-Claix*, Gazette des communes, 11 juillet 2011, p.38, illustre les excès permis par cette non-prise en compte de la principale taxe foncière dans la règle du lien.
La collectivité, suite à un important débat sur les ressources organisé avec les habitants, a opéré sa révolution fiscale : – 41 % sur le taux d'habitation et + 22,90 % sur la taxe foncière sur les propriétés bâties. Au regard des simulations effectuées avec les services de la Direction générale des finances publiques, les locataires non-propriétaires sont gagnants, les entreprises sont pour la plupart gagnantes, et les propriétaires occupants connaissent un effet neutre.
Seuls les propriétaires non occupants verront leurs impôts fortement augmenter. Difficile de ne pas faire le lien entre l'augmentation de la pression fiscale les concernant et leur situation de non-électeurs.
[495] En général positif
[496] Hors révision de cette dernière actée par la commission communale des impôts directs suite à des travaux effectués dans le cadre d'un permis de construire
[497] Dexia Crédit Local, *Mémento – Guide financier : ressources des collectivités locales 2005-2006*, 2005 (26e édition), p.82
[498] On utilise ici le terme de progressivité dans son acceptation la plus générale, à savoir lorsque le poids de l'impôt acquitté rapporté à son assiette, c'est-à-dire son taux moyen, diminue lorsque l'assiette augmente. La corrélation entre l'assiette et la capacité contributive, de même que l'évolution du taux marginal d'imposition, ne sont pas dans ce cadre questionnées.
Notons que ce mécanisme de réduction de la contribution pesant sur les familles apparaît bien plus juste que le quotient familial appliqué à l'impôt sur le revenu, et pourrait en ce sens servir d'inspiration à une éventuelle réforme, évoquée dans les derniers mois de la campagne présidentielle de 2012.
[499] En application des articles 1639 A CGI et de l'article L.1612-2 CGCT, les collectivités territoriales et leurs groupements à fiscalité propre doivent voter les taux des impositions directes locales perçues à leur profit avant le 31 mars de chaque année.
[500] En application de l'article 1639 A bis CGI, les abattements doivent être votés avant le 1er octobre de l'année pour être applicables au 1er janvier, fait générateur des impôts locaux.
[501] Pour ne pas employer ici frontalement le terme d'électeurs
[502] http://www.gouvernement.fr/sites/default/files/communiques/07.16_releve_conclusions_du_pacte_de_confi ance_et_de_responsabilite_0.pdf
[503] *Nouvelle tentative de réforme des valeurs locatives, 20 ans plus tard*, 12 septembre 2013, http://www.lagazettedescommunes.com/194152/nouvelle-tentative-de-reforme-des-valeurs-locatives-20-ans-plus-tard/?utm_source=gm-club-finances&utm_medium=Email&utm_campaign=13-09-2013-alerte-email-club-finances
[504] Un exemple parmi d'autres de cette tendance sur les dernières décennies : l'article 8 de l'ordonnance n°45-1546 du 13 juillet 1945 portant organisation provisoire des musées des beaux-arts imposait les évolutions tarifaires des musées territoriaux à l'approbation du Ministre de l'Education nationale ; il a été abrogé par l'article 27 de la loi n°2002-5 du 4 janvier 2002 relative aux musées de France.
[505] Pour une vision "à moitié vide" de cet état des lieux de la liberté de tarifer, voir GAVAIL Yvan, *Services publics locaux : accès aux services et tarifs différenciés*, Cahiers juridiques n°135, février 2010, p.12 :

> « Bien que les textes en vigueur apparaissent de moins en moins contraignants, la différenciation tarifaire ne peut s'effectuer que dans le respect de certaines dispositions ou préconisations. »

[506] L'ordonnance citée étant implicitement ratifiée par le législateur
[507] Par arrêté ministériel
[508] L'opposabilité de l'ordonnance n°45-1483 du 30 juin 1945 aux mesures de tarification des services publics avait été confirmée pour les services publics nationaux dans les années 1970 (CE

19 mai 1977 *Cofiroute*, Lebon p.219), mais plus tardivement pour les services publics locaux (CE 25 juin 1986 *Caisse des écoles de Saint-Gratien*, Lebon p.431). D'où la contestation des décideurs locaux, dans la première moitié des années 1980, à son égard.

[509] Pour l'exercice 2005 par exemple, l'arrêté n°84-74 du 19 novembre 1984 prévoyait une augmentation des tarifs de 3 % en général et de 4 % pour certains services publics administratifs.

[510] Les prix des produits ou services qui antérieurement avaient été placés hors du champ d'application de l'ordonnance de 1945 échappent aux dispositions de l'ordonnance de 1986. Rappelons ici que les services d'eau et de transports publics d'intérêt local, au regard de la loi 31 décembre 1970 et du décret du 14 novembre 1949, échappaient aux contraintes sur l'évolution des tarifs posées par l'ordonnance de 1945.

[511] Décret n°87-654 du 11 août 1987 relatif aux prix des cantines scolaires et de la demi-pension pour les élèves de l'enseignement public : une homologation tacite des tarifs proposés par les collectivités ayant été écartée suite à un avis du Conseil d'État, c'est une limitation de l'évolution des tarifs, avec détermination d'un taux moyen d'évolution annuelle, qui a été mise en place.
Un assouplissement a été mis en œuvre par le décret n°2000-672 du 19 juillet 2000 relatif au prix de la restauration scolaire pour les élèves de l'enseignement public, abrogeant le décret de 1987 : après avoir précisé les référentiels du taux d'évolution annuel, « en fonction de l'évolution des salaires, du prix de l'énergie et des prix des produits alimentaires », il précise en effet que des variations différentes peuvent être mises en œuvre selon les catégories d'usager, dans le respect du taux fixé.
Quelques années plus tard, le décret n°2006-753 du 29 juin 2006 relatif aux prix de la restauration scolaire pour les élèves de l'enseignement public a mis fin à tout encadrement des prix.

[512] Article 1er du décret n°87-538 du 16 juillet 1987 relatif aux tarifs des transports publics urbains de voyageurs hors de la région Île-de-France : « les tarifs des transports urbains de voyageurs, tels qu'ils résultent des conventions ou des règlements de régie, varient chaque année en fonction du prix du matériel, des frais d'entretien, du coût de l'énergie et des salaires ». L'article 6, modifié chaque année, fixait l'augmentation résultant de l'application de l'article 1er : pour exemple, pour 2007, + 2,5 %.
Un assouplissement a là aussi été mis en œuvre au début des années 2000.
D'abord avec le décret n°2000-1070 du 31 octobre 2000 modifiant le décret n°87-538 du 16 juillet 1987 relatif aux tarifs des transports publics urbains de voyageurs hors de la région Ile-de-France : si l'autorité organisatrice des transports urbains a arrêté un plan de déplacement urbain comportant un volet de politique tarifaire, elle pourra fixer ses tarifs pendant la durée de ce plan.
Ensuite avec le décret n°2005-917 du 29 juillet 2005 abrogeant le décret n°87-538 du 16 juillet 1987 relatif aux tarifs des transports publics urbains de voyageurs hors de la région Ile-de-France.

[513] CAA Lyon, 20 mai 1999 *SA Comolait Industries*, AJDA, 1999, p.874

[514] LONG Martine, *La redevance pour service rendu : élément modulable de tarification du service public*, dans LONG Martine (sous la direction de), *Le financement des services publics locaux*, LGDJ, 2010, p.76

[515] Par exemple, la loi n°2006-1772 du 30 décembre 2006 sur l'eau et les milieux aquatiques impose que la tarification de l'eau comporte une part fixe et une part proportionnelle au service rendu.

[516] L'article L.2333-76 CGCT concernant la redevance d'enlèvement des ordures ménagères prévoit que « ce tarif peut, en raison des caractéristiques de l'habitat, inclure une part fixe qui n'excède pas les coûts non proportionnels et prévoir, pour les résidences constituées en habitat vertical ou pavillonnaire, une redevance globale calculée en fonction du nombre de résidents ou de la masse des déchets produits exprimée en volume ou en poids »

[517] BELTRAME Pierre, *Grands principes du droit fiscal*, dans ROUX André (sous la direction de), *Finances publiques*, La Documentation française, Notices, 2011, p.150

[518] CE 3 décembre 1986 *OPHLM de la Ville de Paris c/Commissaire de la République de la Région Île-de-France*, Lebon p.412

[519] CE 29 décembre 1911 *Chomel*, Lebon p.1265

L'égalité de traitement va au-delà de la question du niveau du tarif demandé pour bénéficier du service public et implique plus généralement que les usagers soient soumis aux mêmes règles (CE 1er avril 1939 *Société L'Alcool dénaturé de Coubert*, Lebon p.337).

[520] CE 10 mai 1974 *Denoyez et Chorques*, Lebon p.274

Ce n'était bien sûr pas la première fois que le juge administratif dévoilait sa position sur la légalité d'une modulation organisée par le pouvoir réglementaire au regard du principe d'égalité. Voir pour exemple CE 27 juillet 1928 *SA des usines Renault*, Lebon p.969 : « les administrés qui se trouvent dans la même situation doivent être traités sans préférence ni faveur »

Mais la décision *Denoyez et Chorques* est le premier dans l'histoire jurisprudentielle à énoncer aussi clairement ce principe et ses limites.

[521] Le Conseil constitutionnel, dans sa décision n°79-107 DC du 12 juillet 1979, Recueil p.31, afférente à la loi relative à certains ouvrages reliant les voies nationales et départementales, a reconnu au législateur, en matière de distinction tarifaire, plus de latitude que le pouvoir réglementaire. Cela est certainement dû à sa qualité de représentant des citoyens, et la légitimité qui en découle pour déterminer les modalités d'application du principe d'égalité.

[522] Pour être précis, en reprenant la décision CE 4 mai 2011 *Département des Ardennes*, req. n°322901, AJDA, 2011, p.1704 :

> « Seules les différences de situations, au regard de l'objet même du service public, peuvent légalement justifier, en l'absence d'un motif d'intérêt général, une différence de traitement entre les usagers de ce service. »

[523] Décision n°97-395 DC du 30 décembre 1997, Recueil p.333

Pour une première prise de position du Conseil constitutionnel sur la question dans une formulation quasi similaire, voir sa décision n°79-107 DC du 12 juillet 1979, Recueil p.31

[524] Décision n°96-380 DC du 23 juillet 1996, Recueil p.107

[525] BOSSEBOEUF Claire, *Les collectivités territoriales et leurs musées : recherche sur le développement et les modalités de gestion et de gouvernance d'un service public local*, Université Descartes (Paris V), 2012, p.161

[526] Article L.2224-12-1 CGCT modifié par ladite loi

[527] POUPEAU Diane, *Une loi consacre une gratuité limitée du stationnement des personnes handicapées*, AJDA, 2015, p.476

[528] À commencer par l'article 1er de la Constitution : la France « assure l'égalité devant la loi de tous les citoyens sans distinction d'origine, de race ou de religion ». Les distinctions opérées dans ces domaines seront *a priori* censurées par la juge, à moins que des motifs d'intérêt général conséquents ne légitiment un traitement différencié.

[529] CE 30 juin 1989 *Ville de Paris c/Lévy*, Lebon p.157

[530] Décision n°79-107 DC du 12 juillet 1979, Recueil p.31, quatrième considérant :

> « Considérant […] qu'en précisant dans son article 4 que l'acte administratif instituant une redevance sur un ouvrage d'art reliant des voies départementales peut prévoir des tarifs différents ou la gratuité, selon les diverses catégories d'usagers, pour tenir compte soit d'une nécessité d'intérêt général en rapport avec les conditions d'exploitation de l'ouvrage d'art, soit de la situation particulière de certains usagers, et notamment de ceux qui ont leur domicile ou leur lieu de travail dans le ou les départements concernés, la loi dont il s'agit a déterminé des critères qui ne sont contraires ni au principe de l'égalité devant la loi ni à son corollaire, celui de l'égalité devant les charges publiques »

[531] CE 26 juillet 1996 *Association Narbonne Libertés 89,* Recueil p.696 : mise en œuvre de tarifs différents dans une partie de la commune compte tenu des caractéristiques et de la configuration topographique nécessitant des installations spécifiques

[532] CE 13 mai 1994 *Commune de Dreux*, AJDA, 1994, p.711

[533] Décision n°98-405 DC du 29 décembre 1998, Recueil p.326, considérant n°20 : le principe d'égalité ne s'oppose pas à ce que le législateur « déroge à l'égalité pour des raisons d'intérêt

général, pourvu que [...] la différence de traitement qui en résulte soit en rapport avec l'objet de la loi qu'il institue »
Pour une application de ce principe, voir Décision n°2000-441 DC du 28 décembre 2000, Recueil p.201 : constitutionnalité d'un traitement fiscal discriminatoire, entre des contribuables se trouvant dans la même situation, justifié par des motifs d'intérêt général et établi en fonction de critères objectifs et rationnels par rapport à l'objectif que se donne la loi

[534] CARBAJO Joël, *Remarques sur l'intérêt général et l'égalité des usagers devant le service public*, AJDA, 1981, p.176

[535] LOCHAK Danièle, *Réflexions sur la notion de discriminations*, Droit social 1987 p.778

[536] Conseil d'État, *Réflexions sur l'intérêt général*, La Documentation française, 1999, cité par GAVAIL Yvan, *Services publics locaux : accès aux services et tarifs différenciés*, Cahiers juridiques n°135, février 2010, p.14

[537] BORGETTO Michel, *Services publics locaux et principe d'égalité : sur la nature juridique du service de distribution d'eau et le traitement jurisprudentiel du principe d'égalité*, RFDA, 1993, p.673

[538] CE 24 mai 2006 *Commune de Larnage*, Bulletin juridique des collectivités locales, 2006, p.500 : le calcul de la redevance d'enlèvement des ordures ménagères peut tenir compte notamment du nombre de personnes vivant dans le foyer, du nombre ou du volume des sacs distribués, du poids des déchets embarqués s'ils sont pesés
CE 10 février 1928 *Chambre syndicale des propriétaires marseillais*, Lebon p.222 : est légale la redevance exigée des usagers d'un service de distribution d'eau dont le montant diffère selon que les intéressés reçoivent ou non une eau épurée.
CE 7 octobre 1959 *Jacquier, Grandamy et Le Corno*, Lebon p.491 : la non-inscription dans l'annuaire faire peser sur le service des sujétions spéciales qui légitiment l'application d'un tarif particulier.
On est bien là dans la logique, fixée par la jurisprudence de 1958, de la couverture du coût du service et de la nécessaire équivalence, ou corrélation *a minima*, entre le prix payé et le service rendu.

[539] Selon l'analyse développée par Ferdinand MELIN-SOUCRAMANIEN dans son *Unité du droit des étrangers et égalité de traitement* (Dalloz, 2009), ils sont au nombre de cinq : le sexe, l'origine, la race, la religion et les croyances. L'auteur parle de rupture d'une égalité « dure » ou « déterminée » pour les différenciations de prix ou d'accès à un service public qui se fonderait sur l'un de ces motifs. À l'inverse, il évoque la notion de rupture d'une égalité « indéterminée » pour une différence de traitement ne reposant pas sur des critères prohibés par la Constitution, mais sur laquelle le juge a émis une censure dans le cadre de son contrôle de proportionnalité.
Voir sur ce point les conclusions du rapporteur public Delphine HEDARY sur la décision CE 18 janvier 2013 *Association SOS Racisme*, AJDA, 2013, p.1010

[540] Voir JEGOUZO Yves, *Émergence et limites d'un droit à la discrimination positive*, AJDA, 2003 p.2281

[541] CE 11 avril 2012 *GISTI*, AJDA, 2012, p.735

[542] CAA Nancy, 3 novembre 2011 *Préfet de la Haute-Marne*, req. n°10NC01841

[543] CE 8 juillet 1991 *Commune de l'Écaille*, Lebon p.838

[544] CE 2 décembre 1987 *Commune de Romainville*, Lebon p.556

[545] CE 22 octobre 2012 *SIPPEREC*, req. n°332641, AJDA, 2012, p.2031

[546] Les distinctions opérées ne correspondaient pas à « des caractéristiques de consommation différentes susceptibles de justifier des options et des versions tarifaires ».

[547] CE 2 octobre 2013 *Association nationale des opérateurs détaillants en énergie*, req. n°357037, AJDA, 2013, p.2473

[548] QE de Marie-Jo ZIMMERMANN, n°22651, JO de l'Assemblée nationale du 20 mai 2014

[549] CE 28 février 1996 *Établissement Public du Musée du Louvre*, Lebon p.695
Au-delà de sa seule nature, la dimension objective de la différence de situation implique qu'elle soit « affectée d'une certaine intensité » : « il s'agit là d'une exigence tout à fait compréhensible

si l'on veut éviter de vider le principe d'égalité de son contenu en multipliant à l'excès les catégories d'usagers » (BORGETTO Michel, *Services publics locaux et principe d'égalité : sur la nature juridique du service de distribution d'eau et le traitement jurisprudentiel du principe d'égalité*, RFDA, 1993, p.673).

[550] CE 13 octobre 1999 *Compagnie nationale Air France c/Aéroports de Paris*, AJDA, 2000, p.86 :

> « Si en l'espèce Aéroports de Paris invoque, au soutien de ce barème, l'intérêt qui s'attache au développement des aérodromes parisiens comme plate-forme de fret international et à un élargissement de l'offre de fret aérien au départ de ces aérodromes et s'il est vrai qu'en conséquence une modulation des redevances d'atterrissage des avions-cargos peut s'avérer justifiée, les modalités retenues par Aéroports de Paris induisent des écarts de charge entre les compagnies concernées au regard du service rendu d'une ampleur telle qu'elles ne peuvent être regardées comme limitées à ce que permettait, eu égard aux exigences du principe d'égalité, la prise en compte des considérations d'intérêt général invoquées. »

[551] CE 1er juillet 1936 *Veyre*, Recueil p.713 : le juge annule des tarifs de distribution de l'électricité fondés sur la superficie des propriétés

CE 6 janvier 1967 *Ville d'Elbeuf*, Recueil p.11 : le juge censure une taxe d'épuration des eaux usées imposée aux seules entreprises employant plus de 20 salariés

CE 27 février 1998 *Commune de Sassenay c/Loup*, Lebon p.777 : le juge rejette une exonération de la redevance d'enlèvement des ordures ménagères pour les personnes de plus de 70 ans

[552] Inspection générale de la ville de Paris, *Rapport sur la politique tarifaire de la ville de Paris*, rapport n°03.06, 2003, p.151

[553] CE 28 mars 1997 *Société Baxter*, Lebon p.114 : « le principe d'égalité n'implique pas que des personnes qui se trouvent dans des situations différentes soient automatiquement soumises à des régimes différenciés »

Pour une application de cette position de principe à la tarification d'un service public local, voir CE 14 octobre 2010 *Commune de Saint-Jean-d'Aulps*, AJDA, 2009, p.1222 : « le principe d'égalité n'implique pas que des abonnés à un service public se trouvant dans des situations différentes soient soumis à des tarifs différents »

[554] CE 13 février 1970 *Dame Vigan*, Lebon p.110

[555] GALLARDO Jean-Michel, *La garantie indirecte du droit à un traitement différent dans la jurisprudence du Conseil d'État*, AJDA, 2003, p.219

[556] CJCE 17 juillet 1963 *Italie c/Commission*, aff. 13-63, Recueil p.360

[557] CE 30 juillet 1997 *Commune de Dunkerque*, Recueil p.972

[558] CE 15 mai 1995 *Syndicat des pharmaciens de Guyane*, Lebon p.926

CE 27 avril 1998 *Commune d'Ecotay-l'Olme*, Lebon p.715

[559] ROUGEVIN-BAVILLE Michel, DENOIX DE SAINT-MARC Renaud et LABETOULLE Daniel, *Leçons de droit administratif*, Hachette, 1989, p.225

[560] BORGETTO Michel, *Services publics locaux et principe d'égalité : sur la nature juridique du service de distribution d'eau et le traitement jurisprudentiel du principe d'égalité*, RFDA, 1993, p.673

[561] FOUQUET Olivier, *Le Conseil constitutionnel et le principe d'égalité devant l'impôt*, Nouveaux cahiers du Conseil constitutionnel (NCCC) n°33, 2011, p.2/5

Voir Décision n°74-54 DC du 15 janvier 1975, Recueil p.19 :

> « L'article 61 de la Constitution ne confère pas au Conseil constitutionnel un pouvoir général d'appréciation et de décision identique à celui du Parlement, mais lui donne seulement compétence pour se prononcer sur la conformité à la Constitution des lois déférées à son examen. »

[562] Décision n°2003-489 DC du 29 décembre 2003, Recueil p.487, considérant 37 :

> « Si, en règle générale, le principe d'égalité impose de traiter de la même façon des personnes qui se trouvent dans la même situation, il n'en résulte pas pour

autant qu'il oblige à traiter différemment des personnes se trouvant dans des situations différentes. »

Décision n°2007-558 DC du 13 octobre 2007, Recueil p.448, considérant 4 :

« Si, en règle générale, le principe d'égalité impose de traiter de la même façon des personnes qui se trouvent dans la même situation, il n'en résulte pas pour autant qu'il oblige à traiter différemment des personnes se trouvant dans des situations différentes. »

563 PONGERARD Hélène, *Égalité et différenciations tarifaires visant à privilégier les « gens du pays »*, RFDA, 2002, p.352 :

« [Le principe d'égalité devant les services publics] interdit – faut-il le rappeler – de traiter différemment des usagers placés dans une situation identique. À l'inverse, il habilite les autorités publiques – sans les y obliger – à établir une différence de traitement face à une différence de situation. »

564 QUESSETTE Laurent, *Le chômage, ma cantine, le Maire et moi*, AJDA, 2012, p.2361

565 Un troisième axe, plus marginal, doit être évoqué, la modulation au regard de la congestion de l'ouvrage.

Une modulation temporaire des tarifs peut en effet être mise en œuvre dans un objectif d'intérêt général. Voir pour les tronçons d'autoroutes CE 28 février 1996 *Association FO consommateurs*, Recueil p.51 : est légale une variation du prix des péages autoroutiers en fonction de l'intensité du trafic, une hausse favorisant la fluidité et, parmi d'autres avantages, réduisant les risques d'accident.

Elle part du principe que l'élasticité de la demande à une augmentation des redevances demandées pour ces prestations est non nulle, soit du fait de l'existence d'une prestation de substitution, soit du fait que la prestation est réellement facultative.

566 LONG Martine, *La tarification des services publics locaux*, LGDJ, Systèmes, 2001, p.13

567 Notons que le législateur a depuis limité une partie des implications de cette jurisprudence, avec la loi n°79-591 du 12 juillet 1979 relative à certains ouvrages reliant les voies nationales ou départementales qui a rendu légale la discrimination tarifaire pratiquée au profit des usagers ayant leur domicile ou leur lieu de travail dans le ou les départements concernés.

568 CE 2 décembre 1987 *Commune de Romainville*, Lebon p.556

569 CE 20 janvier 1989 *CCAS de La Rochelle*, AJDA, 1989, p.398

570 CE 31 mai 1985 *Commune d'Aubagne*, RDP, 1986, p.288

571 CE 18 mars 1994 *Mme Dejonckeere*, Lebon p.762

572 CE 5 octobre 1984 *Commissaire de la République de l'Ariège*, Lebon p.315 : « le conseil a pu sans méconnaître le principe d'égalité devant les charges publiques réserver [aux élèves domiciliées dans la commune] l'application d'un tarif réduit grâce à la prise en charge partielle du prix du repas par le budget communal », budget communal auquel seuls les habitants sont contributeurs.

L'analyse développée dans cette décision est limpide : la prise en charge d'une partie du coût du service par les contribuables locaux à travers le « budget communal » qu'ils alimentent avec leurs impôts locaux justifie une moindre contribution tarifaire que celle demandée aux usagers non-résidents et incidemment non contribuables.

573 CE 31 mai 1985 *Commune de la Ciotat*, RDP, 1986, p.288

574 CE 19 juin 1992 *Département du Puy-de-Dôme*, Recueil p.237, ou plus récemment CE 4 mai 2011 *Département des Ardennes*, req. n°322901, AJDA, 2011, p.1704 : relèvent de la même situation les élèves inscrits dans un établissement public situé en dehors du secteur d'enseignement public dont ils relèvent afin de suivre un enseignement de langue vivante qui n'est pas organisé dans l'établissement de rattachement et les élèves de l'établissement privé le plus proche également situé en dehors du secteur

575 Si certains usagers résidents peuvent ne pas payer d'impôts locaux, au regard du niveau de leurs ressources par exemple, un usager non-résident est assuré de ne pas en payer.

[576] PONGERARD Hélène, *Égalité et différenciations tarifaires visant à privilégier les « gens du pays »*, RFDA, 2002, p.352

[577] CE 5 octobre 1984 *Commune de Lavelanet*, Lebon p.315

[578] En économie, ce phénomène est qualifié d'« effets de débordement » ou, plus légèrement, de « comportements de pique-assiette ».

GUENGUANT Alain, *Les politiques financières de correction des inégalités fiscales entre collectivités locales*, thèse, 1980, cité par GRUSON Claude et COHEN José, *Tarification des services publics locaux*, La Documentation française, 1983, p.105 :

> « Un débordement de consommation apparaît lorsque l'aire d'utilisation du bien est plus étendue que celle de la collectivité productrice, c'est-à-dire que sa zone de financement [par la fiscalité locale]. »

[579] CAA Bordeaux, 13 novembre 2007 *Régie des sports d'hiver de Luz-Ardiden*, AJDA, 2008, p.374 : la qualité de contribuable local ne peut « suffire à faire regarder ces personnes comme placées, s'agissant de prestation commercial et de considérations, de nature économique, à prendre en compte pour en déterminer le prix, dans une situation différente de celle des autres usagers de la station »

[580] CE 12 juillet 1995 *Commune de Bougnon*, req. n°157191 : eau

> « Le Conseil municipal pouvait légalement, en vue d'éviter le gaspillage de l'eau et sans méconnaître le principe d'égalité des usagers du service public, tenir compte de la différence de situation existant entre les résidents permanents et les habitants ne résidant pas de manière permanente dans la commune pour attribuer à ces derniers, dont les besoins annuels en eau sont inférieurs à ceux des résidents permanents, un quota de consommation inférieur »

CE 12 juillet 1995 *Commune de Maintenon*, Lebon p.305 : parc de stationnement

CAA Lyon, 13 avril 2000 *Commune de Saint-Sorlin-d'Arves*, req. n°96LY02472 : remontées mécaniques

[581] CE 29 janvier 1971 *Commune de Lescun*, Lebon p.78

[582] *Les Franciliens plébiscitent les baisses tarifaires des transports le week-end*, Les Échos, 16 octobre 2012, p.5 : le dézonage des Pass Navigo les week-ends et jours fériés et la mise en place de compléments de parcours, permettant à un voyageur de dépasser les limites de ses zones d'abonnement en ne payant que la partie supplémentaire et non tout le trajet, ont été en grande partie financés par une augmentation des tickets Mobilis, dont la collectivité assume ouvertement qu'ils sont surtout achetés par les touristes français ou étrangers.

Sur ce volonté de faire porter de plus en plus une partie de la charge du financement des infrastructures de transport par les non-résidents, on évoquera également la récente création d'une taxe additionnelle de séjour de 2 € par nuitée spécifique à l'Île-de-France, dont le produit sera exclusivement affecté au financement des infrastructures de transport de la région (*Bras de fer sur le relèvement de la taxe de séjour*, Les Échos, 27 juin 2014, p.6).

[583] TA Marseille 7 avril 1998 *Préfet des Bouches-du-Rhône c/Commune de Vitrolles*, req. n°13-981589 : illégalité d'une allocation de naissance bénéficiant aux seuls résidents de nationalité française

[584] PONGERARD Hélène, *Égalité et différenciations tarifaires visant à privilégier les « gens du pays »*, RFDA, 2002, p.352

[585] CJCE, 16 janvier 2003 *Commission c/Italie*, aff. C-388/01, AJDA, 2003, p.377

La Cour se positionne ainsi dans le prolongement de la position arrêtée une décennie plus tôt (CJCE, 15 mars 1994 *Commission c/Espagne*, aff. C-45/93, AJDA, 1994, p.698), posant alors le principe selon lequel toute réglementation nationale qui comporte une discrimination au détriment des touristes étrangers et notamment des ressortissantes des États membres est interdite.

[586] Ce que ne sont pas des objectifs purement économiques ou la préservation de la cohérence du système fiscal, puisqu'aucune relation directe ne peut être établie entre l'impôt dû à la collectivité gérant le service public et le coût de la prestation, comme le précise la Cour

[587] Un simple rappel de la hiérarchie des normes en apparence, mais qui a ici valeur d'avertissement

[588] CRUCIS Henry-Michel, *Liberté et politique tarifaires des collectivités locales*, dans BOUVIER Michel (sous la direction de), *Réforme des finances publiques, démocratie et bonne gouvernance*, LGDJ, 2004, p.205

[589] GAVAIL Yvan, *Services publics locaux : accès aux services et tarifs différenciés*, Cahiers juridiques n°135, février 2010, p.16

[590] Réponse du Ministère de l'Intérieur, publiée au JO du Sénat le 7 avril 2005, à la QE n°14186 : conformité au droit de l'Union européenne des tarifs préférentiels appliqués par les services communaux

[591] CE 13 mai 1994 *Commune de Dreux*, Lebon p.233 : en l'espèce, est légal la réservation de l'accès à un conservatoire de musique aux élèves ayant un lien avec la commune (enfants de résidents, enfants de personnes qui travaillent dans la commune, enfants scolarisés dans la commune)

[592] Qui inscrit ses enfants à l'école de musique ou au centre de loisirs d'une ville où il ne vit pas, ne travaille pas et où ses enfants n'étudient pas ? Il n'y aurait pas ou que très rarement, si on suit cette définition, d'usagers non résidents.

[593] Si le domicile au sens civiliste est relativement facile à déterminer, la notion de résidence employée par le Conseil d'État pour fonder une différenciation tarifaire est, elle, plus floue, comme le rappelle la réponse ministérielle de 7 avril 2005.

Notons que le Conseil constitutionnel, depuis sa décision n°79-107 DC du 12 juillet 1979, Recueil p.31, se fonde lui sur une notion plus large de « lien suffisant avec la collectivité » pour justifier l'attribution de tarifs préférentiels. Ainsi, si le Conseil d'État a admis ce critère de lien avec la collectivité en matière d'accès aux services publics facultatifs, il reste à ce jour opposé à sa transposition en matière de tarification.

Sur la confusion fréquente entre le domicile et la résidence dans la procédure de rattachement d'un électeur à une commune, voir DUPUIS Philippe, *Élections municipales : les critères locaux de l'électorat*, Gazette des communes, 26 août 2013, p.46 et *Listes électorales : les critères de résidence et d'imposition locale*, Gazette des communes, 9 septembre 2013, p.52 : rappelons que, selon la circulaire NOR INTA1317573G (JO du 25 juillet 2013, § 32), le domicile est le lieu où l'on vit en droit et la résidence le lieu où l'on vit en fait.

[594] CE 18 janvier 2013 *Association SOS Racisme*, req. n°328230, AJDA, 2013, p.143 :

> « L'institution d'une différence tarifaire entre les visiteurs de musées et monuments nationaux selon des critères de nationalité ou de régularité du séjour [...] implique l'existence soit de différences de situation de nature à justifier ces différences de traitement, soit de nécessités d'intérêt général en rapport avec la mission des établissements concernés, comme avec l'objet de la mesure de gratuité mise en œuvre, permettant de justifier de telles catégories, et à condition que ces différences ne soient pas manifestement disproportionnées au regard des objectifs poursuivis.
>
> [...] Il était loisible aux établissements concernés de distinguer les personnes qui ont vocation à résider durablement sur le territoire national des autres, la gratuité concédée devant avoir pour résultat de rendre durable la fréquentation habituelle des institutions concernées et n'ayant donc nécessairement pas de justification pour les personnes qui ne sont pas appelées à séjourner durablement sur le territoire. »

[595] Nous n'évoquerons pas ici la question, proche, mais légèrement différente, de l'accès à nos services publics d'étrangers ne résidant pas en France, notamment illustré début 2012 par le cas de Manil BLIDI : http://www.rtl.fr/actualites/sante/article/mobilisation-pour-sauver-manil-le-bebe-bulle-d-alger-7741651532.

[596] Décision n°89-269 DC du 22 janvier 1990, Recueil p.33 :

« Le législateur peut prendre à l'égard des étrangers des dispositions spécifiques à la condition de respecter les engagements internationaux souscrits par la France et les libertés et droits fondamentaux à valeur constitutionnelle reconnus à tous ceux qui résident sur le territoire de la République. »

[597] On pense notamment aux conditions visées par les récents décrets n°2012-126 du 30 janvier 2012 relatif au niveau et à l'évaluation de la connaissance de l'histoire, de la culture et de la société françaises requis des postulants à la nationalité française au titre de l'article 21-24 du Code Civil et n°2012-127 du même jour approuvant la charte des droits et devoirs du citoyen français prévue à l'article 21-24 du Code civil.

[598] SERVIERE Samuel-Frédéric, *Stratégie fiscale : la France pousse-t-elle à l'exil ?*, Fondation IFRAP, 20 décembre 2012, http://www.ifrap.org/Strategie-fiscale-la-France-pousse-t-elle-a-l-exil,13047.html :

« La citoyenneté fiscale révolutionnaire qui supposait responsabilité du point de vue du contribuable et caractère non invasif de l'impôt et de son contrôle quant à sa situation personnelle a été disjointe sous la pression du coût sans cesse croissant de nos services publics à partir de l'immédiat Après-guerre. »

DJOURHI Mehdi, *L'évolution du contrôle fiscal depuis 1945 : aspects juridiques et organisationnels*, LGDJ, 2012, p.10 :

« Désormais, le contribuable est celui sur lequel incombe les obligations fiscales alors que le citoyen est celui au nom duquel et pour lequel elles sont réalisées. »

[599] VANDENDRIESSCHE Xavier, *Nationalité, citoyenneté, fiscalité*, AJDA, 2011, p.2033

[600] La proposition de loi n°3411, déposée en 2012 à l'Assemblée nationale par des députés de l'Union pour un mouvement populaire, visait à offrir au gouvernement la possibilité de retirer la nationalité française à des citoyens non domiciliés fiscalement en France ou dans l'Union européenne. Son exposé des motifs était assez clair sur les motivations de cette proposition.

« Participer à l'effort fiscal public constitue un des premiers devoirs républicains et concourt au principe de solidarité. Ainsi, l'impôt se situe au fondement du pacte républicain. Si l'impôt doit être juste et modéré, il semble alors primordial de le revaloriser comme un acte de citoyenneté que tout français, quel que soit son pays de résidence, doit respecter. »

[601] Pour reprendre l'obligation posée par l'article 13 de la Déclaration des droits de l'homme et du citoyen, concernant le calcul de l'impôt

[602] La notion de « prix abordable » du service, si elle n'a jamais été consacrée par le juge administratif français, a été introduite par le droit de l'Union européenne dans les années 1980 en matière de télécommunications. Elle s'applique depuis à d'autres services : la directive 97/67/CE du 15 décembre 1997 sur le développement du marché intérieur des services postaux prévoit des prix abordables afin que tous les utilisateurs aient accès au service offert. Elle participe également à la définition du service universel comme un service de base offert à tous à un prix abordable.

[603] À travers la progressivité et le poids global du système de prélèvements obligatoires d'une part et la conditionnalité et le niveau général des prestations sociales d'autre part.

Pour une analyse exhaustive, quoiqu'un peu datée de l'impact de la seule composante fiscale, voir le rapport au Conseil d'analyse économique de BOURGUIGNON François, *Fiscalité et redistribution*, La Documentation française, 1998

Sur l'impact respectif de ces deux composantes et son évolution sur les deux dernières décennies, voir CAZENAVE Marie-Cécile, DUVAL Jonathan, EIDELMAN Alexis, LANGUMIER Fabrice et VICARD Augustin, *La redistribution : état des lieux en 2010 et évolution depuis vingt ans* dans *France, portrait social*, INSEE Références, 2011, p.87 :

« Entre 1990 et 2010, le rôle du financement de la protection sociale dans la réduction des inégalités s'est accru, tandis que celui des deux canaux traditionnels de la redistribution (les prestations et l'impôt sur le revenu) s'est resserré. »

[604] L'expression est de Raymond ARON (*Dix-huit leçons sur la société industrielle*, Gallimard, 1962, p.86), qui était particulièrement critique sur cette trajectoire prise par certaines démocraties occidentales à compter de l'après-guerre.

> « Pousser le plus loin possible l'égalisation sociale et économique [...] comporte une permanente hypocrisie, car aucune société n'a jamais pu égaliser ni les tâches, ni les revenus, ni les prestiges des individus. L'ordre de l'égalité est inévitablement un ordre formel que chaque pouvoir établi essaie d'exalter tout en dissimulant les inégalités réelles. »

Il ne s'agit là que d'une incarnation moderne de l'« esprit d'égalité extrême » décrit par MONTESQUIEU (*De l'esprit des lois*, Garnier Flammarion, 1979, p.234).

[605] CE 26 avril 1985 *Ville de Tarbes*, Lebon p.119 :

> « Compte tenu de l'objet du service et de son mode de financement, il n'existait aucune nécessité d'intérêt général justifiant, pour la fixation des droits d'inscription, une discrimination fondée sur les seules différences de ressources entre ces usagers. [...] Les différences de revenus entre les familles des élèves n'étaient pas constitutives, en ce qui concerne l'accès au service public, de différences de situation justifiant des exceptions au principe d'égalité qui régit cet accès. »

[606] Réponse du Ministère de l'Intérieur à la QE n°01439, publiée dans le JO Sénat du 17 juillet 1986 p.1010 : « le Conseil d'État a estimé que, compte tenu de l'objet du service et de son mode de financement, il n'existait aucune nécessité d'intérêt général justifiant, pour la fixation des droits d'inscription, une discrimination fondée sur les seules différences de ressources entre ces usagers »

[607] CE 20 janvier 1989 *CCAS de La Rochelle*, AJDA, 1989, p.398

[608] CE 10 février 1993 *Ville de La Rochelle c/Lacroix*, req. n°95863

[609] VERPEAUX Michel, *L'égalité d'accès à la restauration scolaire : principe et limites*, AJDA, 2010, p.265 : « le caractère facultatif de ce service public est devenu inadapté à la réalité »

[610] CE 20 novembre 1964 *Ville de Nanterre*, Lebon p.563 : une commune peut édicter des tarifs distincts pour les usagers d'un cabinet dentaire municipal ou même accorder la gratuité selon qu'ils sont ou non assurés sociaux ou bénéficiaires de l'assistance médicale gratuite.

[611] CE 18 mars 1994 *Mme Dejonckeere*, Lebon p.762

[612] CE 29 décembre 1997 *Commune de Gennevilliers* et *Commune de Nanterre*, Lebon p.499

[613] Tarification dite solidaire mise en place au 1er juillet 2010 : http://www.strasbourg.eu/environnement-qualite-de-vie/deplacements/transports-publics/tarification-solidaire

[614] AGLAE Marie-Joseph, *De l'impôt et de ses limites*, RFFP n°120, 2012, p.49

Pour l'encadrement des politiques fiscales, voir Décision n°2009-577 DC du 3 mars 2009, Recueil p.64

[615] TERNEYRE Philippe, La réglementation des prix, RFDA, 2014, p.861 : 23 M€ pour le Ministère de la Culture, 8 M€ pour le Ministère de l'Education nationale

[616] Inspection générale de la ville de Paris, *Rapport sur la politique tarifaire de la ville de Paris*, rapport n°03.06, 2003, p.151

[617] BORGETTO Michel, *L'idée de gratuité et la notion de solidarité sociale*, dans KOUBI Geneviève et GUGLIELMI Gilles J. (sous la direction de), *La gratuité, une question de droit ?*, L'Harmattan, 2003, p.35

[618] Prise en compte du quotient familial directement ou grille à double entrée avec revenus et nombre de personnes à charge, prise en compte ou non des allocations familiales ou des revenus mobiliers voire de la situation au regard de la résidence principale

[619] CE 10 mai 1974 *Denoyez et Chorques*, Lebon p.274 : « considérant que la fixation de tarifs différents applicables, pour un même service rendu, à diverses catégories d'usagers d'un service ou d'un ouvrage public implique, à moins qu'elle ne soit la conséquence nécessaire d'une loi, soit qu'il existe entre les usagers des différences de situation appréciables, soit qu'une nécessité

d'intérêt général en rapport avec les conditions d'exploitation du service ou de l'ouvrage commande cette mesure ».

[620] Par exemple, une capacité contributive différente

[621] Dans sa décision CE 13 mars 2002 *Union fédérale des consommateurs*, Lebon p.97, concernant la fixation des tarifs de la RATP et de la SNCF par le Syndicat des transports parisiens et la coordination tarifaire entre les deux prestations, le juge administratif justifie l'instauration d'un forfait, titre de transport unique applicable à tous les usagers, pour un motif d'intérêt général.

[622] *Le tarif unique, ça roule*, Lettre du cadre territorial, 1er décembre 2012, p.10

[623] L'élaboration d'une grille tarifaire, ou même sa simple mise à jour présente un coût administratif et politique non nul.

[624] Les transports en commun des métropoles européennes, comme Paris ou Londres, maintiennent cependant à ce jour une tarification différente en fonction des distances parcourues, avec la notion de zones. Dans les principales grandes villes des Pays-Bas comme Amsterdam ou La Haye, la tarification se fait même au plus près du niveau de la prestation rendue, puisque le badgeage se fait à la montée et à la sortie du transport en commun afin de décompter le nombre d'arrêts desservis.

Sans y voir nécessairement un manque de solidarité qui serait la marque de ces espaces urbains majeurs, on y devine surtout que les écarts de coût de revient de la prestation rendue aux différents usagers y sont beaucoup plus importants qu'ailleurs, au regard de l'étalement urbain et de ses contraintes. Ce qui rend par conséquent plus complexe la mise en œuvre d'un forfait.

[625] En physique, l'équilibre mécanique définit l'état dans lequel la somme des forces subies par chaque un objet est nulle, entraînant sa stabilité dans l'espace.

[626] CJCE, 19 mai 1993 *Corbeau*, C-320/91

CJCE 27 avril 1994 *Commune d'Almelo*, C-393/92

[627] La gratuité est en réalité une variante, certes exacerbée, de la forfaitisation, le même prix, en l'espèce nul, étant demandé à tous les usagers. Tous les défauts évoqués pour la gratuité sont transposables, dans une moindre mesure, pour la forfaitisation.

[628] *Les aides publiques dommageables à la biodiversité*, Note de synthèse du Centre d'analyse stratégique, n°246, octobre 2011 : artificialisation des sols, fragmentation des habitats, semi-artificialisation des habitats agricoles

[629] CE 21 novembre 1958 *Syndicat national des transporteurs aériens*, Lebon p.572

[630] Codification de l'article 2 du décret n°2006-753 du 29 juin 2006 relatif aux prix de la restauration scolaire pour les élèves de l'enseignement public, décret ayant supprimé tout encadrement des prix de la restauration scolaire

[631] TA Lyon 30 novembre 1993 *M. Chomat et autres*, n°90-02551, AJDA, 1994, p.349 :

> « Lors de sa fixation, le prix d'une prestation ou d'un bien fourni par un service public à caractère industriel et commercial ne peut exclusivement trouver sa contrepartie, quel que soit le mode de gestion du service, que dans le montant total des dépenses d'investissement et de fonctionnement relatives à la fourniture de ce service ou de ce bien, y compris éventuellement les dépenses de renouvellement et de modernisation du service ainsi que la rémunération du concessionnaire lorsque le service est concédé. »

Voir aussi CE 30 septembre 1996 *Société stéphanoise des eaux et Ville de Saint-Etienne*, Lebon p.355

[632] Article 40 de la loi n°93-122 du 29 janvier 1993 relative à la prévention de la corruption et à la transparence de la vie économique et des procédures publiques : « les conventions de délégation de service public ne peuvent contenir des clauses par lesquelles le délégataire prend à sa charge l'exécution de service ou de paiements étrangers à l'objet de la délégation ».

Notons que l'article L.324-2 du Code des communes prévoyait déjà, avant 1993, que « dans les contrats portant concession de service public, les communes, ainsi que les établissements publics communaux, ne peuvent pas insérer de clauses par lesquelles le concessionnaire prend à sa charge l'exécution de travaux étrangers à l'objet de la concession ». La loi n°93-122 du 29 janvier 1993 relative à la prévention de la corruption et à la transparence de la vie économique et des procédures publiques étend la restriction visée non seulement à l'ensemble des délégations de service public, et plus uniquement les concessions, mais aussi à toute dépense, d'investissement ou de fonctionnement, étrangère au service.

[633] CE 9 avril 1999 *Commune de Bandol*, Lebon p.129 : il n'est pas interdit de reverser au budget général un excédent du budget annexe qui ne serait pas nécessaire au financement de dépenses d'exploitation ou d'investissement à court terme

[634] CE 16 novembre 1962 *Syndicat intercommunal d'électricité de la Nièvre et autres*, Lebon p.612

[635] CE 30 octobre 1996 *Mme Wajs*, AJDA, 1996, p.973

[636] La prise en compte des seules dépenses de fonctionnement renvoie à la notion économique de « petit équilibre », alors que la prise en compte des dépenses des deux sections du budget renvoie elle à la notion de « grand équilibre ».

Voir DARELLIS Patricia, *L'optimisation des ressources des collectivités territoriales*, RGFP, mars-avril 2011, p.232

[637] CE 26 mars 1997 *Société Elf Antargaz*, Lebon p.111

[638] CE 1er décembre 1999 *Syndicat des compagnies aériennes autonomes*, Recueil p.375 :

> « Dès lors que le comité des usagers a vocation à aider à la détermination des conditions d'utilisation des installations des aérodromes et que les frais de son fonctionnement trouvent ainsi une contrepartie dans une prestation directement rendue aux compagnies, le gouvernement a pu inclure dans les redevances mises à la charge des transporteurs aériens les frais attachés au fonctionnement du comité des usagers. »

[639] CE 10 février 1995 *Chambre syndicale du transport aérien*, Lebon p.69

[640] Cour des comptes, *La réforme de la politique autoroutière*, 2003, p.336 :

> « Le coût marginal social comprend les coûts variables supportés par l'exploitant de l'infrastructure utilisée, mais aussi les coûts variables supportés par l'ensemble de la collectivité : coûts liés à la congestion de la voirie pour les autres usagers (temps perdu en raison d'une diminution de la vitesse), coûts liés à l'insécurité, coûts des dommages environnementaux comme l'émission de gaz à effet de serre. »

[641] CRUCIS Henry-Michel, *Liberté et politique tarifaires des collectivités locales*, dans BOUVIER Michel (sous la direction de), *Réforme des finances publiques, démocratie et bonne gouvernance*, LGDJ, 2004, p.205

[642] Cité par MARCHAND Jennifer, *L'open data, la réutilisation des données publiques entre exigence démocratique et potentiel économique*, La Semaine juridique – édition ACT, 17 février 2014, p.25

[643] Le § 2 de ce même article prévoit néanmoins des exceptions au principe affirmé dans le § 1, notamment pour les organismes « qui sont tenus de réaliser des recettes en vue de financer une part substantielle des coûts liés à l'accomplissement de leur mission ». On pensera ici à l'INSEE typiquement. Le principe posé est ainsi fortement restreint dans sa mise en œuvre pratique par les exceptions prévues.

[644] CE 27 juin 1985 *Commune de Marseillan*, cité par PICARD Jean-François, *Finances locales*, LexisNexis, 2009, p.16 : vérification par le juge administratif de la proportionnalité du montant des redevances avec le « coût réel de fourniture »

[645] *île de Ré : le péage maintenu par le Conseil général de Charente-Maritime*, Les Échos, 27 décembre 2011, p.6

[646] Personnel dédié, mise en place d'une régie, production réglementaire, ou encore charges administratives annexes diverses

[647] La redevance étant en l'espèce demandée en vue de couvrir des charges qui pourraient être qualifiées comme étrangères au service visé et aux frais d'établissement et d'entretien de l'ouvrage.

[648] DIDIER Michel et PRUD'HOMME Rémy, Infrastructures de transport, mobilité et croissance, La Documentation française, 2007, p.135 :

> « Aucun principe de tarification ne peut satisfaire simultanément tous les objectifs. En particulier, il y a des avantages et des inconvénients aux deux options majeures : le coût marginal social (le plus conforme à la théorie économique marginaliste), qui répercute sur l'usager les coûts de pollution et de congestion, et le coût d'équilibre budgétaire (ou complet) qui revient à faire payer à l'usager l'ensemble des coûts d'investissement et de fonctionnement. »

[649] Les Entretiens du Conseil d'État, La tarification des services liés à l'usage d'infrastructures, 2009, p.8

[650] C'est le fondement même de toute la fiscalité écologique : taxe globale sur les activités polluantes, malus auto, projet de taxe carbone, taxe intérieure sur la consommation des produits énergétiques. Reste à définir, à chaque fois, quel dividende, écologique ou économique, est prioritaire pour l'administration.

[651] CE 13 novembre 1987 *Syndicat national des transporteurs aériens*, Lebon p.355

[652] Décision n°2005-513 DC du 14 avril 2005, Recueil p.67

[653] À propos des services publics industriels et commerciaux locaux

[654] CE 2 avril 1997 *Commune de Montgeron*, Lebon p.779

[655] Article L.2224-2 CGCT : « Il est interdit aux communes de prendre en charge dans leur budget propre des dépenses au titre des services publics visés à l'article L.2224-1. »

[656] Pour reprendre le vocabulaire cher aux chercheurs du *Mental Research Institute* de Palo Alto

[657] Note de conjoncture Dexia de novembre 2010 sur les finances locales en France, http://www.dexia-creditlocal.fr/collectivites-locales/expertise/Documents/ndc_11-2010.pdf : sur la décennie 2000, la dette des collectivités locales et de leurs établissements publics est passée de 103 à 134 Md€

[658] Sur ce souci récent, on pourra citer par exemple le décret n°2009-151 du 10 février 2009 relatif à la rémunération de certains services rendus par l'État consistant en une valorisation de son patrimoine immatériel ou encore l'instruction du Ministère des Finances n°07-007-D1-V du 19 janvier 2007 détaillant les missions de la Direction nationale d'interventions domaniales.

[659] PICARD Jean-François, *Finances locales*, LexisNexis, 2009, p.16

[660] CE 16 juillet 2007 *Syndicat national de défense de l'exercice libéral de la médecine à l'hôpital*, Lebon p.349

[661] En anglais, on utiliserait l'expression *willingness to pay (WTP)*, très répandue dans les modèles micro-économiques.

[662] CE 10 juillet 1996 *Société Direct Mail Promotion et autres*, Recueil p.277

[663] CE 10 avril 2002 *GISTI*, req. n°227746

[664] Comme le montre le titre du 3.2.2.2 : « Une tarification prenant en compte la valeur du service pour le bénéficiaire serait, dans bien des cas, préférable ».

Conseil d'État, *Redevances pour service rendu et redevances pour occupation du domaine public*, La Documentation française, 2002, p.88 :

> « Il conviendrait donc de poser nettement le principe du caractère licite d'un tel mode de tarification, non seulement dans la matière des données publiques, où sa mise en œuvre s'avère particulièrement pertinente, mais aussi dans d'autres domaines où la détermination d'un *juste prix* conduit à privilégier des critères fondés sur l'utilité du service par le bénéficiaire. »

Pur hasard ou célébration discrète, mais bien volontaire : cette date retenue pour l'adoption de ce rapport, le 24 octobre, est la même que celle de la décision dans laquelle le Conseil constitutionnel s'était rallié à l'expression « contrepartie directe de prestations fournies par le service » pour définir une redevance (Décision n°69-57 L du 24 octobre 1969, Recueil p.32), expression que le Conseil d'État avait arrêtée une décennie plus tôt (CE 21 novembre 1958 *Syndicat national des transporteurs aériens*, Lebon p.475).

[665] Décision n°76-92 L du 6 octobre 1976, Recueil p.59

[666] Décision n°2005-513 DC du 14 avril 2005 sur la loi relative aux aéroports, Recueil p.67
[667] Le critère de proportionnalité au coût pouvant difficilement s'appliquer en matière domaniale, la tarification des redevances d'occupation du domaine public se fonde depuis plusieurs décennies sur l'avantage retiré par l'occupant. Voir l'article L.2125-3 du Code général de la propriété des personnes publiques : « la redevance due pour l'occupation ou l'utilisation du domaine public tient compte des avantages de toutes natures procurés au titulaire de l'autorisation »
CAA Paris 17 octobre 2013 *Ville de Paris et Fédération française de tennis*, req. n°13PA00911, AJDA, 2014, p.31 :

> « Ces avantages peuvent s'apprécier au regard des recettes tirées de l'utilisation du domaine, des charges supportées par la collectivité publique ou encore de la durée d'occupation consentie »

[668] CE 3 février 1933 *Syndicat des patrons et marins pêcheurs du Tréport*, cité par Les Entretiens du Conseil d'État, La tarification des services liés à l'usage d'infrastructures, 2009, p.8
[669] En l'espèce, « la notoriété qui s'attache à l'établissement dans lequel [les praticiens hospitaliers] exercent cette activité »
Notons que cette dimension de la jurisprudence *Syndicat national de défense de l'exercice libéral de la médecine à l'hôpital*, pourtant fondamentale à nos yeux puisqu'elle participe aussi à l'élévation du plafonnement juridiquement admis de la redevance, n'a été jusqu'alors que peu commentée par la doctrine, si l'on se réfère aux principaux articles consacrés à cette décision dans l'AJDA entre 2007 et 2010.
[670] CE 29 décembre 2014 *Société Bouygues Télécom*, req. n°368773, sur l'utilisation des fréquences radioélectriques
[671] La mise en musique du principe d'égalité entre les usagers avec une tarification basée sur l'utilité de la prestation, et donc sur des données en partie personnelles, sera sur ce point très intéressante à suivre.
[672] CE 24 juillet 2006 *Société Cégédim*, Recueil p.759, conclusions Commissaire du Gouvernement VEROT :

> « Ces droits relevant de la propriété intellectuelle ne doivent pas conduire l'opérateur public à réaliser des profits d'un montant manifestement disproportionné. »

[673] Voir sur ce point une controverse récente, *Les excédents du CCAS d'Orléans posent question*, 11 juillet 2012, http://www.lagazettedescommunes.com/122240/les-excedents-du-ccas-dorleans-posent-question/ : un excédent de l'établissement public gérant le service public d'action sociale s'était dégagé suite à une augmentation des recettes générées par l'adoption du quotient familial de la CAF.
[674] Cet écart entre le coût pour la collectivité de la prestation rendue et son coût supporté par un opérateur purement privé peut être rapproché, dans la théorie économie, de la notion d'économies d'échelle.
[675] CE 5 octobre 1984 *Commissaire de la République de l'Ariège*, Lebon p.315
[676] CE 10 mai 1974 *Denoyez et Chorques*, Lebon p.274
[677] Même si le Conseil d'État, avec la prudence et la mesure qui le caractérise, estimait dans son étude de 2002 sur les redevances que cette évolution ne remettait pas fondamentalement en cause l'esprit dans lequel la jurisprudence définissait depuis un demi-siècle les critères de la redevance.
Conseil d'État, *Redevances pour service rendu et redevances pour occupation du domaine public*, La Documentation française, 2002, p.89 :

> « L'objet de la redevance ne se confond pas nécessairement avec son mode de calcul. Qu'elle soit destinée à couvrir les charges ou les frais exposés par le service dont le financement est ainsi assuré est une chose ; qu'il faille toujours en déduire un strict plafonnement du prix en fonction du coût en est une autre qui ne va pas de soi. »

Ainsi, pour la section du rapport et des études du Conseil d'État, la jurisprudence s'était en quelque sorte contentée jusqu'alors de définir par le même indicateur l'objectif et le plafond de la redevance, alors qu'une appréciation différente des deux n'était pas à notre sens interdite.
[678] Une partie de la doctrine (BOUCHER Julien et BOURGEOIS-MACHUREAU Béatrice, *Redevances pour service rendu : l'assouplissement de la règle du plafonnement par le coût*, AJDA, 2007, p.1807) se refuse à parler de revirement jurisprudentiel, puisqu'ils ne voient dans cette décision qu'une relecture, moins restrictive que les précédentes, des conditions posées par la décision fondatrice de 1958.
[679] Le juge administratif, en théorie, impose à la collectivité en cas de recours de justifier l'existence des charges entrantes dans le calcul du coût de revient de la prestation, et que les dépenses qui lui sont soumises à cette occasion sont toutes bien exposées dans l'intérêt des usagers.
Dans la pratique, les juridictions administratives ne disposent pas toujours du temps et des moyens techniques ou humains nécessaires pour infirmer le calcul que lui soumet l'administration, qu'elle soit locale ou nationale.
[680] Étude de la Fédération des villes moyennes en date d'avril 2012, http://www.villesmoyennes.asso.fr/fr/ondes.php?onde_id=227&id=1660 : alors que le coût moyen d'un repas, intégrant confection, portage, service à table, encadrement ou encore activités proposées aux enfants, est de l'ordre d'une dizaine d'euros, les tarifs demandés aux familles dépassent très rarement les 5 €
[681] HERTZOG Robert, *Le prix du service public*, AJDA, 1997, p.55
[682] CE 30 mai 1930 *Chambre syndicale du commerce en détail de Nevers*, Lebon p.583 : « les entreprises ayant un caractère commercial restent, en règle générale, réservées à l'initiative privée » et « les Conseils municipaux ne peuvent ériger des entreprises de cette nature en services publics communaux que si, en raison de circonstances particulières de temps ou de lieu, un intérêt public justifie leur intervention en cette matière ».
[683] Pour un exemple récent de ce contrôle sur une redevance pour service rendu, voir CAA Lyon 4 juillet 2013 *Institut d'études politiques de Grenoble*, req. n°13LY00633, AJDA, 2013, p.2160 : en l'espèce, le conseil d'administration de l'Institut d'études politiques a institué des droits d'inscription au concours d'entré à 100 € sans s'assurer que ce montant n'excédait pas le coût réel des dépenses qui étaient susceptibles d'être induites par son organisation
[684] CE 11 mai 1998 *SIVOM de l'Île d'Oléron*, RJF, 1998, p.887
CAA Marseille 6 novembre 2012 *M. B.*, req. n°10MA03152, AJDA, 2013, p.691 : jurisprudence atypique en ce sens que le montant de la redevance n'est ici pas contesté par celui qui doit l'acquitter, mais par un contribuable local qui la trouve trop faible
CE 19 mars 2010 *SCARA et FNAM*, Lebon p.927
[685] CE 3 juillet 1991 *Syndicat des psychiatres des hôpitaux*, Lebon p.1151
[686] TA Dijon 20 février 2013 *La Poste c/Commune de la Chapelle Saint-André*, req. n°1200832, ADJA, 2013, p.1487 : est entaché de détournement de pouvoir la fixation d'une redevance d'occupation du domaine public, « disproportionnée au regard de l'emprise sur le domaine public » des boîtes à lettres visées, qui a pour objet de dissuader La Poste de réduire les horaires d'ouverture de ses bureaux
[687] CE 7 octobre 2009 *Société d'équipement de Tahiti et des îles*, AJDA, 2009, p.2480 :

> « Considérant qu'une redevance pour service rendu, pour être légalement établie, doit essentiellement trouver une contrepartie directe dans la prestation fournie par le service ou le cas échéant l'utilisation d'un ouvrage public, et par conséquent doit correspondre à la valeur de la prestation ou du service ; que, si l'objet du paiement que l'administration peut réclamer à ce titre est en principe de couvrir les charges de service public, il n'en résulte pas nécessairement que le montant de la redevance ne puisse excéder le coût de la prestation fournie ; qu'il s'en suit que le respect de la règle d'équivalence entre le tarif d'une redevance et la valeur de la prestation ou du service peut être assuré non seulement en retenant le prix de

revient de ce dernier, mais aussi en fonction des caractéristiques du service, en tenant compte de la valeur économique de la prestation pour son bénéficiaire ; que, dans tous les cas, le tarif doit être établi selon des critères objectifs et rationnels, dans le respect du principe d'égalité entre les usagers du service public et des règles de la concurrence »

[688] MUZELLEC Raymond et CONAN Matthieu, *Finances locales*, Dalloz, Mémentos, 2011 (6e édition), p.143

[689] Pour reprendre l'expression utilisée dans la seconde partie de l'article 13 de la Déclaration des droits de l'homme et du citoyen : « Elle [la contribution commune] doit être également répartie entre tous les citoyens, en raison de leurs facultés. »

[690] Cité par GRUSON Claude et COHEN José, *Tarification des services publics locaux*, La Documentation française, 1983, p.47 :

> « Il importe de vérifier si les systèmes fiscaux des collectivités publiques [...]n'ont pas une incidence "moins sociale "que le recours à la tarification. »

[691] BOUVIER Michel, *La notion de capacité contributive des contribuables dans la société post-moderne*, RFFP n°100, 2007, p.83

[692] Décision n°2012-659 DC du 13 décembre 2012, Recueil p.680, 19e considérant :

> « Considérant qu'aux termes de l'article 13 de la Déclaration de 1789 : « Pour l'entretien de la force publique, et pour les dépenses d'administration, une contribution commune est indispensable : elle doit être également répartie entre tous les citoyens, en raison de leurs facultés » ; qu'en vertu de l'article 34 de la Constitution, il appartient au législateur de déterminer, dans le respect des principes constitutionnels et compte tenu des caractéristiques de chaque impôt, les règles selon lesquelles doivent être appréciées les facultés contributives ; qu'en particulier, pour assurer le respect du principe d'égalité, il doit fonder son appréciation sur des critères objectifs et rationnels en fonction des buts qu'il se propose ; que cette appréciation ne doit cependant pas entraîner de rupture caractérisée de l'égalité devant les charges publiques »

[693] STAHL Jacques-Henri, conclusions sur CE 29 décembre 1997 *Commune de Gennevilliers et Commune de Nanterre*, RFDA, 1998, p.539, cité par PONGERARD Hélène, *Égalité et différenciations tarifaires visant à privilégier les « gens du pays »*, RFDA, 2002, p.352

[694] Pour une synthèse de ces atouts, voir CABANNES Michel, *Les finances locales sur la paille ?*, Le bord de l'eau, 2011, p.51 :

> « La fiscalité foncière possède plusieurs avantages pratiques. D'abord, l'assiette foncière est localisée et visible, ce qui implique un bon rendement financier, car cela rend difficiles la fraude et l'évasion fiscale. Ensuite, cette assiette est immobile, ce qui permet une politique fiscale autonome, non tributaire des risques de fuite de base. De plus, l'assiette foncière est stable et prévisible [...]. Enfin, les bases foncières sont réparties géographiquement de manière plutôt équilibrée. »

[695] Conseil des prélèvements obligatoires, *La fiscalité locale*, 2010, p.39

Jean ARTUIS, ancien président de la commission des finances au Sénat, utilise le terme d'« injustice fiscale infligée [aux contribuables] par l'archaïsme des valeurs locatives » (*Décentraliser pour sortir de la crise*, Gazette des communes, 26 mars 2012, p.19).

[696] Pour un exemple, voir BAUDRY Marc, GUENGANT Alain, LARRIBEAU Sophie et LEPRINCE Matthieu, *Taxe foncière et valeur vénale des propriétés bâties : le cas des maisons vendues à Rennes entre 1994 et 2001*, Études foncières n°117, 2005

[697] Que ce soit sous sa forme économique, la valeur vénale, objective, la superficie, ou bien administrative, la valeur locative cadastrale

[698] Décision n°98-405 DC du 29 décembre 1998, Recueil p.326, à propos de la taxe sur les locaux à usage de bureaux en Île-de-France

[699] DEBRE Michel, *L'inégalité des ménages face à l'impôt sur le revenu*, RFFP n°14, 1986, p.15 :

> « L'inégalité de traitement au regard de l'impôt sur le revenu entre couple marié et couple non marié n'a, pendant longtemps, que peu retenu l'attention. Cette inégalité, une fois remarquée, puis officiellement et gravement constatée, n'a pourtant appelé jusqu'ici de la part des gouvernants aucune mesure particulière. »

Il est savoureux, dans cette logique et pour le cas d'espèce soulevé, de constater que le « jusqu'ici » en date de 1986 reste presque trente ans plus tard toujours d'actualité.

[700] Conseil des prélèvements obligatoires, *La fiscalité locale*, 2010, p.401

[701] Article 1414 CGI et suivants

[702] Les taxes foncières sont plus encore que la taxe d'habitation largement insensibles aux capacités contributives des redevables : elles obéissent à peu près aux mêmes règles d'assiette, mais des dispositifs favorables aux contribuables modestes propres à la taxe d'habitation n'ont pas d'équivalent pour les taxes foncières.

[703] Entre 2004 et 2007, les très hauts revenus ont ainsi augmenté beaucoup plus rapidement que ceux de l'ensemble de la population, comme l'illustre l'édition 2011 du rapport de l'INSEE sur les revenus et le patrimoine des ménages.

Cette tendance avait déjà été identifiée dans les années 1990 par Jean-Paul FITOUSSI et Pierre ROSANVALLON dans leur ouvrage au titre prémonitoire, *Le nouvel âge des inégalités* (Seuil, 1996), dans lequel la double problématique du développement structurel et dynamique des inégalités d'une part et de l'absence de légitimité à cette évolution générale d'autre part.

[704] Bouches-du-Rhône, 860 000 habitants

Cet épisode avait attiré notre attention à l'époque et nous avions suivi ses développements au fil des mois, développements que nous avions déjà trouvés éclairants sur la responsabilité partagée entre les acteurs et le système en matière d'injustice de l'imposition locale.

[705] L'article 34 de la loi n°2010-1658 du 29 décembre 2010 portant de finances rectificatives pour 2010 organise la révision des modalités d'évaluation de la valeur locative foncière pour les locaux professionnels (commerciaux et des professions libérales). Elle n'entrera en vigueur qu'en 2014 après une phase d'expérimentation en 2011 sur cinq départements.

Pourquoi commencer le chantier de la révision générale des valeurs locatives par les locaux professionnels ?

Tout d'abord, ils concentrent le plus de difficultés dans le système actuel puisque la méthode d'évaluation retenue en 1970 se heurte à des difficultés pratiques : locaux types non représentatifs, absents dans certaines communes, voire n'existant pas à l'époque.

Ensuite, la valeur locative des locaux professionnels concentre la majorité du contentieux, un contentieux par ailleurs souvent couronné de succès pour les demandeurs.

Enfin, cette révision ne porte "que" sur trois millions de locaux, alors qu'une révision générale des propriétés bâties et non bâties concernerait 33 millions de locaux, 44 en intégrant les dépendances.

[706] On notera avec malice que sont ici citées des baronnies socialistes, ayant été dirigées dans un passé proche ou l'étant encore à l'époque de cette délibération par de figures du parti : Jean-Marc AYRAULT, Martine AUBRY, Edmond HERVE.

[707] La délibération fait état de la nécessaire poursuite des « actions exemplaires qu'elle [la Ville] mène dans le domaine de l'investissement », et le président du groupe majoritaire au conseil municipal évoque « l'effet de ciseaux » touchant la collectivité (*La ville s'apprête à augmenter la taxe d'habitation*, La Provence, 18 octobre 2010).

[708] « Aucune révision générale des bases d'imposition n'a encore été mise en œuvre par le gouvernement, bien que le principe d'une révision sexennale ait été posé, dès le début, par la Loi ».

[709] *La Ville s'apprête à augmenter la taxe d'habitation*, La Provence, 18 octobre 2010

[710] La concomitance, la plupart du temps, du vote des taux avec l'adoption du budget, acte fondateur de l'exercice budgétaire, explique certainement ce biais attentionnel des *médias*.

[711] La complexité des rôles respectifs de l'État et de chaque collectivité dans la détermination de l'assiette de la taxe d'habitation ne facilite pas, il est vrai, la tache de la presse et du contribuable. C'est pourquoi le Conseil des prélèvements obligatoires, dans son rapport de 2010, recommandait de clarifier les responsabilités de chaque autorité : les assiettes locales seraient définies par le législateur, qui s'interdirait par la suite de nouvelles dépenses fiscales ayant pour objet de mener des politiques publiques nationales sur des bases locales, et les collectivités seraient responsabilisées en supportant intégralement le coût des exonérations qu'elles consentent.
[712] Pour un autre exemple, plus récent, dans les Bouches-du-Rhône, voir http://www.laprovence.com/article/actualites/3600110/conseil-municipal-daix-nos-efforts-fiscaux-depuis-2001-balayes-dun-trait.html
[713] Le président du groupe majoritaire au conseil municipal, cité par le site marsactu.fr (http://www.marsactu.fr/2010/10/18/la-taxe-dhabitation-va-flamber-de-plus-de-100-euros-a-marseille/) : « on réduit un abattement afin de ne pas avoir à augmenter les impôts de manière substantielle l'année prochaine »
Le maire, cité par le site laprovence.com (http://www.laprovence.com/actu/region-en-direct/voeux-de-jean-claude-gaudin-les-impots-naugmenteront-pas-plus-que-linflation) : « on n'augmentera pas les impôts plus qu'au niveau de l'inflation »
[714] Sur l'année 2010, l'indice des prix à la consommation (IPC) hors tabac a été de 1,8 %, d'après les statistiques de l'INSEE.
[715] C'est là l'occasion de préciser que la dégressivité d'un impôt, c'est-à-dire dans sa version minimaliste la diminution du taux moyen d'imposition au fur et à mesure que l'assiette augmente, peut signifier trois choses bien différentes au regard du volume de la contribution visée : soit l'impôt dû diminue lorsque l'assiette augmente ; soit l'impôt dû est identique, quelle que soit la valeur de l'assiette ; soit l'impôt dû augmente lorsque l'assiette augmente, mais proportionnelle moins vite.
Si les deux premières formes de dégressivité ont quasiment disparu du paysage fiscal, la troisième persiste bien.
[716] JEZE Gaston, *Esquisse d'une théorie générale de l'impôt dans les États modernes*, RSLF 1938 p.499
[717] RAWLS John, *Théorie de la justice*, Seuil, 1997, première publication américaine en 1971
[718] http://www.gouvernement.fr/sites/default/files/communiques/07.16_releve_conclusions_du_pacte_de_con
fiance_et_de_responsabilite_0.pdf
[719] *Nouvelle tentative de réforme des valeurs locatives, 20 ans plus tard*, 12 septembre 2013, http://www.lagazettedescommunes.com/194152/nouvelle-tentative-de-reforme-des-valeurs-locatives-20-ans-plus-tard/?utm_source=gm-club-finances&utm_medium=Email&utm_campaign=13-09-2013-alerte-email-club-finances
[720] URI Pierre, *Changer l'impôt (pour changer la France)*, Ramsay, 1981
Pour mémoire, M. URI était en 1981 l'inspirateur principal du projet socialiste en matière fiscale.
[721] GRUSON Claude et COHEN José, *Tarification des services publics locaux*, La Documentation française, 1983, p.114
[722] *Convaincre de l'équité de la redevance*, Gazette des Communes, 3 décembre 2012, p.38
[723] Personnes âgées, enseignants, étudiants
[724] FAIVRE D'ARCIER Bruno, *Les nouveaux enjeux de la tarification des transports publics* urbains, dans LONG Martine (sous la direction de), *Le financement des services publics locaux*, LGDJ, 2010, p.128
[725] CE 10 mai 1974 *Denoyez et Chorques*, Lebon p.274
[726] Loire Atlantique, 292 000 habitants
Le choix de cet exemple est issu d'un échange avec un collègue travaillant au conseil régional Pays-de-la-Loire, qui nous avait conseillé en matière tarifaire de regarder ce qui était à l'œuvre dans la capitale régionale.

[727] Au regard de l'article L.212-5 du Code de l'éducation
Le service public est par contre obligatoire pour les collèges gérés par les départements et pour les lycées gérés par les lycées (articles L.213-2 al.2 et L.214-6 al.2 du Code de l'éducation).
À noter qu'une proposition de loi visant à garantir le droit d'accès à la restauration scolaire (n°2518) a bien été adoptée par l'Assemblée nationale en mars 2015, et vise à instaurer un droit d'accès à la cantine scolaire « lorsque ce service public local facultatif a été mis en place par la municipalité » (article 1er) : si une telle proposition permettait de mettre fin à la sélection organisée dans l'accès à ce service, le plus souvent pour des motifs matériels, elle ne le rendrait pas pour autant obligatoire dans tous les établissements et n'assurerait pas un alignement juridique sur les cantines des collèges et lycées.
[728] CE 20 janvier 1989 *CCAS de La Rochelle*, AJDA, 1989, p.398
DEFLINE Pascale, *Notion de rentabilité financière et logique de choix dans les services publics : le cas des choix d'investissement dans quatre services publics municipaux*, Conservatoire national des arts et métiers (Paris), 2011, p.167 : auparavant, le service ne bénéficiait que d'une présomption d'administrativité, car constituant un service annexe au service d'enseignement maternel et élémentaire, lui-même service public administratif.
[729] Article 1er : « Les prix de la restauration scolaire fournie aux élèves des écoles maternelles, des écoles élémentaires, des collèges et des lycées de l'enseignement public sont fixés par la collectivité territoriale qui en a la charge »
[730] CE 11 juin 2014 *Legaret et autres*, AJDA, 2014, p.1231 : le fait que le conseil municipal ait seul la compétence de déterminer les tarifs de la restauration scolaire ne méconnaît pas au principe d'autonomie des caisses des écoles
Pour mémoire, la gestion du service peut être externalisée à l'exception, notable, de la surveillance des élèves (avis CE n°340609 du 7 octobre 1986).
[731] CE 11 janvier 1952 *Association des parents d'élèves de l'enseignement libre de Seine-et-Oise*, Lebon p.26
[732] CE 8 mars 1995 *M. Larange*, req. n°136969
[733] Circulaire °2001-118 du 25 juin 2001 relative à la composition des repas servis en restauration scolaire et sécurité des aliments
[734] Avec un seuil de déclenchement de 1 381 € de quotient familial, soit des revenus nets mensuels d'un peu plus de 4 100 € pour une famille avec deux enfants
[735] Le quotient familial, calculé par la Caisse d'allocations familiales, est égal à 1/12e des ressources annuelles constatées l'année précédente, majoré des éventuelles prestations familiales perçues, divisé par le nombre de parts du ménage.
Il a été institué par la loi n°45-0195 du 31 décembre 1945 portant loi de finances pour 1946, en lieu et place des déductions forfaitaires qui existaient depuis la mise en œuvre de l'impôt sur le revenu par les lois du 29 mars 1914, du 15 juillet 1914 et du 31 juillet 1917. Cette institution a été faite dans une logique clairement nataliste et à une époque où la stagnation démographique était perçue comme l'une des causes de la défaite française en 1940.
[736] Pour emprunter au champ lexical de la péréquation des dotations versées par l'État aux collectivités
[737] En dehors des montants demandés pour les revenus les plus faibles, en-dessous de 431 € de quotient familial, et les plus élevés, au-delà de 2 507 €, le niveau de la redevance à acquitter est différent pour chaque quotient familial et évolue progressivement.
[738] Le plafond était auparavant atteint pour un quotient familial de 1 381 €, il l'est désormais pour 2 507 €.
[739] Référence servant à déterminer la capacité contributive des bénéficiaires, détermination des seuils et de tous les effets négatifs afférents, niveau de la redevance demandée
[740] C'est-à-dire en intégrant l'effet de l'inflation
[741] La répartition du coût global de la prestation entre usagers et contribuables, telle que pensée initialement, glissant en défaveur de ces derniers

[742] HERTZOG Robert, *Prix et gestion du service public local : stratégies pour de libres choix des autorités locales*, dans LONG Martine (sous la direction de), *Le financement des services publics locaux*, LGDJ, 2010, p.14

[743] Entretien avec Jean-Marc AYRAULT, *« Le temps est venu d'une remise à plat de notre fiscalité »*, Les Echos, 19 novembre 2013, p.2

[744] PIKETTY Thomas, cité par COLLIARD Jean-Edouard et MONTIALOUX Claire, *Une brève histoire de l'impôt*, RCE n°1, 2007, p.56

[745] BOUVIER Michel, *Introduction au droit fiscal général et à la théorie de l'impôt*, LGDJ, Systèmes, 2010 (10e édition), p.264

[746] À titre d'illustration, Pascal SALIN est passé en un quart de siècle de la dénonciation de *L'arbitraire fiscal* (Robert Laffont, 1989) à celle de *La tyrannie fiscale* (Odile Jacob, 2014).

[747] GADREY Jean, *Impôts, fabrication du « ras-le-bol » et réalité de l'injustice*, Le Monde diplomatique, décembre 2013, p.12

[748] Degré de progressivité par rapport à l'assiette ou par rapport aux revenus, population visée, part dans l'ensemble des prélèvements obligatoires

[749] AGLAE Marie-Joseph, *De l'impôt et de ses limites*, RFFP n°120, 2012, p.40

[750] JEZE Gaston, *Aspect politique des problèmes financiers*, RSLF, 1928, p.28 :

> « La foule croit facilement que cet accroissement [des dépenses publiques] est nécessairement une mauvaise chose, le signe d'une gestion financière maladroite ou malhonnête. Il n'en est rien. À coup sûr, l'accroissement des dépenses publiques peut résulter du gaspillage et de la malversation. Mais il provient aussi de l'accroissement du nombre des services publics et de leur perfectionnement. »

[751] *Des finances publiques au service de notre avenir : rompre avec la facilité de la dette publique pour renforcer notre croissance économique et notre cohésion sociale*, rapport au Ministre de l'Économie et des Finances, 2005

[752] CHEVALLIER Jacques, *Le service public*, PUF, Que sais-je ?, 2010 (8e édition), p.40

[753] DELALANDE Nicolas, *Les batailles de l'impôt : consentement et résistance de 1789 à nos jours*, Seuil, L'univers historique, 2011, p.18

[754] FRANÇOIS Bastien, NAY Olivier et SAWICKI Frédéric, *En finir avec les cumulards et l'aristocratie parlementaire*, Le Monde, 29 mars 2013, p.27

[755] BEGG David, FISCHER Stanley et DORNBUSCH Rudiger, *Microéconomie*, Ediscience Internationale, 1996 (2e édition), p.349

[756] « *In this present crisis, government is not the solution to our problem. Government is the problem.* », cité par BOUVIER Michel, *L'autonomie financière locale à travers les crises*, RFFP n°119, 2012, p.3

[757] Elle déclare ainsi, dans ses *Mémoires* : « ma philosophie politique, en ce qui concerne les affaires intérieures, se fonde sur un profond scepticisme quant à la possibilité qu'ont les hommes politiques de changer les données fondamentales de l'économie ou de la société : tout au plus peuvent-ils créer un cadre dans lequel les capacités de leurs concitoyens seront mises en valeur et non écrasées » (cité par TEULON Frédéric, *Le rôle de l'État dans l'économie*, Seuil, collection Mémo, 1997, p.68)

Voir aussi COULOMB Renaud, *Réduire la place du secteur public : l'expérience thatchérienne*, RCE, 2007, n°2, p.116

[758] Dans la préface d'un ouvrage sobrement intitulé *L'allergie fiscale* (AUBERGER Philippe, Calmann-Lévy, 1984, p.7), celui qui allait devenir une décennie plus tard le pourfendeur de la fracture sociale dénonçait le poids des impôts qui « [menaçait] la liberté des français et [constituait] pour notre économie un pesant et dangereux handicap ».

Il est sur ce point intéressant de constater que la droite française se réunit dans les années 19880 autour de la critique du niveau de l'impôt au même titre que la gauche française avait réussi à en faire de même une décennie auparavant autour de la critique de sa répartition. Pour mémoire, le programme de la droite

[759] DELALANDE Nicolas, *Les batailles de l'impôt : consentement et résistance de 1789 à nos jours*, Seuil, collection L'univers historique, 2011, p.401

[760] KOLM Serge-Christophe, *Qu'est-ce qu'un impôt juste ?*, RCE n°1, 2007, p.37

[761] SMITH Adam, *Recherches sur la nature et les causes de la richesse des nations*, Gallimard, 1976, p.341 :

> « Au lieu de laisser chacun se diriger à sa manière dans la poursuite de ses intérêts privés, sur un vaste et noble plan d'égalité, de liberté et de justice, il [l'État] s'attacha à répandre sur certaines branches d'industries des privilèges extraordinaires, tandis qu'il chargeait les autres d'entraves non moins extraordinaires. »

[762] Comme le résumait le Chancelier allemand Helmut SCHMIDT, « les profits d'aujourd'hui sont les investissements de demain et les emplois d'après-demain ».

[763] Pour reprendre le terme utilisé par TOCQUEVILLE dans *De la démocratie en Amérique* (Laffont, 1986) sur les caractéristiques fondamentales de l'État : absolu, détaillé, régulier, prévoyant, doux. Il se doit de gérer le bonheur présent <u>et</u> futur.

[764] On lui prête souvent ces mots : « à long terme, nous serons tous morts »

[765] NOZIK Robert, *Anarchie, État et utopie*, 1974 : « tout État plus étendu que l'État minimal violerait le droit des individus », « l'imposition est sur un pied d'égalité avec les travaux forcés » (cité par BARILARI André et BRAND Thomas, *Le paradoxe de Montesquieu : de la corrélation entre l'importance des prélèvements obligatoires, le développement économique et social et le niveau de démocratie*, RFFP n°108, 2009, p.134)

[766] Pour résumé : les dépenses publiques ne sont pas nocives dans les domaines évoqués, et sont même un des facteurs explicatifs de la productivité des entreprises privées qu'elles permettent d'améliorer. Cette productivité dépend en effet, entre autres, du niveau des infrastructures de transport et de la qualité du système éducatif.
Contrairement au modèle de SOLOW qui faisait du progrès technique une donnée exogène, cette analyse en fait une donnée endogène, dépendant des dépenses de recherche notamment.

[767] Enquête 2008 de l'INSEE sur la mondialisation et la compétitivité des entreprises françaises, réalisée auprès des chefs d'entreprises industrielles exportatrices de 20 salariés ou plus, http://www.insee.fr/fr/themes/document.asp?ref_id=ip1188&reg_id=0

[768] *De bons et de mauvais déficits*, Les Échos, 27 février 2012, p.15

[769] DELALANDE Nicolas, *Les batailles de l'impôt : consentement et résistance de 1789 à nos jours*, Seuil, L'univers historique, 2011, p.12

[770] Au regard des données officielles (http://www.assemblee-nationale.fr/qui/), signalons par exemple que l'Assemblée nationale ne comptait au début de la législature 2012-2017 que 150 femmes pour 425 hommes, ou encore que les moins de 40 ans y étaient bien moins représentés que les plus de 60 ans avec respectivement 49 et 211 députés. Et nous n'aborderons pas ici la question des catégories socio-professionnelles.
Voir aussi sur cette question NABLI Béligh et NABLI Hamdi, *L'(in) égalité politique en démocratie*, Fondation Jean JAURÈS, 2013, p.5 :

> « La dichotomie [entre représentants et représentés] s'est transformée en fracture, les gouvernants étant accusés d'incompétence […], d'impuissance […], d'immoralité […] et de non-représentativité ».

[771] ROSANVALLON Pierre, *La légitimité démocratique : impartialité, réflexivité, proximité*, Seuil, p.21 :

> « La légitimité est, comme la confiance entre individus, une « institution invisible ». Elle permet à la relation des gouvernés et des gouvernants de s'établir solidement. Si la légitimité est au sens le plus général du terme un simple économiseur de coercition, sa variante démocratique a pour fonction plus exigeante de tisser des liens constructifs entre le pouvoir et la société. »

[772] ROSANVALLON Pierre, *La légitimité démocratique : impartialité, réflexivité, proximité*, Seuil, p.11

[773] BEGG David, FISCHER Stanley et DORNBUSCH Rudiger, *Microéconomie*, Ediscience International, 1996 (2e édition), p.367 :

> « Le processus par lequel les pouvoirs publics prennent leurs décisions de dépense et leurs décisions fiscales ne traduit pas magiquement et automatiquement les souhaits de la société en actions appropriées. [...] L'idée simple selon laquelle l'État agit de façon à maximiser l'intérêt général est une idée commode à laquelle nous succombons souvent. »

[774] LE BON Gustave, *Psychologie des foules*, PUF, Quadrige, 2003 (première édition en 1895), cité par SUROWIECKI James, *The Wisdom of Crowds*, Anchor, 2005, p.XVI :

> "Crowds can never accomplish acts demanding a high degree of intelligence and they are always intellectually inferior to the isolated individual [...] Parliaments adopt laws that each of their members would normally reject."

[775] ROUSSEAU Jean-Jacques, *Du contrat social*, Flammarion, 2012, livre II – chapitre III : *Si la volonté générale peut errer*

[776] Un vote à la majorité peut déboucher sur des décisions incohérentes, du fait de la non-transitivité de la relation de préférence.

[777] DE TOCQUEVILLE Alexis, *De la démocratie en Amérique*, Laffont, 1986, p.210 :

> « Comme elle change fréquemment de vues et plus fréquemment encore d'agents, il arrive que ses entreprises soient mal conduites, ou restent inachevées. »

[778] BUCHANAN James, *Les limites de la liberté : entre l'anarchie et le Léviathan*, Litec, 1992, p.49

[779] ARROW Kenneth, *Choix collectifs et préférences individuelles*, Diderot, 1997

[780] ARROW Kenneth, *Choix collectifs et préférences individuelles*, Diderot, 1997

[781] CANNAC Yves, *Dépense privée, dépense publique*, RFFP n°77, 2002, p.65

[782] Pour une présentation éclairante des difficultés rencontrées par le recours à la démocratie participative, au niveau du secteur public local, pour les questions budgétaires, par ailleurs quasi exclusivement sur le volet dépenses, voir *Budgets locaux : la participation des habitants, réelle ou factice*, Gazette des communes, 3 juin 2013, p.46

[783] Voir la tribune à l'humour tout anglo-saxon de BUTTONWOOD dans *The Economist* du 1er septembre 2012, p.56, *Democracies and debt* :

> *"Democracy may have its faults but alternative systems have proved no more fiscally prudent."*

[784] GUILLAUME Marie-Cécile, *Le monarque, son fief, son fils*, Le Moment, 2012, p.233

[785] COLLIARD Jean-Edouard, *Pourquoi les pauvres n'exproprient-ils pas les riches en démocratie ?*, RCE n°1, 2007, p.114 :

> « Sous certaines conditions, il est possible qu'un parti même composé de citoyens pauvres et cherchant à les représenter soit conduit à proposer un taux de taxation de 0 % ! »

L'article met également en lumière une corrélation entre le taux d'abstention aux élections et le degré de pauvreté, ayant un résultat direct sur les inclinaisons d'une représentation nationale perçue comme utilitariste, c'est-à-dire recherchant avant tout sa réélection : le votant médian est bien plus riche que l'électeur moyen.

[786] DE TOCQUEVILLE Alexis, *De la démocratie en Amérique*, Laffont, 1986, p.208 :

> « Le suffrage universel donne réellement le gouvernement de la société aux pauvres. »

[787] OLSON Mancur, *The Rise and Decline of Nations*, Yale University Press, 1982

[788] STIGLITZ Joseph, *Main basse sur la Banque Centrale*, Les Échos, 13 février 2012, p.15

[789] AGLAE Marie-Joseph, *De l'impôt et de ses limites*, RFFP n°120, 2012, p.41 puis 42

[790] BEGG David, FISCHER Stanley et DORNBUSCH Rudiger, *Microéconomie*, Ediscience International, 1996 (2e édition), p.366

[791] ROSANVALLON Pierre, *La légitimité démocratique : impartialité, réflexivité, proximité*, Seuil, p.11

[792] TEULON Frédéric, *Le rôle de l'État dans l'économie*, Seuil, collection Mémo, 1997, p.65

[793] GUILLAUME Marie-Cécile, *Le monarque, son fief, son fils*, Le Moment, 2012, p.198 :

> « Les déficits budgétaires sont avant tout une somme de "oui". »

ROSANVALLON Pierre, *La crise de l'État-providence*, Seuil, 1981, p.82 :

> « L'État clientélaire commence à s'édifier dans l'État-providence. »

[794] SAUVY Alfred, *Histoire économique de la France entre les deux guerres*, Economica, 1984, p.76

[795] GALBRAITH John Kenneth, *Voyage dans le temps économique*, Seuil, 1983, p.53
Sur cette question de l'innumérisme des décideurs politiques, voir aussi pour une analyse plus récente ARTUS Patrick et VIRARD Marie-Paule, *Les apprentis sorciers : 40 ans d'échec de la politique économique française*, Fayard, 2013

[796] LAVIGNE Pierre, *Le centenaire de l'enseignement des finances publiques dans les facultés de droit françaises (décret du 24 juillet 1889)*, RFFP n°28, 1989, p.107 :

> « L'utilité d'un cours de droit financier a paru plus incontestable encore, surtout dans un pays où l'ignorance des questions financières est générale et où pourtant la vie publique est ouverte à tous. »

[797] BOUVIER Michel, *La notion de capacité contributive des contribuables dans la société post-moderne*, RFFP n°100, 2007, p.83

[798] SUROWIECKI James, *The Wisdom of Crowds*, Anchor, 2005, p.XVIII :

> *"The conditions that are necessary for the crow to be wise: diversity, independence, and a particular kind of decentralization [...]. Diversity and independence are important because the best collective decisions are the product of disagreement and contest, not consensus and compromise."*
>
> « Les conditions nécessaires pour qu'une foule soit sage sont les suivantes : diversité, indépendance et un certain type de décentralisation [...]. La diversité et l'indépendance sont importantes parce que les meilleures décisions collectives sont le produit du désaccord et de la contestation, et non du consensus et du compromis. »

[799] GAUCHET Marcel, *L'impuissance du politique est une impuissance fabriquée*, Au fait, septembre 2013, p.60

[800] ROSANVALLON Pierre, *La crise de l'État-providence*, Seuil, 1981, p.121

[801] Le magistrat ne doit pas seulement être impartial, il doit également en donner l'image.

[802] Le *New Public Management* n'est après tout qu'une version modernisée de l'« État à bon marché » vanté sous la IIIe République.

[803] Même si la mise en œuvre de ce principe dit de *no taxation without representation* implique des arbitrages propres à l'histoire et à la culture de chaque pays : le vote de mineurs comme d'étrangers installés sur le territoire n'est aujourd'hui pas prévu, comme ne l'a très longtemps pas été celui des femmes.

[804] DELALANDE Nicolas, *Les batailles de l'impôt : consentement et résistance de 1789 à nos jours*, Seuil, L'univers historique, 2011, p.23 : *1789 : une révolution fiscale ?*
Pour une rapide description du rôle des états généraux à l'époque, voir MONNIER Jean-Marie, *Parlons impôts en 30 questions*, La Documentation française, Doc' en poche, 2012, p.22 :

> « Cette assemblée représente les trois ordres du royaume : clergé, noblesse et tiers état. Créée en 1302, elle ne siège pas en permanence et se réunit uniquement à la demande du roi. Son accord est obligatoire pour créer de nouvelles recettes extraordinaires. »

[805] MONJOU Christian, *Question fiscale et révolution : l'exemple américain*, RCE n°1, 2007

[806] Notons sur ce point que le juge administratif se fait de plus en plus le protecteur du monopole législatif en matière fiscale, en étendant la recevabilité des recours pour excès de pouvoir à l'égard des circulaires fiscales (CE 4 mai 1990 *Association freudienne*, cité par DEGUERGUE Maryse, *Nature et régime juridique des circulaires ministérielles*, AJDA, 1991, p.802). On observera néanmoins que cette intervention du juge administratif en la matière ne fait que

déplacer la question de la concordance de l'interprétation de l'administration avec la volonté du législateur à une toute aussi problématique question en matière de démocratie : la concordance de l'interprétation du juge avec la volonté du législateur.

[807] ROSANVALLON Pierre, *La légitimité démocratique : impartialité, réflexivité, proximité*, Seuil, p.12

[808] BUCHANAN James, *Les limites de la liberté : entre l'anarchie et le Léviathan*, Litec, 1992, p.87

[809] CHEVALLIER Jacques, *Le service public*, PUF, Que sais-je ?, 2010 (8e édition), p.69

[810] BEGG David, FISCHER Stanley et DORNBUSCH Rudiger, *Microéconomie*, Ediscience International, 1996 (2e édition), p.366

[811] CHEVALLIER Jacques, *Le service public*, PUF, Que sais-je ?, 2010 (8e édition), p.45

[812] CROZIER Michel, *Etat modeste, Etat moderne : stratégies pour un autre changement*, Fayard, 1987

[813] Par exemple, CHEVALLIER Jacques et LOSCHAK Danièle, *Rationalité juridique et rationalité managériale dans l'administration française*, RFAP n°24, 1982, p.53

[814] DAVID Paul, *Clio and the economics of QWERTY*, *The American Economic Review*, vol. 75 n°2, 1985, p.332

[815] WINCKLER Cosimo, *Le système fiscal est-il réformable ?*, RCE n°1, 2007, p.101

[816] DELALANDE Nicolas, *Les batailles de l'impôt : consentement et résistance de 1789 à nos jours*, Seuil, L'univers historique, 2011, p.16

[817] ROSANVALLON Pierre, *La légitimité démocratique : impartialité, réflexivité, proximité*, Seuil, p.15 :

> « La reconnaissance d'une technocratie parée des vertus de la rationalité et du désintéressement a aussi perdu de son évidence dans une société plus lucide et plus éduquée. »

[818] CHEVALLIER Jacques, *Le service public*, PUF, Que sais-je ?, 2010 (8e édition), p.38 :

> « Le service public renvoie à l'idée très générale selon laquelle l'appartenance au public implique l'effacement derrière la fonction, c'est-à-dire de faire passer ses intérêts propres (individuels et collectifs) derrière ceux du public dont on est tenu de satisfaire les besoins et les aspirations. »

[819] DELALANDE Nicolas, *Les batailles de l'impôt : consentement et résistance de 1789 à nos jours*, Seuil, L'univers historique, 2011, p.10 :

> « Longtemps présenté comme un symbole d'arbitraire et de coercition, l'impôt a été investi d'une nouvelle signification avec l'avènement de la modernité démocratique : il est devenu l'un des vecteurs du lien social et de la redistribution, une institution fondatrice du lien social. »

[820] Sur ce point, voir le passage dédié à « la conversion des élites à l'antifiscalisme » dans les années 1980 (grands patrons de presse, économistes, grands commis de l'État qu'ils soient membres de cabinets ministériels ou de l'Inspection des Finances) dans SPIRE Alexis, *Faibles et puissants face à l'impôt*, Raisons d'agir, 2012, p.37

[821] La plupart des spécialistes s'accordent à dire que l'obtention très tardive, en 1988, de son Prix Nobel par Maurice ALLAIS s'explique par le fait que ses travaux n'aient été pendant très longtemps publiés qu'en français.

[822] Selon le rapport précité du Conseil des prélèvements obligatoires, les dépenses publiques représentaient en 2005 54 % du produit intérieur brut.

[823] Rappelons que, depuis l'article 36 de loi n°2001-1248 du 21 décembre 2001 relative aux Chambres régionales des comptes et à la Cour des comptes modifiant l'article L.211-8 du Code des juridictions financières, le champ de l'examen de la gestion et surtout des observations qui en découlent a été précisé : « l'opportunité de ces objectifs ne peut faire l'objet d'observations ».
La critique ne peut ainsi plus porter que sur la légalité, l'efficacité et l'efficience des actes de gestion.

[824] ROSANVALLON Pierre, *« Relégitimer l'impôt ! »*, RCE n°1, 2007, p.16 :

« Plus on va dans le sens d'une compréhension citoyenne du rôle de l'impôt, plus il faut aller loin dans l'accord sur l'analyse des situations, ce qui passe nécessairement par le développement de la statistique, des enquêtes, et de la délibération publique tout simplement. »

Sur ce constat, voir aussi BARILARI André, *Le consentement à l'impôt, fragile, mais indispensable aporie*, RCE n°1, 2007, p.27 :

« Après la période historique de légitimation parlementaire, le problème du consentement n'a pas fait l'objet d'approches positives nouvelles. »

L'auteur y identifie trois leviers d'action pour permettre le renforcement du consentement : la simplification de la loi fiscale, la modernisation de l'administration, et la communication sur l'utilisation de l'argent public.

[825] SPIRE Alexis, *L'inégalité devant l'impôt : différences sociales et ordre fiscal dans la France des Trente Glorieuses*, Revue d'histoire moderne et contemporaine n°56-2, 2009, p.177

[826] Instruction 5B-10-11 de la Direction générale des finances publiques, en date du 11 mai 2011 : l'article 200 CGI ouvre droit pour l'impôt sur le revenu à une réduction d'impôt, certes plafonnée, pour les dons effectués aux organismes d'aide aux personnes en difficulté, à hauteur de 75 % des sommes versées, ou aux œuvres d'intérêt général ou d'utilité publique, à hauteur de 66 % des sommes versées

[827] Instruction 7 S-5-08 de la Direction générale des finances publiques, en date du 9 juin 2008 : l'article 885 CGI ouvre droit pour l'impôt sur la fortune à une réduction d'impôt, elle aussi plafonnée, en cas de donation d'argent ou de titres au profit d'un organisme d'intérêt général intervenant dans le secteur de la recherche, de l'enseignement ou encore de l'insertion professionnelle, à hauteur de 75 % des sommes versées

[828] Comité d'évaluation des dépenses fiscales et des niches sociales, rapport 2011, p.80

[829] AGLAE Marie-Joseph, *De l'impôt et de ses limites*, RFFP n°120, 2012, p.47

[830] Chiffres tirés du *Guide statistique de la fiscalité directe locale* édité chaque année par la Direction générale des collectivités locales (éditions 1996 à 2012)

[831] Exemple de la gabelle, dans MONNIER Jean-Marie, *Parlons impôts en 30 questions*, La Documentation française, Doc' en poche, 2012, p.15 :

« La gabelle, c'est l'impôt sur le sel, devenu permanent le 5 décembre 1360. Le sel était alors le seul mode de conservation des aliments et un élément indispensable à la nourriture des animaux, sa taxation était stratégique. [...] En 1774, elle représentait 15 % des ressources du royaume. »

[832] Pour mémoire, les principaux avantages d'une taxation indirecte pesant sur les transactions :

- une base fiscale stable, la consommation affichant notamment une forte inertie à la baisse en période de récession (contrairement aux profits par exemple),
- la non-disqualification du travail (contrairement aux taxes ou impôts pesant sur les salaires), de l'investissement (contrairement aux taxes ou impôts pesant sur le capital) ou de la compétitivité (car taxant de la même manière les produits importés).

[833] La taxe sur la valeur ajoutée est proportionnelle en fonction de la consommation (si certains taux réduits bénéficient à la partie la moins aisée de la population, comme les aliments de première nécessité, d'autres bénéficient au contraire aux plus hauts revenus, comme la restauration ou les travaux à domicile) et mécaniquement dégressive en fonction des revenus (le taux d'épargne augmentant avec les ressources, selon la loi d'Engel).

[834] DELALANDE Nicolas, *Les batailles de l'impôt : consentement et résistance de 1789 à nos jours*, Seuil, L'univers historique, 2011, p.420

[835] L'édition 2011 du rapport de la Commission Européenne *Taxation trends in the European Union* montre ainsi que les taux de taxe sur la valeur ajoutée standard sont passés entre 2008 et 2011 de 19,4 % à 20,7 %.

De façon générale, les impôts indirects ont été privilégiés dans les différents plans d'austérité mis en œuvre en Europe depuis 2008 : la taxe sur la valeur ajoutée bien sûr, mais aussi les taxes sur les alcools, le tabac, l'énergie, les produits pétroliers.

[836] BIN Fabrice, *L'influence de la pensée chrétienne sur les systèmes fiscaux d'Europe occidentale*, L'Harmattan, 2007

[837] COLLIARD Jean-Edouard et MONTIALOUX Claire, *Une brève histoire de l'impôt*, RCE n°1, 2007, p.56 :

> « Napoléon considère qu'un système fiscal est bon quand il peut rapporter beaucoup sans être trop douloureusement ressenti, ce qui le conduit logiquement à « établir un grand nombre de taxes indirectes, dont le tarif très modéré est susceptible d'être augmenté selon les besoins », selon ses propres mots. »

[838] http://www.oecd-ilibrary.org/taxation/taxes-on-personal-income_20758510-table4

[839] Il n'est pas inutile ici de relire Raymond ARON (*Dix-huit leçons sur la société industrielle*, Gallimard, 1962, p.89) et son analyse de l'injonction contradictoire qui est faite à chaque gouvernant et l'arbitrage historiquement mis en œuvre en France pour sortir de cette aporie :

> « Il y a une contradiction dans la double exigence que les gouvernements soient sages et agissent conformément aux désirs des gouvernés. [...] Si l'on souhaite que les gouvernants ne fassent rien d'autre que d'exécuter la volonté des gouvernés, ou bien l'on postule la sagesse des gouvernés, ce qui est un acte de foi difficile, ou bien on postule qu'il vaut mieux obéir à la volonté des gouvernés même si cette volonté est déraisonnable. »

[840] *La pression fiscale s'accroît partout dans le monde*, Les Echos, 6 janvier 2012, p.7 : « En Europe et outre-Atlantique, la tendance est à l'accroissement des taxes indirectes comme la TVA ».

Voir aussi sur ce point la version 2012 de l'Observatoire des politiques budgétaires et fiscales du cabinet Ernst & Young, essentiellement consacrée au durcissement de la politique fiscale de nombreux pays de l'OCDE : http://www.ey-avocats.com/FT/fr/Issues/ODF

[841] CABANNES Xavier, *L'usager et la rémunération du service rendu*, RFDA, 2013, p.482

[842] GRUSON Claude et COHEN José, *Tarification des services publics locaux*, La Documentation française, 1983, p.94

Dans le texte d'origine, c'est le terme de « tarifs » qui est employé et non celui de « taxes », mais les auteurs ont une définition du tarif (« un mode de financement des activités locales ayant la propriété d'être présenté à l'individu comme une contribution monétaire en échange d'un service précis qui lui est rendu par la collectivité », p.21) qui ne permet pas de distinguer la redevance de la taxe.

[843] ESCLASSAN Marie-Christine, *1982-2012 : quelles grandes évolutions de la fiscalité locale ?*, RFFP n°119, 2012, p.125

[844] Gaston JEZE, dans son *Cours de science des finances et de législation financière française* (Giard, 1922, t. I, p.67) utilise l'expression d'« absorption progressive des dépenses spécifiques dans les dépenses générales » pour définir la tendance des États à substituer la dépense publique à la dépense privée.

[845] Conseil des prélèvements obligatoires, *La fiscalité affectée : constats, enjeux et réformes*, 2013, p.11 : le premier impôt permanent dont le régime est connu, « la taille royale, créée par ordonnance royale du 3 novembre 1439 », était ainsi « affecté à la mise en place de la première armée régulière française ».

[846] Du vote annuel du niveau et de la structure de la contribution commune par une assemblée élue à la détermination au préalable de la destination de ladite contribution commune

[847] Pour la taxe de séjour par exemple et la difficile traçabilité des dépenses en théorie financées par ce produit fiscal, voir *La taxe de séjour, une ressource à réformer*, Gazette des communes, 7 janvier 2013, p.40 :

> « La commune perçoit la taxe de séjour et la reverse à l'office de tourisme entièrement ou partiellement, le reste étant affecté à des dépenses touristiques (propreté, floraison, animation, amélioration d'équipements touristiques, de zones de loisirs...) ou à la protection des espaces naturels. Parfois, elle est versée au

budget général : les dépenses touristiques doivent alors être au moins égales au produit de la taxe. Ce mode de gestion ne facilite pas la transparence. »

[848] Créée en 1956, officiellement pour financer le revenu minimum garanti des personnes âgées

[849] Pour financer le revenu de solidarité active officiellement

[850] Même si en droit français, encore une fois, il n'y a pas de contrepartie ni de nécessaire proportionnalité entre le montant de la taxe et le service qu'elle finance.

[851] Décision n°2003-489 DC du 29 décembre 2003, Recueil p.487

[852] L'incidence fiscale se définit, en théorie économique, comme l'analyse de la répartition de la charge effective du prélèvement obligatoire entre les différents agents économiques : « l'incidence d'un impôt mesure la charge fiscale finale qui pèse sur les différentes personnes une fois que l'on a pris en compte les effets indirects de l'impôt, en sus de ses effets directs » (BEGG David, FISCHER Stanley et DORNBUSCH Rudiger, *Microéconomie*, Ediscience Internationale, 1996 (2e édition), p.359). L'effet ultime de la taxation peut en effet être très différent de son effet apparent : pour prendre un exemple parmi d'autres, l'impôt sur les sociétés peut être partiellement répercuté sur le prix des produits ou services de l'entreprise.
Concernant les prélèvements indirects comme la taxe sur la valeur ajoutée, il est communément admis que plus la courbe de demande d'un bien ou d'un service est élastique au prix, moins l'incidence fiscale frappera le consommateur par rapport au producteur, qui ne souhaite pas voir une forte variation de la quantité consommée (CARBONNIER Clément, *A qui profiterait une baisse de la TVA dans la restauration ?*, RCE n°1, 2007, p.145)

[853] À double titre, par l'avis d'imposition nominatif d'une part et par le versement effectué à la suite de sa réception d'autre part.

[854] Direction générale des collectivités locales, 27e édition (septembre 2011), p.47
On prendra l'année 2010 comme référence, car, comme nous l'avions déjà expliqué dans notre introduction, c'est l'année de mise en œuvre de la réforme ayant abouti à la suppression de la taxe professionnelle et à la révision de la structure du panier fiscal de chaque niveau de collectivités.

[855] Si la taxe intérieure sur la consommation des produits énergétiques et la taxe sur les conventions d'assurance ont bien été transférées aux départements et régions pour financer des compétences déléguées dans le cadre de l'acte II de la décentralisation, ces recettes ne sont pas budgétairement ou même sémantiquement affectées aux compétences visées.
Il n'y a, de façon générale, aucune obligation légale pour les collectivités bénéficiaires d'affecter le produit de ces impôts au financement des charges correspondant aux compétences transférées.
Notons cependant que, concernant la taxe intérieure sur la consommation des produits énergétiques, la modulation complémentaire, inscrite en loi n°2009-1673 du 30 décembre 2009 portant loi de finances pour 2010 dans le prolongement des conclusions du Grenelle de l'Environnement, est destinée à financer des projets structurants et relève bien elle de la logique des prélèvements indirects et affectés.

[856] Dans la mesure où elle est une recette de la section d'investissement (une exception à un principe général qui veut que les recettes fiscales alimentent habituellement la section de fonctionnement), on peut considérer que la fiscalité de l'urbanisme est un prélèvement affecté.

[857] Possibilité ouverte par la loi n°2009-1673 du 30 décembre 2009 portant loi de finances pour 2010
Article 295 A bis CGI : les recettes issues de la majoration prévue sont exclusivement affectées au financement d'une infrastructure de transport durable, ferroviaire ou fluvial.

[858] Notons qu'à l'inverse, la taxe sur les remontées mécaniques est bien assimilée par les pouvoirs publics à un prélèvement indirect, en se fondant sur sa nature (caractéristique d'une taxe sur le chiffre d'affaires) alors que là aussi la répercussion sur le bénéficiaire direct du service public, à travers une inclusion de la taxe dans le prix du titre de transport, n'est qu'une possibilité. Il semble que la nature d'une taxe facultative, c'est-à-dire le prélèvement auquel elle se rattache, détermine davantage sa qualification de directe ou indirecte que l'automaticité ou non de répercuter, partiellement ou intégralement, sa charge sur un autre acteur économique que celui qui s'en acquitte.

[859] On ne tiendra pas compte, dans ce périmètre des impôts généraux directs, des différents impôts directs locaux annexes (prélèvement communal sur les produits des jeux dans les casinos, taxe sur les paris hippiques, imposition forfaitaire sur les pylônes électriques, ou encore redevance communale des mines), au rendement tout symbolique au niveau national : ils ne font certes l'objet d'aucune affectation budgétaire ou même sémantique, mais sont bien fondés sur une logique toute pigouvienne d'internalisation des externalités négatives générées par les activités ou les équipements visés (premier dividende) et de financement de différents services publics permettant de limiter (ou, *a minima*, de compenser) pour la population les effets négatifs de ces externalités (second dividende).
[860] Conseil des prélèvements obligatoires, *La fiscalité locale*, 2010, p.224
[861] Pour l'année de référence (2003) visée par la décision du Conseil constitutionnel n°2004-500 du 27 juillet 2004, le ratio d'autonomie financière étaient de 41,7 % pour les régions, 58,6 % pour les départements et 60,8 % pour les communes.
Avant la réforme fiscale initiée par la loi n°2009-1673 du 30 décembre 2010 portant loi de finances pour 2010, le ratio des régions avait atteint, au regard des chiffres des comptes administratifs 2008, 54,3 % suite aux nombreux transferts de prélèvements fiscaux mis en œuvre dans le cadre de l'acte II de la décentralisation, mais restait bien inférieur à celui des autres niveaux de collectivités (66,4 % pour les départements et 62,5 % pour les communes).
[862] Il existait une possibilité de majoration à titre exceptionnel au-delà du taux de 8 %, mais elle a été supprimée par la loi de finances rectificative pour 1984.
[863] On évoquera aussi la possibilité pour les départements de réduire l'assiette en exonérant les organismes de logements sociaux ou en pratiquant un abattement de 7 600 € à 46 000 € pour les immeubles à usage d'habitation.
[864] Dans la pratique, on constatera que les taux départementaux afférents aux droits de mutation et les modulations régionales relatives à la taxe intérieure sur la consommation des produits énergétiques sont quasiment tous au maximum légal.
Ainsi, pour la TIC, en 2010, sur l'ensemble des régions métropolitaines concernées par cette possibilité (Corse non comprise), seulement une (Poitou-Charentes) n'applique pas de modulation, tandis que les vingt autres ont augmenté leur fraction au maximum. Pour les droits de mutation, en 2005, tous les départements avaient fixé un taux à 3,6 % et seulement cinq (Calvados, Isère, Maine-et-Loire, Manche et Haute-Saône) avaient mis en place un abattement pour les immeubles à usage d'habitation).
Si l'ensemble des intervenants adopte une option, ce n'est pas vraiment une possibilité, mais une nécessité : on pourrait considérer que le levier fiscal (à la hausse) afférent aux droits de mutation (part départementale) et à la taxe intérieure sur la consommation des produits énergétiques (part régionale) est quasi nul en l'état.
Précisons bien que nous excluons de ce raisonnement la possibilité offerte aux régions, par la loi n°2009-1673 du 30 décembre 2009 portant loi de finances pour 2010, de majorer la taxe intérieure sur la consommation des produits énergétiques, car il s'agit dans notre typologie d'une taxe (et non d'un impôt) indirecte, son produit étant affecté à un certain périmètre de dépenses.
[865] Données tirées des *Collectivités locales en chiffres* (Direction générale des collectivités locales), éditions de 2002 et de 2012 (2003 et 2013 pour les taxes d'urbanisme)
[866] La loi n°2010-788 du 12 juillet 2010 portant engagement national pour l'environnement a ainsi augmenté de 0,2 % le taux plafond dans les territoires comprenant une ou plusieurs communes classées comme touristiques, et la loi n°2010-1657 du 29 décembre 2010 portant loi de finances pour 2011 a fait évoluer ce taux plafond de 0,55 % à 0,9 % pour les autorités organisatrices des transports urbains de moins de 100 000 habitants ayant en projet la réalisation d'une infrastructure de transport collectif en mode routier ou guidé.
[867] Article 94 de la loi n°2009-1673 du 30 décembre 2009 portant loi de finances pour 2010 : par une délibération prise en ce sens avant le 30 novembre n-1, les régions peuvent majorer le produit de taxe intérieure, sur la consommation des produits énergétiques, perçu à la condition que les

recettes issues de cette majoration soient exclusivement affectées au financement d'une infrastructure de transport durable, ferroviaire ou fluvial.

[868] Pour mémoire, ce sont deux composantes de l'ensemble des droits de mutation (définition extensive de la Direction générale des collectivités locales) perçus par les conseils généraux

[869] Article 77 de la loi n°2013-1278 du 29 décembre 2013 portant loi de finances pour 2014 : relèvement du plafond à titre transitoire pour les mutations effectuées entre mars 2014 et février 2016

Pour la première année de remontée de ce plafond, la quasi-totalité des départements a fait le choix de remonter leur taux (*Droits de mutation – Dix départements ne votent pas la hausse*, Gazette des communes, 9 juin 2014, p.7). En 2015, ce ne sont plus que sept départements qui présentent un taux inférieur ou égal à 3,8 %, le précédent plafond (http://www.lagazettedescommunes.com/349873/seuls-8-departements-maintiennent-un-taux-de-dmto-de-38-en-2015/?utm_source=gm-club-finances&utm_medium=Email&utm_campaign=15-04-2015-alerte-email-club-finances).

[870] *Bras de fer sur le relèvement de la taxe de séjour*, Les Échos, 27 juin 2014, p.6

[871] Ce fut le cas avec la nouvelle taxe sur les publicités extérieures, issue de la loi n°2008-776 du 4 août 2008 de modernisation de l'économie. Si les délibérations prises par les communes n'ont souvent eu aucun écho, la réception des premiers avis a soulevé une vague de mécontentement non négligeable.

[872] *La réforme d'une taxe de balayage vieille de 140 ans au menu du Conseil de Paris*, 26 septembre 2011, http://www.lagazettedescommunes.com/76618/la-reforme-dune-taxe-de-balayage-vieille-de-140-ans-au-menu-du-conseil-de-paris/ : une hausse de plus de 40 % sur une seule année

La hausse des taxes à Paris provoque la colère de la droite et des milieux économiques, Les Echos, 26 septembre 2011, p.11

[873] Qui ne sont pas une recette fiscale, mais bien une redevance d'occupation du domaine public. Leur computation ici avec des taxes illustre bien la prépondérance de la dimension philosophique (le prix d'un service public demandé à son bénéficiaire) sur la dimension juridique.

[874] *Financement des pompiers : des élus envisagent une fiscalité spécifique*, 23 septembre 2011, http://www.lagazettedescommunes.com/76518/financement-des-pompiers-des-elus-envisagent-une-fiscalite-specifique/

[875] *ONF : Le Maire annonce une taxe pour les communes forestières*, 28 septembre 2011, http://www.lagazettedescommunes.com/76989/onf-le-maire-annonce-une-taxe-pour-les-communes-forestieres/

[876] Imposition forfaitaire sur les entreprises de réseaux et taxe sur les surfaces commerciales

[877] Pour les chiffres de 1986, *Guide statistique de la fiscalité directe locale 1987*, Direction générale des collectivités locales, 1987, p.116.

Pour les chiffres 2011, *Les collectivités locales en chiffres 2013*, Direction générale des collectivités locales, 2013, p.56

[878] VIARD Jean et GUERINI Jean-Noël, *Le temps du changement*, L'Aube, 2008, p.49

[879] 18 Md€ en 1986, 63 Md€ en 2010

[880] Voir tous les développements autour de la théorie cognitive du citoyen et la diminution de l'aversion à l'imposition lorsque le lien entre l'impôt et la dépense est indiqué aux contribuables (ADENIUS Axel, *Citizens strike a balance : discontents with taxes, content with spendings*, *Journal of Public Policy*, 1985, vol. 5, n°3, p.349)

[881] *Le droit administratif français en 2013*, Dossier, AJDA, 2013, p.386

[882] BOUVIER Michel, *La notion de capacité contributive des contribuables dans la société post-moderne*, RFFP n°100, 2007, p.83

[883] Pour des contributions de faible ampleur, le Conseil Constitutionnel a ainsi jugé que l'absence de prise en compte des facultés des contribuables ne portait pas une rupture caractérisée de l'égalité devant les charges publiques (DC n°99-424 du 29 décembre 1999, Recueil p.156, sur l'imposition des indemnités de licenciement).

[884] Taxe sur la consommation d'électricité créée en 2000 pour financer l'électricité verte, un prélèvement dégressif
Le soutien aux énergies renouvelables coûte cher aux ménages allemands, Le Monde, 17 octobre 2012, p.6

[885] Impôt santé institué en 2010 au Québec, un prélèvement forfaitaire
LAREAU André, *Le rôle bien imparfait des impôts et l'accroissement des redevances au Canada*, RFFP n°118, 2012, p.4 :

> « Le gouvernement était parfaitement conscient qu'il ne pouvait se permettre une augmentation générale des impôts sans subir la foudre des contribuables en général. Il a donc opté pour une mesure ciblée, la santé, sachant fort bien que les contribuables sont conscients de la lourdeur financière de ce poste budgétaire et de son importance sociétale. »

L'auteur parle en l'espèce d'« une augmentation des impôts à peine maquillée sous la rubrique de droits liés aux frais ».

[886] HALL Peter, *Policy Paradigms, Social Learning, and the State : The Case of Economic Policymaking in Britain, Comparative Politics*, vol. 25 n°3, 1993

[887] Distinction empruntée à BALZAC, qui dans *Les Français peints par eux-mêmes : encyclopédie morale du XIXe siècle* opposait la « femme comme il faut », de la bonne bourgeoisie, à la « femme comme il en faut », de mœurs bien plus légères (cité par DALMAYER Paulina, *Le plus vieux débat du monde*, Causeur, septembre 2013, p.68)

[888] CRUCIS Henry-Michel, *Liberté et politique tarifaires des collectivités locales*, dans BOUVIER Michel (sous la direction de), *Réforme des finances publiques, démocratie et bonne gouvernance*, LGDJ, 2004, p.205 :

> « À mi-chemin entre prix et impôt se situe la taxe qui emprunte aux deux : de la redevance, elle emprunte la cible [...] ; de l'impôt, elle emprunte ses modalités de calcul. »

[889] Conseil des prélèvements obligatoires, *La fiscalité affectée : constats, enjeux et réformes*, 2013, p.101

[890] Précisons ici que le versement transport, dont le caractère fiscal a été confirmé par la décision n°90-287 DC du 16 janvier 1991 (Recueil p.24, considérant n°8), est affecté au seul financement des transports publics organisés par les autorités organisatrices des transports urbains, et ne peut concourir par exemple au financement des transports scolaires (Réponse ministérielle n°0291S, JO Sénat 20 février 2013, p.1338).

[891] FAIVRE D'ARCIER Bruno, *Le financement des transports publics urbains : quel équilibre entre le contribuable, l'usager et le bénéficiaire ?*, RFFP n°118, 2012, p.21

[892] Pour connaître le détail des recommandations communes du Groupement des autorités responsables du transport et de l'Union des transports publics et ferroviaires à l'issue desdites rencontres en matière de politique tarifaire, voir http://www.rencontres-transport-public.fr/sites/default/files/files/GART_UTP2013_Recommandations_Report_modal_equilibre_economiqe

[893] FAIVRE D'ARCIER Bruno, *Le financement des transports publics urbains : quel équilibre entre le contribuable, l'usager et le bénéficiaire ?*, RFFP n°118, 2012, p.21 : 1- « maintenir l'accès à l'emploi et aux aménités urbaines pour la population n'ayant pas accès à la voiture », 2- « capter une part suffisamment importante de la demande de déplacement pour réduire la congestion créée par la circulation automobile », 3- participer au « réaménagement du centre-ville », 4- « offrir une alternative à la voiture pour réduire les impacts environnementaux et anticiper l'augmentation inéluctable du prix des carburants »

[894] Pour un historique détaillé de cet essor, voir FAIVRE D'ARCIER Bruno, *Les nouveaux enjeux de la tarification des transports publics urbains*, dans LONG Martine (sous la direction de), *Le financement des services publics locaux*, LGDJ, 2010, p.123

[895] Ci-dessous la liste des lois et décrets ayant impacté ce seuil depuis les années 1970 :

- élargissement aux communes de plus de 100 000 habitants, par le décret n°74-933 du 7 novembre 1974 étendant aux communes et établissements publics de plus de 100 000 habitants les dispositions de la loi n°73-640 du 11 juillet 1973 autorisant certaines communes et établissements publics à instituer un versement destiné aux transports en commun ;
- élargissement aux communes de plus de 30 000 habitants par la loi n°82-684 du 4 août 1982 relative à la participation des employeurs au financement des transports publics urbains et des chèques-transports ;
- élargissement aux communes de plus de 20 000 habitants par la loi n°92-125 du 6 février 1992 relative à l'administration du territoire de la République ;
- élargissement aux communes de plus de 10 000 habitants par la loi n°2000-1208 du 13 décembre 2000 relative à la solidarité et au renouvellement urbains ;
- élargissement aux communes touristiques de moins de 10 000 habitants par la loi n°2011-1977 du 28 décembre 2011 portant pour loi de finances pour 2012.

Pour l'extension de la possibilité de lever le versement transport aux communes touristiques sans condition de seuil démographique, nous utilisons dans ce graphique l'hypothèse simplificatrice d'une population de 3 500 habitants.

[896] Article 1520 CGI : « L'institution de la redevance mentionnée à l'article L.2333-76 du code précité [redevance d'enlèvement des ordures ménagères, visée par le CGCT] entraîne la suppression de la taxe d'enlèvement des ordures ménagères »

[897] Faute de comptabilité analytique fiable au niveau national, nous ne pouvons ici pas cibler les dépenses afférentes à la mise en œuvre du seul service d'enlèvement des ordures ménagères

[898] Sources : pour la redevance, *État des lieux des finances des collectivités locales*, Observatoire des finances locales, éditions 2007 (p.150) et 2012 (p.145) ; pour la taxe et les dépenses, *Les collectivités locales en chiffres 2012*, Direction générale des collectivités locales, 2012, p.101

[899] Observatoire des finances locales, *État des lieux des finances des collectivités locales*, éditions 2007 (p.136) et 2012 (p.142)

[900] Sur ce point, on renverra à la directive 75/442/CEE du 15 juillet 1975 relative aux déchets qui, dans son troisième considérant, affirme que « toute réglementation en matière d'élimination des déchets doit avoir comme objectif essentiel la protection de la santé de l'homme et de l'environnement ».

[901] CABANNES Xavier, *L'usager et la rémunération du service rendu*, RFDA, 2013, p.482

L'auteur y évoque notamment la controverse des années 1890 sur la taxe – redevance téléphonique.

[902] *Déchets : la tarification incitative fait-elle grimper la facture*, Gazette des communes, 3 septembre 2012, p.40

[903] CE 21 novembre 1958 *Syndicat national des transporteurs aériens*, Lebon p.572 : est une redevance pour service rendu « toute redevance demandée à des usagers en vue de couvrir les charges d'un service public déterminé ou les frais d'établissement et d'entretien d'un ouvrage public, et qui trouve sa contrepartie directe dans les prestations fournies par le service ou dans l'utilisation de l'ouvrage »

Pour une autre illustration, voir Cour de cassation (Chambre commerciale) 4 juin 1991 *Blot c/Trésorier principal de Chinon*, n°89-17.630, cité par BRANELLEC Katell, *Le financement du service public d'élimination des déchets*, AJCT, 2011, p.222 : la redevance d'enlèvement des ordures ménagères n'est due que les usagers effectifs du service rendu

[904] PICARD Jean-François, *Finances locales*, LexisNexis, 2009, p.12

[905] CE 6 mai 1985 *Commune de Pointe-à-Pitre c/Martin*, Lebon p.557

Voir aussi, pour un rappel récent, CAA Marseille 24 novembre 2011 *Epoux Peter*, req. n°09MA04416, AJDA, 2012, p.400 :

> « Une [collectivité] ne peut fixer le tarif d'une redevance qu'en fonction de l'importance du service rendu par ce service public à chaque catégorie d'usagers, chacune regroupant, en fonction de critères objectifs et rationnels, des usagers se

trouvant dans une situation identique, mais différente de celles des usagers des autres catégories, au regard du service rendu. »

[906] Article 1521 III 4° CGI, sauf délibération contraire des communes ou des organes délibérants de leurs groupements

[907] CE 28 mars 1934 *Raiten*, Bouches-du-Rhône RO 6195

CAA Marseille 8 mars 1999 *Gambini*, req. n°97MA01194 : en l'espèce, n'est pas exonérée de la taxe une propriété située à 410 mètres du conteneur destiné à recevoir les ordures ménagères

Ces deux arrêts sont visés dans la réponse ministérielle à la question écrite QE n°33096, JOAN, 13 juillet 2004, p.5349.

[908] CE 27 février 1998 *Commune de Sassenay c/Loup*, Lebon p.777

[909] *Collecte : proposition de service minimum*, Gazette des communes, 22 novembre 2010, p.. 24

[910] Article L.2333-70 I 1° CGCT

[911] CE 9 avril 1976 *SCI Les Trémières*, req. n°96217, cité par CAMBY Jean-Pierre, *Les impositions de toutes natures : une catégorie sans critère*, AJDA, 1991, p.339

[912] QE n°3719, JO de l'Assemblée nationale du 18 octobre 2011

[913] Loi n°2010-1658 du 29 décembre 2010 portant loi de finances rectificative pour 2010

[914] CE 12 mars 2014 Société Espace habitat construction, req. n°354825, AJDA, 2014, p.1529

La veille de jurisprudence effectuée par l'AJDA sur cette décision parle d'un véritable « droit à remboursement » des impôts concernés.

[915] Décision de la Cour constitutionnelle italienne n° 535 en date du 12 mai 1988, citée par LIPRINO Vicenzo, *Le financement des services publics en Italie entre impôt, taxe et redevance*, RFFP n°118, 2012, p.99

[916] CE 5 décembre 1990 *Syndicat intercommunal pour l'enlèvement des ordures ménagères de Bischwiller et environs c/Denys*, Revue du Trésor, 2009, p.927 : un habitant qui refuse le paiement de la redevance d'enlèvement des ordures ménagères au motif que son foyer ne concourt d'aucune façon à la production des ordures ménagères doit en apporter la preuve

[917] CAA Dijon, 24 mai 2000 *Bordelais c/Commune de Palinges*, cité par BRANELLEC Katell, *Le financement du service public d'élimination des déchets*, AJCT, 2011, p.222

[918] Cour de cassation Civ. 3e, 26 septembre 2012, n°11-20.393

[919] CE 16 mai 1941 *Toublanc*, Lebon p.91

[920] CABANNES Xavier, *L'usager et la rémunération du service rendu*, RFDA, 2013, p.482

[921] CE 20 novembre 1964 *Ville de Nanterre*, Lebon p.563

[922] Décision n°2005-513 DC du 14 avril 2005, Recueil p.67 : le montant de la redevance peut intégrer la couverture de dépenses futures afin de permettre la construction d'infrastructures ou d'installations nouvelles et, de façon générale, la couverture de prestations à la fourniture de composantes du service global qui ne seraient pas incluses dans le service précis dont l'usager concerné est bénéficiaire

[923] CE 16 juillet 2007 *Syndicat national de défense de l'exercice libéral de la médecine à l'hôpital*, Lebon p.349

[924] Par exemple, la loi n°2009-967 du 3 août 2009 de programmation relative à la mise en œuvre du Grenelle de l'environnement prévoit que le montant de la redevance d'enlèvement des ordures ménagères peut évoluer en fonction du comportement de l'usager : à poids global de déchet égal et donc à coût de service rendu égal, le montant de la redevance pourrait ainsi différer en fonction des efforts de tri sélectif faits par l'usager.

[925] DC n°99-424 du 29 décembre 1999, Recueil p.156, considérants 42 à 45 : le nouveau régime d'imposition des plus-values de cession de valeurs mobilières et de droits sociaux applicables aux particuliers dans la gestion de leur patrimoine privé, qui présente un taux unique et ne prend pas en compte la situation familiale des ménages, ne méconnaît pas le principe d'égalité devant l'impôt

[926] Décision n°97-388 DC du 20 mars 1997, Recueil p.31, considérant 23

[927] Décision n°90-285 DC du 28 décembre 1990, Recueil p.95

[928] Décision n°99-424 DC du 29 décembre 1999, Recueil p.156, considérant 45

[929] FOUQUET Olivier, *Le Conseil constitutionnel et le principe d'égalité devant l'impôt*, NCCC n°33, 2011, p.2/5
Voir Décision n°74-54 DC du 15 janvier 1975, Recueil p.19, premier considérant :

> « L'article 61 de la Constitution ne confère pas au Conseil constitutionnel un pouvoir général d'appréciation et de décision identique à celui du Parlement, mais lui donne seulement compétence pour se prononcer sur la conformité à la Constitution des lois déférées à son examen. »

[930] Décision n°2011-638 DC du 28 juillet 2011, Recueil p.390, relative à la modification du barème de l'impôt sur la fortune
Pour un exemple concernant une imposition locale, voir Décision n°2009-599 du 29 décembre 2009, Recueil p.218, considérant 39 : « en retenant le chiffre d'affaires des entreprises comme critère de capacité contributive, le législateur n'a commis aucune erreur manifeste d'appréciation »
[931] Décision n°2009-599 DC du 29 décembre 2009, Recueil p.218
[932] QUINART Emilien, *Quand le Conseil constitutionnel propose la loi ?*, AJDA, 2014, p.142
[933] CAA Paris, 25 mars 2013 *Société Climespace*, req. n°11PA05087, AJDA, 2013, p.1553
CE 31 mars 2014 *Ministre délégué chargé du Budget*, req. n°368111, AJDA, 2014, p.769, sur la taxe d'enlèvement des ordures ménagères :

> « Le produit de cette taxe et, par voie de conséquence, son taux, ne doivent pas être manifestement disproportionnés par rapport au montant de ces dépenses, tel qu'il peut être estimé à la date du vote de la délibération fixant ce taux. »

Le « manifestement disproportionné » ici utilisé par le juge administratif fait explicitement écho aux jurisprudences régulières en matière de contrôle de l'équivalence entre le niveau des prestations et les montants demandés avec la redevance : pour un exemple, voir CE 16 novembre 1962 *Syndicat intercommunal d'électricité de la Nièvre et autres*, Lebon p.612.
[934] CE 30 septembre 1996 *Société stéphanoise des eaux et Ville de Saint-Etienne*, Lebon p.355 : en l'espèce, est illégale la délibération du conseil municipal adoptant les tarifs de l'eau dès lors que les augmentations décidées étaient motivées par le souhait qu'une partie des redevances puisse être reversée au budget général de la ville afin de couvrir des charges étrangères à la mission du service des eaux
[935] CRUCIS Henry-Michel, *Liberté et politique tarifaires des collectivités locales*, dans BOUVIER Michel (sous la direction de), *Réforme des finances publiques, démocratie et bonne gouvernance*, LGDJ, 2004, p.205 : « en particulier les techniques d'individualisation et de discrimination »
[936] La loi n°2009-526 du 12 mai 2009 de simplification et de clarification du droit et d'allègement des procédures a ainsi supprimé la taxe d'abattage perçue dans les abattoirs publics pour la remplacer par une redevance.
[937] GRUSON Claude et COHEN José, *Tarification des services publics locaux*, La Documentation française, 1983, p.62
[938] LONG Martine, *La tarification des services publics locaux*, LGDJ, Systèmes, 2001, p.49
[939] ROSANVALLON Pierre, *« Relégitimer l'impôt ! »*, RCE n°1, 2007, p.16
[940] ROSANVALLON Pierre, *La légitimité démocratique : impartialité, réflexivité, proximité*, Seuil, p.30
[941] Conseil des prélèvements obligatoires, *La fiscalité affectée : constats, enjeux et réformes*, 2013, p.12 :

> « S'il peut paraître en première analyse comme peu transparent pour le contribuable, le principe d'universalité budgétaire repose sur une double logique juridique et économique : d'un point de vue juridique, le principe d'universalité budgétaire apparaît comme le fondement de la démocratie budgétaire […] ; d'un point de vue économique, il permet au Parlement de répartir de manière optimale la ressource fiscale. »

[942] LEROY-BEAULIEU Paul, *Traité de la science des finances*, Tome I, Guillaumin et Cie, 1879, p.17
[943] MUZELLEC Raymond et CONAN Matthieu, *Finances locales*, Dalloz, Mémentos, 2011 (6e édition), p.144
[944] SPIRE Alexis, *échapper à l'impôt : la gestion différentielle des illégalismes fiscaux*, Revue des sciences sociales du politique, n°87, 2009, p.143
[945] HERTZOG Robert, *Le prix du service public*, AJDA, 1997, p.55
[946] Conseil d'État, *Études et documents du Conseil d'État*, 1988, p.218, cité par LECERF Michel et BLANC Guillaume, *Le financement des services publics : impôts ou redevances ?*, Droit fiscal, 1998, p.1159 :

> « [Le Conseil d'État] admet que certains services publics aspirent à se procurer des ressources propres et soient aptes à en bénéficier pour des raisons déterminées qui s'ajoutent aux tâchent normales des administrations… Mais il attire l'attention du Gouvernement sur le risque d'altération de la notion de service public autour de laquelle notre Administration est construite, si se développait la tendance à instituer des ressources annexes qui seraient demandées aux usagers. »

[947] UNTERMAIER Elise, *Redevances pour service rendu et redevances pour occupation du domaine public : les dernières évolutions*, Semaine juridique – édition ACT, 2013, réf. 2039
[948] RICHARD Pierre, *Les stratégies de gestion : doit-on gérer une commune comme une entreprise*, RFFP n°13, 1986, p.169 :

> « Nous sommes arrivés à une limite en ce qui concerne le pouvoir fiscal. […] Quelles sont les solutions envisageables ? Chacun les recherche, mais ce sont les élus locaux, bien sûr, qui les trouveront ; ce ne sont pas des fonctionnaires, des experts, ou des financiers qui trouveront la solution, mais ils pourront contribuer au débat. »

[949] LANDAIS Camille, PIKETTY Thomas et SAEZ Emmanuel, *Pour une révolution fiscale*, Seuil, La République des idées, 2011, p.59 :

> « Le poids des circonstances […] oblige parfois les acteurs politiques à jouer des rôles peu conformes aux postures idéologiques habituelles et peu conformes aussi, sans doute, aux rôles qu'ils s'imaginaient jouer. »

[950] DARELLIS Patricia, *L'optimisation des ressources des collectivités territoriales*, RGFP, mars-avril 2011, p.232
[951] GRUSON Claude et COHEN José, *Tarification des services publics locaux*, La Documentation française, 1983, p.8
[952] Sur cette évolution des personnels politiques locaux, voir DESAGE Fabien et GUERANGER David, *La politique confisquée : sociologie des réformes et des institutions intercommunales*, Croquant, 2011

INDEX

Index juridique

Directives communautaires

2013/37/UE du 26 juin 2013 146
75/442/CEE du 15 juillet 1975 296
97/67/CE du 15 décembre 1997 274

Lois

n°45-0195 du 31 décembre 1945 284
n°51-598 du 24 mai 1951 256
n°71-559 du 1er juillet 1971 199
n°73-1229 du 31 décembre 1973 68
n°73-640 du 11 juillet 1973 ..... 199, 296
n°75-678 du 29 juillet 1975 68
n°78-753 du 17 juillet 1978 262
n°79-591 du 12 juillet 1979 271
n°80-10 du 10 janvier 1980 ..... 100, 118, 121
n°82-1153 du 30 décembre 1982 129
n°82-540 du 28 juin 1982 252
n°82-684 du 4 août 1982 296
n°85-30 du 9 janvier 1985 49
n°85-695 du 11 juillet 1985 252
n°87-588 du 30 juillet 1987 127
n°92-125 du 6 février 1992 296
n°93-122 du 29 janvier 1993 276
n°95-73 du 21 janvier 1995 ..... 48, 246
n°96-369 du 3 mai 1996 48
n°98-657 du 29 juillet 1998 ..... 140, 144, 257
n°2000-1208 du 13 décembre 2000 ..... 104, 296
n°2000-656 du 13 juillet 2000 265
n°2001-1248 du 21 décembre 2001 289
n°2001-44 du 17 janvier 2001 21
n°2001-692 du 1er août 2001 ..... 64, 71, 237, 238, 264
n°2002-276 du 27 février 2002 49
n°2002-5 du 4 janvier 2002 ..... 37, 129, 266
n°2003-1311 du 30 décembre 2003 ..... 188, 207, 238, 264
n°2003-709 du 1er août 2003 233
n°2004-1484 du 30 décembre 2004 264
n°2004-809 du 13 août 2004 ..... 49, 119
n°2005-1719 du 30 décembre 2005 252
n°2006-1771 du 30 décembre 2006 122
n°2006-1772 du 30 décembre 2006 267
n°2007-209 du 19 février 2007 ..... 129, 130
n°2008-776 du 4 août 2008 294
n°2009-1673 du 30 décembre 2009 ..... 24, 68, 101, 120, 191, 193, 234, 255, 260, 265, 292, 293
n°2009-1673 du 30 décembre 2010 293
n°2009-526 du 12 mai 2009 ..... 238, 298
n°2009-967 du 3 août 2009 297

n°2010-122 du 30 juillet 2010 ... 250
n°2010-1657 du 29 décembre 2010 ... 123, 293
n°2010-1658 du 29 décembre 2010 ... 190, 200, 242, 282, 297
n°2010-788 du 12 juillet 2010 ... 18, 200, 293
n°2011-1977 du 28 décembre 2011 ... 207, 240, 296
n°2011-1978 du 28 décembre 2011 ... 240
n°2011-900 du 29 juillet 2011 ... 252
n°2013-1278 du 29 décembre 2013 ... 294
n°2013-312 du 15 avril 2013 ... 130
n°2014-58 du 27 janvier 2014 ... 18
n°2014-872 du 4 août 2014 ... 201

<u>Ordonnances</u>
n°45-1483 du 30 juin 1945 ... 126, 127, 266
n°45-1546 du 13 juillet 1945 ... 266
n°59-108 du 7 janvier 1959 ... 118
n°59-2 du 2 janvier 1959 ... 20, 237, 243
n°86-1243 du 1er décembre 1986 ... 126, 127, 128

<u>Décrets</u>
n°74-933 du 7 novembre 1974 ... 296
n°80-312 du 5 mai 1980 ... 46
n°87-141 du 3 mars 1987 ... 246
n°87-538 du 16 juillet 1987 ... 98, 262, 267
n°87-654 du 11 août 1987 ... 98, 267
n°97-199 du 5 mars 1997 ... 246
n°2000-1070 du 31 octobre 2000 ... 267
n°2000-672 du 19 juillet 2000 ... 262, 267
n°2001-493 du 6 juin 2001 ... 144, 146
n°2002-1064 du 7 août 2002 ... 245
n°2005-1755 du 30 décembre 2005 ... 146, 262
n°2005-917 du 29 juillet 2005 ... 262, 267
n°2006-753 du 29 juin 2006 ... 164, 262, 267, 276
n°2009-151 du 10 février 2009 ... 278
n°2009-553 du 15 mai 2009 ... 154

<u>Dispositions du Code général des collectivités territoriales</u>
L.1424-42 CGCT ... 246
L.1612-2 CGCT ... 266
L.1612-4 CGCT ... 233
L.1617-5 CGCT ... 93
L.2122-22 CGCT ... 262
L.2224-1 CGCT ... 144, 278
L.2224-12 CGCT ... 249, 268
L.2224-2 CGCT ... 278
L.2321-2 CGCT ... 245
L.2331-3 CGCT ... 238
L.2332-1 CGCT ... 97
L.2333-70 CGCT ... 297
L.2333-76 CGCT ... 206, 267, 296
R.2321-6 CGCT ... 246

Dispositions du Code général des impôts
200 CGI 290
295 A bis CGI 292
885 CGI 290
1406 CGI 158
1411 CGI 122
1414 CGI 125, 282
1518 bis CGI 234, 253
1519 CGI 21
1520 CGI 296
1521 CGI 297
1609 quater A CGI 236
1636 B septies CGI 125
1639 A bis CGI 266
1639 À CGI 266
1641 CGI 93
1723 quinquies CGI 205
1729 CGI 158

Dispositions d'autres Codes
L.221-2 du Code des communes 246
L.324-2 du Code des communes 276
L.212-5 du Code de l'éducation 284
L.213-2 du Code de l'éducation 284
L.214-6 du Code de l'éducation 284
L.533-1 du Code de l'éducation 129
R.531-52 du Code de l'éducation 164
R.531-53 du Code de l'éducation 144, 145, 154
L.514-8 du Code de l'environnement 245
L.211-8 du Code des juridictions financières 289
R.411-2 du Code du patrimoine 37, 141
L.2125-3 du Code général de la propriété des personnes publiques 279
L.1331-7 du Code de la santé publique 56
L.1331-8 du Code de la santé publique 56
L.122-4 du Code de la voirie routière 243, 245
L.247 du Livre des procédures fiscales 104
L.251 A du Livre des procédures fiscales 104

Décisions de la Cour de justice de l'Union européenne
1963 Italie c/Commission 251, 270
1972 Marimex 237, 248
1979 Denkavit 248
1983 SIOT 237, 247
1993 Corbeau 276
1994 Commission c/Espagne 272
1994 Commune d'Almelo 276
1998 Mme Brown c/Société Rentokil 251
2002 Sea Land Service 248
2003 Commission c/Italie 251, 272

Décisions du Conseil constitutionnel
n°60-8 DC du 11 août 1960 .... 236, 238
n°69-57 L du 24 octobre 1969 .... 236, 237, 245, 249, 278

n°70-61 L du 23 février 1970 251
n°74-54 DC du 15 janvier 1975 .... 248, 270
n°76-92 L du 6 octobre 1976 .... 98, 237, 245, 261, 278
n°77-100 L du 16 novembre 1977 .... 237, 238, 249
n°79-107 DC du 12 juillet 1979 .... 243, 268, 273
n°82-124 L du 23 juin 1982 .... 237, 238
n°83-166 DC du 29 décembre 1983 .... 237, 238, 249
n°89-269 DC du 22 janvier 1990 273
n°90-287 DC du 16 janvier 1991 295
n°92-171 L du 17 décembre 1992 245
n°96-380 DC du 23 juillet 1996 268
n°97-395 DC du 30 décembre 1997 268
n°98-405 DC du 29 décembre 1998 .... 259, 268, 281
n°98-407 DC du 14 janvier 1999 261
n°2000-422 DC du 28 décembre 2000 265
n°2000-436 DC du 7 décembre 2000 261
n°2000-439 DC du 16 janvier 2001 .... 238, 239
n°2000-441 DC du 28 décembre 2000 269
n°2003-489 DC du 29 décembre 2003 .... 238, 292
n°2005-513 DC du 14 avril 2005 .... 247, 278, 279, 297
n°2007-558 DC du 13 octobre 2007 271
n°2009-577 DC du 3 mars 2009 275
n°2009-599 DC du 29 décembre 2009 265
n°2012-659 DC du 13 décembre 2012 281
n°2013-670 DC du 23 mai 2013 238

Décisions du Tribunal des conflits

1965 Demoiselle Ruban c/Société de l'autoroute Estérel - Côte d'Azur 249
1987 Compagnie des eaux et de l'ozone 250
2011 Vaché c/Commune d'Etrochey 250

Décisions du Conseil d'État

1904 Delepoulle 246
1911 Chomel 267
1918 Société Ciné National 245, 246, 261
1928 Chambre syndicale des propriétaires marseillais 269
1928 SA des usines Renault 268
1930 Chambre syndicale du commerce en détail de Nevers 280
1933 Benjamin 247
1933 Syndicat des patrons et marins pêcheurs du Tréport 279
1934 Raiten 297
1936 Veyre 270
1937 Garnier et Legris 246
1939 Commune de Granville 262
1939 Sté L'Alcool dénaturé de Coubert 268
1939 Ville de Granville 256
1941 Toublanc 236, 247, 297
1949 Société Ciné Lorrain 245
1950 Fédération parisienne du bâtiment 261
1951 Société des concerts du conservatoire 243
1952 Association des parents d'élèves de l'enseignement libre de Seine-et-Oise 284
1954 Dame Berthod 256
1958 Syndicat national des transporteurs aériens 236, 239, 245, 261, 276, 278, 296

1959 Jacquier, Grandamy et Le Corno 269
1960 Sieur Dubonnet..250
1961 Vannini 238
1962 Syndicat intercommunal d'électricité de la Nièvre et autres..............................247, 277, 298
1964 Ville de Nanterre 275, 297
1967 Ville d'Elbeuf...270
1968 Ville de Saint-Lô c/Barbot..238, 247
1969 Commune de Neuville La Forêt...248
1970 Dame Vigan..270
1970 Sieur Augé et autres...248
1971 Commune de Lescun 272
1972 Conseil transitoire de la faculté des lettres et sciences humaines de Paris..........................256
1973 Société des papèteries de Gascogne..250
1973 Ville de Marseille 250
1974 Denoyez et Chorques.. 243, 265, 268, 275, 279, 283
1975 Époux Merlin...249
1975 Société La grande Brasserie moderne..250
1976 Commune de Vaulx-en-Velin..250
1976 SCI Le Clairval..250
1976 SCI Les Trémières...297
1976 Société Thomson-Hotchkiss-Brandt..245
1977 Cofiroute...267
1978 Société Établissements Geismann frères...248
1978 Syndicat viticole des Hautes Graves de Bordeaux...245
1982 Chambre syndicale des centres agréés d'abattage et de conditionnement des produits de basse-cour...245
1982 Préfet de la Charente-Maritime...243
1984 Commissaire de la République de l'Ariège 271, 279
1984 Commune de la Teste-de-Buch...259, 261
1984 Commune de Lavelanet...272
1984 Ville de Versailles c/Lopez de Arias 245, 246, 256
1985 Commune d'Aubagne..271
1985 Commune de la Ciotat...271
1985 Commune de Marseillan..277
1985 Commune de Pointe-à-Pitre c/Martin..249, 296
1985 Mme Marie d'Antin de Vaillac et Syndicat des sylviculteurs du Sud-Ouest.............245, 256
1985 Ville de Tarbes 252, 275
1986 Caisse des écoles de Saint-Gratien 247, 267
1986 Commune de Quingey 243, 256
1986 OPHLM de la Ville de Paris c/Commissaire de la République de la Région Île-de-France 267
1987 Commune de Romainville 251, 269, 271
1987 Mansier...248
1987 Syndicat national des transporteurs aériens 236, 249, 278
1988 SCI La Colline c/Commune de La Bénisson-Dieu 250
1988 Société Pore Gestion...245
1988 Syndicat national des transporteurs aériens 243
1989 CCAS de La Rochelle...252, 271, 275, 284
1989 Ville de Paris 238
1989 Ville de Paris c/Lévy 268
1990 Association freudienne 288
1990 SA Comptoir lyonnais des viandes...238

1990 Syndicat intercommunal pour l'enlèvement des ordures ménagères de Bischwiller et environs c/Denys 297
1991 Commune de l'Écaille 269
1991 Syndicat des psychiatres des hôpitaux 248, 280
1992 Département du Puy-de-Dôme 271
1993 Bernardet 238
1993 Commune de Mirebeau-sur-Bèze c/Roux 256, 261
1993 Ville de La Rochelle c/Lacroix 275
1994 Commune de Dreux 268, 273
1994 Commune de Menton 250
1994 Mme Dejonckeere 252, 271, 275
1995 Chambre syndicale du transport aérien 245, 247, 277
1995 Commune de Bougnon 272
1995 Commune de Maintenon 250, 272
1995 M. Larange 284
1995 Syndicat des pharmaciens de Guyane 270
1995 Ville de Paris 253
1996 Association FO consommateurs 271
1996 Association Narbonne Libertés 89 268
1996 Établissement Public du Musée du Louvre 269
1996 Mérie 247, 249
1996 Mme Wajs 247, 277
1996 Société Direct Mail Promotion et autres 243, 278
1996 Société stéphanoise des eaux et Ville de Saint-Etienne 247, 276, 298
1997 Commune de Dunkerque 250, 270
1997 Commune de Gennevilliers et Commune de Nanterre 251, 252, 265, 275, 281
1997 Commune de Montgeron 278
1997 Société Baxter 251, 270
1997 Société Elf Antargaz 245, 277
1998 Commune d'Ecotay-l'Olme 270
1998 Commune de Bressey-sur-Tille 249
1998 Commune de Sassenay c/Loup 243, 270, 297
1998 SIVOM de l'Île d'Oléron 247, 280
1998 Syndicat des compagnies aériennes autonomes 248
1999 Commune de Bandol 277
1999 Compagnie nationale Air France c/Aéroports de Paris 270
1999 M. Vincent 249, 250
1999 Syndicat des compagnies aériennes autonomes 277
2000 Chambre syndicale du transport aérien 238, 246
2000 GISTI 236, 238, 245
2002 GISTI 245, 278
2002 Union fédérale des consommateurs 276
2003 Communauté de communes Chartreuse Guiers 243, 249
2003 M. Luc X. 249
2003 Mme Martinet 249
2006 Commune de Larnage 269
2006 Commune de Montclar 249
2006 Société Cégédim 279
2007 Syndicat national de défense de l'exercice libéral de la médecine à l'hôpital 249, 251, 265, 278, 297
2008 Commune de Villiers-au-Boin 249
2009 Société Avenance Enseignement et Santé 259
2009 Société d'équipement de Tahiti et des îles 280

2010 Commune de Saint-Jean-d'Aulps 270
2010 SCARA et FNAM 247, 280
2011 Département des Ardennes 268, 271
2012 GISTI 269
2012 SIPPEREC 269
2012 VNF c/Ministère du Budget 260
2013 Association nationale des opérateurs détaillants en énergie 269
2013 Association SOS Racisme 242, 258, 269, 273
2013 M. D. 251
2013 SARL Eldorado 238
2013 Société Bouygues Télécom 238
2014 Commune d'Avignon 235, 250
2014 Département du Bas-Rhin 248
2014 Legaret et autres 284
2014 Ministre de l'Agriculture 251
2014 Ministre délégué chargé du Budget 298
2014 MM. Retterer 251
2014 Mme Anchling et autres 252
2014 Société Bouygues Télécom 247, 279
2014 Société Espace habitat construction 297

Jugements de tribunaux administratifs et arrêts de cours administratives d'appel
1993 M. Chomat et autres (TA Lyon) 276
1998 Préfet des Bouches-du-Rhône c/Commune de Vitrolles (TA Marseille) 272
1999 Gambini (CAA Marseille 297
1999 SA Comolait Industries (CAA Lyon) 267
2000 Bordelais c/Cne de Palinges (CAA Dijon) 297
2000 Commune de Saint-Sorlin-d'Arves (CAA Lyon) 272
2005 Département de Vendée (CAA Nantes) 259
2007 Régie des sports d'hiver de Luz-Ardiden (CAA Bordeaux) 272
2011 Commune de Mèze (TA Montpellier) 246
2011 Époux Peter (CAA Marseille) 296
2011 Mme Lagrange et autres (TA Nîmes) 235
2011 Préfet de la Haute-Marne (CAA Nancy) 269
2012 M. B. (CAA Marseille) 247, 280
2013 Institut d'études politiques de Grenoble (CAA Lyon) 248, 280
2013 La Poste c/Commune de la Chapelle Saint-André (TA Dijon) 280
2013 Société Climespace (CAA Paris) 298
2013 Ville de Paris et Fédération française de tennis (CAA Paris) 279

Index alphabétique

Assemblée locale 17, 99, 103, 125, 156, 200, 233, 249
Bien public 33, 34, 35, 178, 241, 244, 256
Cantine 17, 36, 74, 75, 98, 105, 128, 134, 139, 154, 167, 215, 221, 251, 255, 257, 263, 264, 267, 271
Concurrence 68, 74, 76, 91, 100, 111, 127, 150, 152, 154, 176, 208, 255, 281
Conseil municipal 70, 74, 75, 97, 124, 160, 161, 234, 235, 247, 249, 262, 272, 282, 283, 284, 298
Crèche 36, 134, 139
Délégation 82, 91, 127, 259, 276, 277
Délibération 15, 56, 67, 99, 101, 102, 103, 124, 146, 154, 160, 161, 235, 247, 249, 252, 256, 260, 264, 282, 290, 293, 294, 297, 298

Différenciation tarifaire 65, 66, 126, 129, 130, 131, 132, 134, 266, 273
École de musique..........90, 132, 134, 139, 273
Équilibre financier..........127
Équipement..........17, 23, 34, 40, 46, 78, 118, 142, 146, 166, 181, 189, 205, 234, 236, 241, 247, 251, 254, 280, 291, 293
Forfait..........53, 141, 142, 143, 161, 248, 276
Imposition de toute nature..........19, 20, 21, 45, 55, 58, 97, 113, 119, 220, 237, 259, 261
Impôt général..........19, 26, 27, 113, 115, 118, 120, 169, 171, 184, 188, 189, 190, 192, 193, 195, 196, 197, 198, 202, 203, 212, 213, 236, 238, 264, 293
Impôt spécial..........19, 27, 113, 114, 169, 171, 188, 196, 197, 201, 210, 211, 212, 213, 236
Inégalité..........40, 131, 160, 213, 214, 272, 274, 275, 282, 290
Liberté des prix..........99, 127, 128
Libre administration..........21, 97, 98, 99, 115, 118, 119, 121, 127, 128, 260, 261, 262
Mode de gestion..........276, 292
Monopole..........21, 23, 128, 183, 265, 288
Musée..........17, 37, 41, 75, 84, 129, 136, 140, 215, 235, 242, 244, 245, 251, 253, 255, 257, 258, 266, 268, 273
Non-usager..........34, 35, 43, 56, 77, 78, 79, 206
Périscolaire..........17, 85, 105, 164, 256
Principe d'équivalence..........58, 84, 129, 150
Principe de gratuité..........38, 39, 49, 243, 256, 257
Redevance d'enlèvement des ordures ménagères..........39, 98, 202, 206, 249, 267, 269, 270, 296, 297
Redevance d'occupation du domaine public..........154, 235, 236, 247, 280, 294
Régie..........99, 267, 277
Ressource propre..........21, 23, 26, 119, 155, 299
Tarification sociale..........25, 39, 115, 129, 139, 140, 141, 163, 241, 243
Vote du taux..........100, 121, 124, 162, 262

Graphiques et tableaux

Progression 2005-2010 de différentes ressources des collectivités locales..........16
Progression cumulée 2005-2010 des redevances et de différents référentiels de l'évolution des prix dans le secteur public local..........17
Niveau de récurrence des mots-clés « tarif » et « redevance » dans les titres d'articles publiés par la Gazette des communes entre 2001 et 2012..........24
Modélisation des trois ensembles concourants à la définition d'un service public : contribuables, usagers et bénéficiaires..........77
Écart entre les bases prévisionnelles et les bases définitives notifiées par les services de l'État – Ville de Boulogne-Billancourt – Exercice budgétaire 2007..........91
Proposition de typologie des logiques sous-jacentes à la mise en œuvre d'une redevance forfaitaire en fonction de la dispersion d'une part des prestations rendues et d'autre part des capacités contributives des usagers..........142
Tarifs 2010 et 2011 de l'accueil périscolaire en fonction du quotient familial du ménage – Ville de Nantes..........166
Produits 2010-2011 de la fiscalité directe et indirecte de l'ensemble des collectivités locales..........189
Progression 2000-2010 des « quatre vieilles » et des principales taxes locales..........191
Structuration 2001 et 2010 des principales ressources des autorités organisatrices des transports urbaines..........198
Évolution du seuil démographique permettant la mise en place d'un versement transport..........200
Progression 2005-2010 de la REOM et de la TEOM comparée à l'évolution globale des dépenses du bloc communal..........202
Ce qui distingue classiquement redevance et taxe : nature des contributeurs, référence des contributions..........204

Économie et Entreprise aux éditions L'Harmattan

Dernières parutions

THOMAS PIKETTY, LA MÉCANIQUE DES INÉGALITÉS EN FRANCE
Injustice fiscale, crise de l'enseignement, contre-réforme sociale, (dé)colonisation
Jalley Emile
Les deux symptômes majeurs de la maladie française sont l'injustice fiscale et la crise de l'enseignement. La première tient à l'hypofiscalisation et l'hyperfiscalisation relatives des deux grandes classes, celle «d'en haut» et celle «d'en bas». L'inégalité scolaire tient à ce que le dispositif institutionnel de l'Education nationale a pour fonction réelle d'ouvrir le chemin, vers «le haut» et vers «le bas», à la distribution inégalitaire des revenus et des patrimoines.
(29.00 euros, 286 p.)
ISBN : 978-2-336-30262-1, ISBN EBOOK : 978-2-336-36505-3

THOMAS PIKETTY «MARX DU XXIe SIÈCLE» ?
Jalley Emile
Le livre de Thomas Piketty sur *Le Capital au XXIe* siècle renouvelle de façon originale, dans le contexte de notre époque, l'ouvrage classique de Karl Marx. Le capital national est distribué en proportion fortement décroissante sur la moitié supérieure de la population, cependant que la moitié inférieure n'en possède à peu près rien. Une nouveauté par rapport au XIXe siècle : la consolidation d'une large classe moyenne qui aspire à recevoir une partie plus grande du revenu du capital.
(29.00 euros, 284 p.)
ISBN : 978-2-343-04439-2, ISBN EBOOK : 978-2-336-36504-6

MISÈRE ET OPULENCE
Chroniques d'austérité globalisée
Santi Michel
Sous sa forme actuelle, la monnaie unique est un vecteur de schizophrénie économique, une machine à créer du chômage et des inégalités. Que l'euro soit donc déconstruit ! Ce ne sont pas les dépenses sociales qui sont coupables d'avoir creusé nos déficits, mais les sauvetages bancaires d'établissements ayant amassé des fortunes par la grâce de la financiarisation, elle-même destinée à anesthésier une population européenne dont les revenus étaient inversement proportionnels à la productivité des entreprises.
(Coll. L'Esprit Économique, série Le Monde en Questions, 30.00 euros, 298 p.)
ISBN : 978-2-343-05332-5, ISBN EBOOK : 978-2-336-36742-2

TEMPS (LE) DE LA RIGUEUR
Fiscalité, protection sociale, mondialisation
Lambert Pierre-André
Il n'est plus possible aujourd'hui de tergiverser. Nous avons vécu à crédit pendant 33 ans, il faut cesser d'alourdir la charge pour nos descendants. Et comme l'opinion refuse la disparition de la protection sociale et le rétrécissement du rôle de l'Etat, il faut bien en venir à des mesures douloureuses. Point n'est besoin de révolution, les solutions existent. Elles sont politiquement jouables, sous réserve que la rigueur s'accompagne de justice.
(L'esprit économique, série L'économie formelle, 17.50 euros, 158 p.)
ISBN : 978-2-343-05199-4, ISBN EBOOK : 978-2-336-36472-8

PERSONNALISATION (LA) DE MASSE

Comment le système industriel peut individualiser son offre au moindre coût

Ambada François

Nous sommes passés de la production de masse à un désir de plus en plus affirmé des utilisateurs/consommateurs pour la personnalisation des produits et services qui leur sont offerts, sans toutefois sacrifier l'efficience industrielle, ce qui a favorisé l'émergence d'un nouveau paradigme : la personnalisation de masse. Comment le système industriel peut-il répondre aux exigences de la personnalisation de masse ?

(L'Esprit Économique, série Économie et Innovation, 35.00 euros, 336 p.) ISBN : 978-2-343-05178-9, ISBN EBOOK : 978-2-336-36728-6

INTÉGRATIONS RÉGIONALES ET PROSPECTIVE DES TERRITOIRES

Comparaisons internationales

Sous la direction de Philippe Clerc, Driss Guerraoui et Xavier Richet

La mondialisation en crise est en train de produire des impacts inédits sur la hiérarchisation des espaces économiques, ainsi que la montée des pays émergents. De telles évolutions incitent à reposer en termes nouveaux les dynamiques actuelles des intégrations régionales, à partir d'une prospective des territoires que la recomposition des alliances géostratégiques et géoéconomiques dans le monde impose. Une problématique cruciale pour le développement futur du système de l'économie mondiale.

(34.00 euros, 376 p.)
ISBN : 978-2-336-30553-0, ISBN EBOOK : 978-2-336-36769-9

PROMENADE ROMANTIQUE À PÔLE EMPLOI

Coutarel Colette

Il y a un mythe Pôle Emploi. Trop de désillusions génèrent de l'agressivité. Et voilà qu'une conseillère sort du rang pour nous en dire aussi du bien. De l'intérieur, elle dévoile des vécus : joies et failles vues des deux côtés du guichet. Né de la fusion avec l'ANPE, Pôle Emploi n'apporte pas de remède universel, restant un mode de traitement du chômage. Sujet récurrent s'il en est : le rapport au travail.

(Coll. Rue des écoles, série Champ Libre, 11.50 euros, 86 p.)
ISBN : 978-2-343-04887-1, ISBN EBOOK : 978-2-336-36364-6

RECHERCHE (LA) D'EMPLOI, UN TRAVAIL À PART ENTIÈRE !

Aux marches de l'emploi

Leconte Béatrice, Eray Philippe

Préfaces d'Alain Coffineau et Michel Barabel

Alors même qu'une certaine stigmatisation des chercheurs d'emploi s'esquisse, ce livre présente la recherche d'emploi comme un travail à part entière. Et comme pour de nombreuses situations de travail, cette activité est complexe, difficile. Partant de témoignages illustrant des situations du quotidien, les auteurs proposent un éclairage nouveau sur le travail et ses situations, en commençant par l'amont : la recherche d'emploi...

(Coll. Expériences, Travail et Société : comprendre et agir, 13.00 euros, 130 p.)
ISBN : 978-2-343-04497-2, ISBN EBOOK : 978-2-336-36302-8

TRAVAIL DISSIMULÉ ET ESTIME DE SOI

Une sociologie du rapport moral face aux règles formelles

Heim Jérôme

Loin de se réduire à une stratégie rationnelle de fraude économique, le travail au noir s'explique davantage par la saisie d'opportunités de rémunération, non déclarées et donc illégales. En améliorant la performance sur le marché du travail, ces pratiques confèrent une certaine estime sociale à ceux qui y recourent. Elles s'exposent toutefois à des sanctions pénales et à une plus grande vulnérabilité en l'absence de protections sociales.

(Coll. Conception et dynamique des organisations, 32.00 euros, 322 p.)
ISBN : 978-2-343-04728-7, ISBN EBOOK : 978-2-336-36330-1

IMAGINAIRE (L') ET L'ORGANISATION
La stimulation de l'innovation technoscientifique par la science-fiction
Michaud Thomas
L'imaginaire joue un rôle important dans le fonctionnement des organisations. S'il contribue à stimuler la créativité et à mettre en place des stratégies, il peut aussi être considéré comme un péril que les managers doivent apprendre à gérer. La gestion de l'imaginaire organisationnel est un enjeu de pouvoir. La lutte pour la domination sur les marchés ou en politique passe par le contrôle d'imaginaires en permanente mutation.
(Coll. Logiques sociales, 21.00 euros, 208 p.)
ISBN : 978-2-343-04820-8, ISBN EBOOK : 978-2-336-36370-7

MARX, DU TRAVESTISSEMENT STALINIEN À L'ÉCHEC
Vers un nouvel essor ?
Bublex Georges
Le stalinisme, selon l'auteur, n'est pas une forme de communisme mais un travestissement des thèses de Marx. Totalitaire et liberticide, il pérennisait les «stigmates de la société capitaliste», il était composé d'une stratégie et d'une idéologie spécifiques qui ont mené l'URSS, et tous les partis communistes à sa suite, à l'échec et à la ruine. L'analyse politique du stalinisme, proposée dans cet ouvrage, est nécessaire à la renaissance de ces partis à la hauteur des enjeux.
(23.50 euros, 232 p.)
ISBN : 978-2-343-04797-3, ISBN EBOOK : 978-2-336-36448-3

ANALYSE ÉCONOMIQUE DE L'INVESTISSEMENT EN CAPITAL HUMAIN
Ndiaye Babacar
Comment le capital humain constitue-t-il, d'une part, une motivation individuelle dans le cadre de la théorie de l'école classique, mais aussi un facteur de croissance économique du point de vue de l'approche keynésienne ? L'itinéraire de la problématique amène à justifier les causes de l'imperfection des marchés et le rôle de l'État pour corriger ces imperfections.
(Coll. L'Esprit Économique, série Cours Principaux, 12.50 euros, 110 p.)
ISBN : 978-2-343-04767-6, ISBN EBOOK : 978-2-336-36331-8

ÉCONOMIE (L') DU DÉVELOPPEMENT
Trajectoire, analyse et stratégie de développement
Modibo Traoré
Instrument d'analyse et de gestion du développement économique, cet ouvrage a recours à deux grandes innovations : l'utilisation de la microanalyse et la définition d'une procédure permettant d'effectuer un choix «réaliste» de stratégie de développement en fonction des ressources disponibles dans le pays. Il met l'accent sur le rôle des acteurs privés du développement ; ceux du marché et de l'action collective, à côté de l'action publique qui assure la coordination au niveau méso et macroéconomique.
(Coll. Pour Comprendre, 36.00 euros, 254 p.)
ISBN : 978-2-343-04365-4, ISBN EBOOK : 978-2-336-36289-2

GESTION DE PROJET ET INNOVATION
Sous la direction de Cédric Baudet ; préface de Pienne Bonnal
L'innovation, déstructurée par essence, peut-elle être appréhendée à l'aide de la très structurée «gestion de projet» ? L'histoire des projets nous démontre que la trop grande régulation est un échec à l'innovation. Ainsi, les organisations adaptent la gestion de projet à leur besoin. Pour un projet compliqué de construction, on répond par une structure précise et organisée de projets. A un projet complexe d'innovation, on privilégie la souplesse, la créativité...
(Coll. Conception et dynamique des organisations, 21.00 euros, 214 p.)
ISBN : 978-2-343-04326-5, ISBN EBOOK : 978-2-336-36011-9

CAPITAL HUMAIN *VERSUS* HUMAIN CAPITAL
Schoun Gérard
Accepter que l'humain ne soit pas seulement un capital à exploiter mais un patrimoine à faire fructifier change radicalement notre façon de penser les valeurs, l'innovation, le *leadership* et la

gouvernance. Dans la compétition internationale, la France a une formidable carte à jouer. Son déclin est d'autant moins une fatalité que l'esprit français pourrait se révéler parfaitement adapté aux temps nouveaux.
(Coll. Ad valorem, 16.50 euros, 162 p.)
ISBN : 978-2-343-04483-5, ISBN EBOOK : 978-2-336-36013-3

AUTOUR DE L'ANTHROPOLOGIE ÉCONOMIQUE
Actualité des écrits du professeur André Nicolaï
Coordonné par Mahieu François-Régis, Suchère Thierry
Le bon économiste serait celui qui raisonne à partir de trois hypothèses de base que sont l'individualisme méthodologique, la rationalité des acteurs et le marché qui produit de la complémentarité. En formalisant ces hypothèses, l'auteur entend ici rappeler qui était André Nicolaï : un hétérodoxe ancré dans le courant dit de la socio-économie et qui s'est intéressé à des thèmes tels que le pouvoir, le ludique, l'épistémologie et la sociologie de la connaissance.
(Coll. Éthique Économique, 30.00 euros, 292 p.)
ISBN : 978-2-343-04709-6, ISBN EBOOK : 978-2-336-36061-4

DU PROJET AUX «PROCESS»
Un vade-mecum de la gestion du Risque
L'exemple de la fonction fiscale
Jx' Beaumont Stéphane
Avec ce Vade-Mecum, troisième ouvrage de l'auteur, ce dernier partage sa démarche opérationnelle autour de ces Process qui permettront aux fonctions supports d'améliorer leurs performances, de valoriser leurs «Best Practices» et, après standardisation, de se transformer en centres de profits. Un outil indispensable de la prise de décision face au risque-projet et de sa portabilité interne et externe.
(12.00 euros, 52 p.)
ISBN : 978-2-343-04409-5, ISBN EBOOK : 978-2-336-36066-9

MONNAIE ET FINANCE
Du boom au krach
Sari Camille
Incapable de brider une finance dont le seul objectif est le faire à court terme, les États déclarent leur impuissance face aux forces des marchés. Afin de comprendre le présent et se projeter dans le futur, il est nécessaire de recourir à des outils d'analyse en rupture avec les paradigmes dominants et de tirer les enseignements de ce qui s'est réellement passé, avant d'en arriver au désastre actuel qui risque de compromettre l'avenir de plusieurs générations.
(28.00 euros, 274 p.)
ISBN : 978-2-343-04601-3, ISBN EBOOK : 978-2-336-36231-1

RÉINVENTER L'ENTREPRENEURIAT POUR REFONDER L'ENTREPRISE
Adam Michel - Préface de Claude Alphandéry
Créer son entreprise, fonder une coopérative, lancer une entreprise d'insertion... Quelles ressemblances, mais aussi quelles différences ? Comment distinguer, repérer, modéliser, relier les trois logiques de ces engagements, leurs évolutions possibles voire leurs dérives évitables, mais aussi leurs coopérations réelles et leurs hybridations innovantes ? Et si ces trois dimensions tant éthiques que juridiques structuraient les relations à l'intérieur même de toute entreprise ?
(21.00 euros, 208 p.)
ISBN : 978-2-343-04621-1, ISBN EBOOK : 978-2-336-36182-6

L'Harmattan Italia
Via Degli Artisti 15; 10124 Torino
harmattan.italia@gmail.com

L'Harmattan Hongrie
Könyvesbolt ; Kossuth L. u. 14-16
1053 Budapest

L'Harmattan Kinshasa
185, avenue Nyangwe
Commune de Lingwala
Kinshasa, R.D. Congo
(00243) 998697603 ou (00243) 999229662

L'Harmattan Congo
67, av. E. P. Lumumba
Bât. – Congo Pharmacie (Bib. Nat.)
BP2874 Brazzaville
harmattan.congo@yahoo.fr

L'Harmattan Guinée
Almamya Rue KA 028, en face
du restaurant Le Cèdre
OKB agency BP 3470 Conakry
(00224) 657 20 85 08 / 664 28 91 96
harmattanguinee@yahoo.fr

L'Harmattan Mali
Rue 73, Porte 536, Niamakoro,
Cité Unicef, Bamako
Tél. 00 (223) 20205724 / +(223) 76378082
poudiougopaul@yahoo.fr
pp.harmattan@gmail.com

L'Harmattan Cameroun
BP 11486
Face à la SNI, immeuble Don Bosco
Yaoundé
(00237) 99 76 61 66
harmattancam@yahoo.fr

L'Harmattan Côte d'Ivoire
Résidence Karl / cité des arts
Abidjan-Cocody 03 BP 1588 Abidjan 03
(00225) 05 77 87 31
etien_nda@yahoo.fr

L'Harmattan Burkina
Penou Achille Some
Ouagadougou
(+226) 70 26 88 27

L'Harmattan Sénégal
10 VDN en face Mermoz, après le pont de Fann
BP 45034 Dakar Fann
33 825 98 58 / 33 860 9858
senharmattan@gmail.com / senlibraire@gmail.com
www.harmattansenegal.com

L'Harmattan Bénin
ISOR-BENIN
01 BP 359 COTONOU-RP
Quartier Gbèdjromèdé,
Rue Agbélenco, Lot 1247 I
Tél : 00 229 21 32 53 79
christian_dablaka123@yahoo.fr

Achevé d'imprimer par Corlet Numérique - 14110 Condé-sur-Noireau
N° d'Imprimeur : 124179 - Dépôt légal : décembre 2015 - *Imprimé en France*

www.ingramcontent.com/pod-product-compliance
Lightning Source LLC
LaVergne TN
LVHW011450061026
849535LV00004BA/1030
9782343078328